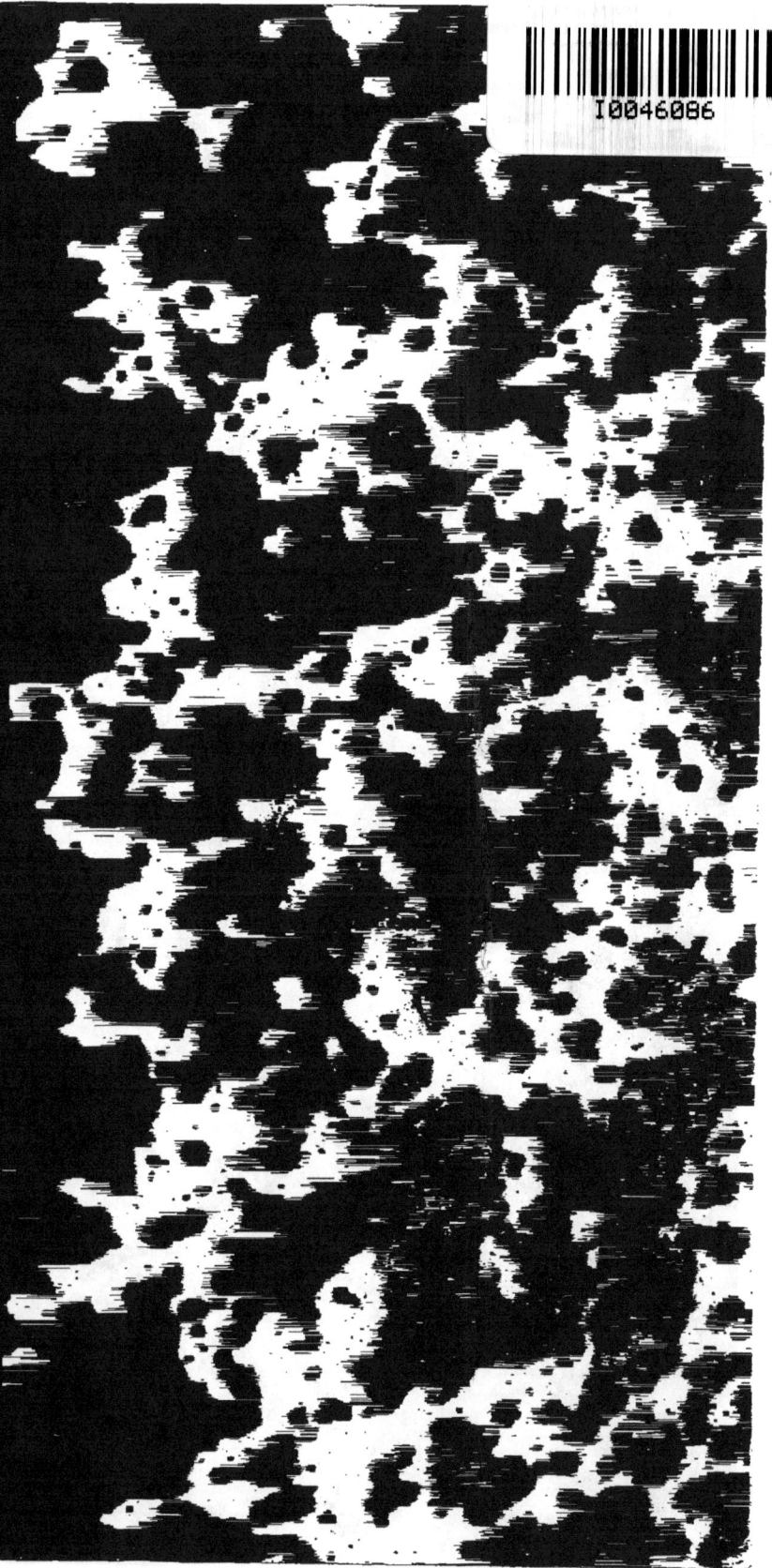

I0046086

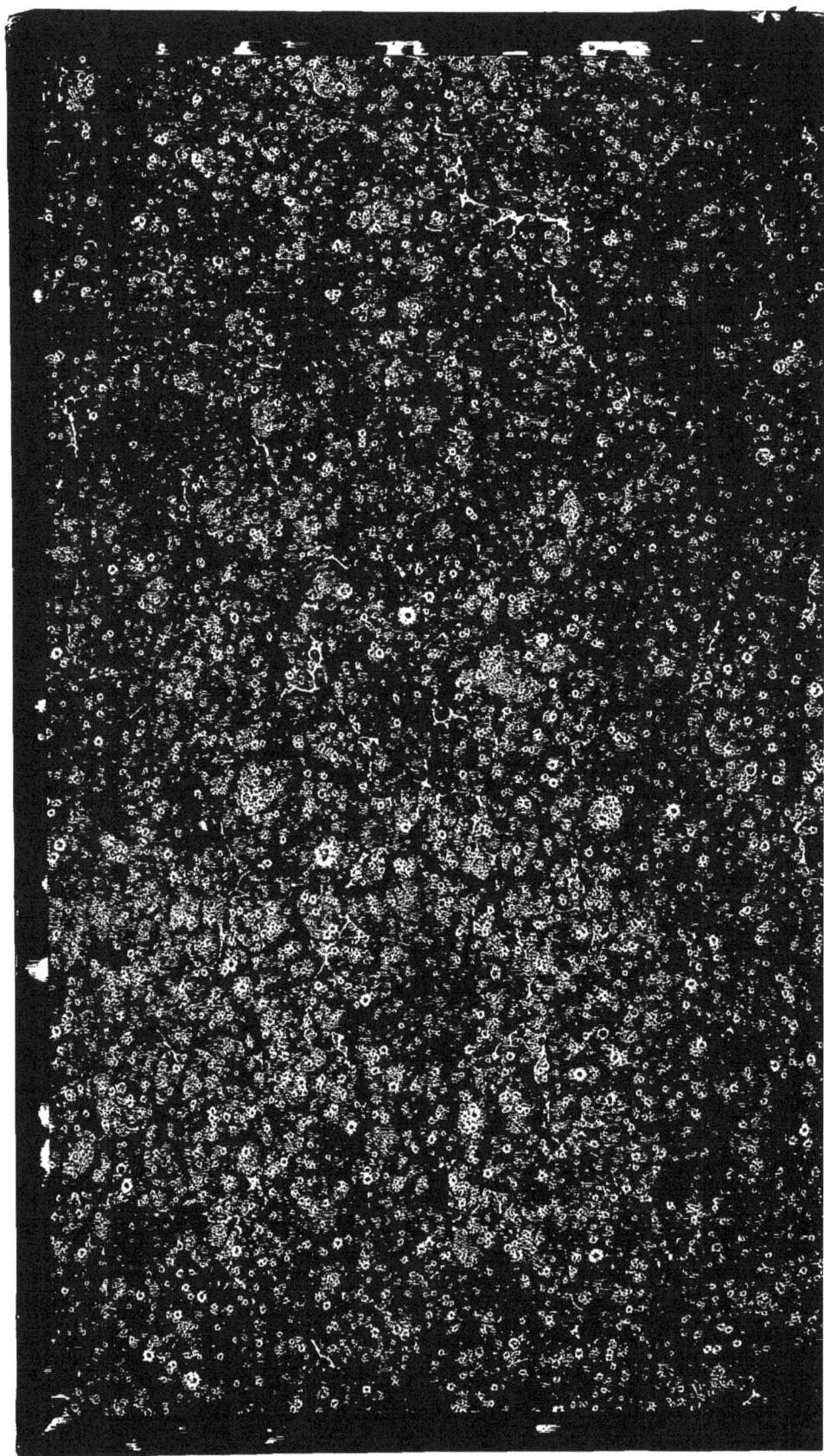

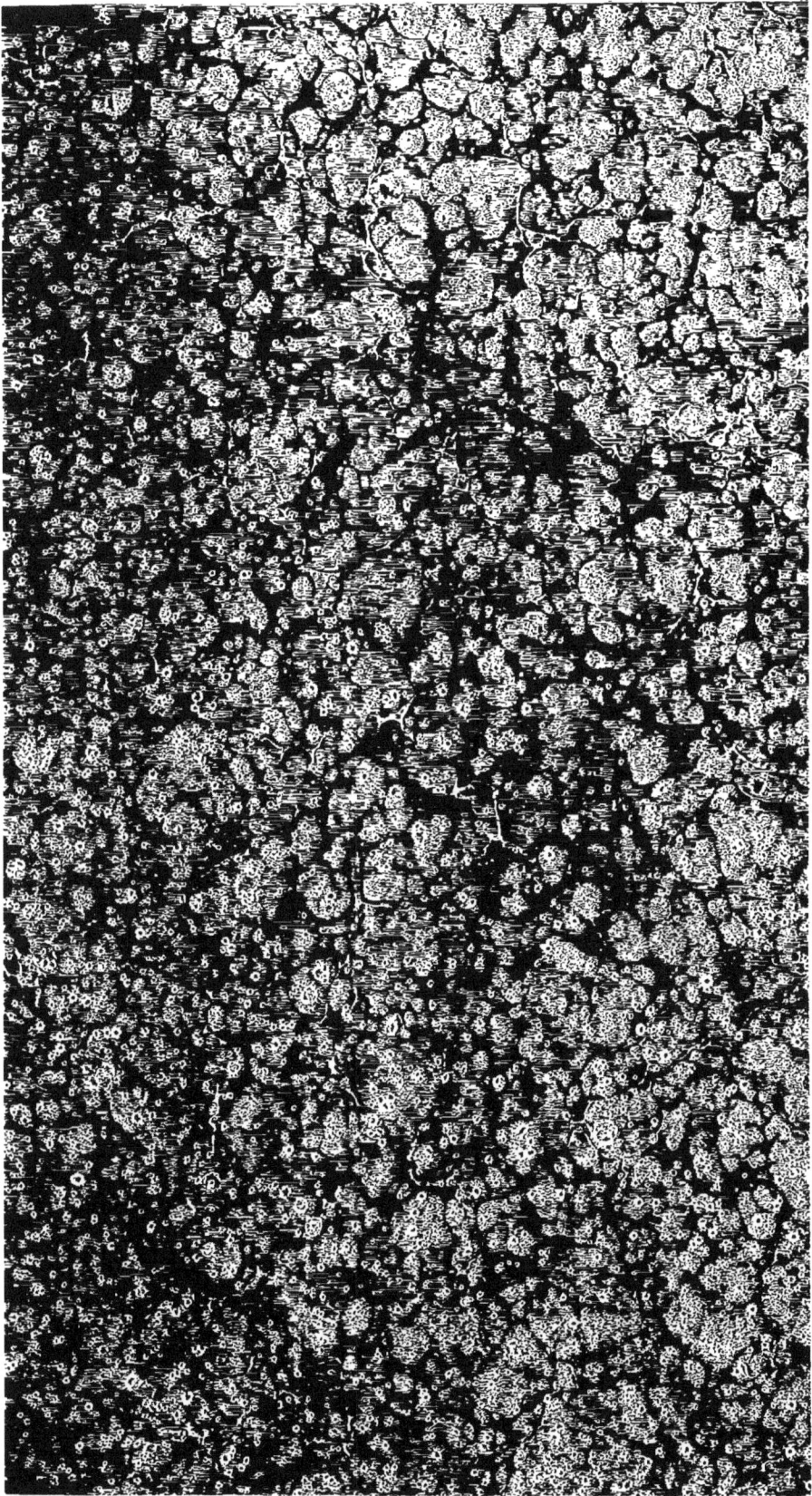

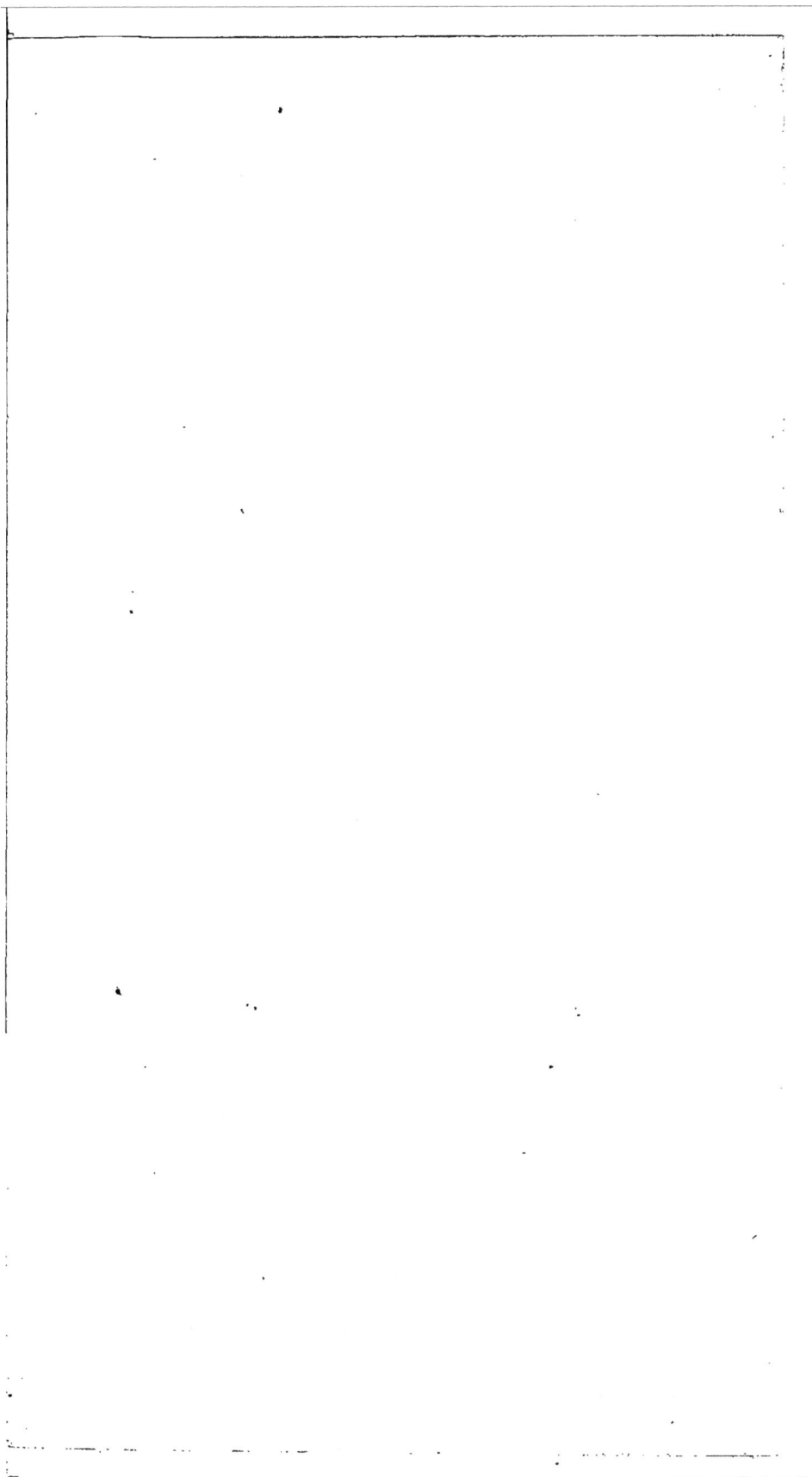

SCIENCE

DU PUBLICISTE.

Cet Ouvrage se trouve aussi chez les Libraires suivans :

A Paris,	BOSSANGE frères, rue Saint-André-des-Arcs, n° 60.
	REY et GRAVIER, quai des Augustins.
	J. DÈCLE, place du Palais de Justice, n° 1.
	J. P. AILLAUD, quai Voltaire.
	FANTIN, rue de Seine.
	ARTHUS-BERTRAND, r. Hautefeuille, n. 23.
	DELAUNAY, au Palais-Royal.
Madrid,	JUAN PAZ.
	ALFONSO PEREZ.
	Veuve RAMOS.
Lisbonne,	PIERRE et GEORGE REY.
Coimbre,	J. P. AILLAUD.
	J. A. ORCEL.
Naples,	BOREL.
Amsterdam,	G. DUFOUR.
	DELACHAUX.
Genève,	PASCHOUD.
Vienne,	SCHALBACHER.
Berlin,	AD. M. SCHLESINGER.
Milan,	GIEGLER.
Florence,	PIATTI.
Livourne,	GLAUCUS MAZI.
Rome,	DE ROMANIS.
Turin,	PIC.
Manheim,	ARTARIA et FONTAINE.
S. Pétersbourg,	SAINT-FLORENT et comp.
	C. CERCLET.
Moscou,	JEAN GAUTIER.
Odessa,	ALPH. COLLIN.
Stockholm,	EM. BRUZELIUS.
Breslau,	G. THÉOPHILE KORN.
Wilna,	JOSEPH ZAWADSKI.
	FR. MORITZ.
Nouv. Orléans,	ROCHE frères.
Mont-Réal(Canada),	BOSSANGE et PAPINEAU.

DE L'IMPRIMERIE DE FIRMIN DIDOT,

IMPRIMEUR DU ROI ET DE L'INSTITUT.

SCIENCE
DU PUBLICISTE,

OU

TRAITÉ
DES PRINCIPES ÉLÉMENTAIRES
DU DROIT

CONSIDÉRÉ DANS SES PRINCIPALES DIVISIONS;

AVEC DES NOTES ET DES CITATIONS TIRÉES DES AUTEURS
LES PLUS CÉLÈBRES.

PAR M. ALB. FRITOT, AVOCAT.

TOME HUITIÈME.

C'est devant les Rois eux-mêmes que nous entreprenons
de plaider la cause de l'humanité, des peuples et
des Rois.

Puissions-nous parvenir à les éclairer tous sur leurs
véritables et communs intérêts !

« *Et loquebar de testimoniis tuis in conspectu Regum; et*
« *non confundebar.* » Ps. 118.

A PARIS,

CHEZ BOSSANGE PÈRE ET FILS, LIBRAIRES,
rue de Tournon, n° 6 bis.

A LONDRES, CHEZ MARTIN BOSSANGE et Compagnie,
Libraires, 14 Great-Marlborough street.

1822.

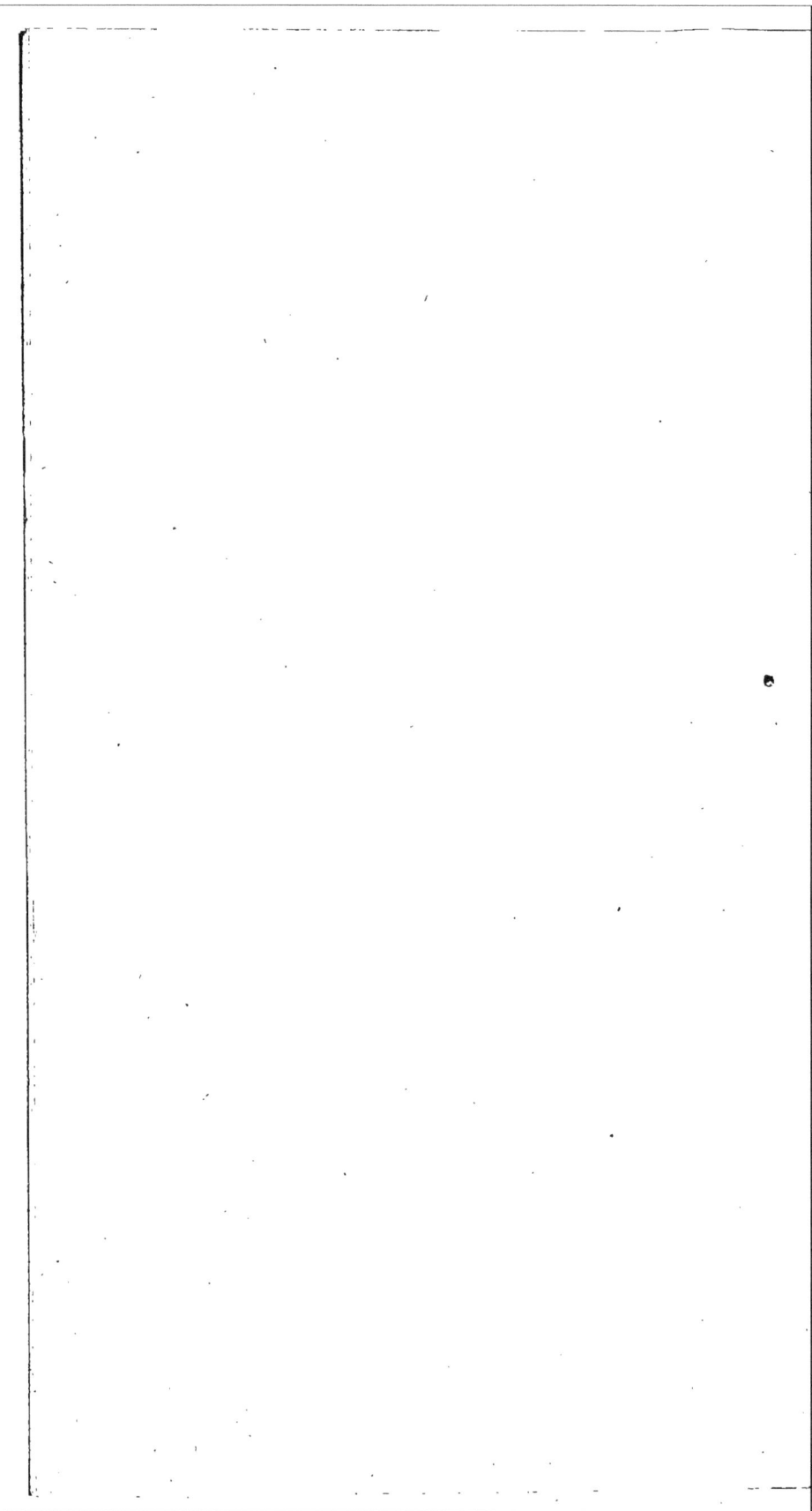

SCIENCE
DU PUBLICISTE.

SECONDE PARTIE.

LIVRE DEUXIÈME.

MONARCHIE CONSTITUTIONNELLE.

CHAPITRE DEUXIÈME.

TITRE DEUXIÈME.

SUITE DU § II.

DIVISION DEUXIÈME.

DU CONSEIL-D'ÉTAT. DU MINISTÈRE.
—DE LEURS ATTRIBUTIONS.

CETTE seconde Division est en deux parties,
ayant pour titre : *la première*, « du Conseil-
d'État, du Ministère ; *la seconde*, des Attributions du Conseil-d'État, des Attributions
du Ministère ».

MONARCHIE.

PREMIÈRE PARTIE.

CONSEIL-D'ÉTAT. — MINISTÈRE.

« Vouloir remettre les Institutions de la Monarchie absolue
dans la Monarchie Constitutionnelle, c'est innover....

« Mais vouloir approprier toutes nos Institutions aux besoins
et à la forme de notre Gouvernement représentatif.....,
c'est vouloir toutes les conséquences d'un Principe reconnu. .. ».

M. le Baron de Cormenin.

SOMMAIRE. Sujet et Division de cette première Partie.

Cette première Partie se divise en cinq Sections, ayant pour titre : *la première*, « Application du Principe d'Unité à l'organisation du Conseil-d'État et du Ministère dans la Monarchie Constitutionnelle»; *la deuxième*, «Du Nombre des Conseillers-d'État et des Ministres »; *la troisième*, « Principes relatifs à la Nomination des Conseillers-d'État et des Ministres »; *la quatrième*, « Principes relatifs aux Incompatibilités, à l'Exercice, à la Durée des fonctions de Conseiller-d'État et de Ministre»; *la cinquième*, « De la Responsabilité Ministérielle».

SECTION PREMIÈRE.

*Application du Principe d'Unité à l'organi-
sation du Conseil-d'État et du Ministère.*

En toute société politique, sous tous les
Gouvernemens possibles, plus particulièrement dans une Monarchie Constitutionnelle
où l'accroissement du territoire et de la population nécessite l'admission du Système représentatif, la conception des projets de lois
et les détails de leur exécution, ouvrent une
carrière immense à la méditation et exigent
le développement d'une continuelle et infatigable activité. Dans une Monarchie de cette
nature, le Prince doit d'une part participer
essentiellement à l'exercice de la Puissance
législative (*a*), et d'autre part assurer l'exécution de toutes les résolutions qui ont acquis
force de loi par le concours des volontés du
Prince et des Chambres (*b*); et quelle que soit
l'étendue de ses facultés physiques et intellec-
tuelles, quels que soient sa constance, son

(*a*) *Voy. ci-dessus*, vol. v , pag. 583 *et suiv.*
(*b*) *Ibid.*, vol. vii, pag. 470 *et suiv.*

courage, son génie, sa vertu, il est évident
qu'il ne saurait suffire à tout par lui-même,
que son application, son travail et ses soins
ont besoin d'être secondés sous ces deux rapports, la conception et l'exécution, par des
agens *subordonnés intermédiaires et dépendans* (*a*). Or ces agens intermédiaires, subordonnés et dépendans, ces auxiliaires indispensables et immédiats de la Royauté, ce sont
précisément les membres d'un Conseil-d'État
et les Ministres.

Mais suit-il de cette application naturelle
du Principe d'Unité à l'organisation du Conseil-d'État et du Ministère dans la Monarchie
Constitutionnelle, que l'organisation de ces
deux Corps doive être abandonnée à tous les
changemens, à toutes les vacillations et les
incertitudes de la volonté habituellement arbitraire d'un seul ? Ou bien, au contraire,
n'est-il pas incontestable que, le Conseil-d'État
et le Ministère faisant partie nécessaire des
rouages dont le Gouvernement se compose,
les bases de leur organisation doivent se

(*a*) MONTESQUIEU. Esprit des Lois, liv. II, chap. IV.

trouver établies par les dispositions formelles du Pacte Constitutionnel, de ce Pacte que tout peuple a le droit et aura la faculté de créer, lorsqu'il sera arrivé à mieux connaître ses principaux élémens, et que la raison, qui seule sait approfondir et apprécier la nature des choses, étendue, perfectionnée, sera parvenue à faire plus généralement comprendre ses utiles conseils, ses salutaires leçons (*a*).

Cependant jusqu'ici, (et cela ne fut peut-être pas sans intention de la part de ceux entre les mains de qui a résidé le pouvoir), les lois supposées fondamentales, organiques et constitutionnelles, ont été à-peu-près muettes sur cette organisation du Conseil-d'État et du Ministère, de même que sur la limitation de leurs Attributions; en sorte que cette partie essentielle de la Constitution est restée livrée à l'influence versatile et funeste des arrêtés, des réglemens, des décrets, des ordonnances.

(*a*) Les hommes pour qui cette assertion pourrait avoir besoin d'être justifiée, en trouveront l'explication dans le livre III de cette partie de l'ouvrage, ayant pour titre : « Dispositions et moyens de transition ».

Aussi, et de l'aveu des hommes qui se trouvent placés dans la situation la plus favorable pour observer de près le jeu de ces ressorts, rien de plus variable, de plus confus, de plus imparfait que leur organisation, leur mouvement, et le mode selon lequel on est contraint de procéder avec eux ; rien de plus fait pour faciliter le triomphe du despotisme et de l'arbitraire.

Un membre de la Chambre des Pairs, entre autres, dit : « Dans les Monarchies, il n'y a point de Corps dont les empiétemens d'autorité soient plus faciles et plus communs, plus importans et plus nécessaires à surveiller, que ceux des Compagnies des Conseillers du prince et de ses Ministres.

« Quelle que soit la dénomination de ces employés supérieurs, et soit qu'ils fussent bornés dans l'origine à la consultation, ou qu'ils eussent reçu, dès le commencement, quelque faculté d'ordonner ou de juger, ils ont par-tout dépassé leurs premières limites, par-tout ils sont devenus les ordonnateurs suprêmes et les juges souverains dans les affaires publiques et privées de toute nature.

« C'est la suite naturelle de ce qu'ils sont placés près du trône, de ce qu'ils sont nombreux et toujours en permanence, de ce que, préparant les lois et les réglemens royaux, ils ne s'y oublient pas eux-mêmes, de ce que long-temps amovibles et sans autre intérêt prochain et personnel que de plaire au monarque et d'accroître sa puissance pour augmenter la leur, ils ne peuvent cependant pas dans ce premier état lui donner de l'ombrage...

« C'est de l'ancien Conseil des rois de France qu'étaient en partie sortis les anciens Parlemens et les autres Cours souveraines qu'on a vu jouer de si hauts rôles.

« C'est le Conseil même du Roi qui fut jadis transformé en Cour suprême, non pour une région, mais pour tout le Royaume, sous le nom de Grand-Conseil.

« C'est à lui que nous devons l'ancienne dégradation de la Cour des Pairs, et, par le renversement des libertés de l'Église gallicane, l'affaiblissement de la religion.

« Ce fut lui qui, après avoir remplacé le Parlement de Paris, en 1771, fut rétabli, en 1774, avec ses anciennes attributions, et l'attribution désormais habituelle de remplacer au besoin ce parlement, devenu les *États-Généraux au Petit-Pied.*

« C'était une section de Conseillers-d'État qui fut érigée en tribunal universel, pour juger les prises maritimes.

« C'est le Conseil-d'État qui se chargeait de l'odieux des Commissions *extraordinaires* civiles et criminelles, qui faisaient tout trembler.

« C'est lui qui, sous couleur d'administration, de contentieux administratif, d'évocations arbitraires ou autres, de cassation, de conflit entre les Cours et de réglemens de juges, était devenu avec les ministres, et chaque ministre sous le nom de ce Conseil, le supérieur des États provinciaux, des Parlemens et de toutes les autres Cours souvèraines, enfin juge suprême des plus célèbres procès du royaume continental et des Colonies, tant en matière civile que criminelle ou ecclésiastique.

« Le Conseil-d'État du Gouvernement qui a précédé immédiatement la restauration, avait été créé pour *résoudre les difficultés en matière d'administration.*

« Bientôt il jugea le *contentieux* dit *d'administration.*

« Bientôt il acquit, par des lois ou par des réglemens qu'il rédigeait, une multitude d'attributions les plus importantes; par exemple, il se fit constituer, dans la loi de création de la Chambre des Comptes, comme juge d'appel de ce tribunal souverain; il devint l'interprète *officiel et général* de la Constitution et des lois; il fut aussi le régent des ministres, et il était devenu le juge des *droits politiques* des citoyens » (a).

Dans un ouvrage rempli de frappantes vérités et de judicieuses réflexions que nous nous appliquerons à recueillir, M. le baron de Cormenin, maître des requêtes au Conseil d'État, dit : « Il savait bien (le Chef du Gouvernement qui a immédiatement précédé la restauration), qu'il plierait plus facilement à ses vues un Conseil composé d'hommes que

----

(a) Extrait d'une Brochure, ayant pour titre : « *Du Conseil-d'État et de sa Compétence sur les droits politiques des citoyens*, ou *Examen de l'article 6 de la Loi des Élections, du 6 février* 1817, par M. le Comte Lanjuinais, Pair de France, etc.

le choix seul du souverain y appelle, que sa présence dirige, que sa faveur caresse, que son caprice destitue, et qui sont d'autant plus flattés de participer à l'exercice du pouvoir que le reste de la nation est plus courbé sous le joug.

« C'est ce Conseil qui, fidèle aux impressions du Chef, seconda si puissamment l'action de son Gouvernement intérieur.

« Ses attributions se grossirent bientôt de toutes celles que Bonaparte, dans les ombrageuses jalousies de son pouvoir, avait ôtées successivement au Corps-Législatif, au Tribunat, aux Ministres.

« Alors le Conseil-d'État resta seul chargé de préparer les lois et de les défendre devant le Corps-Législatif, ce corps sans parole et sans ame, qui les approuvait pour la forme seulement.

« Il arriva de là que si la loi était obscure, ce n'était pas le Corps-Législatif qui l'interprétait, mais le Conseil-d'État; ce qui (relativement) était, au fond, assez raisonnable, puisqu'au fond le Conseil-d'État était le seul législateur, et que, sous ce rapport, nul ne pouvait mieux interpréter la loi que le législateur lui-même.

Bientôt ce Conseil, après avoir usurpé l'interprétation des lois, sous le nouveau prétexte de pourvoir à des besoins urgents, fit l'office du Corps-Législatif, dans le long intervalle des sessions de ce Corps.

« Enfin, comme des infractions en amènent toujours d'autres, il parut plus expéditif et plus commode de faire, dans tous les temps, régler par de simples décrets une foule de matières qui auraient dû être réglées par des lois; de sorte que le Conseil-d'État, sans paraître faire violence à la Constitution, expliqua dans ses avis les décrets qu'il avait proposés.

« D'autres causes contribuèrent encore à augmenter les attributions, l'influence et l'éclat du Conseil.

« Souvent Napoléon, du fond de ses camps, renvoyait de son propre mouvement à la délibération du Conseil les projets de ses ministres, soit par méfiance d'eux et pour les tenir continuellement, pendant son absence, sous la surveillance jalouse d'une autorité rivale, soit pour donner à ses décrets cette espèce de sanction que l'opinion du peuple attache toujours plus volontiers à l'ouvrage de plusieurs qu'à celui d'un seul.

« Souvent aussi les ministres sollicitaient eux-mêmes pour les plus simples projets la délibération préalable du Conseil, non moins pour mettre leur responsabilité à couvert vis-à-vis du peuple, que pour la mettre à couvert vis-à-vis du souverain d'où venaient le châtiment et la récompense.

« Les directeurs généraux des administrations qui avaient entrée et voix délibérative au Conseil, demandaient aussi, pour se décharger de la responsabilité morale de l'exécution, que les réglemens qu'ils devaient appliquer fussent discutés dans le Conseil en leur présence.

« Napoléon, qui se piquait de réunir aux talens militaires, les connaissances variées de l'administration intérieure, de la politique, du commerce et de la législation, se plaisait dans les discussions du Conseil-d'État, et y parlait souvent. La dévorante activité de son génie que ne pouvaient suffire à épuiser ni les fatigues de la guerre, ni l'enfantement de ses projets gigantesques, remuait toutes les matières, et demandait sans cesse qu'on lui jetât de nouveaux alimens.

« Enfin il gouvernait les pays conquis, et changeait ou modifiait leur législation intérieure par de simples décrets délibérés au Conseil.

« Ces diverses causes firent que toute l'administration reflua vers le Conseil-d'État, qui devint une immense fabrique d'avis, d'interprétations, de décrets, de lois déguisées sous la forme de décrets, et de réglemens d'administration publique.

« Ainsi Napoléon, sous la faveur du Conseil, ménageait à ses actes quelques apparences d'une délibération légale; mais sa volonté seule était toujours au fond de cette délibération » (a).

L'auteur dont nous avons d'abord invoqué

(a) Du Conseil - d'État *envisagé comme Conseil et comme Juridiction dans notre Monarchie Constitutionnelle*, par M. le Baron de Cormenin, Maître des Requêtes au Conseil-d'État, tit. 1, chap. III, pag. 28 *et suiv.*

Tome VIII.   2

l'autorité dit encore : « Le Conseil-d'État est redevenu par le fait le Conseil des Prises.

« Déja, dans le projet rejeté sur la Chambre des Comptes, on avait glissé et étendu la juridiction très-irrégulière du Conseil-d'État sur cette Cour.

« Déja, on a mis en avant le projet de substituer le Conseil-d'État à la Cour de Cassation, l'une des meilleures institutions de 1791 ; déja, les soixante avocats en cassation sont tous les avocats du Conseil-d'État, et le ministre, *amovible*, président de ce Conseil-d'État, va présider la Cour de Cassation.

« Et les deux Chambres ayant, en 1814, approuvé un projet de loi, qui confirmait cette Cour, et qui réservait au Pouvoir législatif l'interprétation officielle et générale des lois, ce projet n'a pas eu de sanction.

« Enfin, dans la loi nouvelle des élections, *art.* 6, dans le projet comme dans la loi, on trouve insérée la compétence du Conseil-d'État sur les *droits politiques* des citoyens » (*a*).

(*a*) Du Conseil-d'État et de sa Compétence sur les droits politiques des citoyens, etc., par M. le Comte Lanjuinais, Pair de France, etc.

A ce sujet, M. Henrion de Pansey, membre du Conseil-d'État et président à la Cour de Cassation, s'exprime ainsi : « A l'époque de l'an VIII, le Conseil-d'État, supprimé en 1790, est recréé : mais, à la différence de l'ancien, le nouveau, constitutionnellement établi, a des attributions qui lui sont propres. Il en abuse pour rendre chaque jour moins sensible la ligne séparative des Pouvoirs judiciaires et administratifs. Le Gouvernement favorise ces entreprises, parce qu'il tend au despotisme, et que, pour arriver à ce but, on ne voit rien de mieux que de faire prévaloir l'administration sur les tribunaux.

« Ce Conseil-d'État avait à peine six ans d'existence, qu'il était déjà tellement surchargé d'affaires contentieuses, que, pour les instruire, on se voit dans la nécessité de placer auprès de lui une Compagnie d'avocats (*a*).

« Au mois de juin 1814, création d'un nouveau Conseil-d'État. Quoiqu'il ne succède

---

(*a*) Elle doit son existence à un Décret du 23 juin 1806. L'art. 33 porte : « Il y aura des avocats en notre Conseil, lesquels auront seuls le droit de signer les requêtes et mémoires des parties, en matière contentieuse».

2.

pas à celui qu'il remplace, cependant il recueille, comme à titre d'héritage, non seulement ses attributions, mais toutes ses
usurpations sur l'autorité judiciaire, et l'on
augmente encore le nombre des avocats au
Conseil.

« Cela nous rappelle ce qui se passa du
temps du chancelier Poyet. *Ce magistrat*, dit
Pasquier, *qui avait été, dès le berceau, élevé
à façonner des procès, commença par prêter
l'oreille aux parties privées, tellement qu'il
s'établit gens qui font actes de procureurs et
avocats en ce Conseil, tout ainsi qu'aux simples juridictions subalternes ; voire, et y ont
été quelquefois taxés les dépens par des maîtres
des requêtes, coutume véritablement indigne
de ce grand tribunal de France....*

« L'ordonnance du 29 juin 1814, toute
sage qu'elle est, toute nécessaire qu'elle était,
se ressent peut-être de la précipitation avec
laquelle elle a été rendue. Avec plus de temps
et de réflexion, on aurait été frappé de l'é-
trange abus que le Conseil-d'État impérial
avait fait du droit de rédiger les lois et de
faire les réglemens d'administration publique,

et, dans un moment aussi solennel que celui d'une restauration depuis si long-temps désirée, on aurait rendu à l'autorité judiciaire, tout ce que le Pouvoir administratif avait usurpé sur elle. On ne l'a pas fait, on a laissé les choses dans l'état où on les trouvait. Je me trompe, on est encore allé plus loin, on vient d'ajouter au contentieux administratif, déja si fort au delà de ses limites naturelles, le droit de statuer, incidemment à des questions de domicile, sur les droits les plus précieux des citoyens. L'*art.* 6 de la loi du 5 février 1817, concernant les élections, porte : Les difficultés relatives à la jouissance des lois civiles et politiques du réclamant seront définitivement jugées par les Cours royales ; celles qui concernent ses contributions, ou son domicile politique, le *seront par le Conseil-d'État.*

« Voilà ce qu'on appelle aujourd'hui le *contentieux administratif* » (*a*).

(*a*) (De l'Autorité judiciaire, chap. xxix, pag. 497 et 499).

— *Voy. aussi* l'ouvrage ayant pour titre : *De la Justice criminelle en France*, par M. Bérenger, Conseiller-d'État, tit. 1, chap. ii, sect. 4, pag. 55 *et suiv.*

Pénétrés de l'importance de ces observations
critiques, dont un homme impartial ne peut
révoquer en doute l'exactitude, cherchons
donc pour l'avenir quelles doivent être les
véritables bases de l'Organisation, et les justes
limites des Attributions du Conseil-d'État et
du Ministère. « Vouloir remettre les institutions de la Monarchie absolue dans la Monarchie Constitutionnelle; c'est innover puisqu'il n'y a dans la nature des choses rien qui
leur soit plus nouveau que ce qui leur est
contraire.

« Mais vouloir approprier toutes nos institutions aux besoins et à la forme de notre
Gouvernement représentatif, ce n'est point
innover; c'est vouloir simplement toutes les
conséquences nécessaires d'un principe reconnu, c'est l'ordre, c'est l'harmonie....

« Sous un Gouvernement constitutionnel,
il doit être permis d'examiner le principe de
toutes les institutions, leurs attributions, leur
influence, leur mérite et leurs résultats. Cet
examen périlleux dans les Gouvernemens ab-
solus qui reposent sur la crainte révéren-
cielle des peuples, est nécessaire dans les

Gouvernemens représentatifs qui reposent sur la conviction éclairée des citoyens. Si, dans ces derniers, la puissance irrésistible de l'opinion pousse et renverse les institutions, si ces institutions s'y écroulent au milieu du choc des discussions, on ne peut rien en conclure, sinon que leur fondement n'était pas solide » (*a*).

(*a*) Du Conseil-d'État, etc., par M. le Baron de Cormenin, Maître des Requêtes, etc., tit. ii, et tit. iii, chap. xxxiii; pag. 44 et 233.

SECTION II.

Du Nombre des Conseillers d'État et des Ministres.

Ce serait une chose utile que de déterminer constitutionnellement, d'une manière
fixe et invariable, le nombre des conseillers d'état et celui des ministres. Et il ne faut
pas croire qu'il soit impossible de le faire ;
car, quoique la plus ou moins grande étendue de la population et du territoire puisse
apporter quelques variations dans le nombre
et l'importance des travaux de la législation,
et dans ceux de l'administration supérieure ;
cette différence, toutefois, n'est pas si grande
qu'au premier aperçu l'on pourrait se le
figurer.

En effet, l'action du Gouvernement est déterminée par les divers besoins de la société :
et ces besoins sont à peu de choses près les
mêmes, la nature, la division des différentes
branches de l'administration peuvent être
considérées comme identiques et semblables,
dans une société nombreuse, et répandue
sur un vaste territoire, et dans une société

dont l'étendue se trouve resserrée en de plus étroites limites.

Relativement aux opérations de l'administration, la seule distinction bien réc"e qui résulte de cette différence, soit dans l'importance de la population, soit dans l'étendue du territoire, c'est qu'une même décision y reçoit un plus grand développement, un plus grand nombre d'applications particulières, dans le premier cas, que dans le second ; mais il n'existe pas, pour cela, une quantité plus considérable d'objets sur lesquels la méditation ou l'administration ait à s'exercer, surtout si, par suite d'une bonne organisation, il existe, dans les provinces, des Administrations et des autorités locales, propres à remplacer efficacement et avec avantage l'opération centrale du Gouvernement, dans tous les cas où il ne s'agit réellement que d'intérêts partiels ou de pure localité (*a*).

Ce serait une chose utile dans une Monarchie Constitutionnelle et bien organisée, que de fixer irrévocablement le nombre de ces

(*a*) *Voy. ci-dessus*, vol. vii, pag. 143 *et suiv.*

premiers auxiliaires de la Royauté, conseillers
d'état et ministres : car s'il faut que le Monarque y soit puissamment secondé, il importe
aussi qu'il ne traîne pas à sa suite une foule
d'individus qui prétendent à tout prix rendre
leur personne utile, et qui, pour parvenir à
se faire considérer comme nécessaires, et à
tout envahir, ne se font nul scrupule de chercher à tout bouleverser, à tout confondre, à
renverser les bases les plus sacrées de la Constitution.

Suivant la remarque judicieuse de l'un des
auteurs que nous avons cités dans la section
précédente, c'est, en partie, parce que ces
employés supérieurs, quelle que soit la dénomination qu'on leur donne, ont été trop
nombreux, qu'ils sont parvenus à dépasser
les premières limites de leurs attributions,
bien au-delà des bornes que leur prescrit la
nature même des choses, et le véritable but
de leur ministère et de leurs fonctions.

C'est dans une armée d'auditeurs, de maîtres
des requêtes, de conseillers d'état, que le
Despote dont la fausse politique ou l'ambition
effrénée ont si habilement dominé la France,

avec cette habileté si funeste et tant vantée, se créa, pour notre malheur comme pour le sien propre, les artisans les plus actifs et les plus redoutables de son despotisme et de son infatigable tyrannie.

Dans le XIVe siècle, le nombre des conseillers d'état variait suivant la volonté du Roi; il n'était même pas fixé par une ordonnance. Mais il augmenta tellement, qu'enfin l'on reconnut la nécessité de le fixer; il fut réduit à quinze, par l'ordonnance de 1413, il fut porté à vingt, en 1664; et par le règlement de 1673, à trente, savoir : trois d'église, trois d'épée, et vingt-quatre de robe.

Le Conseil-d'État disparut avec le principe de la Monarchie, dans les premières années de la Révolution. L'article 35 de la loi du 27 avril 1791 sur l'organisation du Ministère, supprima le titre et les fonctions de conseiller d'état.

Il en fut de nouveau question dans la Constitution du 22 frimaire an VIII; et le nombre de ces membres fut fixé de trente à quarante, par l'article premier du réglement du 5 nivose suivant.

Le Sénatus-Consulte-Organique du 16 thermidor an X, (Titre vi, *art.* 67), portait que les conseillers d'état n'excéderaient jamais le nombre de cinquante : ce qui n'empêcha pas qu'il ne se soit trouvé élevé, quelques années après, à plus de cent cinquante, tant en service ordinaire qu'en service extraordinaire, sans faire mention de cette nuée d'auditeurs qui y furent attachés, et qui furent distribués de toutes parts, près des ministres, près de toutes les administrations, et même jusque dans les chefs-lieux de département et d'arrondissement.

Ce système de despotisme s'est écroulé, et ne reparaîtra plus sous un Gouvernement monarchique reconstitué, qui doit invinciblement tendre vers un plus haut degré de force et de perfection. Mais, pour cela, l'organisation et les attributions du Conseil-d'État, aussi bien que l'organisation et les attributions du Ministère, qui n'ont point été déterminées par la Charte, devront l'être ultérieurement; et c'est ce sur quoi l'examen des questions que nous traiterons plus tard, contribuera peut-être à répandre quelque jour.

Mais nous demanderons seulement, dès actuellement, que signifie un ministère de la maison du Roi, qui n'est autre chose qu'une administration particulière? Et pourquoi, dans les tableaux de l'Administration générale, en quelque sorte officiellement publiés, chaque année, en tête de l'Almanach Royal, voit-on toujours, depuis la restauration jusqu'à ce jour, inscrit en première ligne, un chancelier qui, comme administrateur ou ministre, est sans aucune sorte d'attributions ? (*a*)

Nota. C'est encore par une simple ordonnance que le Conseil-d'État a été provisoirement reconstitué.

Cette ordonnance, en date du 29 juin 1814, porte : *art.* 2. Le nombre des conseillers d'état en service ordinaire est, *quant à présent,* limité à vingt-cinq, sans compter ceux en service extraordinaire, (c'est-à-dire inutiles), et les conseillers d'état honoraires.

« Nous nous réservons aussi de créer des conseillers d'état d'église et d'épée.

(*a*) Cette fausse énonciation ne s'est pas reproduite postérieurement à la nomination de M. le Duc de Richelieu à la présidence du Conseil des Ministres, dans l'Almanach de 1821, ni dans celui de 1822.

« *Art.* 3. Le nombre des maîtres des requêtes ordinaires n'excèdera pas, *quant à présent*, cinquante. Il y aura, en outre, des maîtres des requêtes surnuméraires et des maîtres des requêtes honoraires ».

Bientôt après, cette première ordonnance a été rapportée par une seconde ordonnance, en date du 23 août 1815, laquelle porte :

« *Art.* 6. Le nombre des conseillers d'état et des maîtres des requêtes *en service-ordinaire* ne pourra s'élever, pour les premiers, au-dessus de trente ; et pour les seconds, au-dessus de quarante ».

Ainsi, suivant cette seconde ordonnance, dans son ensemble, c'est-à-dire, eu égard aux conseillers d'état et aux maîtres des requêtes, honoraires, en service extraordinaire, surnuméraires, etc., le nombre de ces divers membres du Conseil est encore indéterminé ; aussi bien que celui des ministres d'état, qui chaque année, vient grossir indéfiniment la liste des pensions qui ne sont pas autorisées par la loi.

A ce sujet, nous nous félicitons d'être encore à temps de recueillir et de citer ici plusieurs passages du discours qui vient d'être prononcé, par l'un des membres de la Chambre des Députés, sur la discussion du chapitre II de la loi des finances, dans la séance du 16 mars 1822. Entre autres réflexions utiles, «De toutes les sinécures que l'oisiveté perçoit sur le travail, a dit l'orateur, il n'y en a pas sans doute de plus abusives que celles des ministres d'état : c'est aussi celles que les ministres défendent avec le plus d'adresse ; parce qu'au milieu même des illusions du pouvoir, ils rêvent quelquefois à l'avenir, et qu'ils regardent cette partie du budget comme un fonds de retraite sur lequel ils ont une hypothèque légale.

« Cette liste est l'histoire vivante de toutes nos révolutions ministérielles ; elle ne se compose guère que de quarante-trois hommes d'état, qui ont été chargés de nos destinées, et qui se sont relégués tour-à-tour dans cette espèce de Sybérie, dont le climat, vous en conviendrez, n'est pas trop rigoureux...

« Au reste, par un nouveau plan, dont les dépenses retombent toujours sur les contribuables, on a perfectionné l'inutile institution des ministres d'état ; on ne se contente plus d'y placer les adversaires auxquels on vient d'ôter le pouvoir, on y inscrit maintenant ceux de ses amis auxquels on n'en veut pas donner : c'est une indemnité bien faible pour des hommes auxquels échappent les rênes de l'État ; mais c'est un encouragement bien doux pour ceux qui veulent arriver, ou qui, n'ayant pas même cet espoir, accroissent de dix à vingt mille francs par année leurs petits revenus, et obtiennent le titre d'*Excellence* dans le canton

rural, dont l'impôt foncier ne suffit pas à en faire
les frais.... Oui, messieurs, on vous demande pour
une chose complètement inutile 265 mille francs,
c'est-à-dire la moitié de la contribution foncière
d'un département! jugez du nombre de garnisaires
qu'il faudra placer chez l'ouvrier sans travail, ou
chez le fermier qui ne vend pas ses denrées..., pour
accorder de telles récompenses à une cinquantaine
de personnes qui, si elles ne sont pas toutes dans
l'opulence, jouissent au moins de cette douce mé-
diocrité au sein de laquelle peuvent se consoler
des ministres qui furent censés responsables l'espace de cinq à six mois.

« Mais, dira-t-on, il faut qu'un citoyen qui fut
chargé d'un grand pouvoir, puisse avoir un rang
convenable dans le monde; je crois à la probité de
tous les ministres disgraciés, sans croire aussi fermement à leur indigence. Nous n'avons plus de
ministres qui, comme d'Aguesseau exilé à Fresnes,
illustrent leur retraite par une honorable pauvreté.

« Il est d'ailleurs un temps fixé pour tous les
services : on ne fait pas grace d'un jour à un guerrier
qui, pendant trente ans, s'est dévoué chaque jour
à la mort; quelques années d'exercice devraient du
moins être exigées de ceux qui ne se sont dévoués
qu'au Pouvoir. Des services réels ont-ils été rendus?
Qu'ils soient reconnus par l'autorité, et récom-
pensés d'après la loi. Mais qu'on soit porté nécessai-

rement sur la liste des ministres d'état payés aux
dépens du trésor, par cela même qu'on fût ministre, eût-on commis les fautes les plus graves;
fût-on, aux applaudissements de tout le pays, ren-
versé sous les lois dont soi-même on fût l'auteur;
eût-on reçu le juste châtiment d'une ambition qui
étouffa tout patriotisme et tout sentiment généreux,
c'est une dépense que nous ne pouvons voter avec
honneur, parce qu'il serait trop cruel d'imposer à
la France la charge de payer ceux qui violèrent ses
droits les plus légitimes et qui trahirent ses plus
chers intérêts...

« On a prétendu que les ministres d'état étaient
nécessaires, parce qu'ils composaient le conseil privé
du roi. Je ne sais pas bien au juste quelles sont les
attributions du Conseil privé dans notre système constitutionnel ; mais je sais que dans l'ancien régime,
où il tenait une grande place, il ne se composait
pas d'une aussi innombrable légion. Aujourd'hui
il est inutile, et sous ce rapport il ne doit pas être
à la charge des contribuables.

« On tient à peine deux ou trois Conseils privés
par année : sept ou huit personnes tout au plus
sont appelées dans chacun ; et elles ne seraient
point revêtues du titre de ministres...., que leurs
conseils n'en seraient pas moins sages et moins désintéressés.

« Si l'on m'objecte que de très-graves questions

Tome VIII.   3

s'agitent dans ces Conseils, que des intérêts supérieurs aux affaires ministérielles peuvent s'y discuter,
je demanderai comment il se fait alors que le traitement des ministres d'état soit fixé arbitrairement
par les ministres à porte-feuille; qu'il y en ait qui
reçoivent vingt mille francs, d'autres dix mille,
d'autres enfin auxquels on retire le traitement, et
qui ne conservent que le titre? Puisque, selon le
bon plaisir des ministres responsables, les ministres
d'état peuvent être augmentés, diminués ou même
supprimés, je demanderai quelle indépendance ils
apportent au Conseil privé quand le lendemain du
jour où ils ont osé dire la vérité, ils peuvent en
être punis. Alors ces hommes qui doivent, dit-on,
tenir dans la société un état digne du haut rang
qu'ils ont occupé, pourraient donc être réduits à
l'indigence, en admettant, comme je me plais toujours à le supposer, qu'on sorte du ministère plus
pauvre que l'on n'y est entré.

« Je vous le demande : parmi les ministres d'état
qui font partie de cette chambre, s'il en était quelques-uns qui, montrant pour l'arbitraire et pour
les profusions ministérielles, ces haines vigoureuses
que ressentent toujours les ames élevées, se pro-
nonçassent ouvertement contre les lois d'exception
qui blessent tous les droits, et contre les lois de
finances qui froissent tous les intérêts, je vous le
demande, à l'instant même ne seraient-ils pas biffés

de la liste des faveurs ministérielles, comme ces honorables conseillers d'état, ou ces maîtres des requêtes, qui siègent parmi nous, et qui ont osé croire que, comme députés nommés par les citoyens, ils avaient d'autres devoirs à remplir, que comme fonctionnaires nommés par le pouvoir.

Ainsi, dans le Conseil privé, comme dans la Chambre des Pairs, l'indépendance n'a pour base que des sinécures ou des pensions; ainsi, dans notre système constitutionnel, toutes les garanties sont détruites, toutes les institutions sont faussées; ainsi, dans un temps où l'on ne parle que de morale et de religion, on érige en principe que la conscience doit capituler avec l'intérêt, et que, pour rester favori du trésor, il faut consentir à rester esclave du pouvoir.

« Il y a peu de jours qu'en Angleterre on a supprimé deux places de l'amirauté, comme inutiles, et comme augmentant d'une manière nuisible aux libertés publiques, l'influence de la Couronne dans la Chambre des Communes; consentirons-nous à en conserver cinquante, qui n'ont pas moins d'inconvéniens, et qui sont un refuge coûteux, pour toutes les grandeurs tombées, et pour toutes les ambitions malheureuses? Oui! les places de ministres d'état sont inutiles; elles pèsent sur les citoyens: elles *ne* seront donc *pas* conservées, parce qu'encore une fois, le peuple *ne* doit *pas* payer pour le sacrifice de ses

3.

libertés, et que chaque droit qu'il perd ajoute aux
charges qu'il supporte » (a).

On peut aussi voir les discours prononcés dans la
même séance par M. le général Foy et par M. Royer-
Collard.

Le premier s'appuie de l'autorité de M. de
Chateaubriand, qui écrivait, il y a deux ans, au
sujet du Conseil privé : « Si ce Conseil dont j'ai
« l'honneur d'être membre, s'assemblait quelque-
« fois, on pourrait me dire, *Parlez dans le Conseil;*
« mais il ne s'assemble pas ». M. Foy ajoute : « Il ne
s'est pas assemblé depuis ce temps-là ; et l'on pourrait dire qu'un roi qui n'aurait que ce conseil, n'aurait pas de conseil privé, mais serait privé de conseil.... Ce n'est donc pas à titre de traitemens, conti-
nue-t-il encore, que les ministres d'état reçoivent
l'allocation qui leur est faite. Ils la reçoivent à titre
de pensions. Or, vous savez que des lois positives,
des lois conservatrices de la fortune publique, ont
réglé les formes d'après lesquelles les pensions
doivent être inscrites; la violation de ces formes
vous jette toujours dans des dépenses considérables,
et ici elles ne sont pas observées. Ces allocations ne
sont donc que des pensions illégales, attribuées aux
ministres d'état hors de la sphère constitutionnelle.

(a) Dicours de M. Étienne. — Chambre des Députés.
Séance du 16 mars 1822.

M. Royer-Collard a fait aussi la réflexion suivante :

« Il n'y a pas de Conseil privé, il ne s'est jamais assemblé, l'ordonnance qui l'a créé ne lui attribue aucune fonction ; c'est donc un abus que ce Conseil, et on ne pourrait le défendre *qu'en prétendant* qu'il est nécessaire qu'il y ait des abus dans le Gouvernement...., dans une vieille et grande monarchie comme la monarchie française.

« Quand cela serait vrai, je demande si les ministres qui ont la centralisation en leur pouvoir, qui possèdent peut-être 60 ou 80 mille emplois à donner, qui disposent de tant de millions dont l'emploi est arbitraire, manqueront de moyens de salarier les complaisances ou de décourager les résistances ?

« Je sais que cette rigueur d'économie froisserait des existences individuelles : mais c'est au nom de ces hommes mêmes pour lesquels on la refuse, et dont plusieurs m'honorent de leur amitié, que j'oserai demander qu'on les délivre de ces traitemens obscurs, inconnus, qui se paient de quartier en quartier ; et qu'on donne à ceux qui les méritent des pensions inscrites sur le grand livre. Voilà, messieurs, ce qui est digne du Roi et de vous ».

SECTION III.

De la nomination des Conseillers-d'État et des Ministres.

Il importe d'autant plus d'appeler ici l'attention, qu'il s'agit de consacrer un principe méconnu et souvent attaqué par des hommes qui proclament hautement leur attachement pour la Monarchie Constitutionnelle, mais qui évidemment n'en ont pas toujours bien compris l'ordre, l'ensemble, la régularité, l'harmonie.

Dans ce Gouvernement où les pouvoirs doivent être scrupuleusement répartis, balancés, maintenus et garantis dans la sphère de leurs limites et attributions respectives, les membres du Conseil-d'État et les ministres étant les auxiliaires, les délégués, du prince (a), au prince seul appartient incontestablement le droit de les nommer, de même que d'autre part et réciproquement, le droit d'élire les re-

---

(a) *Voy. ci-dessus, entre autres,* vol. IV, pag. 391 *et suiv.;* vol VIII, pag. 7 *et suiv.*

présentans, est et ne peut appartenir qu'aux citoyens, (propriétaires, ou se livrant à l'industrie), qui doivent être représentés (*a*).

D'où résulte qu'à moins de se rendre coupables d'un empiétement inconstitutionnel, d'une véritable usurpation, les représentans à leur tour ne doivent pas plus entreprendre d'entraver, de restreindre, par des moyens quelconques, l'entier et libre exercice de ce droit dans la personne du monarque, que le monarque lui-même ne peut, sans choquer le même principe, la justice, la droiture, et la base fondamentale de la Constitution; tenter de nuire à la liberté des suffrages dans les délibérations des Chambres ou dans les élections.

Si ces délégués de la Couronne, si ces agens intermédiaires subordonnés et dépendans se montrent incapables, c'est par l'évidence des faits que leur incapacité doit être prouvée : si, dans l'exécution, les ministres ne se renferment pas exactement dans les limites des attributions de la Puissance exécutive, s'ils se

---

(*a*) *Voy. ci-dessus, entre autres,* vol. IV, pag. 60 *et suiv.*

rendent coupables d'infractions, de prévarications, d'arbitraire, c'est par l'application franche et non illusoire du Principe de la responsabilité ministérielle, dont bientôt nous aurons lieu de nous occuper, que les Chambres, que les citoyens lésés, doivent pouvoir, sans entraves, provoquer leur destitution et leur répression; mais, sous peine de déchoir, de déroger à leur éminente dignité, de se voir accusés d'agir en factieux, de travailler à jeter le désordre et le trouble dans l'État, les Représentans ne peuvent agir, par des voies indirectes et déloyales quelconques, dans l'unique but de contraindre le Monarque au renvoi de ses conseillers et de ses ministres : renvoi que, dans ce cas, il est à craindre de voir toujours devenir de plus en plus grevant et onéreux pour l'État.

Mais, de ce que le choix et la nomination de ces officiers, appartiennent exclusivement au Roi, en conclura-t-on que l'Acte Constitutionnel ne peut pas soumettre l'exercice de ce droit à l'observation de certaines règles fondamentales et fixes, dictées par la raison et par l'intérêt général et commun de la

Société, de l'État et du Prince ? Si, dans cet intérêt général, le bon sens, la prudence du législateur, peut et doit subordonner l'exercice du droit d'élection à de certaines conditions (a), sans doute il peut, par les mêmes motifs, soumettre le choix du Prince à quelques-unes de ces mêmes garanties constitutionnelles. Si, par exemple, celles de ces garanties qui résultent du domicile, de la fortune, des titres d'époux et de père de famille, et qu'il est sage d'admettre relativement à l'éligibilité des représentans ou députés de la Propriété et de l'Industrie, dans les Chambres nationales et provinciales, ne sont point de nature à recevoir ici une utile application, en est-il de même à l'égard de celles qui résultent de la maturité de l'âge, et même encore de l'admission d'un système d'avancement graduel et progressif ? Ce système est-il moins propre à faire régner l'ordre, la justice, à repousser l'incapacité, l'arbitraire, à stimuler l'émulation, dans la ligne hiérarchique de la Puis-

(a) *Voy. ci-dessus, entre autres*, vol. vi, pag. 59 *et suiv.*; et vol. vii, pag. 197 *et suiv.*

sance exécutive, parmi les préfets, sous-préfets et autres agens de cette branche de l'autorité souveraine, qu'il ne l'est pour produire le même effet, parmi les hommes qui, par leur position, leurs propriétés, leur industrie, se trouvent naturellement appelés à participer un jour, en première ligne, à l'exercice de la Puissance législative? Non, sans doute; et il serait superflu de rappeler, au sujet de ces deux espèces de conditions et de garanties, tout ce que nous avons eu précédemment l'occasion de développer, et qui pourrait se reproduire ici. Il suffit de se demander s'il est naturel et raisonnable que la Constitution d'un peuple sage et éclairé accorde au Roi la faculté de choisir un conseiller, un ministre de vingt ans; il suffit de se demander s'il n'est pas possible que tel qui se verra peut-être repousser du Conseil ou du Ministère à l'époque de sa vie où il eut été temps à peine de l'y appeler, sans qu'après plusieurs années d'exercice et d'administration il ait rien amélioré, rien conçu, rien exécuté de mémorable, n'aurait pas pu, au contraire, devenir capable de favoriser les progrès des lumières, le perfectionnement des institutions, la marche ascendante de la civilisation, et laisser après lui un nom immortalisé par de nobles travaux, si l'âge, avant son admission au point le plus élevé de la hiérarchie consultative ou administrative, avait mûri d'avance son jugement, et mieux réglé l'usage des facultés d'une heureuse et précoce intelligence. « Ne savons-nous pas, par notre propre expérience, qu'il est des idées que le temps seul peut rectifier; que la chaleur dans un jeune homme, n'est souvent qu'un indice de sa candeur naturelle, et qu'on ne serait pas raisonnable d'exiger qu'à vingt ans l'homme fût affecté comme il ne pourra l'être qu'à cinquante » (*a*).

(*a*) Discours de M. Billecocq, à la Bibliothèque des avocats, 1821.

SECTION IV.

Principes relatifs aux Incompatibilités, à l'Exercice, à la Durée des Fonctions de Conseiller-d'État et de Ministre.

Incompatibi-
lité.

IL serait de même superflu de répéter ce que nous avons dit, dans le titre premier de ce chapitre, sur l'incompatibilité des fonctions représentatives, en général, avec toutes les places qui mettent leurs titulaires dans la ligne et sous la dépendance hiérarchique de l'autorité exécutive (*a*). Nous citerons seulement de nouveau, comme un fait dont il est bon de perpétuer le souvenir, qu'un ministre vint à la tribune, dans l'une des dernières sessions, faire l'aveu naïf des opinions contradictoires qu'il trouvait en lui-même, en raison de sa double qualité de ministre et de représentant ; et cela nous donnera lieu d'appuyer sur cette réflexion à laquelle ce même fait a sans doute donné lieu : « Si l'on se plaît tant à rechercher des vices dans la Charte, pourquoi se taire sur l'article 54 qui

---

(*a*) *Voy. ci-dessus*, vol. vi, pag. 192; vol. vii, p. 220.

donne aux ministres le droit d'être députés?
Certes, il est bien absurde de voir un ministre proposer et défendre un projet au nom
du Roi, et quelques instans après, se lever
comme député pour son adoption. Voilà sans
doute l'un des vices qui auraient dû réveiller
la sollicitude du Gouvernement » (a).

Enfin, nous rappellerons brièvement ces
autres considérations également péremptoires.
S'il est vrai que le temps ait des bornes pour
nous, s'il est vrai que les facultés humaines les
plus étendues soient elles-mêmes renfermées
dans des limites assez étroites, de bonne foi en
faut-il davantage pour convaincre des graves
inconvéniens qui doivent résulter de la cumulation des emplois, ne fussent-ils pas de nature
différente et opposée? L'homme le plus éclairé
et le plus actif parviendra-t-il jamais à remplir deux fonctions importantes et qui exigent ou le loisir de la méditation et l'application de l'esprit, ou la force et l'activité du
corps, aussi complètement, aussi utilement que
peuvent le faire deux hommes dont les connaissances seraient moins étendues et la santé

(a) *Voy. ci-dessus*, vol. vi, pag. 200 et 20:.

moins robuste, mais dont toutes les pensées
et les travaux suivront constamment une
même direction et n'auront à remplir qu'un
seul objet? Pourquoi d'ailleurs diminuer ainsi
les moyens d'émulation et de récompense?
Pourquoi accumuler sur quelques individus
les honneurs, les emplois, la fortune, lorsque
tant d'autres citoyens également distingués
par leurs vertus, leurs lumières, leurs talens,
et dont les services seraient profitables à
l'État, se trouvent condamnés à l'inaction et
privés des moyens de servir leur patrie? Quelle
source de désordre, d'injustice! Quel mons-
trueux et préjudiciable abus! Et comment se
peut-il que ceux de la volonté de qui dépend
son redressement n'en sentent pas encore
toute l'utilité, lorsque les publicistes se sont
tant de fois appliqués à la signaler (a)?

C'est même aux emplois éminens qu'il importe d'autant plus de faire l'application de ce
principe d'ordre et d'équité, parce que plus la
place est éminente, et plus elle exige d'assi-

(a) *Voy. ci-dessus*, *entre autres*, vol. v, pag. 358
vol. vi, pag. 201 *et suiv.*

duité, de méditations, de travaux ; parce que
le scandale est d'autant plus révoltant et plus
visible que le lieu où il se passe est plus
élevé : et, certes, ce n'est pas en étendre trop
loin les funestes conséquences, que de lui
attribuer, en très-grande partie, le ralentis-
sement des progrès de l'esprit humain dans sa
marche vers un plus haut degré de perfection
des institutions sociales. L'égoïsme seul, favo-
risé, s'efforcera de fermer les yeux à l'évidence
de cette importante vérité ; mais, malgré l'a-
dresse des sophismes qu'il pourra mettre en
avant, la puissance de l'opinion en triomphera
tôt ou tard. Honneur aux hommes tout-à-la-fois
influens et désintéressés qui dès aujourd'hui
travailleront à la diriger et à préparer de loin
son entier succès !

Par deux décrets, en date du 7 novembre
1789 et du 26 janvier 1790, l'Assemblée
Constituante décida qu'aucun de ses membres
ne pourrait occuper de place dans le Ministère, ni accepter du Gouvernement aucune
place, don, pension, traitement ou emploi,
même en donnant sa démission (*a*).

_____

(*a*) *Voy.* la Collection générale des Décrets rendus

Et l'article 9 de la Constitution d'Espagne, porte que les ministres, les conseillers d'état, et ceux qui ont des emplois dans la maison du Roi, ne peuvent être nommés députés aux Cortès.

Exercice des fonctions de Conseiller-d'État et de Ministre. Traitement qui doit y être attaché.
Le Conseil-d'État et le Ministère sont deux ressorts nécessaires à l'action du Gouvernement, à la Société, à l'État. Les conseillers d'état et les ministres sont les auxiliaires immédiats du trône, de la royauté, mais c'est l'intérêt de la société qui en réclame l'existence ; nous venons de le reconnaître, et nous nous en convaincrons encore dans la seconde division de ce paragraphe : c'est donc à la société d'en supporter les frais. « Le Gouvernement, qui ne peut se passer d'Agens pour exécuter les lois et pour administrer, ne peut se passer de Conseils, dit M. le baron de Cormenin. Il importe donc aux véritables intérêts de l'État qu'il existe un Conseil ; et si l'État en a besoin, l'État doit le payer...

« Si les Agens du Pouvoir exécutif sont sa-

---

par l'Assemblée nationale, tom. 1, pag. 159, et tom. 11, pag. 43.

lariés, pourquoi les Conseils de ce Pouvoir ne le seraient-ils pas également...?

« Le Roi, qui ne paie pas ses ministres, ne doit pas non plus payer le Conseil : car le Conseil n'est pas, à proprement parler, le Conseil de la personne du Roi ; il est le Conseil de son Gouvernement ; il est le Conseil-d'État...

« Il se rencontre des hommes qui, soit orgueil, soit humeur, soit ambition, portent avec impatience le joug du Gouvernement ; ils affectent de considérer tous les fonctionnaires comme autant d'abus ; ils voudraient que tous les emplois fussent gratuits. La politique théorique peut souhaiter l'idéal ; la politique pratique ne veut que ce qui est possible. L'amour de la patrie, la modération, le désintéressement, l'abnégation de soi-même, sont, chez les peuples simples, les vertus du petit nombre ; que sera-ce chez les peuples corrompus...?

« Voici où mènerait ce système, la gratuité des places suppose l'égalité des fortunes : car, sans cette égalité, tous les emplois publics tomberaient nécessairement entre les seules mains des riches.... .

« Ne nous faisons pas illusion : le Gouvernement n'aura beaucoup de serviteurs zélés
qu'autant qu'il leur donnera un salaire ou du
pouvoir. Or, il aime mieux avec raison leur
donner de l'argent que du pouvoir. Il sait trop
ce que coûtent des Parlemens *gratuits*, des
Assemblées provinciales *gratuites;* les choses
s'y font mal, ou s'y font contre lui. La gratuité ou la vénalité des charges mène à leur
hérédité, et leur hérédité à leur indépendance » (*a*).

Et les Conseillers-d'État, les Ministres sont,
par la nature de leurs fonctions, des Agens intermédiaires, subordonnés et dépendans.

Durée
des fonctions
de Conseiller-
d'État et de
Ministre.

Quant à la durée de ces mêmes fonctions
de conseiller d'état et de ministre, on ne
peut contester qu'au Roi seul appartient le
droit de les déléguer et de les révoquer, lorsqu'il le juge convenable; mais, comme on ne
peut pas non plus méconnaître que les facultés de l'esprit et du corps ne s'accroissent,

(*a*) Du Conseil-d'État considéré comme Conseil et
comme Juridiction, dans notre Monarchie Constitutionnelle, tit. ɪɪ, *chapitre unique*, pag. 76, 77, 79 et 80.

ne se fortifient avec l'âge, et ne s'affaiblissent avec lui, on ne devra pas d'avantage révoquer en doute qu'il ne fut d'une utilité réelle pour le Roi lui-même, qu'encore à cet égard il existât un terme légal prescrit par la Loi constitutionnelle et fondamentale de l'État: ce qui, d'ailleurs, à en juger d'après la succession rapide des déplacemens actuels, fera très-rarement obstacle à l'exercice de la *Prérogative;* tandis que toutes les fois qu'une des dispositions de cette Loi Constitutionnelle est elle-même appuyée sur l'une des règles générales et constantes de la nature, il y a lieu d'en tirer l'induction que, sous le point de vue auquel elle se rapporte, cette disposition fondamentale deviendra souvent un frein secourable pour le Pouvoir contre ses propres écarts, ou, bien plus encore, une égide salutaire contre les suggestions auxquelles il est sans cesse exposé.

SECTION V.

De la Responsabilité ministérielle.

« Il faut que le Gouvernement soit tel qu'un citoyen ne
puisse craindre un autre citoyen ».

MONTESQUIEU.

« S'il arrive une époque où le Monarque puisse soustraire
ses agens à la Responsabilité, l'État a cessé d'être constitué ».

J. P. PAGÈS.

« En fait de Responsabilité, plus elle est concentrée, plus
elle est réelle »,   M. le Général FOY, *Député.*

EXAMINONS successivement les trois propositions que nous prenons ici pour épigraphe.

1° La première, « le Gouvernement doit être
tel qu'un citoyen ne puisse craindre un autre
citoyen», ne saurait être contestée : ainsi, c'est
plutôt le moyen d'assurer la garantie et l'exécution du principe, que sa démonstration,
qui doit nous occuper. Or, ce moyen, c'est la
Responsabilité Ministérielle; et c'est cet autre
Principe, qu'en droit il nous faut établir et
consacrer.

Pour y parvenir, rappelons ce que nous
avons précédemment exposé, que, dans une

Monarchie Constitutionnelle , l'Inviolabilité du Monarque est un Principe fondamental et sacré ; que , sous cette forme de Gouvernement , cette Inviolabilité constitutionnelle du Monarque est fondée sur le droit , la raison , la justice , sur l'intérêt évident de la société (*a*).

Ajoutons qu'à cet égard la reconnaissance , la consécration du Principe serait de même totalement insuffisante ; qu'il faut encore , et par-dessus tout, rechercher et mettre à exécution les moyens véritables de le faire respecter ; et que , sans l'entière , stricte et religieuse observation de cette autre règle constitutionnelle et fondamentale , la responsabilité ministérielle , celle de l'Inviolabilité du Prince ne sera jamais complètement garantie et assurée. Par-tout où agit l'injustice , la répression doit se manifester, c'est une loi de la nature : ainsi , souvent les conséquences les plus désastreuses se rattachent , par une correspondance plus ou moins indirecte et invisible , à la violation d'un Principe d'ordre et d'équité ; et cela, par une suite si néces-

_____

(*a*) *Voy. ci-dessus*, vol. vii, pag. 470 *et suiv.*

saire des faits antérieurs ou concurrens, qu'il serait inutile et infructueux de prétendre l'éviter et s'en affranchir. Voilà pourquoi la véritable sagesse, celle du Législateur surtout, doit s'attacher à préparer, à diriger d'avance le cours des événemens suivant les règles de l'équité et de l'ordre, afin de ne pas s'exposer à tous les désastres qui doivent résulter d'une marche contraire, et de ne pas se livrer à tous les embarras, à toutes les anxiétés, à toutes les incertitudes d'une lutte pénible et préjudiciable, dans laquelle il ne peut opposer que de faibles et insignifians obstacles aux crises funestes des circonstances et des révolutions. La responsabilité du grand-visir et autres officiers et délégués du Grand-Seigneur n'étant admise et fixée par aucune règle fondamentale, le Despote se voit forcé d'immoler ces ministres à la fureur, au caprice des janissaires ou du peuple; ce qui n'empêche pas que souvent il ne devienne lui-même la victime des insurrections.

« Ainsi, dit l'auteur d'un écrit sur la question qui nous occupe, ceux qui craignent la Responsabilité des ministres, désirent de mettre

un terme à l'Inviolabilité du Roi; et ceux qui
s'épouvantent à l'aspect d'un ministre traduit
en justice..., ouvrent, pour soustraire le coupable à sa peine, la porte aux révoltes et aux
révolutions : car, lorsqu'il n'est point de juge
avoué, de commun modérateur sur la terre,
il faut, comme Jephté, recourir au jugement
de dieu » (*a*).

On peut encore rattacher ici cette réflexion
de M. le comte de Laborde, maître des requêtes au Conseil-d'État, en son Traité de
l'Esprit d'association dans tous les intérêts de
la communauté : « Une famille inamovible et
héréditaire ne laisse, dit-il, aucune atteinte
aux passions, aucun désir ou possibilité de
changement : car l'action seule dont on pourrait se plaindre à son égard, est attaquable
et mobile dans l'existence des ministres à qui
elle est confiée, et qui seuls en sont responsables. L'autorité royale est mise à l'abri de
toute atteinte des classes élevées, de toute
révolte des peuples; le rang suprême, placé

(*a*) De la Responsabilité Ministérielle, etc., par M. J.-P.
Pagès, pag. 45 et 46, 1818.

ainsi hors des intérêts et des plaintes, conserve tout son éclat, quoique le pouvoir ait perdu son arbitraire » (a).

Et non-seulement ce principe de la Responsabilité ministérielle est une garantie réelle de l'Inviolabilité du Monarque, et l'un des préservatifs les plus efficaces contre les révolutions; mais il faut dire que son observation serait favorable aux ministres eux-mêmes. Il deviendrait alors pour eux une sorte de refuge contre le caprice, l'arbitraire et la tyrannie du Prince.

A la vérité, ce sont bien les ministres qui excitent le plus souvent les Rois à dépasser les bornes de leur autorité pour s'emparer du Pouvoir absolu, parce qu'il leur est plus facile de pallier leurs fautes ou leurs exactions aux yeux d'un seul, qu'en présence de Corps constitués et de Chambres représentatives, desti-

---

(a) De l'Esprit d'Association dans tous les intérêts de la Communauté, ou Essai sur le complément du bien-être et de la richesse en France par le complément des institutions, par M. le comte Alexandre de Laborde, membre de l'Institut (*Académie des Inscriptions*), etc., tom. 1, liv. 1, chap. 11, pag. 15 et 16.

nés à surveiller leur conduite, et à éclairer
l'opinion publique sur les résultats de leur administration; parce qu'il leur est plus facile de
faire adopter leurs vues et leurs projets par
un seul homme dont ils peuvent chaque jour
étudier le caractère et flatter les faiblesses,
que par une Assemblée de mandataires, de
députés dont la plupart seront impassibles et
fermement déterminés à faire respecter les
lois, l'ordre, l'équité, et dont quelques-uns
conserveront peut-être encore le désir pas-
sionné, l'idée de les trouver en faute, de les
faire déclarer coupables. « Les ministres les
plus libéraux, dit M. le baron de Cormenin,
sont gâtés par l'exercice du pouvoir; dans un
grand empire, où les difficultés de l'administration sont nombreuses et veulent être facilement applanies, où les plus beaux projets
exigent souvent un plan uniforme, du secret
dans leur développement, et le sacrifice de
quelques intérêts individuels et locaux, où
le salut de l'État, veut que tous les partis se
concilient ou se taisent, les ministres redoutent les lenteurs des Assemblées délibérantes,
les résistances et les indiscrétions de la tri-

bune ; ils voudraient secouer les incommodités d'un tel joug, et se laissent entraîner au despotisme, souvent à leur insu, et par l'illusion même du bien public » (a).

Mais, d'un autre côté, quel puissant ascendant la volonté d'un Roi n'exerce-t-elle pas sur la conduite d'un ministre, agent subordonné et dépendant par position, par devoir, par sentiment ; et, dans son intérêt propre, comme dans l'intérêt du prince et de la société tout entière, la Constitution ne doit-elle pas du moins élever un rempart, afin de le protéger contre de si dangereuses et si fréquentes séductions.

Néanmoins, jusqu'ici, les publicistes et les législateurs les plus sages avaient plutôt envisagé l'utilité du principe de la responsabilité ministérielle sous le premier de ces rapports que sous le second. L'auteur d'un ouvrage publié, il y a près d'un siècle, s'exprimait ainsi : « C'est d'ordinaire par l'inspiration d'un ministre trop absolu que le prince

---

(a) Du Conseil-d'État envisagé comme Conseil et comme Juridiction, etc., tit. ɪ, chap. ɪɪɪ, pag. 26 et 27.

défend toute réflexion sur ses édits. Ils sont l'ouvrage de ce ministre qui ne veut être ni éclairé ni contredit, qui ne peut souffrir que son autorité soit balancée par celle d'aucun tribunal, et qui s'applique à humilier ce qu'il y a de plus grand et de plus ferme dans l'État, pour y régner sous le nom de son maître.

« Ce ministre a souvent des vues particulières opposées au bien public, et quand ses intentions seraient toujours pures, il n'a pas une telle sagesse, ni une telle étendue d'esprit, qu'il n'ait besoin d'aucune autre lumière.....

« Quand le ministre a su imposer silence à tout le monde et rendre son maître l'exécuteur de ses volontés, il passe souvent jusqu'à lui ôter la peine d'en être instruit. Il fait lui seul la disposition d'un arrêt, d'un règlement, d'un édit. Il le présente au Prince pour le signer, avec la même confiance qu'il le présenterait à son secrétaire, et il compte si fort sur sa complaisance ou sur sa paresse, qu'il donne quelquefois à l'imprimeur un projet dont le Prince n'a pas encore entendu la lecture.

« Cependant tout fléchit sous le pouvoir
arbitraire d'un serviteur, parce qu'il a su
persuader à son maître que l'obéissance est
l'unique vertu des premiers juges, et qu'elle
doit être aveugle à tel point qu'elle ne s'in-
forme pas même si c'est lui qui commande
ou si un autre a pris sa place ; et il arrive
ainsi, que plus un prince affecte d'être absolu,
plus il montre au public la dépendance où le
tient son ministre ». (a).

Aussi, à cette époque déja et bien plus
anciennement, les Anglais disaient-ils que le
Roi ne peut errer, ni faire tort à personne,
que la faute et la peine retombent et doivent
retomber en effet sur ses Conseillers et ses
Ministres, qui sont obligés de donner leurs
avis au Prince, de lui refuser leur obéissance
lorsqu'il exige des choses injustes, et de renoncer plutôt à leurs charges que d'obéir à
un Roi qui ordonne quelque chose de contraire aux lois.

_____

(a) Institution d'un Prince ou Traité des qualités, des
vertus et des devoirs d'un Souverain, tom. 1, 2ᵉ part.,
chap. VII, *art.* 2 , § 11, 12 et 13, et même chap., § 2,
et suiv.

Et pourtant, « L'amour du pouvoir est tel, dit Helvétius, qu'en Angleterre même, il n'est presque point de ministre qui ne voulut revêtir son prince du pouvoir arbitraire. L'ivresse d'une grande place fait oublier au ministre, qu'accablé lui-même sous le poids du pouvoir qu'il édifie, lui et sa postérité en seront peut-être les premières victimes » (*a*).

Ailleurs il dit encore : « Le pouvoir arbitraire dont quelques monarques paraissent si jaloux, n'est qu'un luxe de puissance qui, sans rien ajouter à leur félicité, fait le malheur de leurs sujets. Le bonheur du prince est indépendant de son despotisme. C'est souvent par complaisance pour ses favoris, c'est pour le plaisir et la commodité de cinq ou six personnes, qu'un souverain met son peuple en esclavage et sa tête sous le poignard de la conjuration...

« Pourquoi le mérite est-il toujours suspect au ministre inepte? D'où vient sa haine pour les gens de lettres? De ce qu'il les regarde

---

(*a*) De l'Homme et de son Éducation, tom. 1 . p. 297.

comme autant de fanaux propres à éclairer ses méprises » (*a*).

Suivant M. de Montesquieu « Si, dans un État libre, la Puissance législative ne doit pas avoir le droit d'arrêter la Puissance exécutrice, elle a le droit et doit avoir la faculté d'examiner de quelle manière les lois qu'elle a faites ont été exécutées ; et c'est l'avantage qu'a ce Gouvernement sur celui de Crète et de Lacédémone, où les *Cosmes* et les *Ephores* ne rendaient point compte de leur administration.

« Mais, quel que soit cet examen, le Corps législatif ne doit pas avoir le droit de juger la personne, et, par conséquent, la conduite de celui qui exécute. Sa personne doit être sacrée, parce qu'étant nécessaire à l'État pour que le Corps législatif n'y devienne pas tyrannique, dès le moment qu'il serait accusé ou jugé, il n'y aurait plus de liberté. Dans ces cas, l'État ne serait point une monarchie, mais une république non libre.

(*a*) De l'Homme et de son Éducation, tom. 1, sect. 4, chap. **xv**, pag. 347 : et tom. III, pag. 48.

« Mais comme celui qui exécute, ne peut exécuter mal sans avoir des conseillers méchants, et qui haïssent les lois comme ministres, quoiqu'elles les favorisent comme hommes ; ceux-ci peuvent être recherchés et punis. Et c'est l'avantage de ce Gouvernement sur celui de Gnide, où, la loi ne permettant point d'appeler en jugement les *amimones* (*a*), même après leur administration (*b*), le peuple ne pouvait jamais se faire rendre raison des injustices qu'on lui avait faites » (*c*).

Nous pourrions encore invoquer l'autorité de plusieurs auteurs qui reconnaissent cette doctrine ; mais nous ne pourrions rien citer qui soit d'un plus grand poids que ce qu'a exposé M. le comte de Lally-Tollendal, dans le développement de la proposition par lui faite sur ce sujet, à la Chambre des Pairs, dans la session de 1816. Voici comment il

---

(*a*) C'étaient des magistrats que le peuple élisait tous les ans. — *Voy*. Étienne de Bisance.

(*b*) On pouvait accuser les magistrats romains après leur magistrature. *Voy*. dans Denys d'Halicarnasse, liv. ix, l'affaire du tribun Génutius.

(*c*) Esprit des Lois, liv. xi, chap. vi.

s'exprime dans plusieurs passages où il envisage la question sous ses différentes faces : « L'Inviolabilité royale et la Responsabilité ministérielle sont deux principes indivisibles et qui se tiennent. Si, dans des règnes privilégiés, l'incorruptibilité de la Puissance souveraine résulte du caractère et des vertus du Souverain, il n'en est pas moins vrai qu'en thèse-générale, le dogme sacré qui prononce que *le Roi ne peut mal faire*, repose nécessairement sur cet autre dogme que *les ministres sont responsables de tout le mal qui se ferait ;* et je n'ai pas le plus léger doute que ces principes ne soient ceux du Gouvernement actuel....

« Pour que celui qui doit rester toujours souverain, ne puisse dans aucun cas devenir responsable, il faut que ses ministres le soient dans tout ce qui intéresse la propriété, la liberté, la sûreté des sujets....

« Qu'on ne s'y trompe pas. La Responsabilité, et c'est ici un point de vue sous lequel on ne la considère pas assez, la Responsabilité défend un ministre bien plus qu'elle ne l'expose. Elle ne le défend pas seulement en

étant pour lui un avertissement perpétuel de
ne pas laisser endormir sa vigilance, en le
mettant en garde contre les tentations vul-
gaires et les passions injustes, contre les faiblesses même excusables de la nature humaine ; elle le défend encore en ce qu'elle
lui donne à-la-fois et le droit et le moyen de
résister à des sollicitations, à des directions
qu'un crédit transcendant, que des autorités,
que la plus haute des autorités quelquefois,
rendraient toutes-puissantes sur l'esprit de
l'administrateur et très-préjudiciables à la
chose administrée....

« En trois mots, la Responsabilité ministérielle défend le Prince contre le ministre,
le ministre contre le Prince, et la nation
contre l'abus....

«Aussi les ministres distingués par la pureté
de leur conscience et l'élévation de leurs sentimens, sont-ils loin de redouter, loin de
ne jamais prendre que dans une acception
odieuse, ce mot de *Responsabilité.* Ouvrez les
journaux européens de notre temps ; et vous
verrez combien un des grands ministres du
siècle jouissait et s'honorait tout-à-la-fois de

donner une preuve de plus de sa loyauté envers son roi et de son dévouement pour sa
patrie en appelant sur sa tête la responsabilité
la plus rigoureuse.... J'en entendais un, il y a
deux ans (*a*); c'était la sagesse et la vertu per-
sonnifiée; et il disait *qu'il n'aurait pas accepté le ministère, s'il n'eût pas dû être responsable* » (*b*).

2° Ce ministre même dont l'auteur de l'Esprit des Lois dit *quand cet homme n'aurait
pas eu le despotisme dans le cœur, il l'aurait
eu dans la tête* (*c*), le cardinal de Richelieu (*d*)

(*a*) M. Mallouet, ministre de la Marine.

(*b*) (Chambre des Pairs, séance du 10 décembre 1816.
Moniteur du 12 janvier 1817).

— « Quant à un ministre lui-même, dit M. Bentham,
plus il sera intègre, moins il aura besoin d'une confiance
illimitée; et l'on peut affirmer sans paradoxe que plus
il la mériterait, moins il désirerait de la posséder ».
(Princip. du Code pén., tom. III, 4ᵉ part., chap. xxi,
pag. 175).

(*c*) (Esprit des Lois, liv. v, chap. x).

(*d*) Le fait suivant peut donner une idée de la politique
de ce ministre célèbre. Il écrivait un jour un projet *pour
exciter une révolution en Portugal*. Un homme pour
lequel il avait quelque amitié est introduit dans son cabinet. Le cardinal couvre son projet d'une main de marbre.

convient, dans son Testament politique, qu'un
ministre peut être accusé. Il ne se trompe
que sur le mode d'accusation; et la question
tout entière gît, il est vrai, dans ce point important. Car, en général, il ne suffit jamais
de rendre un hommage insignifiant et stérile
aux Principes ; il faut sur-tout adopter un
mode d'exécution qui ne les rende pas chimé-
riques et illusoires dans leur application: et
sous ce point de vue, après avoir reconnu la
nécessité de la Responsabilité ministérielle, la
première question à examiner est celle de savoir envers qui les ministres sont responsables.

A cet égard, nous rappellerons d'abord la

Un grand personnage arrive, le cardinal s'entretient avec
lui et le reconduit. En rentrant dans son cabinet, il
trouve l'homme qu'il aimait dans le lieu où il s'était
retiré, par respect pour le ministre et pour le grand
seigneur, pendant leur conversation : ce qui n'empêcha
pas que le ministre qui supposa que son ami avait eu la
possibilité de lire son projet, ne le fit mettre à la Bas-
tille; et ne l'y retînt au plus rude secret, *jusqu'à ce que
la conjuration de Portugal eût éclaté.*

Alexandre, s'apercevant de l'indiscrétion de son ami,
se contenta de lui poser son cachet sur la bouche pour
lui recommander le secret.

première partie du passage de l'Esprit des Lois, que nous venons de citer. « Si, dans un État libre, dit M. de Montesquieu, la Puissance législative ne doit pas avoir le droit d'arrêter la Puissance exécutrice, elle a droit et doit avoir la faculté d'examiner de quelle manière les lois qu'elle a faites ont été exécutées ».

Nous invoquerons aussi de nouveau le développement de la proposition de M. le comte de Lally-Tollendal, dans lequel nous avons déjà trouvé l'appui d'une grande autorité. C'est en ces termes qu'il s'exprime : « Le souverain, dit-on, n'est-il pas toujours là pour surveiller comme pour commander ? La puissance et la vigilance royales ne sont-elles pas toujours en activité pour demander compte à ceux à qui elles donnent les ordres ?

« Posons le principe : les ministres sont tout-à-la-fois responsables envers le Roi, dont ils sont les serviteurs et dont ils exercent l'autorité, et envers la nation dont ils régissent les destinées et dont ils administrent les tributs.

« Ces deux genres de Responsabilité se garantissent l'un l'autre. Ainsi la Responsabilité périodique envers la nation garantit au Roi que

les ministres ne chercheront point à le tromper.
Trop de regards les observent; trop de voix
les dénonceraient à leur maître et à leur pays.

« La Responsabilité de tous les jours envers
le Roi, garantit à la nation un ordre constant
et une vigilance perpétuelle de son souverain,
quand ses représentans sont séparés comme
quand ils sont réunis.

« Si les ministres n'avaient qu'à répondre
aux députés de la nation, d'un côté la surveillance serait trop long-temps interrompue,
et de l'autre la dignité, l'autorité, la puissance royale, souffriraient trop de cette exclusion. Ce serait alors que les ministres paraîtraient être ceux du peuple et non ceux du
roi. C'est alors que l'unité monarchique serait
compromise, et avec elle le salut de l'État,
qui ne peut s'en passer.

« Si les ministres ne répondaient qu'au Roi,
ils n'auraient qu'un seul homme à tromper,
qu'un seul homme à séduire : le Trône et
l'État seraient à la merci d'une faute ou d'un
délit ministériel.

« Que si les ministres étaient séduits, au
lieu de séduire; si, par faiblesse, ils trahis-

saient leur maître, en craignant plus de lui
déplaire que de lui nuire, que deviendrait la
responsabilité d'un ministre, qui ne répondrait d'une mesure qu'à la seule autorité qui
la lui aurait commandée » (a)?

Enfin, plus récemment encore, dans la session de 1818, un ministre, M. le Garde-des-
Sceaux, disait à la Chambre des Députés:
« Dans un pays où règnent les lois, lorsqu'en
vertu de son inviolabilité constitutionnelle,
le Chef suprême de l'État est élevé au-dessus
de toute recherche pour les actes de son Gouvernement, c'est à ceux à qui est confié l'exercice de son autorité, qu'il est imposé d'en
rendre compte à la justice publique, non
moins inviolable que la souveraineté même.
Grace à ce partage salutaire, c'est du trône
qu'émane tout acte d'équité, de protection,
de clémence, d'un usage régulier du pouvoir;
c'est aux ministres seuls que doivent être im-
putés l'abus, l'injustice, la malversation. Ainsi,
tandis que la reconnaissance des peuples monte

_____

(a) Développement de la proposition de M. le comte
de Lally-Tollendal, relativement à la Responsabilité ministérielle. — Moniteur du 12 janvier 1817.

droit au prince, comme à la source de tout
bien, les réclamations, les plaintes, le soupçon
même d'avoir fait, pensé ou conçu le mal,
ne peuvent approcher de son auguste personne ; et les accusations sachant où s'adresser, ne courent point le risque de s'égarer
témérairement et d'affaiblir les plus fermes
liens de l'ordre public, en violant le respect
dû à la Majesté Suprême....

« Cette nécessité de répondre à la nation de
l'exercice de l'autorité, n'effraiera pas un ministre homme de bien : loin de là, cette nécessité fera sa force ; elle le défendra contre
les sollicitations et les influences qui pourraient l'écarter de la règle invariable que lui
trace la loi de l'intérêt public. Dans les occasions les plus difficiles, son incorruptible fer-
meté sera soutenue par l'idée du compte sé-
vère qu'il peut être appelé à rendre un jour.
Plutôt que de trahir sa conscience, il ne ba-
lancerait pas à déposer un pouvoir dont la loi,
s'il le conservait au prix de la faiblesse et de
la honte, ne manquerait pas de dépouiller un
ministre prévaricateur » (*a*).

_____

(*a*) Discours de M. le Garde-des-Sceaux, lors de la

Cette seconde règle admise, que les ministres ne sont pas responsables seulement
envers le roi, mais envers l'État, envers la
Société tout entière, il reste encore à examiner une autre question, ou plutôt un fait,
qui s'y rattache directement.

Nous disons un simple fait plutôt qu'une
véritable question de droit : car, quelle contradiction, quelle plus grande inconséquence,
quelle absurdité plus choquante, que d'admettre le Principe de la Responsabilité des ministres tel que nous venons d'en voir l'utilité,
et de subordonner la possibilité de leur mise
en accusation à une autorisation quelconque
du Chef de la Puissance exécutive! N'est-ce
donc pas là édifier et abattre, reconnaître et
anéantir tout-à-la-fois le principe? N'est-ce pas
du moins chercher de la manière la plus évidente à en éluder l'application, et rappeler
sur le Roi lui-même le poids de cette responsabilité, qui, dans une monarchie bien

présentation du projet de loi sur la Responsabilité ministérielle.—Chambre des Députés. — Séance du 28 janvier
1819. — Moniteur du 29.

constituée, ne peut exister à son égard, sans
faire crouler le principal fondement du Gouvernement? Est-il présumable que le Roi accordera l'autorisation, soit que lui-même ait
fait exécuter par son ministre un acte arbitraire de sa propre volonté, soit qu'au contraire le ministre soit parvenu à le circonvenir
et à obtenir son approbation? Une telle in-
cohérence entre le principe et son application
ne peut subsister que sous un Gouvernement
qui tend d'une manière indirecte, mais visible,
vers le despotisme, et l'on sait assez quels sont
les imminens dangers attachés à la nature de
ce funeste Gouvernement. Les hommes pré-
voyans et dont les vues sont droites se réuniront donc pour combattre et redresser cette
inconstitutionnalité. « Sous l'ancienne monarchie française, dit M. Necker, jamais un parlement, ni même une justice inférieure,
n'aurait demandé le consentement du Prince
pour sévir contre une prévarication connue
de la part d'un agent public, contre un abus
manifeste du pouvoir; et un tribunal particulier, sous le nom de Cour des Aides, était
juge ordinaire des droits et des délits fiscaux,

et n'avait pas besoin d'une permission pour s'acquitter de ce devoir dans toute son étendue » (a).

— « Si, dans l'exercice de leurs fonctions, dit-il encore, les agens ordinaires et extraordinaires du Gouvernement, qu'une lettre d'un ministre, d'un préfet, d'un lieutenant de police, suffit pour créer, sont tous hors de l'atteinte de la justice, à moins d'une permission spéciale de la part du prince, le Gouvernement aura dans sa main des hommes qu'un tel affranchissement rendra fort audacieux, et qui seront encore à couvert de la honte par leur dépendance de l'autorité suprême. Quels instruments de choix pour la tyrannie » !

Madame de Staël fait, en citant ce dernier passage, la réflexion suivante : « Ne dirait-on pas que M. Necker, écrivant ces paroles, prévoyait ce que l'empereur a fait depuis de son Conseil-d'État? Nous avons vu les fonctions de l'Ordre judiciaire passer par degrés dans les mains de ce Pouvoir administratif, sans

_____

(a) Dernières vues de politique et de finance, pag. 53 et suiv.

responsabilité comme sans bornes; nous l'a-
vons vu même usurper les Attributions législatives, et ce Divan n'avait à redouter que son
maître » (a).

Cette réflexion de madame de Staël, ce
reproche relatif à l'usurpation des attributions
législatives, et à l'envahissement successif des
fonctions de l'Ordre judiciaire, s'applique essentiellement et justement au Conseil-d'État;
mais ce qui concerne le Principe de la Responsabilité, regarde exclusivement les ministres; car nous aurons bientôt lieu de reconnaître que les conseillers-d'état, par la nature
même de leurs fonctions, purement consultatives, ne peuvent être soumis à une véritable responsabilité, lorsque la constitution
les renferme dans les limites de ces attributions.

Quant au fait qui nous occupe, considéré
uniquement à l'égard des ministres, on voit
dans quel sens on a pu dire : « S'il arrive une
époque où le monarque puisse soustraire ses

(a) Considérations sur les princip. évén. de la Révol.
franç., tom. ii, pag. 290.

agens à la responsabilité, l'État a cessé d'être
constitué » (*a*).

3° Un autre moyen de rendre le Principe
de la Responsabilité insignifiant, illusoire et
sans application, c'est de déclarer cette Responsabilité solidaire. Une Responsabilité de
Corps sera toujours vaine et chimérique : car,
indépendamment de l'influence qu'il lui est
facile d'exercer pour paralyser l'action de la
justice, un tel système de solidarité choque
évidemment la justice, la raison ; les peines en
effet doivent être personnelles toutes les fois
que les fautes le sont ; c'est un principe incontestable de droit public (*b*) : et jamais il
ne sera ni juste ni même possible de condamner tout un ministère, pour les infractions
et les crimes de l'un de ses membres.

On conçoit bien qu'à la rigueur le Prince

(*a*) (Principes généraux de Droit politique dans leurs
rapports avec l'esprit de l'Europe et avec la Monarchie
constitutionnelle, pag. 430, par M. J. P. Pagès).

Voy. aussi de la Responsabilité ministérielle et de la
nécessité d'organiser le mode d'accusation et de jugement
des ministres, pag. 20, par le même auteur.

(*b*) *Voy. ci-dessus*, tom. 1, pag. 347 *et suiv.*

puisse prendre l'engagement de ne jamais
changer un membre du ministère sans renvoyer en même temps le ministère tout entier,
et encore est-il fort douteux qu'un semblable
engagement reçût une longue exécution, par
cela seul qu'il s'éloigne déja des règles d'une
exacte équité, et que tout ce qui s'écarte de
cette base ne peut manquer de tomber en
désuétude et dans l'oubli. Ce qui s'est passé
plusieurs fois en France, depuis la restauration, en est une preuve frappante et assurément très-péremptoire.

Mais, quant à l'application d'une peine quelconque, conséquence possible de l'exécution
du principe, il y aurait lieu bien moins encore
d'y avoir confiance, dans le cas de cette solidarité; et l'on pourrait jusqu'à un certain point
appliquer ici ce que dit M. Bentham, dans un
chapitre ayant pour titre : *Précautions générales contre les abus d'autorité* : « Un Corps
nombreux peut compter sur une sorte de dé-
férence de la part du public, et se permet des
injustices auxquelles un administrateur unique
n'oserait se livrer. Dans une confédération de
plusieurs, les uns peuvent rejeter sur les autres

l'odieux d'une mesure. Elle est faite par tous, et
elle n'est avouée par personne. La censure publique s'élève-t-elle contre eux? plus le Corps
est nombreux, et plus il se fortifie contre l'opinion du dehors, plus il peut aspirer à former
un État dans l'État, un petit public qui a son
esprit particulier, et qui protége par ses ap-
plaudissemens ceux de ses membres qui auraient encouru la disgrace générale.

« L'unité, dans tous les cas où elle est possible, c'est-à-dire dans tout ce qui n'exige pas
une réunion de lumières et un concours de
volontés, comme un Corps législatif; l'unité,
dis-je, est favorable, parce qu'elle fait peser
toute la Responsabilité, soit morale, soit légale, sur la tête d'un seul » (a).

M. de Barante, pair de France et directeur-
général des contributions indirectes, lors de
la discussion de la loi des finances, dans la
session de 1817, a dit aussi que, « Pour être
efficace, la Responsabilité doit être personnelle; elle disparaît derrière les délibérations

_____

(a) Principes du Code pén., tom. III, 4ᵉ part., ch. XXI
pag. 163.

collectives; on ne la saisit plus que difficile-
ment quand elle se divise. Toutes les fois
donc que vous substituerez la délibération de
plusieurs à l'action et à l'autorité d'un homme
responsable, vous diminuerez les garanties
publiques » (a).

On lit, dans un ouvrage déja cité dans cette
section, l'exposé des mêmes vérités : « Pour
que la peine fût collective, ne faudrait-il pas
que le délit fût collectif, et que toutes les affaires fussent traitées en Conseil? Pourquoi
vouloir rendre un ministre responsable d'un
fait qu'il ignore, comptable d'un acte auquel
il n'a point coopéré? Pourquoi priver le Roi
de plusieurs conseillers utiles, lorsqu'il suffit
de punir un ministre pervers?

« Interrogerons-nous l'intérêt de la nation?
Qui ne voit qu'elle perdrait la garantie que la
Charte lui a donnée en proclamant les ministres
responsables? Qui ne voit qu'on lui enlèverait
un gage de sécurité dont la propriété, l'industrie, le génie du siècle, ont besoin? Qui ne
voit enfin que la solidarité rendrait la respon-

(a) *Voy.* le Moniteur du samedi, 10 avril 1818, n° 108.

sabilité infructueuse, puisqu'un corps moral ne peut offrir qu'une responsabilité morale?

« Sans doute le but de ceux qui propagent ce système n'est point de ruiner la Royauté ou d'exposer les ministres innocens, quoique cela dût infailliblement arriver; ils veulent que le ministre coupable échappe à sa peine; car quel châtiment, autre que la dissolution, pourrait-on prononcer contre le ministère, envisagé comme unité morale? » (a)

C'est donc ainsi que doit s'interpréter notre troisième proposition, empruntée d'un discours de M. le général Foy, dans la session de 1821, séance du 15 février 1822 : « En fait de Responsabilité, plus elle est concentrée, plus elle est réelle » (b).

—

Nota. Pour compléter ce qu'il importe de dire sur cette matière, il reste à traiter du mode d'accusation et de jugement, et il convient de faire remarquer que ce mode d'accusation et de juge-

---

(a) De la Responsabilité ministérielle, etc., par M. J. P. Pagès, 1818, pag. 40 et 41.

(b) *Voy.* le Courrier Français, du 16 février 1822, n° 47.

ment réclame impérieusement l'application des
Principes fondamentaux de l'Organisation Constitutionnelle, la Distinction des trois Pouvoirs, l'Indépendance de la Puissance judiciaire, et celle de
plusieurs autres Principes secondaires que nous
n'avons point encore eu lieu de développer.

Hors de l'observation de ces Principes, tantôt la
Responsabilité des ministres sera encore chimérique, tantôt elle les livrera, ainsi que l'histoire en
offre plus d'un exemple, à tous les dangers des
passions et de l'arbitraire.

Mais cette Distinction des Pouvoirs servant de
base au plan et à la rédaction de la Science du Pu-
bliciste, comme elle devrait en servir à la Constitution même, ce n'est que dans le titre III de ce
second chapitre, que le complément de cet article
peut être convenablement examiné.

Nous croyons devoir seulement ajouter ici quelques autres réflexions que nous avons extraites
du développement de la proposition de M. le comte
de Lally-Tollendal, spécialement au sujet de la
nécessité et de la publicité des comptes, considérées
comme accessoires de la Responsabilité ministérielle, et aux dangers, à l'irrégularité, à l'injustice
des modes d'accusation et de jugement auxquels
cette Responsabilité a anciennement donné lieu en
Angleterre ainsi qu'en France. « Les exactions arbitraires, la dilapidation des deniers publics, l'alté-

ration des monnaies, dit l'honorable Pair, ont entaché autrefois le nom de Philippe-le-Bel, ont terni sa valeur et souillé sa majesté, ont fait naître, en 1314, la ligue des nobles et des communes du royaume. Si la Responsabilité ministérielle eût été connue alors, on n'eût vu ni cet abus de la puissance, ni cette dégradation de la Majesté royale, ni ces ligues, ces proclamations, ces insurrections contre l'autorité....

« Être responsable, n'est pas sans doute se voir livrer exclusivement à la censure; mais c'est ne pouvoir se refuser arbitrairement à tout examen. C'est par conséquent avoir un compte à rendre....

« Sans un examen régulier, annuel, périodique de la conduite, comment parviendrait-on à la découverte de ce délit dont on voudrait exiger un commencement de preuve pour donner naissance à la Responsabilité ministérielle.

« Cette Responsabilité, d'ailleurs, n'a-t-elle donc uniquement pour objet que de punir les abus? sa plus grande utilité n'est-elle pas de les prévenir?

« L'examen que subit, le compte que rend un ministre, en vertu de la loi de Responsabilité, peut lui rapporter, et lui rapportera probablement à l'avenir des témoignages de satisfaction et de reconnaissance bien plus souvent qu'une note de censure ou un jugement de condamnation....

« Mais répétons toujours, qu'il n'y a de ministre

responsable que celui qui est comptable : séparez ces deux mots l'un de l'autre, le premier n'a plus de sens.

« Que si leur union est indispensable dans tous les départemens et sur tous les objets capitaux d'administration publique, à combien plus forte raison, en matière de finances....

« Sans ce droit exercé avec sagesse et loyauté, mais exercé annuellement, mais exercé d'après les principes d'une responsabilité complète et régulière, à laquelle les ministres eux-mêmes soient tout-à-la-fois rassurés et honorés de se soumettre ; il ne peut y avoir ni sécurité entière, ni garantie constante pour la fortune publique.

« Et qu'on ne fasse pas à cette vraie garantie, à cette légale Responsabilité, l'injure de les assimiler avec ce qu'on a nouvellement appelé *l'Ancienne Responsabilité*, celle qui, sans principe légal et sans utilité publique, disparaissant et se montrant tour-à-tour au gré des passions et des factions, a semé, en effet, çà et là, dans le cours de trois siècles, plus de vingt procès criminels, c'est-à-dire, plus de vingt commissions extraordinaires, et presque autant de ministres victimes.

« J'ai voulu les revoir, un à un, ces vingt et tant de procès : j'ai voulu en faire l'analyse ; je l'ai faite... Jetons un voile épais sur leurs détails. J'aime mieux retrancher quelque chose à la force de mes argu-

6.

ments, et vous épargner de trop pénibles impressions. Qu'il me suffise de dire que, dans tous ces procès, j'ai cherché en vain et des actes de la justice royale et des garanties de la fortune publique. Les uns ont été dirigés contre les rois autant que contre leurs ministres, et ont versé le sang de l'innocence. Les autres, même en frappant des têtes coupables, ont attiré sur elles l'intérêt des hommes justes, par l'iniquité des procédures, la disproportion, et quelquefois l'atrocité des peines. Fouquet lui-même, si voisin de nous, quand son délit était peut-être certain, on l'a rendu problématique, en ne voulant pas qu'il fût légalement prouvé. Mais Marigny! mais Jacques-Cœur! mais Poncher! mais Semblançay! comment leur souvenir peut-il être rappelé sur la question actuelle autrement que pour fournir des argumens toujours invincibles à l'appui de la Responsabilité, de la Comptabilité ministérielle, telles que nous les définissons....? non, je ne m'enfoncerai pas une fois de plus dans cette liste de tant de malheureux ministres, où même les coupables le paraissent moins que leurs juges.... Je ne sais si cette longue et funèbre nomenclature, mise à la place d'une responsabilité régulière, peut rassurer quelques personnes; mais, pour moi, je sens le besoin d'être rassuré contre elle. Je sens le besoin d'une sécurité pour les ministres, comme d'une sécurité contre eux. Plus cette double garantie sera positive, et plus les exemples seront imposans et efficaces, mais aussi plus les catastrophes seront rares, dernier caractère qu'il faut encore bénir dans une pleine, légale et permanente responsabilité.

« En effet, tout le temps que les principes ont flotté dans l'incertitude en Angleterre, on y a vu, comme en France, autant, si ce n'est plus, de ministres et de favoris victimes de l'injustice et de la violence, depuis les Gaveston et les Spencer jusqu'aux Strafford et aux Clarendon. Il y aura bientôt un siècle et demi, que tous les Principes de la Monarchie britannique sont inébranlablement fixés, et en première ligne parmi eux la Responsabilité ministérielle. Eh bien! de tant de ministres qui ont figuré dans cet intervalle, à peine en compte-t-on dix qui aient eu à répondre sur une accusation. Six ont été honorablement acquittés, pas un n'a été condamné capitalement; mais tous ont vu qu'ils pouvaient l'être, tous ont été responsables et comptables, tous ont répondu et compté; et c'est là ce qu'on doit désirer. Ce qui importe au salut et au bonheur de l'État, ce n'est pas que plusieurs, ni même un seul ministre, soient atteints du glaive de la loi : il importe, au contraire, que la confiance du prince ne perde rien de sa dignité; qu'un grand office ne soit pas dégradé par l'abus qu'on en ferait : mais ce qui importe avant tout à l'État, c'est que tout ministre soit bien convaincu qu'il ne peut conserver la confiance de son maître en s'exposant à perdre celle de son pays ; qu'il sache bien que ses honneurs tiennent toujours, que sa fortune, sa liberté, sa vie même, peuvent tenir, à l'accomplissement de ses devoirs ; qu'autant il recueillera de gloire et de bénédictions, s'il est le lien d'une affection réciproque, et le principe d'un bonheur commun, entre le roi et ses sujets, autant le bras de la loi s'appesantirait sur lui, s'il violait le triple dépôt qui lui est confié, de la fortune, de la liberté et de la sûreté publiques » (a).

(a) Développement de la proposition relative à la Responsabilité ministérielle, par M. le comte de Lally-Tollendal. — Moniteur du dimanche, 12 janvier 1817.

DEUXIÈME PARTIE.

ATTRIBUTIONS DU CONSEIL-D'ÉTAT ET DU MINISTÈRE.

« Dans tous les États, quelque sage que soit la division des
« pouvoirs, il y a anarchie toutes les fois que, sortant de
« leur sphère d'activité, ils se heurtent et s'entrechoquent »(*a*).

« Il n'y a rien qui plus autorise les mandemens du Prince, que
« de les faire passer par un Conseil sage » (*b*).

« Le Conseil-d'État comme Juridiction n'est ni dans l'esprit,
« ni dans le texte de la Charte » (*c*).

« Placer une confiance illimitée dans un Ministre, c'est placer
« cette confiance dans les mains de celui qui a le plus grand
« intérêt à en abuser et la plus grande facilité à le faire » (*d*).

CETTE seconde Partie est divisée en trois sections, ayant pour titre : *la première*, Différence essentielle des Attributions du Conseil-d'État et des Attributions du Ministère ; *la deuxième*, Attributions, Mode de procéder du Conseil-d'État ; *la troisième*, Attributions du Ministère, leur Répartition dans les principales branches de l'Administration.

(*a*) M. HENRION DE PANSEY. De l'Aut. jud., ch. XXXI.
(*b*) BODIN. De la République.
(*c*) M. LANJUINAIS. Du Conseil-d'État et de sa compét.
(*d*) BENTHAM. Prin. du Cod. pén., t. III, 4ᵉ part., ch. XXI.

SECTION PREMIÈRE.

Différence essentielle des Attributions du Conseil-d'État et des Attributions du Ministère.

Il est évident, et tout ce qui précède le fait assez connaître, que l'existence de l'Autorité Royale suppose nécessairement deux sortes d'Attributions parfaitement distinctes; les unes relatives à la conception, à la méditation des projets de loi, à leur développement à leur discussion devant les Chambres législatives; les autres spécialement relatives à l'exécution, c'est-à-dire, à tous les détails de l'Administration. De là, la nécessité du Conseil-d'État, et du Ministère, et la distinction essentielle qu'il importe d'admettre dans le mode de leur organisation.

Le Conseil-d'État, participant à la délibération, doit agir collectivement, c'est-à-dire, qu'un projet de loi conçu ou rédigé par l'un de ses membres, doit être examiné, médité dans le Conseil, avant d'être soumis à la discussion publique devant les Chambres législatives; tandis que l'unité, principe moteur d'exécution (*a*), doit se retrouver dans l'organisation du Ministère, de telle sorte que chaque branche de l'Administration, distincte de sa nature, soit remise et confiée entre les mains d'un chef unique responsable, et non solidaire des infractions ou délits commis dans les autres branches d'Administration étrangères à son ministère.

La constitution du 5 fructidor an III déclara *art.* 251 : « Que les ministres ne formaient pas un Conseil ».

C'est en partie dans ce même esprit que les dispositions de la Constitution du 22 frimaire de l'an VIII, relatives au Conseil-d'État, paraissaient avoir été conçues, puisqu'elles portent textuellement, titre IV :

« *Art.* 52. Sous la direction des Consuls, un Conseil-d'État est chargé de rédiger les projets de lois et les réglemens d'administration publique, et de résoudre les difficultés qui s'élèvent en matière administrative.

(*a*) *Voy. ci-dessus*, entre autres, vol. IV, pag. 519 *et suiv.*

« *Art.* 53. C'est parmi les membres du Conseil-d'État que sont toujours pris les orateurs chargés de porter la parole au nom du Gouvernement devant le Corps Législatif.

« Ces orateurs ne sont jamais envoyés au nombre de plus de trois pour la défense d'un même projet de loi.

« *Art.* 54. Les ministres procurent l'exécution des lois et des règlemens d'administration publique ».

Le règlement d'organisation du 5 nivose de la même année, entre autres dispositions, porte aussi : « *Art.* 9. Dans le cas où il s'agit d'une loi à présenter au Corps Législatif, le Chef du Gouvernement nomme, parmi les Conseillers-d'État, un ou plusieurs orateurs qu'il charge de présenter la loi et d'en soutenir la discussion.

« Les orateurs, en présentant les projets de loi, développent les motifs de la proposition du Gouvernement ».

Le Conseil-d'État doit donc être composé d'hommes mûris par l'étude et la réflexion, d'une instruction variée et profonde, impartiaux, judicieux ; et le ministère, d'hommes

essentiellement actifs et disposés à l'obéissance.

Les conseillers-d'état seront ce que sem-
blent être, dans un autre hémisphère, ces
fonctionnaires publics, que l'on désigne sous
le nom de ministres-*penseurs* (*a*), ce que,
chez nous aussi, leur qualification et leur titre
annoncent clairement qu'ils doivent être.

Les ministres de même seront ce que leur
qualification indique assez qu'ils doivent être,
de simples administrateurs, exclusivement
chargés de faire exécuter, chacun dans la
branche d'administration qui lui est confiée,
les lois conçues, méditées dans le Conseil,
discutées, délibérées, adoptées par les Chambres, et définitivement sanctionnées par le
Roi.

Le conseiller-d'état observera la marche
de l'Administration en général, étudiera ses
ressorts, recherchera les anciens abus encore
subsistans, épiera ceux qui se manifesteraient
de nouveau ou qui menaceraient de naître,
écoutera attentivement la voix de l'opinion

***

(*a*) *Voy. ci-dessus*, vol. v, pag. 365, note (*a*).

publique, recueillera soigneusement tous les
avis utiles, les méditera, les pésera, les coor-
donnera, et proposera ensuite, dans le Conseil, les moyens de réforme et d'amélioration
que l'amour de la patrie et de l'humanité lui
aura suggérés; son projet examiné, mûri et
perfectionné dans le Conseil, il en donnera encore le développement, il en soutiendra la
discussion devant les Chambres, si le Roi juge
convenable qu'il leur soit présenté, pour
qu'elles en délibèrent, et pour que le Roi,
éclairé de nouveau par leur discussion libre et
franche, puisse, en définitive, accorder ou
refuser sa sanction au projet même qu'elles
auraient cru devoir adopter. C'est ainsi que
les lois, en quelque sorte conçues au sein de
la retraite, par l'impartialité et la philosophie,
approfondies par des hommes qui feront de
leur étude l'unique occupation d'une vie sédentaire et laborieuse, seront par eux mises
en harmonie avec les institutions déja existantes et qui devront être conservées; que
leur discussion publique dans les chambres
législatives, se trouvera simplifiée, dégagée
d'un grand nombre de difficultés; et que,

lorsqu'étudiées et discutées de nouveau dans ces chambres, elles auront enfin été sanctionnées et promulguées par le Roi, nulle autre sorte de garantie ne saurait plus être désirée par la société, qui ne pourra manquer de leur accorder alors confiance entière et pleine soumission.

Le ministre, au contraire, exécuteur fidèle des parties de la législation, de jour en jour ainsi perfectionnée, qui seront confiées à ses soins, se renfermera strictement dans les devoirs qui en sont la conséquence. Il respectera cette législation, il en surveillera soigneusement tous les détails, et la fera généralement respecter par son exemple; mais il ne sortira point de cette sphère d'activité assez vaste, pour se livrer à des travaux purement spéculatifs, et qui, par cela même, doivent lui être étrangers.

S'il faut du temps pour exécuter, pour agir, il en faut beaucoup plus pour méditer. L'exécution même veut de la promptitude, tandis que la méditation doit être lente et mesurée. Les idées de l'homme habitué à réfléchir sur l'ensemble des institutions et de la

législation finissent par acquérir un certain
degré de fixité que ne doivent point atteindre
celles de l'homme qui agit plus qu'il ne médite, qui, pour bien agir, doit agir dans un but
spécial, suivre pas à pas la route que le législateur lui trace, se conformer strictement à ses
ordres, et dont le devoir est en quelque sorte
de penser plus par autrui que par lui-même.
Celui-là, sondant l'avenir et cherchant l'in-
connu, se trouve par fois entraîné dans le
vague des abstractions; et ce n'est souvent que
par un travail long et pénible qu'il parvient
à découvrir l'utile, à concevoir le vrai; celui-
ci, exclusivement attaché à des détails d'administration nécessairement partiels, distrait
sans cesse par les soins d'une active surveillance, a besoin d'une science positive et déja
bien connue : ce dont il doit s'occuper par position, ce n'est pas de concevoir des idées
neuves, générales et propres à améliorer l'ensemble, en faisant concorder toutes ses parties
entre elles; et, si cela arrive, ce fait peut être
regardé comme une exception.

Sans doute, on en conviendra, ce ne sont
pas non plus les hommes qui, sous certains

rapports et jusqu'à un certain point, peuvent par la nature des places qu'ils occupent, trouver leur avantage personnel dans les abus et l'irrégularité, que l'on doit naturellement supposer le plus enclins à rechercher les moyens d'y substituer la règle et le droit, et auxquels on doive raisonnablement s'en remettre du soin de les établir.

Si donc un ministre, dans le cours de son administration, remarque quelque inconvénient grave, et provenant d'un vice d'organisation, il en préviendra le Conseil, qui recevra ses instructions par écrit, et qui, au besoin entendra les détails et renseignements qu'il aurait à y ajouter, sans toutefois que le ministre puisse obtenir voix délibérative dans le Conseil sur cette matière; puisqu'encore une fois ce ne sont point ceux qui se trouvent placés de manière à pouvoir profiter des abus, qu'il faut choisir pour mieux juger des moyens propres à les réformer : et c'est sans doute d'après ce motif de prudence salutaire que le réglement d'organisation du Conseil, en date du 5 nivose an VIII, a statué :

Art. 4 : « Les ministres ont le droit de prendre

séance dans l'Assemblée générale du Conseil-d'État, sans y avoir voix délibérative.....

Art. 12. « Les conseillers-d'état chargés de la direction de quelque partie de l'Administration publique, (ce qui, comme nous venons de le voir, ne devrait pas être), n'ont point de voix au Conseil-d'État, lorsqu'il prononce sur le contentieux de cette partie ».

Mais surtout, on ne verra jamais aucun ministre paraître à la tribune, devant les Chambres représentatives, d'où la nature de leurs fonctions, la suite et l'urgence de leurs travaux, les exclut si évidemment, qu'un ministre lui-même, (M. le Garde-des-Sceaux, dans la session de 1821), nous a appris (*a*) que, s'ils y sont admis, il devient indispensable de créer, pour les remplacer dans l'exercice et les devoirs essentiels de leurs ministères, des places de sous-ministres ou sous-secrétaires d'État, dont le moindre inconvénient est évidemment de n'avoir qu'une

***

(*a*) *Voy.* la Séance du 6, et le Journal *Constitutionnel*, du 7 juin 1821. — *Voy. aussi ci-dessus*, vol. VII, p. 126 *et suiv.*

utilité douteuse, et de se transformer, pendant l'intervalle des sessions, en d'onéreuses et funestes sinécures ; puisqu'en fait d'administration, il est de principe constant que tout ce qui n'est pas d'une nécessité réelle, devient par cela même dangereux et nuisible à l'État.

D'ailleurs, d'après ce que nous venons d'exposer, relativement à la nature des fonctions ministérielles et aux limites dans lesquelles elles doivent exactement se renfermer, les ministres, d'une part, ne se trouveraient point en état de soutenir une discussion étendue, et suffisamment éclairée sur tous les points : d'un autre côté, ils ne paraîtraient pas non plus dans la carrière armés de cette égide du désintéressement personnel, propre à repousser toute défiance et tout soupçon ; et, même dans les temps de calme, on aurait toujours à craindre que leur seule présence ne fut moins souvent un moyen de conciliation, qu'une cause active d'opposition, de contradiction et de trouble, ainsi que peuvent le faire présumer presque toutes les séances des Chambres représentatives, entre autres celles

des mois de février et de juin 1821, dont nous avons eu lieu déja de faire remarquer l'agitation et le scandale (a).

Les Attributions du Conseil-d'État se trouvent-elles également circonscrites dans les bornes naturelles et fixes que nous venons de leur reconnaître ; les membres de ce Conseil agissant toujours collectivement, puisque nul d'eux ne sera chargé de la direction d'aucune partie d'administration, et ne pouvant dès-lors être considérés, sous aucun rapport, comme passibles de responsabilité ; leur présence dans les Chambres, la discussion publique, et à eux confiée, de projets de loi conçus, médités par eux, obtiendront infailliblement les plus favorables résultats, sans pouvoir donner lieu aux graves inconvéniens que cette même discussion, soutenue par les ministres, ne manquera jamais d'occasionner.

Si ces notions si simples, si cette ligne de démarcation si évidente, et tracée par la nature même entre les Attributions du Conseil-d'État et les Attributions du ministère, avaient

_____

(a) *Voy. ci-dessus*, vol. vi, pag. 48 et 49.

déja été admises et prises pour bases de ces deux institutions distinctes, il y a tout lieu de présumer qu'aujourd'hui même il existerait moins de confusion et plus de fixité dans toutes les branches de l'administration proprement dite, et en général, dans toutes les parties de l'Organisation sociale ; et tant qu'elles ne seront pas adoptées, mises en pratique, et ponctuellement suivies, il faudra bien se résigner à voir cette même source fatale d'abus, de rivalités, d'irréflexion, de mobilité, donner toujours à-peu-près les mêmes résultats, et détruire en partie dans son cours orageux, les biens que l'on aurait d'ailleurs conçu l'espérance de recueillir, à la faveur des institutions libérales, utiles et propices déja achevées ou sur le point de l'être.

En nous résumant, et s'il est permis de se servir ici d'une comparaison, nous remarquerons que relativement à la constitution du Corps social, sous le rapport de l'Autorité royale, le Conseil-d'État doit être assimilé à l'esprit, à la pensée, dont il est l'organe et qui animent ce grand Corps, tandis que les ministres n'en sont réellement que les mem-

bres chargés plus spécialement d'exécuter et
d'agir. Or, quel est l'homme qui n'aurait pas
bientôt consommé sa ruine et rencontré son
tombeau, s'il suivait aveuglément l'impulsion
de ses pieds et de ses mains, avant de consulter sa raison ; et s'il ne faisait pas plus
souvent usage de sa force morale que de ses
facultés physiques ? Malheureusement, dans ce
siècle, quelque éclairé qu'il soit, c'est encore
une erreur bien commune que de placer, en
politique sur-tout, le fait avant le droit, le
corps avant l'esprit, l'action avant la pensée.
Mais, pour nous qui entreprenons de contribuer au triomphe du bon sens, et à l'établissement des institutions que la sagesse
réclame, nous insisterons sur ce point important, que, si l'on doit en effet mettre le Conseil-d'État et le Ministère sur le même rang,
parce qu'ils sont l'un et l'autre à une distance
égale du Trône, il n'en est pas moins vrai
qu'il existe, entre ces deux premiers agens
de l'Autorité royale, une différence marquée,
une ligne de séparation saillante et ineffa-
çable, qu'il faudra bien un jour respecter, si
l'on veut voir l'ordre s'établir, et la civilisa-

tion plus libre dans sa marche, s'avancer d'un pas rapide et sûr vers le but glorieux que la Providence a marqué dans ses bienfaisans et infaillibles décrets.

Nota. Plusieurs des vérités que nous venons d'énoncer, ont été entrevues et signalées, et nous pourrions peut-être en trouver des preuves nombreuses ; mais nous croyons devoir nous borner aux deux citations suivantes, l'une extraite de l'ouvrage de M. le Baron de Cormenin ; l'autre d'un discours prononcé à la tribune de la Chambre des Députés, par M. le Comte de la Bourdonnaie, dans la session de 1817, lors de la discussion relative à la loi des finances.

Le premier dit : « Tant de besoins, nés de si longues révolutions, tant d'intérêts anciens déplacés, tant de nouveaux intérêts créés, tant de lois transitoires qu'il faut exécuter, tant de cas singuliers qu'il faut régler à chaque moment, et qui à chaque moment renaissent, au-dedans, de nos misères, au-dehors, de nos relations avec toute l'Europe mêlée parmi nous, ne laissent point au Conseil des ministres le temps de préparer les lois qui demandent des méditations profondes, des recherches, des discussions variées et l'application de toutes les forces de l'esprit.

« Abandonneront-ils ce soin à leurs chefs de division ? Mais ils n'ont pas l'esprit plus libre que les ministres ; ils ne dirigent d'ailleurs qu'une seule partie ; ils sont trop affaissés sous le poids des détails , pour s'élever aux vues générales que demande la rédaction des lois » (a).

— « Occupés de la discussion des Chambres, disait M. le Comte de la Bourdonnaie, les ministres , accablés de détails , surchargés de signatures, placés par là même sous l'influence journalière de leurs bureaux où chaque directeur-général soumis de droit , mais indépendant de fait , a aussi son État-Major, ses brigades d'écrivains , ses frais de bureaux , ses pensions de retraite, et jusqu'à son chapitre de dépenses imprévues , dont l'emploi toujours très-prévu ne suffit jamais ; les ministres, accablés de tant de soins , étrangers pour la plupart, par les études de leur vie , aux affaires qu'ils dirigent , peuvent-ils s'élever assez haut pour dominer l'ensemble de leurs administrations , et en apercevoir les abus ? Ont-ils , même, intérêt à supprimer des places inutiles sans doute à l'État, mais si utiles à ceux qui gouvernent , à réduire des traitemens si ardemment convoités , et si souvent obtenus par de si lâches complaisances.

(a) Du Conseil-d'État envisagé comme Conseil et comme Juridiction dans notre Monarchie Constitutionnelle, tit. 11, *chapitre unique*, pag. 54 et 55.

« Le temps, les connaissances, la volonté leur manquent souvent à-la-fois, et tant que l'importunité des solliciteurs puissans et l'avidité des flatteurs adroits ne seront pas contenus par l'inflexibilité des lois, le nombre des places, des traitemens et des pensions, tendra sans cesse à s'accroître.

« Cependant, surchargés d'un travail qu'ils ne peuvent pas toujours diriger, arrêtés à chaque pas par les difficultés d'une législation immense et contradictoire qui fait hésiter à chaque décision, entraînés plutôt qu'éclairés par les rapports des bureaux, loin de chercher à simplifier l'administration, à repousser les détails minutieux des besoins locaux, réduits à l'impossibilité d'administrer par eux-mêmes, les ministres attirent sans cesse les affaires, comme si accroître la sphère des travaux qu'on ne peut pas embrasser, n'était pas augmenter sa dépendance, comme si se consacrer aux immenses détails de l'administration n'était pas renoncer à en saisir, à en surveiller l'ensemble, comme si augmenter sans cesse une influence qu'on ne peut exercer qu'en la déléguant, n'était pas moins donner la mesure de sa force que de son impuissance » (a).

On lit aussi dans l'ouvrage de M. Sirey, ayant pour titre : *Du Conseil-d'État selon la Charte*, une remarque que nous pouvons citer ici. « De ce que

(a) *Voy.* le Moniteur du 1er avril 1818, n° 91.

les ministres réunis forment le Conseil du Roi pour le Gouvernement, et sont, sous ce rapport, au-dessus du Conseil-d'État, on conclut, très-mal-à-propos, dit-il, que chaque ministre en particulier doit conserver, pour les opérations actives de son ministère, une indépendance absolue de la juridiction du Conseil-d'État : conséquence fausse, dangereuse, et d'ailleurs contraire à de certains usages. En effet, il est d'usage que le Conseil-d'État prononce sur un conflit négatif entre deux ministres (a), refusant l'un et l'autre de connaître d'une affaire ; en ce cas, le Conseil-d'État décide quel est celui des deux ministres dont le devoir est de connaître de la réclamation, adressée successivement à l'un et à l'autre » (b).

(a) *Voy.* Jurisprudence du Conseil-d'État, tom. iv, pag. 143. *Décision du 10 septembre 1817, sur la demande du Sieur Hasslawer.*

(b) (Du Conseil-d'État, selon la Charte, etc., par Sirey, pag. 267 et 268.)

— « Personne ne trouve surprenant qu'un tribunal dont chaque membre applique chaque jour les forces de son intelligence à l'étude et à la décision des affaires contentieuses, les saisisse quelquefois mieux qu'un ministre absorbé par les immenses travaux de sa place ». (Du Conseil d'État envisagé comme Conseil et comme Juridiction, etc., tit. iii, chap. x, pag. 145).

SECTION II.

Attributions et Mode de procéder du Conseil-d'État.

Nous commencerons cette seconde section par un aperçu purement historique, afin de faire mieux apprécier par là le peu de fixité de l'Institution jusqu'à ce jour, le désordre et la confusion que l'on remarque encore dans son organisation, et qui ne peuvent manquer d'en produire beaucoup dans sa marche et sa législation.

Avant 1789, le Conseil-d'État était divisé en quatre principaux départemens, savoir: 1° *Le Conseil des Affaires étrangères*, aussi désigné sous le nom de *Conseil du Roi*, ou sous celui de *Conseil d'État*; 2° *Le Conseil des Dépéches*, ainsi nommé ou parce que l'on y traitait plus spécialement des affaires urgentes, ou parce que, dans l'origine, les décisions qui en émanaient, étaient renfermées dans des dépèches ou lettres signées par l'un des secrétaires d'état, suivant la matière dont il s'agissait; 3° *Le Conseil royal des finances*; et 4° *Le Conseil royal du Commerce.*

De plus, il y avait un Conseil *privé*, particulièrement connu sous le nom de *Conseil des Parties*, parce que l'on y jugeait certaines affaires contentieuses entre particuliers.

Ensuite; 1° un autre Conseil *du Commerce*, plus communément appelé *Bureau du Commerce*, établi pour la première fois sous Henri IV, en 1607, supprimé après sa mort, rétabli sous le ministère du cardinal de Richelieu, supprimé depuis la mort de Louis XIII jusqu'en 1700, rétabli sous Louis XIV. Douze des principaux marchands ou négocians du Royaume devaient, suivant les statuts de son établissement, y avoir entrée. 2° Des Assemblées qui se tenaient sous le nom de *Grande et Petite Directions des finances*, et qui étaient considérées comme une partie du Conseil privé. Leur objet était l'examen des affaires contentieuses entre les parties, lorsque ces affaires intéressaient les finances. 3° Le Conseil de *Chancellerie*, lequel faisait aussi partie du Conseil privé, où l'on traitait notamment les affaires qui concernaient la librairie et l'imprimerie. Et 4° Différentes autres Commissions soit ordinaires, soit extraordinaires, en nombre indéfini, nommées par le roi pour connaître de certaines affaires particulières. Il y avait seize commissions principales au moment de la Révolution.

Le Conseil des Affaires étrangères où l'on s'occupait de tout ce qui était relatif aux négociations avec les Puissances étrangères, de la paix et de la guerre, était composé d'un petit nombre de personnes choisies par le Roi, et il était présidé par le Roi.

Le Conseil des Dépêches était composé du Chancelier de France, de quatre secrétaires d'état, et de tous les membres composant le Conseil-d'État.

Le Conseil Royal des Finances, établi au mois de septembre 1681, était composé du Chancelier, d'un Chef du Conseil des finances et de ceux des ministres et conseillers d'état dont le Roi jugeait à propos d'avoir l'avis sur les matières qui touchaient aux finances.

Le Conseil Royal du Commerce était composé du chancelier, du secrétaire d'état qui avait les affaires du commerce dans son département, d'un conseiller d'état chargé d'examiner les affaires avant qu'elles ne fussent portées au Conseil, et des autres membres du Conseil que le Roi jugeait à propos d'y admettre.

Le Conseil privé était présidé par le chancelier, quoique le Roi y fût toujours censé présent; il était composé du chancelier, de quatre secrétaires d'état, de conseillers d'état et de maîtres des requêtes qui y servaient par quartiers. Le Grand-Doyen des maîtres des requêtes et le Garde-des-Sceaux avaient aussi le droit d'y assister.

Indépendamment de ces principaux départemens, et des nombreuses commissions dans le Conseil, il existait encore un autre conseil dit le *Grand-Conseil-du-Roi;* espèce de Cour mixte de justice administrative et judiciaire, composée de magistrats en titre d'offices formés et héréditaires.

Ses attributions habituelles étaient de régler les Cours et Offices, les dons et brevets du Roi, les litiges concernant les archevêchés et les évêchés, les droits de franc-fief, la police des eaux minérales, le régime et la discipline des grands Corps, etc. ; en général, les matières tout-à-la-fois liées à l'administration et à la justice.

Les décisions du Conseil, en général, étaient

souvent contrariées par l'opposition des Parlemens, qui refusaient d'enregistrer les lois
ou ordonnances, et de les rendre exécutoires,
et qui affectaient quelquefois de persister dans
les points de jurisprudence que le Conseil
avait proscrits (*a*).

De 1789 à l'an III, voici, sur cette partie
de l'organisation, un aperçu de la marche de
la législation.

15 *octobre* 1789 — 20 *août* 1790. Loi contenant suppression des arrêts de propre mouvement, ainsi que des évocations du fond des
affaires au Conseil-d'État.

20 *octobre* 1789 — 29 *août* 1790. Loi portant que « le Roi pourra toujours ordonner

---

(*a*) *Voy.* Duchesne, style des Conseils, — le Dictionnaire raisonné des finances, — la Collection de jurisprudence, — le Dictionnaire de Droit et Pratique de Fer-
rières, — la Coutume de Bretagne, — le Réglement du
Conseil de 1738, — le Formulaire du Conseil. — les
Recherches de Pasquier, — Joly, des Offices de France,
la Bibliothèque du Droit français, par Bouchel, — La
Rocheflavin, des Parlemens de France, — la Bibliothèque historique de France, par le père Lelong, — le
Répertoire de jurisprudence, par Guyot, et le Répertoire, par Merlin, au mot *Conseil-d'État*, etc., etc.

les proclamations nécessaires pour assurer l'exécution littérale des lois ». Et ainsi fut virtuellement atteint et détruit le pouvoir d'interpréter à volonté les lois obscures, et de les suppléer par des réglemens.

16 — 24 *août* 1790. Loi sur l'organisation judiciaire : elle reconnaît l'indépendance des juges contre l'arbitraire du Pouvoir adminis- tratif ; et réciproquement, l'indépendance des Corps administratifs contre les entreprises du Pouvoir judiciaire (Tit. II, *art.* 13).

7 — 11 *septembre* 1790. Suppression des Tribunaux spécialement établis pour juger des intérêts privés se liant à l'administration publique ; tels que les élections, greniers à sel, juridiction des traites, grueries, maîtrises des eaux et forêts, bureaux des finances, Juri- diction et Cours des monnaies, Cours des aides, etc.

Attribution de ces matières, partie aux Tri- bunaux, et partie aux Corps administratifs. (Tit. XIV du décret du 16 août 1790) (*a*).

Ibid. Suppression du Grand-Conseil, de la

_____

(*a*) D'après les dispositions comprises sous ce titre,

Connétablie, du Tribunal des maréchaux de France, et de tous les Tribunaux de priviléges et d'attribution, dont les décisions étaient portées par appel au Conseil du Roi.

7 — 14 octobre 1790. Loi qui défend de traduire les administrateurs devant les tribunaux, pour raison de leurs fonctions, même sous prétexte d'incompétence, à moins qu'il n'y aient été renvoyés par l'autorité supérieure, conformément aux lois.

---

sont renvoyés aux Corps administratifs :

« 1° Le contentieux des contributions directes ;

« 2° Les demandes des entrepreneurs des travaux publics, pour l'interprétation des clauses de leurs marchés ;

« 3° Les demandes et réglemens d'indemnités dues aux particuliers, à raison des terrains pris ou fouillés pour la construction des chemins, canaux ou autres ouvrages publics ;

« 4° Les réclamations des particuliers qui se plaignent des torts et dommages provenant du fait personnel des entrepreneurs, et non du fait de l'administration.

« Sont renvoyés aux tribunaux :

« 1° Les actions civiles relatives à la perception des impôts indirects ;

« 2° Les actions pour la punition et réparation des délits, en matière d'eaux et forêts ;

« 3° Les contestations entre les particuliers et les orfèvres, relatives au commerce d'orfévrerie ».

Cette loi contient aussi la disposition suivante : « Les réclamations d'incompétence, à l'égard des Corps administratifs, seront portées au Roi, chef de l'administration générale. Et dans le cas ou l'on prétendrait que les ministres de S. M. auraient fait rendre une décision contraire aux lois, les plaintes seront adressées au Corps législatif ».

27 novembre — 1 *décembre* 1790. Loi institutive du Tribunal de Cassation, avec pouvoir de prononcer sur toutes les demandes en cassation, en réglement de juges, et en renvoi d'un tribunal à un autre ; suppression du Conseil des Parties.

14 — 17 *avril* 1791. Renvoi au Tribunal de Cassation, de tous les procès pendans au Conseil des Parties et aux commissions du Conseil. Suppression des avocats au Conseil.

27 avril — 25 *mai* 1791. Organisation du ministère ; institution d'un Conseil-d'État, composé seulement du Roi et de ses ministres. Suppression des conseillers-d'état et des maîtres des requêtes.

Quant au nouveau Conseil, l'*art.* 16 portait : « Qu'il serait traité dans ce Conseil de l'exercice de la puissance royale, donnant son consentement, ou exprimant le refus suspensif sur les décrets du Corps législatif; des invitations à faire au Corps législatif de prendre certains objets en considération; des plans généraux des négociations politiques; des dispositions générales des campagnes de guerre.

L'*art.* 17 : « Qu'au nombre des fonctions de ce Conseil seraient aussi : 1° L'examen des difficultés et la discussion des affaires dont la connaissance appartenait au Pouvoir exécutif; 2° La discussion des motifs qui pourraient nécessiter l'annulation des actes irréguliers des Corps administratifs, et la suspension de leurs membres; 3° La discussion des proclamations royales; 4° La discussion des questions de compétence entre les différents départemens du ministère.

27 *avril* — 6 *juillet* 1791. Renvoi aux Tribunaux, de toutes les affaires pendantes aux Conseils des Parties, des Finances, des Dépêches, et à la Grande-Direction, avec Commissions particulières...., n'étant pas de la compétence de la Cour de cassation.

8 — 12 *août* 1791. Renvoi au Tribunal du

Tome VIII. 8

premier arrondissement de la ville de Paris, de toutes les affaires pendantes au Conseil-d'État, à la requête de l'agent du Trésor public, contre des personnes qui auraient traité immédiatement avec le Trésor public.

3 — 14 *septembre* 1791. Acte Constitutionnel, portant : « Que le Pouvoir judiciaire ne peut, dans aucun cas, être exercé par le Corps Législatif, ni par le Roi » (Chap. v, *art.* 1).

Et, « Que les administrateurs ne peuvent, ni s'immiscer dans l'exercice du Pouvoir législatif, ni suspendre l'exécution des lois, ni rien entreprendre sur l'Ordre judiciaire » (tit. III, chap. IV, sect. 2, *art.* 3) (*a*).

Lorsque, de l'an III à l'an VIII, le Régime Directorial succéda à la Convention, quels

---

(*a*) Quelques lois de la Convention, sans s'occuper précisément du Conseil-d'État, puisqu'il n'y en avait plus, contiennent des dispositions relatives à la compétence respective de l'administration et des tribunaux.

La loi du 28 août 1793 défend aux Corps administratifs de prendre des arrêtés sur des matières de législation et autres qui ne leur sont pas attribuées.

La loi du 25 pluviose an III porte que les opérations

furent les dépositaires de la justice administrative ? qui remplaça le Conseil d'état ? Les auteurs de la Constitution du 5 fructidor an 3, ne s'en occupèrent que pour déclarer, «*art.* 251, que les ministres ne forment pas un Conseil ».

L'article 27 de la loi du 21 du même mois ordonna que : « En cas de conflit d'attribution, entre les autorités judiciaires et administratives, il serait sursis jusqu'à décision du ministre, confirmée par le Directoire exécutif, qui en référerait, si besoin était, au Corps Législatif ».

La loi du 10 vendémiaire an IV organisa un Ministère ; elle chargea six ministres d'assurer l'exécution des lois, chacun en ce qui le concernait : mais elle ne dit rien sur les difficultés qui seraient élevées par les particuliers dont

---

d'un administrateur doivent être jugées par l'administration supérieure, et non par les tribunaux.

La loi du 2 fructidor an III contient une disposition semblable.

La loi du 21 fructidor attribue à l'autorité administrative toutes les questions sur la validité ou invalidité des adjudications de biens nationaux.

Loi du 15 vendémiaire an IV, même disposition.

8.

les intérêts et les droits seraient froissés par les ministres ou leurs subordonnés.

« Sous ce Régime Directorial, l'administration active trancha toutes les difficultés qu'elle rencontra dans sa marche.

« Les ministres d'alors jugèrent à leur gré le contentieux de l'administration.

« Ils firent plus, ils s'arrogèrent à-peu-près le droit d'interpréter les lois, par voie de disposition générale.

« Vainement l'article 5 de la loi du 27 avril — 25 mai 1791, avait dit : *Le ministre de la justice soumettra au Corps législatif les questions qui lui seront proposées, relativement à l'Ordre judiciaire, et qui exigeront une interprétation de la loi.*

« Vainement l'article 3 de la loi du 10 vendémiaire an IV, avait dit : *Le ministre de la justice soumet les questions qui lui sont proposées, relativement à l'Ordre judiciaire, et qui exigent une interprétation de la loi, au Directoire exécutif, qui les transmet au Conseil des Cinq-Cents.*

« Les ministres du Directoire crurent pouvoir faire de grandes dissertations sur les questions problématiques; fixer eux-même le sens de la loi sur chaque point difficile ; faire confirmer leur avis par le Directoire, et présenter ensuite à la France leur avis' comme règle, sous prétexte que la loi était claire, que rien n'exigeait une interprétation législative.

« C'est ainsi qu'un avis du ministre de la justice, approuvé par le Directoire, le 9 messidor an IV, décida, par voie d'interprétation générale, que l'article 14 du titre V de la loi du 24 août 1790, fixant à huitaine le délai pour former opposition, s'appliquait aux jugemens contradictoires, et non aux jugemens par défaut. Le tribunal civil du département du Cher, avait prié le ministre de consulter le Corps Législatif ; et le ministre, ou le Directoire, décida que ce n'était pas une question qui exigeât une interprétation de la loi.

« C'est ainsi qu'un avis ministériel, approuvé par le Directoire, le 12 ventose an V, décida, par voie d'interprétation générale, de très-graves difficultés sur l'état et les droits des enfans naturels.

« C'est ainsi encore qu'un autre avis ministériel, approuvé le 2 nivose an VI, décida,
par voie d'interprétation générale, en quels
cas des questions de propriété immobiliaire,
ou de revendication de biens, devaient être
decidées, tantôt par l'administration, et tantôt
par les tribunaux.

« C'est ainsi enfin qu'un autre avis ministériel, approuvé le 4 ventose an V, avait décidé,
par voie d'interprétation générale, en quels
cas des citoyens non militaires, en pleine paix
et au sein de la capitale, pourraient (pourvu
qu'on les qualifiât d'*embaucheurs*) être jugés
militairement, sans trouver aucune garantie
dans l'autorité de la justice ordinaire.

« Le 19 fructidor an V fut le commencement du retour à l'arbitraire le plus odieux.
Après avoir décimé le Corps Législatif et en-
voyé mourir par delà les mers, plusieurs des
plus honorables représentans de la nation,
le Directoire devint *envahisseur* par besoin de
se conserver.

« Appelé à faire des réglemens pour l'exécution des lois, il se permit de faire des réglemens *extra-légaux*, et même *anti-légaux*;

pour enlever au domaine de la liberté, pour soumettre à un régime de prohibition, les facultés industrielles, qu'avait dégagées de toute entrave le Régime de 1789.

« Le Directoire osa même fonder ses réglemens sur les dispositions des antiques ordonnances de nos rois, comme pour assurer à ses dispositions précaires un empire absolu.

« En multipliant les réglemens d'administration publique, le Régime Directorial produisit cet effet, qu'une foule d'objets ou de matières, précédemment du Droit commun, se trouvèrent désormais régis par un Droit spécial, le Droit administratif.

« Il n'y avait plus qu'à établir en principe, que toutes les matières régies par les lois ou réglemens d'administration, étaient hors du domaine des Tribunaux; et dès lors le domaine des Tribunaux pouvait être restreint, chaque jour, et à volonté, jusqu'à ce qu'enfin les agens de l'administration, au nom de la justice administrative, eussent envahi la connaissance de toutes les contestations judiciaires.

« Que si les tribunaux essayaient de main-

tenir leur juridiction essentielle et légale, le
Directoire ordonnait à ses ministres ou commissaires d'élever le conflit, aux termes de
l'article 21 de la loi du 27 fructidor an III.
Par ce moyen, le Directoire lui-même devenait juge de la question d'autorité, entre la
juridiction administrative et la juridiction
des tribunaux; or, l'issue d'un conflit élevé
par ordre du Directoire ne pouvait être douteuse, puisque c'était le Directoire qui prononçait.

« Telle est l'origine de cette jurisprudence,
aujourd'hui trop usitée, que, dans toute contestation où les intérêts de l'administration
sont tant soit peu mêlés avec les intérêts de la
justice, la connaissance du litige appartient à
la juridiction administrative.

« Telle est encore l'origine de cet autre
point de jurisprudence, qui attribue à l'autorité administrative, par exclusion des tribunaux, la connaissance de toute contestation
sur le sens, l'effet ou l'étendue des actes administratifs, lors même que le litige ne porte
aucune atteinte à l'action administrative, et
que l'agent de l'administration ne fait aucune

réclamation, au nom des intérêts qui lui sont
confiés.

« La juridiction administrative fut étendue
au gré du Directoire ou de ses ministres,
à raison des *personnes*, tout aussi bien qu'à
raison des *matières*. L'esprit de parti se fit un
instrument terrible de la disposition dangereuse qui garantit aux agens du gouvernement
de n'être mis en jugement, pour raison de
leurs fonctions, qu'après autorisation du Gouvernement lui-même. On se rappelle encore
comment les plus horribles violences contre
les classes alors persécutées, prenaient facilement le caractère d'acte administratif, pour
peu que le satellite fût revêtu de l'écharpe
municipale.

« L'excès de son délire amena la chute du
Directoire. Il fit place au Consulat. Les hommes
sages eussent dû prévenir alors des dangers
d'un autre genre; mais il ne songèrent qu'au
mal présent.

« Or, l'un des maux les plus insupportables
pour la nation avait été l'esprit envahisseur
de l'Administration Directoriale. Ce fut donc
à tarir cette source d'abus, que s'attachèrent

les auteurs de l'Acte Constitutionnel du 22
. frimaire an VIII. Où trouvèrent-ils le remède?
Dans les institutions mêmes de la monarchie
antérieure à 1789.

« C'était un systême ou un usage antérieur
à 1789, de diviser les attributions de *police*
et les attributions de *justice*; de placer en des
mains différentes l'action célère ou très-sou-
vent *discrétionnaire* de l'administration, et les
délibérations lentes de la magistrature, chargée
de rendre des décisions régulières. Les auteurs
de l'Acte constitutionnel du 22 frimaire an VIII
adoptant cette idée, créèrent un Conseil-d'É-
tat à côté du Ministère; ils ne laissèrent aux
ministres que l'action administrative, et réser-
vèrent au Conseil-d'État toutes les décisions
ou solutions à intervenir, sur les difficultés qui
s'élèveraient en matière administrative » (*a*).

Depuis cette époque, de l'an VIII jusqu'en
1814, sous le Régime consulaire et sous le
Régime impérial, les lois, les décrets ou ré-

_____

(*a*) Du Conseil-d'État selon la Charte Constitutionnelle, ou Notions sur la justice d'Ordre politique et administratif, par J. B. Sirey, *avocat au Conseil du Roi et
à la Cour de Cassation*, chap. 1, § 3, pag. 15 *et suiv.*

glemens principaux relatifs à l'organisation du
Conseil-d'État, furent : 1° Cette Constitution du
22 frimaire an VIII (*art.* 52 *et autres*); 2° l'Arrêté des Consuls contenant réglement de son
organisation, du 5 nivôse an VIII (26 décembre 1799); 3° Un autre Arrêté du 7 fructidor
de la même année (25 août 1800); 4° Le Sénatus-consulte-organique par lequel les Consuls furent institués à vie, du 16 thermidor
an X (4 août 1802) (*tit.* vi, *art.* 66, 67, 68);
5° Le Sénatus-consulte-organique, par lequel
le gouvernement de la République fut confié
à un empereur, du 28 floréal an XII (18 mai
1804) (*art.* 75, 76, 77); 6° Le Décret impérial,
contenant un nouveau réglement d'organisation, du 11 juin 1806; et 7° Un autre Décret
relatif au réglement des affaires contentieuses,
du 22 juillet de la même année.

La Constitution du 22 frimaire an VIII
portait :

« *Art.* 52. Sous la direction des Consuls, un
Conseil-d'État est chargé de rédiger les projets de lois et les réglemens d'administration
publique, et de résoudre les difficultés qui
e uvent s'élever *en matière administrative.*

« *Art.* 53. C'est parmi les membres du Conseil-d'État que sont toujours pris les orateurs chargés de porter la parole au nom du Gouvernement, devant le Corps Législatif.

« Ces orateurs ne sont jamais envoyés au nombre de plus de trois pour la défense d'un même projet de loi.

« *Art.* 54. Les ministres procurent l'exécution des lois et des règlemens d'administration publique.

« *Art.* 55. Aucun acte du Gouvernement ne peut avoir d'effet, s'il n'est signé d'un ministre....

« *Art.* 58. Le Gouvernement ne peut choisir ou conserver pour conseillers d'état, et pour ministres, que des citoyens dont les noms se trouvent inscrits sur la liste nationale....

« *Art.* 69. Les fonctions des membres, soit du Sénat, soit du Corps législatif, soit du Tribunat, celles des Consuls et des conseillers d'état, ne donnent lieu à aucune espece de responsabilité.

« *Art.* 70. Les délits personnels, emportant peine afflictive ou infamante, commis par un membre, soit du Sénat, soit du Tribunat, soit du Corps Législatif, soit du Conseil-d'État, sont poursuivis devant les Tribunaux ordinaires, après qu'une délibération du Corps auquel le prévenu appartient, a autorisé cette poursuite.

« *Art.* 71. Les ministres prévenus de délits privés, emportant peine afflictive ou infamante, sont considérés comme membres du Conseil-d'État.

« *Art.* 72. Les ministres sont responsables : 1º De tout acte de gouvernement, signé par eux, et déclaré inconstitutionnel par le Sénat ; 2º De l'inexécution des réglemens d'administration publique ; 3º Des ordres particuliers qu'ils ont donnés, si ces ordres sont contraires à la Constitution, aux lois et aux réglemens,....

« *Art.* 75. Les agens du Gouvernement, autres que les ministres, ne peuvent être poursuivis pour des faits relatifs à leurs fonctions, qu'en vertu d'une décision du Conseil-d'État ; en ce cas, la poursuite a lieu devant les Tribunaux ordinaires ».

L'auteur que nous venons de citer, fait, au sujet de ces dispositions, la réflexion suivante : « Le Conseil-d'État, dans ce nouveau système, fut une portion intégrante du Gouvernement. Associés à la pensée du Législateur et juges de la légalité contentieuse des actes administratifs, les membres du Conseil-d'État eurent rang avant les ministres; ils durent être choisis parmi les plus notables citoyens de la France; ils furent déclarés inviolables pour l'exercice de leur magistrature; ils ne furent responsables que pour délits personnels ; et encore leur mise en accusation fut-elle soumise à des formes particulières, comme celle des représentans de la nation.

« Juge des citoyens en contestation, pour leurs droits privés, devant la justice administrative, le Conseil-d'État était aussi leur juge, touchant la faculté de poursuivre les administrateurs, de les traduire en justice, pour raison de leurs fonctions...

« L'institution avait pour type l'ancien Conseil, composé de magistrats, indépendans des ministres; mais le Gouvernement qui s'élevait, ne voulait d'indépendance que la sienne propre.

« En faisant le serment de maintenir l'Acte

Constitutionnel du 22 frimaire an VIII, le premier Consul préparait déja le réglement, qui dénatura les attributions constitutionnelles du Conseil-d'État » (*a*).

Ce réglement est celui du 5 nivôse an VIII.

Voici le texte de ses dispositions :

« *Art.* 1. Le Conseil-d'État est composé de trente à quarante membres ;

« *Art.* 2. Il se forme en assemblée générale et se divise en sections ;

« *Art.* 3. L'assemblée générale ne peut avoir lieu que sur la convocation des Consuls ;

« Elle est présidée par le premier Consul, et, en son absence, par l'un des deux autres Consuls.

« *Art.* 4. Les ministres ont la faculté d'entrer dans l'assemblée générale du Conseil-d'État, sans que leur voix y soit comptée.

« *Art.* 5. Les conseillers d'état sont divisés en cinq sections, savoir : une section *des finances*, une section *de législation civile et criminelle*, une section *de la guerre*, une section *de la marine*, une section *de l'intérieur* ;

(*a*) Du Conseil-d'État selon la Charte, etc., pag. 22.

« *Art.* 6. Chaque section est présidée par un conseiller d'état nommé, chaque année, par le premier Consul. Lorsque le second ou troisième Consul se trouve à une section, il la préside. Les ministres peuvent, lorsqu'ils le croient utile, assister, sans voix délibérative, aux séances des sections;

« *Art.* 7. Cinq conseillers d'état sont spécialement chargés de diverses parties d'administration, quant à l'instruction seulement; ils en suivent les détails, signent la correspondance, reçoivent et appellent toutes les informations, et portent aux ministres les propositions de décision, que ceux-ci soumettent aux Consuls.

« Un d'eux est chargé des bois et forêts, et des anciens domaines; un autre des domaines nationaux; un autre des ponts et chaussées, canaux de navigation et cadastres; un autre des sciences et arts; un autre des colonies;

« *Art.* 8. La proposition d'une loi ou d'un réglement d'administration publique est provoquée par les ministres, chacun dans l'étendue de ses attributions.

« Si les Consuls adoptent leur opinion, ils

renvoient le projet à la section compétente, pour rédiger la loi ou le réglement;

« Aussitôt le travail achevé, le président de la section se transporte auprès des Consuls pour les en informer.

« Le premier Consul convoque alors l'assemblée générale du Conseil-d'État.

« Le projet y est discuté, sur le rapport de la section qui l'a rédigé;

« Le Conseil-d'État transmet son avis motivé, aux Consuls;

« *Art.* 9. Si les Consuls approuvent la rédaction, ils arrêtent définitivement le réglement; ou, s'il s'agit d'une loi, ils arrêtent qu'elle sera proposée au Corps Législatif.

« Dans le premier cas, le premier Consul nomme, parmi les conseillers d'état, un ou plusieurs orateurs qu'il charge de présenter le projet de loi, et d'en soutenir la discussion.

« Les orateurs, en présentant les projets de loi, développent les motifs de la proposition du Gouvernement.

« *Art.* 10. Quand le Gouvernement retire un projet de loi, il le fait par un message.

« *Art.* 11. Le Conseil-d'État développe le

Tome VIII. 9

sens des lois, sur le renvoi qui lui est fait par les Consuls, des questions qui leur ont été présentées.

« Il prononce, d'après un semblable renvoi:

« 1° Sur les conflits qui peuvent s'élever entre l'administration et les tribunaux;

« 2° Sur les affaires contentieuses dont la décision était précédemment remise aux ministres.

« *Art.* 12. Les conseillers d'état chargés de la direction de quelques parties de l'administration publique n'ont point de voix au Conseil-d'État lorsqu'il prononce sur le contentieux de cette partie.

« *Art* 13. Le Conseil-d'État a un secrétaire général;

« Ses fonctions sont :

1° De faire le départ des affaires entre les différentes sections;

« 2° De tenir la plume aux assemblées générales du Conseil-d'État, et aux assemblées particulières que les présidens des sections tiendront chaque décade;

« 3° De présenter aux Consuls le résultat du travail de l'assemblée générale;

« 4° De contre-signer les avis motivés du Conseil et les décisions des bureaux ;

· « 5° De garder les minutes des actes de l'assemblée générale du Conseil-d'État, des sections, et des conseillers chargés des parties d'administration ; d'en délivrer ou signer les expéditions ou extraits.

« *Art.* 14. Le traitement uniforme des conseillers d'état est de 25,000 fr.

« Il sera accordé un supplément de traitement aux présidens des sections et à ceux des conseillers d'état qui seront chargés de la direction de quelque partie de l'administration publique.

« *Art.* 15. Le traitement du secrétaire général est fixé à quinze mille francs ».

— « Ainsi, l'article 11 du réglement du 5 nivose an VIII charge le Conseil-d'État de développer le sens des lois, c'est-à-dire, qu'il lui attribue l'interprétation législative, réservée au Législateur, par les principes généraux (*a*), par la loi du 25 avril — 25 mai 1791 (*b*), et

_____

(*a*) *Voy. ci-après*, tit. III. *Du Pouvoir judiciaire*, § 1.

(*b*) L'*article* 5 de cette loi, porte : « § 5. Les fonc-

par l'article 3 de la loi du 16 vendémiaire
an IV. On paraît ne faire qu'expliquer et développer le deuxième alinéa de l'article 52 de
la Constitution de l'an VIII; mais dans le fait
on substitue une disposition sur l'interprétation *législative*, à une disposition sur la justice
administrative.

« L'Acte du 22 frimaire an VIII voulait que
le Conseil-d'État fût un Corps à part du Ministère : et le premier Consul, pour les confondre, destina les conseillers à être des espèces de sous-ministres (*art.* 14 du réglement
du 5 nivose an VIII); il offre un appât aux

---

tions du ministre de la justice, seront, entre autres, de
soumettre au Corps législatif les questions qui lui seront
proposées relativement à l'Ordre judiciaire, et qui exigeront une interprétation de la loi.

« § 6. de transmettre au commissaire du Roi près le
Tribunal de cassation les pièces et mémoires concernant
les affaires qui lui auront été déférées, et qui seront de
nature à être portées à ce Tribunal; d'accompagner ces
pièces et mémoires des éclaircissemens et observations
dont il les croira susceptibles.

« § 7. de rendre compte à la Législature, au commencement de chaque session, de l'état de l'administration
de la justice, et des abus qui auraient pu s'y introduire ».

individus, pour que chacun renonce à l'indépendance du Corps (*a*).

(*a*) *Directions confiées à des conseillers d'état, contre le vœu de l'Acte Constitutionnel du 22 frimaire an VIII.*

1° Le contentieux des domaines nationaux. (*Art.* 7 *du réglement du* 5 *nivose an VIII, et du* 27 *fructidor an X*).

2° Les ponts et chaussées. (*Art.* 7 *du Réglement du* 5 *nivose an VIII*).

3° La caisse d'amortissement. (*Décret du* 23 *messidor et* 1er *thermidor an IX*).

4° L'enregistrement et les domaines. (*Décret du troisième jour complémentaire an IX*).

5° Le Conseil d'administration de la guerre. (*Décret du* 17 *ventose an X*).

6° L'instruction publique. (*Ibid*).

7° Les octrois municipaux. (*Ibid*).

8° Les douanes. (*Décret du* 29 *fructidor an IX, et* 28 *ventose an X*).

9° La liquidation de la dette publique. (*Décret du* 13 *prairial an X*).

10° Les droits réunis. (*Décret du* 6 *germinal an XII*).

11° Les postes. (*Décret du* 8 *ventose et* 8 *prairial an XII*).

12° La correspondance, la suite et l'instruction des affaires de police. (*Décret du* 21 *fructidor an XII*).

13° Les bois et forêts. (*Décret du* 4 *avril* 1806).

14° Les revues et la conscription militaire. (*Décret du* 8 *juillet* 1806).

« A la vérité, les ministres, et les conseillers d'état *sous-ministres* (c'est-à-dire chargés de direction), n'avaient pas voix délibérative (pour ce qui concernait leurs directions) dans le Conseil-d'État (*art.* 4 *et* 12 du réglement du 5 nivose an VIII). Mais ce n'était là qu'un leurre, une disposition nominale : avoir lié leurs intérêts, c'était avoir préparé leur intimité ; les uns et les autres ne tardèrent pas d'obtenir voix délibérative au Conseil-d'État, pour y prononcer, *comme magistrats*, sur les mêmes opérations qui seraient leur fait *comme ministres* ou *sous-ministres.*

« Quoiqu'il en soit, le réglement du 5 nivose an VIII avait attribué au Conseil-d'État les affaires contentieuses dont la décision était précédemment remise aux ministres (*art.* 11, *n°* 2). De ces affaires contentieuses soumises aux ministres, les unes prenaient naissance dans leurs propres opérations ministérielles ; les autres leur arrivaient par appel de l'administration départementale (*art.* 14 *et* 21). Il fallait donc établir, dans les départemens, une autorité chargée de décider, en première instance, les difficultés élevées par les intérêts et les droits des particuliers, à l'occasion des opérations de l'administration active. De là l'établissement des Conseils de préfecture (*a*), composés ordinairement de trois, quatre ou cinq membres, présidés par le préfet.

« La loi du 28 pluviose an VIII institua sur ces bases une justice administrative délibérante, pour juger, soit des contentions entre particuliers sur des matières administratives, soit des réclamations de particuliers, au nom des droits privés, contre les résultats ou les effets produits par l'action consommée de l'administration.

« Quant aux réclamations contre l'action subsistante de l'administration (espèces d'obstacles, ou de résistances opposées par les droits

---

(*a*) Les Conseils de préfecture ne doivent pas être confondus avec les Chambres ou Conseils généraux de département.

Ceux-ci, avec mission de leurs concitoyens, délibèrent sur l'utilité commune du département. (*Voy. ci-dessus*, vol. VII, pag. 160).

Ceux-là, nommés et récusables, *comme agens du Pouvoir exécutif*, doivent se renfermer dans des attributions d'une nature différente. (*Voy. ci-après, même* §, 2e *division*).

privés, contre l'action administrative), le
préfet reste essentiellement chargé à lui seul
de les écarter et de les apprécier.

« Remarquons bien que désormais la France
doit avoir une *justice administrative* proprement dite, offrant à la nation toutes les garanties consacrées par l'Acte du 22 frimaire
an VIII.

« C'est sur la foi de ces dispositions tutélaires, que le législateur dépouillera désormais
la justice des tribunaux au profit de la *justice des Conseils de préfecture* et *du Conseil-
d'État* » (a).

(a) (Du Conseil-d'État, selon la Charte, etc., chap. 1,
§ IV, *art.* 6, *et suiv.*).

A l'appui de cette assertion l'auteur indique les lois
suivantes :

Loi du 29 floréal an X, *sur la voirie.*

Loi du 30 floréal an X, *sur la navigation intérieure.*

Loi du 11 germinal an XI, *sur le changement de noms.*

Loi du 22 germinal an XI, *sur les manufactures et
usines.*

Loi du 1er floréal an XI, *sur les concessions des vétérans.*

Loi du 9 floréal an XI, *sur l'exploitation des bois.*

Loi du 11 pluviose an XII, *sur les domaines engagés.*

Loi du 9 ventose an XII, *sur les communaux.*

— Et en effet voici les faits :

14 *germinal an VIII.* Avis du Conseil-d'État sur la manière dont un de ses membres peut être entendu en témoignage (*a*).

7 *fructidor an VIII.* Arrêté portant que, à compter du premier vendémiaire an IX, le service des conseillers d'état sera distingué en service *ordinaire* et service *extraordinaire*.

Or, les membres du Conseil en service ordinaire devant être désignés par les Consuls, il en résultait un moyen facile pour ceux-ci d'enchaîner leur volonté.

18 *germinal an X.* Décret qui attribue au

Loi du 29 nivose an XIII , *sur les routes.*

« Toutes ces lois, et nombre d'autres, ajoute-t-il, ont confié les droits privés, les propriétés des citoyens à la *justice administrative*, par préférence à la *justice judiciaire*, sur la foi d'une Institution fondamentale qui plaçait à la tête de la justice administrative une classe de magistrats des plus notables de la nation (loi du 22 frimaire an VIII), choisis ou indiqués par elle, et ne pouvant cumuler leurs fonctions de haute magistrature avec aucune espèce de fonctions administratives ». (*Ibid.*, pag. 29).

(*a*) Le texte de cet avis est remarquable en ce que le premier Consul, qui l'approuva, reconnut, par cela même, que le Conseil-d'État, d'après ses attributions

Conseil-d'État les appels comme d'abus, en matière ecclésiastique.

16 *thermidor an X*. Sénatus-consulte, qui donne aux ministres voix délibérative au Conseil-d'État (*art.* 68). On conçoit dans quel

---

constitutionnelles, était *l'instrument nécessaire* du Gouvernement, et *une partie intégrante* du Pouvoir législatif.

Il porte : « Le Conseil-d'État, qui, d'après le renvoi des Consuls, et sur le rapport du conseil de législation, a discuté la question de savoir si un conseiller d'état peut être déplacé pour servir de témoin devant un tribunal séant dans une commune autre que celle où il exerce ses fonctions,

« Est d'avis que, dans ce cas, il ne doit pas être déplacé. La loi du 20 thermidor an IV est d'accord sur ce point avec l'intérêt public. Cette loi ayant été faite pour les membres du Pouvoir législatif, et ceux du Gouvernement, est applicable sous ce double rapport aux conseillers d'état. En effet, le Conseil-d'État est placé, par la Constitution, à côté du Gouvernement considéré comme Pouvoir exécutif : il en est l'instrument nécessaire, en considérant le Gouvernement comme ayant l'initiative et la proposition des lois, et comme faisant, à cet égard, partie intégrante du Pouvoir législatif. Les conseillers d'état ne doivent donc pas être déplacés du lieu de leurs fonctions pour servir comme témoins devant les Tribunaux ; leur témoignage ne peut être pris que dans la forme déterminée par la loi du 20 thermidor ».

dessein cette faculté leur fut accordée, et l'expérience n'a que trop justifié les inductions que la raison pouvait dès-lors en tirer.

28 floréal an XII. Sénatus-consulte, qui crée un Grand-Conseil (*art.* 36), qui établit des conseillers d'état à vie, ne pouvant perdre leur titre que par condamnation d'une Haute-Cour à une peine afflictive ou infamante.

Ce Sénatus-consulte portait :

« *Art.* 75. Lorsque le Conseil-d'État délibère sur les projets de loi ou sur les réglemens d'administration publique, les deux tiers des membres du Conseil en service ordinaire doivent être présens.

« Le nombre des conseillers présens ne peut être moindre de vingt-cinq.

« *Art.* 77. Lorsqu'un membre du Conseil-d'État a été porté pendant cinq années sur la liste des membres du Conseil, en service ordinaire, il reçoit un brevet de conseiller d'état à vie.

« Lorsqu'il cesse d'être porté sur la liste du Conseil-d'État en service ordinaire ou extraordinaire, il n'a droit qu'au tiers du traitement de conseiller d'état.

« Il ne perd toutefois son titre et ses droits que par un jugement de la Haute-Cour Impériale, emportant peine afflictive ou infamante ».

Ce même Sénatus-consulte ajoute une section *du Commerce* aux cinq sections admises par le réglement du 5 nivose an VIII.

Il porte, « *art.* 76, le Conseil-d'État se divise en six sections, savoir : section de *législation*, section *de l'intérieur*, section *des finances*, section *de la guerre*, section *de la marine*, section *du commerce* ».

— « L'idée d'*inamovibilité* pour les membres du Conseil-d'État de l'an VIII a quelque chose de bien étrange de la part d'un Gouvernement qui détruisait, une à une, toutes les garanties nationales.

« Mais on n'est plus étonné, quand on se rappelle quelles innovations politiques contenait ce même Sénatus-consulte du 28 floréal an XII, qui promet l'inamovibilité aux conseillers d'état.

« Ce fut sans doute dans le même esprit que le Gouvernement se résolut à donner une marche régulière à la justice administrative.

« Depuis l'an VIII, la justice administrative avait été rendue par le Conseil-d'État, tout aussi arbitrairement qu'aux époques précédentes. Les conseillers d'état, plus ou moins occupés d'administration, plus ou moins subordonnés aux ministres, contre le vœu de l'Acte Constitutionnel du 22 frimaire an VIII, n'avaient eu garde d'adopter ou de réclamer aucune des formes judiciaires et rassurantes (*a*).

(*a*) « Le Gouvernement d'alors n'avait songé à régulariser les décisions du Conseil-d'État, que relativement à la matière des liquidations de la dette publique, et à la matière des domaines nationaux.

« Dès l'établissement du Conseil-d'État, au 5 nivose an VIII, le contentieux des domaines nationaux forma une partie d'administration publique, à la tête de laquelle fut placée un conseiller d'état, sous la direction du ministre des finances. Les affaires lui arrivaient sans rapport préalable du ministre, et sans renvoi spécial du Chef du Gouvernement. Les parties avaient accès dans ses bureaux : lui-même leur donnait audience. Elles pouvaient produire leurs mémoires et défenses par elles-mêmes; quand l'affaire était instruite, le conseiller d'état en faisait le rapport à la section des finances à laquelle il était attaché; et le projet arrêté avec la section était porté au Chef du Gouvernement par le président de la

« Tous leurs travaux préparatoires se faisaient dans les bureaux des ministres : les affaires même ne leur arrivaient qu'après rapport du ministre au Chef du Gouvernement, lorsqu'il en ordonnait le renvoi au Conseil. Il s'agissait des plus grands intérêts, des droits les plus précieux ; n'importe : l'affaire était

---

section, comme le reste du travail. Ainsi le Conseil-d'État en réunion complète ne prenait point part à ces sortes de décisions.

« Quant à la liquidation générale de la dette publique, elle fut confiée, par l'article du 13 prairial an X, à un Conseil composé d'un président, conseiller d'état, directeur-général, de cinq directeurs particuliers, et d'un secrétaire général. Les parties avaient toute latitude nécessaire pour se faire entendre devant le Conseil de liquidation, et pour produire leurs moyens et leur défense. Elles étaient jugées par le Conseil entier qui s'assemblait chaque semaine pour entendre les rapports des directeurs particuliers, et statuer sur les projets d'arrêtés qu'ils proposaient. Le recours contre les décisions du Conseil de liquidation leur était ouvert au Conseil-d'État ; et même dès qu'il y avait diversité d'opinion dans le Conseil de liquidation, il ne pouvait plus prononcer. Le conseiller d'état, directeur-général, faisait son rapport au Conseil-d'État, où la liquidation était jugée comme affaire contentieuse ». (Du Conseil-d'État, selon la Charte, pag. 32).

jugée, ou pouvait l'être, sans que les parties intéressées eussent produit leurs moyens de défense, sans qu'elles eussent connu les moyens d'attaque, sans même qu'elles fussent averties qu'un jugement les menaçait, qu'il y avait demande formée contre elles.

« Souvent le droit le plus clair était sacrifié sous prétexte d'une *déchéance,* ou *fin de non-recevoir*, qu'aucune loi, qu'aucune règle connue n'avait consacrée.

« Et quand on avait obtenu *décision* favorable, il n'y avait encore rien de certain. La chose jugée était méconnue, les moyens de rétractation étaient arbitraires.

« Ainsi la justice administrative se trouvait alors sans règle certaine pour *le droit*, et pour *la forme*, comme sans garantie rassurante pour le caractère des juges supérieurs chargés de prononcer en dernier ressort sur la fortune, l'honneur, et même la vie des citoyens.

« Il était donc urgent d'offrir à la nation une *organisation* rassurante, et des *formes tutélaires* pour la *justice administrative.*

« Plus le pouvoir devenait alarmant par sa

consistance, plus il devait nous séduire avec des apparences de garanties » (a).

Dans cet esprit, fut conçu le décret d'organisation du 11 juin 1806.

Ce décret d'organisation du 11 juin 1806 portait :

« TIT. 1er DE L'ORGANISATION DU CONSEIL-D'ÉTAT.

« CHAP. 1er. *Des conseillers d'état.*

« *Art.* 1er. Conformément à l'arrêté du 7 fructidor an VIII, nos conseillers d'état, en notre Conseil-d'État, continueront d'être distribués en service ordinaire et en service extraordinaire.

« *Art.* 2. La liste de l'un et de l'autre service sera arrêtée par nous, le premier de chaque trimestre.

« *Art.* 3. Sur la liste du service ordinaire, seront distingués ceux de nos conseillers qui feront partie d'une section, et ceux que nous croirons ne devoir attacher à aucune.

« CHAP. II. *Des maîtres des requêtes.*

« *Art.* 4. Il y aura au Conseil-d'État des

(a) Du Conseil-d'État, selon la Charte, etc., chap. 1, § 4, *art.* 41 *et suiv.*

maîtres des requêtes dont les fonctions sont ci-après déterminées.

« *Art.* 5. Les maîtres des requêtes seront distribués en service ordinaire et en service extraordinaire, suivant la liste qui sera par nous arrêtée le premier de chaque trimestre.

« *Art.* 6. Les maîtres des requêtes prendront séance au Conseil-d'État après les conseillers d'état.

« *Art.* 7. Ils feront le rapport de toutes les affaires contentieuses sur lesquelles le Conseil-d'État prononce, de quelque manière qu'il en soit saisi, à l'exception de celles qui concernent la liquidation de la dette publique et les domaines nationaux, dont les rapports continueront d'être faits par les conseillers d'état chargés de ces deux parties d'administration publique.

« *Art.* 8. Les maîtres des requêtes peuvent prendre part à la discussion de toutes les affaires qui seront portées à notre Conseil-d'État.

« Dans les affaires contentieuses, la voix du rapporteur sera comptée.

« *Art.* 9. Les maîtres des requêtes auront pour costume l'habit bleu, avec des broderies pareilles à celles des conseillers d'état.

« Ceux qui seront en activité, auront un traitement équivalent au cinquième de celui des conseillers d'état.

« *Art.* 10. Les fonctions des maîtres des requêtes seront compatibles avec toutes fonctions qui leur auraient été ou qui leur seraient par nous confiées.

« CHAP. III. *Des Auditeurs.*

« *Art.* 11. L'arrêté du 19 germinal an XI, qui institue des auditeurs près nos ministres, et notre Conseil-d'État, et qui règle leurs fonctions, ainsi que tous les autres arrêtés et décrets les concernant, sont maintenus.

« Ils seront, comme les maîtres des requêtes, distribués en service ordinaire et en service extraordinaire.

« *Art.* 12. Les auditeurs qui seront nommés à l'avenir, n'assisteront aux séances du Conseil-d'État, quand nous les présiderons, qu'après deux années d'exercice, et lorsque nous croirons devoir accorder cette distinction pour récompenser leur zèle.

« Tit. ii. *Des Attributions du Conseil-d'État.*

« *Art.* 13. Notre Conseil-d'État continuera d'exercer les fonctions qui lui sont attribuées par les Constitutions de l'empire et par nos décrets.

« *Art.* 14. Il connaîtra en outre :

« 1° Des affaires de haute-police administrative, lorsqu'elles lui seront renvoyées par nos ordres;

« 2° De toutes contestations ou demandes relatives soit aux marchés passés avec nos ministres, avec l'intendant de notre maison, ou en leur nom, soit aux travaux ou fournitures faits pour le service de leurs départemens respectifs, pour notre service personnel ou celui de nos ministres.

« 3° Des décisions de la comptabilité nationale et du conseil des prises.

« Tit. iii. *De la Haute-Police administrative.*

« *Art.* 15. Lorsque nous aurons jugé convenable de faire examiner, par notre Conseil-d'État, la conduite de quelque fonctionnaire inculpé, il sera procédé de la manière suivante :

« *Art.* 16. Le rapport ou les dénonciations

et les pièces contenant les faits qui donne-
ront lieu à l'examen, seront renvoyés par
nos ordres, soit directement, soit par l'intermédiaire du Grand-Juge, ministre de la justice,
à une commission composée du président de
l'une des sections du Conseil, et de deux
conseillers d'état.

« *Art.* 17. Si la commission estime que l'in-
culpation n'est point fondée, elle chargera
son président d'en informer le ministre de la
justice, qui nous en rendra compte.

« Si elle estime que celui dont elle a reçu
l'ordre d'examiner la conduite, doit être
préalablement entendu ; elle en informera
notre Grand-Juge, lequel mandera le fonctionnaire inculpé et l'interrogera en présence de
la commission.

« Il sera loisible aux membres de la commission de faire des questions.

« *Art.* 18. Un auditeur tiendra procès-verbal de l'interrogatoire et des réponses.

« *Art.* 19. Si la commission juge avant l'interrogatoire, sur le vu des pièces, ou après
l'interrogatoire, que les faits dont il s'agit
doivent donner lieu à des poursuites juridi-

ques, elle nous en rendra compte par écrit, afin que nous donnions au Grand-Juge, ministre de la justice, l'ordre de faire exécuter les lois de l'État.

« *Art.* 20. Si la commission est d'avis que les fautes imputées ne peuvent entraîner que la destitution, ou des peines de discipline et de correction, elle prendra nos ordres pour faire son rapport au Conseil-d'État.

« *Art.* 21. Dans le cours de l'instruction, l'inculpé pourra être entendu, sur sa demande, ou par délibération du Conseil-d'État.

« Il aura aussi la faculté de produire sa défense par écrit.

« Les mémoires qui la contiendront, seront signés par lui ou par un avocat au Conseil, et ne seront point imprimés.

« *Art.* 22. Le Conseil-d'État pourra prononcer qu'il y a lieu à réprimander, censurer, suspendre ou même destituer le fonctionnaire inculpé.

« *Art.* 23. La décision du Conseil-d'État sera soumise à notre approbation dans la forme ordinaire.

« Titre iv. *Des Affaires contentieuses.*

« *Art.* 24. Il y aura une commission présidée par le Grand-Juge, ministre de la justice, et composée de six maîtres des requêtes, et de six auditeurs.

« *Art.* 25. Cette commission fera l'instruction et préparera le rapport de toutes les affaires contentieuses sur lesquelles le Conseil-d'État aura à prononcer, soit que ces affaires soient introduites sur le rapport d'un ministre, ou à la requête des parties intéressées.

« *Art.* 26. Dans le premier cas, les ministres feront remettre au Grand-Juge, par un auditeur, tous les rapports relatifs aux affaires contentieuses de leur département, ainsi que les pièces à l'appui.

« *Art.* 27. Dans le second cas, les requêtes des parties intéressées et les pièces seront déposées au secrétariat général du Conseil-d'État, après un inventaire dont il sera fait registre.

« Deux fois par semaine le secrétaire général remettra au Grand-Juge, ministre de la justice, le bordereau des affaires.

« *Art.* 28. Dans les deux cas, le Grand-Juge

nommera pour chaque affaire un auditeur, lequel prendra les pièces et préparera l'instruction.

« *Art.* 29. Sur l'exposé de l'auditeur, le Grand-Juge ordonnera, s'il y a lieu, la communication aux parties intéressées, pour répondre et fournir leurs défenses dans le délai qui sera fixé par le réglement.

« A l'expiration de ce délai, il sera passé outre au rapport.

« *Art.* 30. Le rapport est fait par l'auditeur à la commission.

« Les maîtres des requêtes auront voix délibérative.

« La délibération sera prise à la pluralité des suffrages.

Le Grand-Juge aura voix prépondérante en cas de partage.

« *Art.* 31. Le Grand-Juge nous remettra, chaque semaine, le bordereau des affaires qui seront en état d'être portées au Conseil-d'État.

« Les rapports des ministres, ou les requêtes des parties, ainsi que les pièces à l'appui, seront remis par le Grand-Juge au ministre-secrétaire-d'état, et par celui-ci, au secrétaire général du Conseil-d'État, avec le nom des maîtres des requêtes que nous aurons désignés pour faire le rapport de chaque affaire au Conseil.

« *Art.* 32. Le maître des requêtes prendra les pièces au secrétariat général, et ne pourra présenter au Conseil-d'État que l'avis de la commission.

« Titre v. *Dispositions générales.*

« *Art.* 33. Il y aura des avocats en notre Conseil, lesquels auront seuls le droit de signer les mémoires et requêtes des parties en matières contentieuses de toute nature.

« *Art.* 34. Nous nommerons ces avocats sur une liste de candidats qui nous seront présentés par le Grand-Juge, ministre de la justice.

« *Art.* 35. Le Secrétaire-général de notre Conseil-d'État délivrera à qui de droit les expéditions des décisions et avis de notre Conseil-d'État qui auront eu notre approbation.

« Les expéditions seront exécutoires.

« *Art.* 36. Il sera fait un réglement qui contiendra les dispositions relatives à la forme de procéder.

« *Art.* 37.' Nos ministres, chacun en ce qui le concerne, seront chargés de l'exécution de notre présent décret ».

— Toutes les dispositions du Décret du 22 juillet 1806 sont relatives au réglement annoncé par l'article 36 de ce premier Décret du 11 juin de la même année. Elles fixent et déterminent les règles de procédure à suivre devant le Conseil, en matières contentieuses; et nous ne rapporterons ce décret en note, ci-dessous, qu'afin de présenter, ainsi rassemblés, tous les actes relatifs à l'existence actuelle du Conseil-d'État (*a*).

(*a*) Décret contenant réglement sur les affaires contentieuses portées au Conseil-b'État.

« Titre 1er. De l'Introduction et de l'Instruction des instances.

« Section 1re. *Des Instances introduites au Conseil-d'État à la requête des parties.*

« *Art.* 1er. Le recours des parties au Conseil-d'État, en matière contentieuse, sera formé par requête signée d'un avocat au Conseil; elle contiendra l'exposé sommaire des faits et des moyens, les conclusions, les noms et demeures des parties, l'énonciation des pièces dont on entend se servir et qui y seront jointes.

« *Art.* 2. Les requêtes, et en général toutes les productions des parties, seront déposées au secrétariat du Con-

20 *septembre* 1806. Décret portant établissement d'une commission des pétitions.

---

seil-d'État; elles y seront inscrites sur un registre, suivant leur ordre de date, ainsi que la remise qui en sera faite à l'auditeur nommé par le Grand-Juge, pour préparer l'instruction.

« *Art.* 3. Le recours au Conseil-d'État n'aura point d'effet suspensif, s'il n'en est autrement ordonné.

« Lorsque l'avis de la commission établie par notre décret du 11 juin dernier, sera d'accorder le sursis, il en sera fait rapport au Conseil-d'État qui prononcera.

« *Art.* 4. Lorsque la communication aux parties intéressées aura été ordonnée par le Grand-Juge, elles seront tenues de répondre et de fournir leurs défenses dans les délais suivans :

« Dans quinze jours, si leur demeure est à Paris, ou n'est pas eloignée de plus de cinq myriamètres,

« Dans le mois, si elles demeurent à une distance plus éloignée dans le ressort de la Cour d'appel de Paris, ou dans l'un des ressorts des Cours d'appel d'Orléans, Rouen, Amiens, Douai, Nancy, Metz, Dijon et Bourges.

« Dans deux mois, pour les ressorts des autres Cours d'appel en France.

« Et à l'égard des colonies et des pays étrangers, les délais seront réglés ainsi qu'il appartiendra par l'ordonnance de *soit communiqué.*

« Ces délais commenceront à courir du jour de la signification de la requête à personne ou domicile par le ministère d'un huissier.

M. Sirey, que sa longue pratique, ses nom-

« Dans les matières provisoires ou urgentes, les délais pourront être abrégés par le Grand-Juge.

« *Art.* 5. La signature de l'avocat au pied de la requête, soit en demande, soit en défense, vaudra constitution et élection de domicile chez lui.

« *Art.* 6. Le demandeur pourra, dans la quinzaine après les défenses fournies, donner une seconde requête, et le défendeur répondra dans-la quinzaine suivante.

« Il ne pourra y avoir plus de deux requêtes de la part de chaque partie, compris la requête introductive.

« *Art.* 7. Lorsque le jugement sera poursuivi contre plusieurs parties, dont les unes auraient fourni leurs défenses, et les autres seraient en défaut de les fournir, il sera statué, à l'égard de toutes, par la même décision.

« *Art.* 8. Les avocats des parties pourront prendre communication des productions de l'instance au secrétariat, sans frais.

« Les pièces ne pourront en être déplacées, si ce n'est qu'il y en ait minute, ou que la partie y consente.

« *Art.* 9. Lorsqu'il y aura déplacement de pièces, le récépissé, signé de l'avocat, portera son obligation de les rendre dans un délai qui ne pourra excéder huit jours, et, après ce délai expiré, le Grand-Juge pourra condamner personnellement l'avocat en dix francs, au moins, de dommages et intérêts, par chaque jour de retard, et même ordonner qu'il sera contraint par corps.

« *Art.* 10. Dans aucun cas, les délais pour fournir ou signifier la requête, ne seront prolongés par l'effet des communications.

breuses analyses, et ses observations judi-

« *Art.* 11. Le recours au Conseil contre la décision d'une autorité *qui y ressortit*, ne sera pas recevable après trois mois du jour où cette décision aura été notifiée.

« *Art.* 12. Lorsque, sur un semblable pourvoi fait dans le délai ci-dessus prescrit, il aura été rendu une ordonnance de *soit communiqué*, cette ordonnance devra être signifiée dans le délai de trois mois, sous peine de déchéance.

« *Art.* 13. Ceux qui demeureront hors de la France continentale, auront, outre le délai de trois mois énoncé dans les deux articles ci-dessus, celui qui est réglé par l'article 73 du Code de procédure civile.

« *Art.* 14. Si, d'après l'examen d'une affaire, il y a lieu d'ordonner que des faits ou des écritures soient vérifiés, ou qu'une partie soit interrogée, le Grand-Juge désignera un maître des requêtes ou commettra sur les lieux : il règlera la forme dans laquelle il sera procédé à ces actes d'instruction.

« *Art.* 15. Dans tous les cas où les délais ne sont pas fixés par le présent décret, ils seront déterminés par ordonnance du Grand-Juge.

« Sect. 2ᵉ. *Dispositions particulières aux affaires contentieuses introduites sur le rapport d'un ministre.*

« *Art.* 16. Dans les affaires contentieuses introduites au Conseil sur le rapport d'un ministre, il sera donné, dans la forme administrative ordinaire, avis à la partie intéressée, de la remise faite au Grand-Juge des mémoires et pièces fournies par les agens du Gouvernement, afin qu'elle puisse en prendre communication dans la forme

cieuses nous ont engagé à citer souvent sur

prescrite aux articles 8 et 9, et fournir ses réponses dans le délai du réglement.

« Le rapport du ministre ne sera pas communiqué.

« *Art.* 17. Lorsque dans les affaires où le Gouvernement a des intérêts opposés à ceux d'une partie, l'instance est introduite à la requête de cette partie, le dépôt qui sera fait au secrétariat du Conseil de la requête et des pièces, vaudra notification aux agens du Gouvernement : il en sera de même pour la suite de l'instruction.

« Tit. ii. Des incidens qui peuvent survenir pendant l'instruction d'une affaire.

§ 1ᵉʳ. *Des demandes incidentes.*

« *Art.* 18. Les demandes incidentes seront fournies par une requête sommaire, déposée au secrétariat du Conseil. Le Grand-Juge en ordonnera, s'il y a lieu, la communication à la partie intéressée, pour y répondre dans les trois jours de la signification, ou autre bref délai qui sera déterminé.

« *Art.* 19. Les demandes incidentes seront jointes au principal, pour y être statué par la même décision.

« S'il y avait lieu néanmoins à quelques dispositions provisoires et urgentes, le rapport en sera fait par l'auditeur à la prochaine séance de la commission, pour y être pourvu par le Conseil ainsi qu'il appartiendra.

« § 2. *De l'inscription de faux.*

« *Art.* 20. Dans le cas de demande en inscription de faux contre une pièce produite, le Grand-Juge fixera le délai dans lequel la partie qui l'a produite sera tenue de déclarer si elle entend s'en servir.

cette importante matière, quoiqu'il mécon-

« Si la partie ne satisfait pas à cette ordonnance, ou si elle déclare qu'elle n'entend pas se servir de la pièce, cette pièce sera rejetée.

« Si la partie fait la déclaration qu'elle entend se servir de la pièce, le Conseil-d'État statuera sur l'avis de la commission, soit en ordonnant qu'il sera sursis à la décision de l'instance principale jusqu'après le jugement du faux par le tribunal compétent, soit en prononçant la décision définitive, si elle ne dépend pas de la pièce arguée de faux.

« § 3. *De l'intervention.*

« *Art.* 21. L'intervention sera formée par requête ; le Grand-Juge ordonnera, s'il y a lieu, que cette requête soit communiquée aux parties, pour y répondre dans le délai qui sera fixé par l'ordonnance ; néanmoins la décision de l'affaire principale qui serait instruite, ne pourra être retardée par une intervention.

« § 4. *Des reprises d'instance, et constitution de nouvel avocat.*

« *Art.* 22. Dans les affaires qui ne seront point en état d'être jugées, la procédure sera suspendue par la notification du décès de l'une des parties, ou par le seul fait du décès, de la démission, de l'interdiction, ou de la destitution de son avocat.

« Cette suspension durera jusqu'à la mise en demeure pour reprendre l'instance ou constituer avocat.

« *Art.* 23. Dans aucun des cas énoncés en l'article précédent, la décision d'une affaire en état ne sera différée.

« *Art.* 24. L'acte de révocation d'un avocat par sa partie

naisse et conteste quelquefois avec trop d'as-

---

est sans effet pour la partie adverse, s'il ne contient pas la constitution d'un autre avocat.

« § 5. *Du Désaveu.*

« *Art.* 25. Si une partie veut former un désaveu relativement à des actes de procédure faits en son nom, ailleurs qu'au Conseil-d'État, et qui peuvent influer sur la décision de la cause qui y est portée, sa demande devra être communiquée aux autres parties. Si le Grand-Juge estime que le désaveu mérite d'être instruit, il renverra l'instruction et le jugement devant les juges compétens, pour y être statué dans le délai qui sera réglé.

« A l'expiration de ce délai, il sera passé outre au rapport de l'affaire principale sur le vu du jugement du désaveu, ou faute de le rapporter.

« *Art.* 26. Si le désaveu est relatif à des actes de procédure faits au Conseil-d'État, il sera procédé contre l'avocat sommairement, et dans les délais fixés par le Grand-Juge.

« TIT. III. § 1er. *Des Décisions du Conseil-d'État.*

« *Art.* 27. Les décisions du Conseil contiendront les noms et qualités des parties, leurs conclusions et le but des pièces principales.

« *Art.* 28. Elles ne seront mises à exécution contre une partie, qu'après avoir été préalablement signifiées à l'avocat au Conseil qui aura occupé pour elles.

« § 2. *De l'opposition aux décisions rendues par défaut.*

« *Art.* 29. Les décisions du Conseil-d'État, rendues par défaut, sont susceptibles d'opposition. Cette opposition ne sera point suspensive, à moins qu'il n'en soit autrement ordonné.

surance les bases essentielles et fondamentales

« Elle devra être formée dans le délai de trois mois, à compter du jour où la décision par défaut aura été notifiée ; après ce délai, l'opposition ne sera plus recevable.

« *Art.* 30. Si la commission est d'avis que l'opposition doive être reçue, elle fera son rapport au Conseil, qui remettra, s'il y a lieu, les parties dans le même état où elles étaient auparavant.

« La décision qui aura admis l'opposition sera signifiée dans la huitaine, à compter du jour de cette décision, à l'avocat de l'autre partie.

« *Art.* 31. L'opposition d'une partie défaillante à une décision rendue contradictoirement avec une autre partie ayant le même intérêt, ne sera pas recevable.

« § 3. *Du recours contre les Décisions contradictoires.*

« *Art.* 32. Défenses sont faites, sous peine d'amende, et même, en cas de récidive, sous peine de suspension ou de destitution, aux avocats en notre Conseil-d'État de présenter requête en recours contre une décision contradictoire, si ce n'est en deux cas :

« Si elle a été rendue sur pièces fausses ;

« Si la partie a été condamnée faute de représenter une pièce décisive qui était retenue par son adversaire.

« *Art.* 33. Ce recours devra être formé dans le même délai, et admis de la même manière que l'opposition à une décision par défaut.

« *Art.* 34. Lorsque le recours contre une décision contradictoire aura été admis dans le cours de l'année où elle avait été rendue, la communication sera faite, soit au défendeur, soit au domicile de l'avocat qui a occupé pour lui, et qui sera tenu d'occuper sur ce recours, sans qu'il soit besoin d'un nouveau pouvoir.

« *Art.* 35. Si le recours n'a été admis qu'après l'année depuis la décision, la communication sera faite aux parties à personne ou domicile, pour y fournir réponse dans le délai du règlement.

« *Art.* 36. Lorsqu'il aura été statué par un premier recours contre une décision contradictoire, un second recours contre la même décision ne sera pas recevable.

« L'avocat qui aura présenté la requête sera puni de l'une des peines énoncées en l'article 32.

« § 4. *De la tierce-opposition.*

« *Art.* 37. Ceux qui voudront s'opposer à des décisions du Conseil-d'État en matière contentieuse, et lors desquelles ni eux ni ceux qu'ils représentent n'ont été appelés, ne pourront former leur opposition que par requête en la forme ordinaire ; et sur le dépôt qui en sera fait au secrétariat du Conseil, il sera procédé conformément aux dispositions du titre premier.

« *Art.* 38. La partie qui succombera dans sa tierce-opposition sera condamnée en 150 francs d'amende, sans préjudice des dommages et intérêts de la partie, s'il y a lieu.

« *Art.* 39. Les articles 34 et 35 ci-dessus concernant les recours contre les décisions contradictoires, sont communs à la tierce-opposition.

« *Art.* 40. Lorsqu'une partie se croira lésée dans ses droits ou sa propriété, par l'effet d'une décision de notre Conseil-d'État, rendue en matière non contentieuse, elle

Tome VIII. 11

rement faute d'en avoir bien approfondi et

pourra nous présenter une requête pour, sur le rapport
qui nous en sera fait, être l'affaire renvoyée, s'il y a lieu,
soit à une section du Conseil-d'État, soit à une commission.

« § 5. *Des Dépens.*

« *Art.* 41. En attendant qu'il soit fait un nouveau tarif
des dépens, et statué sur la manière dont il sera procédé
à leur liquidation, on suivra provisoirement les réglemens
antérieurs relatifs aux avocats au Conseil, et qui sont
applicables aux procédures ci-dessus.

« *Art.* 42. Il ne sera employé dans la liquidation des dépens aucuns frais de voyage, séjour ou retour des parties,
ni aucuns frais de voyage d'huissier au-delà d'une journée.

« *Art.* 43. La liquidation et la taxe des dépens seront
faites à la commission du contentieux par un maître des
requêtes, et sauf révision par le Grand-Juge.

« TIT. IV. § 1er. *Des avocats au Conseil.*

« *Art.* 44. Les avocats en notre Conseil-d'État auront,
conformément à notre décret du 11 juin dernier, le droit
exclusif de faire tous actes d'instruction et procédure
devant la commission du contentieux.

« *Art.* 45. L'impression d'aucun mémoire ne passera en
taxe.

« Les écritures seront réduites au nombre de rôles qui
sera réputé suffisant pour l'instruction de l'instance.

« *Art.* 46. Les requêtes et mémoires seront écrits correc-
tement et lisiblement en demi-grosse seulement; chaque
rôle contiendra au moins cinquante lignes; et chaque
ligne douze syllabes au moins, sinon, chaque rôle où il

se trouvera moins de lignes et de syllabes sera rayé en
entier, et l'avocat sera tenu de restituer ce qui lui aura
été payé à raison de ces rôles.

« *Art.* 47. Les copies signifiées des requêtes et mémoires,
ou autres actes, seront écrites lisiblement et correcte-
ment ; elles seront conformes aux originaux, et l'avocat
en sera responsable.

« *Art.* 48. Les écritures des parties signées par les avocats
au Conseil seront sur papier timbré.

« Les pièces par elles produites ne seront point sujettes
au droit d'enregistrement, à l'exception des exploits
d'huissier, pour chacun desquels il sera perçu un droit
d'un franc.

« N'entendons néanmoins dispenser les pièces produites
devant notre Conseil-d'État, des droits d'enregistrement,
auxquels l'usage qui en serait fait ailleurs pourrait donner
ouverture.

« N'entendons pareillement dispenser du droit d'enregistrement les pièces produites devant notre Conseil-
d'État, qui, par leur nature, sont soumises à l'enregistrement dans un délai fixe.

« *Art.* 49. Les avocats au Conseil seront, suivant les
circonstances, punis de l'une des peines ci-dessus, dans
le cas de contravention au réglemment, et notamment s'ils
présentent comme contentieuses des affaires qui ne le
seraient pas, ou s'ils portent en notre Conseil-d'État des
affaires qui seraient de la compétence d'une autre autorité.

« Les avocats au Conseil prêteront serment entre les
mains de notre Grand-Juge ministre de la justice.

I I .

autres, du Conseil-d'État selon la Charte, pag. 293, 453, 459 *et suiv.*), fait encore au sujet de ce décret les remarques suivantes : « Le droit de pétition, si naturel, si légitime, dit-il, quand il n'est que le cri du malheur ou le vœu de la justice, avait été constamment proclamé depuis 1789; mais l'étendue de ce droit, ses formes tutélaires, et son effet essentiel, étaient restés indéterminés.

« Un décret du 15 avril 1806 chargea des *auditeurs* près le Conseil-d'État, désignés pour chaque semaine, de se tenir, depuis dix heures du matin jusqu'à midi, dans la salle du palais des Tuileries, dite *des Maréchaux*, d'y recevoir toutes les pétitions qu'on voudrait présenter au Chef du Gouvernement, d'en faire l'analyse, et de prendre les notes et renseignemens nécessaires pour lui en rendre compte le lendemain à son lever. Il est aisé

« § 2. *Des huissiers au Conseil.*

« *Art.* 51. Les significations d'avocat à avocat, et celles aux parties ayant leur demeure à Paris, seront faites par des huissiers au Conseil.

« *Art.* 52. Nos ministres, chacun en ce qui le concerne, sont chargés de l'exécution de notre présent décret ».

de deviner que ces auditeurs ne tardèrent pas à devenir importuns, et peut-être suspects. Un tel office ne convient qu'au plus sage, au plus populaire, et au plus fidèle de tous les amis du prince.

« L'institution fut donc dénaturée , sous prétexte d'*organisation définitive*, par le décret du 20 septembre 1806, qui établit une commission *des pétitions*, composée de deux conseillers d'état, quatre maîtres des requêtes, et quatre auditeurs, siégeant d'abord aux Tuileries, pour y recevoir les pétitions et entendre les pétitionnaires; puis, revenant au Conseil-d'État, pour procéder à l'examen des pétitions, écarter les unes, renvoyer les autres aux ministres respectifs, réserver enfin pour le Chef du Gouvernement les pétitions sur lesquelles il ne pourrait être statué que par décision de l'autorité suprême.

« Il n'est pas trop facile de comprendre ce que le malheur ou la justice pouvaient espérer de ces formes lentes et chanceuses.

« Un conseiller d'état, homme de ministère, chargé d'une pétition dirigée contre un ministre! N'était-ce pas dérisoire?

« Le ridicule est plus piquant encore, à la vue de l'article 40 du réglement du 22 juillet 1806, ainsi conçu : *Lorsqu'une partie se croira lésée dans ses droits ou sa propriété, par l'effet d'une décision de notre Conseil-d'État, rendue en matière non contentieuse, elle pourra nous présenter une requête, pour, sur le rapport qui nous sera fait, être l'affaire renvoyée, s'il y a lieu, soit à une section du Conseil-d'État, soit à une commission.*

« Combinez cette disposition avec celle du 22 septembre 1806, et vous aurez pour résultat une partie du Conseil-d'État, dénonçant au Chef du Gouvernement la totalité du Conseil-d'État, pour obtenir que cette totalité du Conseil-d'État soit corrigée, ou réformée par une portion du Conseil-d'État. Peut-on se jouer à ce point d'une GRANDE NATION !!! » (*a*).

19 — 22 *janvier* 1813. Avis du Conseil-d'État qui renvoie les conflits à la commission du

---

(*a*) Du Conseil-d'État selon la Charte, etc., chap. 1, § 4, *art.* 45 *et suiv.*

contentieux, pour y être instruits conformément au réglement du 22 juillet 1816.

25 *mars* 1817. Décret qui attribue aux
Cours d'appel la connaissance des appels
comme d'abus, précédemment attribués au
Conseil-d'État.

29 *juin* 1814 — 23 *août* 1815. Depuis la
chute que toutes ces œuvres successives d'impéritie, d'imprévoyance, de désordre, ou
de machiavélisme, de despotisme, de mauvaise foi, ont enfin produite, le Conseil-d'É-
tat s'est trouvé recréé par deux ordonnances,
celle du 29 juin 1814, et celle du 23 août
1815 : car, dans la Charte, il n'en fut pas fait
mention.

La première de ces deux ordonnances se
rapprochait sensiblement de l'organisation du
Conseil, antérieure à la Révolution.

Elle est ainsi conçue :

« Louis, par la grace de Dieu, etc.,

« Notre intention étant de compléter incessamment l'organisation de notre Conseil, nous
nous sommes fait représenter les réglemens
faits par les rois nos prédécesseurs sur cette
matière, et nous avons reconnu qu'il serait

difficile d'arriver à un meilleur systême; que néanmoins il y aurait de l'avantage à le simplifier, et qu'on ne peut se dispenser de le mettre en harmonie avec les changemens survenus dans la forme du Gouvernement, et dans les habitudes de nos peuples.

« A ces causes, nous avons ordonné et ordonnons ce qui suit :

« TIT. Ier. *Des personnes qui composent notre Conseil.*

«*Art.* 1. Notre Conseil sera composé des princes de notre famille, du chancelier de France, des ministres-secrétaires-d'état, des ministres d'état, de conseillers d'état, de maîtres des requêtes.

«*Art.* 2. Le nombre des conseillers d'état, en service ordinaire, est, quant à présent, limité à vingt-cinq, sans compter ceux en service extraordinaire, et les conseillers d'état honoraires.

« Nous nous réservons aussi de créer des conseillers d'état d'église et d'épée.

« *Art.* 3. Le nombre des maîtres des requêtes ordinaires n'excédera pas, quant à présent, cinquante. Il y aura, en outre, des maîtres des requêtes surnuméraires et des honoraires.

« *Art.* 4. Les conseillers d'état ordinaires, et les maîtres des requêtes lorsqu'ils feront des rapports, auront seuls voix délibérative dans les conseils auxquels ils seront attachés.

« Les maîtres des requêtes feront l'instruction et les rapports, à moins que, par des considérations particulières, le chancelier ou le secrétaire d'état de la partie ne juge à propos d'en charger des conseillers d'état.

« Les uns et les autres pourront faire le service dans plusieurs conseils et comités.

« TIT. II. *Du service dans notre Conseil.*

« *Art.* 5. Pour l'ordre du service, les membres de notre Conseil seront classés et distribués ainsi qu'il suit :

« Le *Conseil d'en-haut* ou *des ministres*, actuellement existant ;

« Le Conseil *privé ou des parties*, qui prendra le titre de *Conseil-d'État.*

. « Il y aura en outre : 1° Un comité de *Législation* ; 2° Un comité du *Contentieux* ; 3° Un comité de l'*Intérieur* ; 4° Un comité des *Finances* ; 5° Un comité du *Commerce* (*a*).

(*a*) Cette nouvelle organisation exclut deux anciennes

« Ces comités seront placés auprès du chancelier et des ministres-secrétaires-d'état des départemens auxquels ils se rattachent.

« *Art.* 6. Le Conseil d'en-haut ou des ministres sera composé des princes de notre famille, de notre chancelier et de ceux de nos ministres-secrétaires-d'état, de nos ministres d'état, et des conseillers d'état qu'il nous plaira de faire appeler pour chaque séance.

« *Art.* 7. Le Conseil d'en-haut ou des ministres délibérera, en notre présence, sur les matières de haute-administration, sur la législation administrative, sur tout ce qui tient à la police générale, à la sûreté du trône et du royaume, et au maintien de l'autorité royale.

«Nous pourrons y évoquer les affaires du contentieux de l'administration, qui se lieraient à des vues d'intérêt général.

---

divisions, celle de la guerre et celle de la marine, admises par le Réglement du 5 nivose an VIII, et par le Sénatus-Consulte du 28 floréal an XII.

Et, sous la dénomination de *Comité du Contentieux*, elle admet celle qu'avait créée le Décret impérial du 11 juin 1806, tit. IV, *art.* 24 *et suiv.*

« Les projets de loi, et généralement toutes les affaires qui devront être soumises à notre approbation, et qui ne l'auraient pas reçue dans le Conseil-d'État, nous seront présentés dans ce Conseil, ou soumis directement selon que nous le jugerons convenable.

« *Art.* 8. Le Conseil-d'État sera composé de nos ministres-secrétaires-d'état, de tous les conseillers d'état et maîtres des requêtes ordinaires.

« Il examinera les projets de loi et réglement qui auront été préparés dans les divers comités.

« Chacun des ministres y rapportera ou y fera rapporter par un conseiller d'état ou un maître des requêtes qu'il aura choisi, les projets de règlemens et de jugemens qui auront été convenus au comité contentieux, et autres comités, pour y être définitivement arrêtés.

« Il vérifiera et enregistrera les bulles et actes du Saint-Siége, ainsi que les actes des autres communions et cultes.

« Il connaîtra des appels comme d'abus.

« Quand nous ne jugerons pas à propos de faire délibérer ce Conseil en notre présence, il sera présidé par notre chancelier, et en son absence, par celui de nos ministres que nous aurons nommé.

« Ce Conseil aura un secrétaire qui tiendra registre des délibérations, gardera les papiers et minutes, suivra la correspondance, en délivrera tous extraits, copies ou expéditions.

« *Art.* 9. Le comité contentieux connaîtra de tout le contentieux de l'administration de tous les départemens, des mises en jugement des administrateurs et préposés, des conflits.

« Ses avis seront rédigés en forme d'arrêts ou de jugemens, qui ne seront définitivement arrêtés qu'après avoir été rapportés et délibérés dans notre Conseil-d'État, ou après avoir reçu notre sanction directe.

« Il sera tenu registre des délibérations de ce comité, qui aura en conséquence un secrétaire-greffier qui gardera les papiers et minutes, et recevra directement des diverses administrations ou des parties les affaires qui seront de la compétence du comité.

« Il sera composé de six conseillers d'état et de douze maîtres des requêtes ordinaires.

« Il sera présidé par notre chancelier, et,

en son absence, par un conseiller d'état vice-
président : il pourra être divisé en deux bureaux.

« *Art.* 10. Le comité de législation préparera tous les projets de loi et de réglement sur
toutes matières civiles, criminelles et ecclésiastiques, lesquels projets devront ensuite
être délibérés en Conseil-d'État avant de nous
être définitivement soumis.

« Ce comité sera composé de six conseillers
d'état et de douze maîtres des requêtes ; il sera
présidé par notre chancelier, ou, en son absence, par un ministre d'état que nous aurons
nommé. Notre chancelier pourra le diviser en
deux bureaux.

« Il aura un commis-greffier.

« *Art.* 11. Les comités des finances, de l'intérieur et du commerce, d'après les ordres et
sous la présidence des ministres-secrétaires-
d'état auxquels ils sont respectivement attachés, prépareront les projets de loi, de réglement, et tous autres relatifs aux matières
comprises dans leurs attributions.

« Ils proposeront, en forme d'arrêts, des jugemens sur les affaires d'intérêt local ou indi-

viduel de leurs départemens respectifs, autres que les affaires contentieuses, lesquels arrêts ne seront définitifs qu'après nous avoir été soumis en Conseil-d'État, ou dans un travail particulier, par le ministre de la partie.

« *Art.* 12. Le comité des finances sera composé de cinq conseillers d'état et de six maîtres des requêtes ; le comité de l'intérieur, de cinq conseillers d'état et de dix maîtres des requêtes ; le comité du commerce et des manufactures, de quatre conseillers d'état et de six maîtres des requêtes.

« Des marchands, négocians, manufacturiers, des principales villes de commerce, pourront y être appelés par le ministre de cette partie ; et, dans ce cas, ils y auront séance et voix consultative.

« Dans les affaires qui exigeraient la réunion de plusieurs comités, elle pourra être ordonnée par le chancelier, sur la demande des ministres.

« *Art.* 13. Les directeurs-généraux des diverses administrations que nous nommerons conseillers d'état en service extraordinaire, pourront, sur la demande de chaque ministre, assister en plus, et avec voix délibérative, aux divers conseils et comités attachés au département duquel ils dépendent ; ils pourront même y présenter des rapports et projets de réglement.

« S'ils venaient à quitter les directions générales dont ils sont chargés, ils deviendraient de droit conseillers d'état ordinaires, prendraient leur rang au Conseil, du jour de leur nomination comme conseillers d'état, et ouiraient des honneurs et traitemens attachés à ce titre.

« *Art.* 14. Le Chancelier de France pourra également nous présenter, pour être attachés aux différens conseils et bureaux, jusqu'à concurrence de six des conseillers d'état et de douze des maîtres des requêtes auxquels nous aurons conféré le titre d'honoraires ou du surnuméraires.

« Tit. III. *Traitemens.*

« *Art.* 15. Les conseillers d'état et maîtres des requêtes en service ordinaire, nommés par nous, reçoivent seuls des traitemens fixes.

« Les conseillers d'état du dernier Conseil,

qui avaient été nommés conseillers d'état à vie, conserveront cependant, avec le titre de conseillers d'état honoraires, une pension de retraite égale au tiers de celui qui sera ci-après fixé pour nos conseillers d'état ordinaires.

« *Art.* 16. Le traitement fixe des conseillers d'état est provisoirement fixé à douze mille francs.

« Celui attaché à chacun des comités dont ils peuvent être membres, est de quatre mille francs : ce traitement seul pourra être accordé à ceux des conseillers d'état honoraires qui seront appelés aux conseils et comités.

« *Art.* 17. Le traitement fixe des maîtres des requêtes ordinaires sera de quatre mille francs, et, en outre, de deux mille francs par chaque conseil ou comité où ils exerceront leurs fonctions; lequel traitement de deux mille francs pourra aussi être attribué aux maîtres des requêtes honoraires ou surnuméraires qui seront attachés auxdits conseils et comités.

« *Art.* 18. Le traitement du secrétaire du Conseil-d'État est de quinze mille francs; du secrétaire-greffier du comité contentieux, de dix mille francs; des commis-greffiers des autres comités, de cinq mille francs.

« *Art.* 19. Les attributions de chaque conseil et comité seront fixés par un réglement particulier, ainsi que le mode d'y procéder à la distribution, au rapport et à la décision des affaires.

« *Art.* 20. Jusqu'à ce qu'il en ait été autrement ordonné, on se conformera aux réglemens et usages qui étaient observés au dernier comité contentieux.

« *Art.* 21. Il y aura auprès de nos Conseils, des avocats, sous le titre d'avocats aux Conseils du Roi, qui seront chargés de l'instruction et de la défense dans les affaires portées en ces Conseils, qui en seront susceptibles. Leur nombre sera ultérieurement déterminé.

Le 3 *août* 1814, peu de jours après cette première ordonnance du 29 juin 1814, eut lieu l'installation du Conseil-d'État.

A cette occasion, le chancelier de France, en présence de S. M., prononça le discours suivant, utile à recueillir :

« Messieurs, il est digne d'un monarque qui

veut que la justice préside à toutes ses décisions, de s'environner de Conseils sages et
vertueux. Il a beau réunir aux lumières les
plus étendues la science si rare de faire un
bon usage des connaissances acquises par le
travail et la méditation; si un génie supérieur
suffit pour ordonner de grandes choses, il est
impossible de suffire aux détails sans Conseils.

« Il faut que des hommes éclairés, et sur-
tout des hommes vertueux, disent et préparent
toutes les matières, recueillent toutes les plaintes, examinent toutes les réclamations, les soumettent à l'autorité, et lui proposent des avis
parmi lesquels elle puisse choisir avec sûreté.

« La fortune des États, la gloire des souverains, le bonheur des peuples dépendent
souvent de la sagesse des Conseils; vous êtes
appelés, Messieurs, à faire aimer et respecter
l'autorité du Roi, sans jamais chercher à l'é-
tendre, à conserver sa puissance sans travailler
à l'accroître. Le Roi veut que votre expérience
et vos lumières ajoutent à la force comme à
la sécurité de ses ministres, en les garantissant
des surprises qu'on pourrait faire à leur religion; en les éclairant sur les erreurs invo-

lontaires qui pourraient leur échapper; en
préparant les lois et les réglemens dont l'exécution leur est confiée. Le but de votre institution n'est pas, et votre nom l'indique assez,
de former un Conseil qui prononce, mais un
Conseil qui dirige; vous n'êtes pas appelés à
administrer, mais à éclairer l'administration;
les assemblées du Conseil seront par là même
assez rares, et c'est dans les comités particuliers
qu'on éprouvera sur-tout votre salutaire influence.

« Le comité de législation préparera les diverses lois civiles et criminelles dont S. M.
jugera à propos de lui confier la rédaction :
il examinera les bulles et les actes du Saint-
Siége, et les actes des autres communions, qui
doivent être soumis à l'approbation du Roi.

« Le comité contentieux connaîtra des affaires qui étaient portées à la commission
qu'il remplace, des conflits entre les autorités
administratives et judiciaires, des pourvois
contre les décisions des Conseils de préfecture
et autres administrations, dans les cas déterminés par la loi.

« Les actes interprétatifs et explicatifs des lois

et des réglemens seront préparés par le comité que la matière concerne : chaque ministre y renverra les affaires qu'il trouvera utile de lui soumettre.

« Les avis de ces derniers comités seront rédigés en forme de lois et d'arrêtés, mais n'en recevront le caractère (a) que de l'approbation que S. M. leur aura donnée sur la proposition des différens ministres qui, jusqu'à ce qu'il en soit autrement ordonné, pourront seuls les rendre exécutoires par leur signature.

« Telle sera la marche provisoire des différens comités, en attendant que le travail y soit déterminé par un réglement général. C'est à ces comités que les membres du Conseil vont être distribués. Que l'amour du bien

_____

(a) Il y a ici erreur manifeste; puisque, aux termes de l'article 15 de la Charte Constitutionnelle du 4 juin 1814, « la Puissance législative s'exerce collectivement par le Roi, la Chambre des Pairs et la Chambre des Députés des départemens », et que par conséquent *les avis des divers comités du Conseil-d'État ne peuvent recevoir le caractère de loi par l'approbation que le Roi leur aurait donnée.*

y soit leur premier guide ; qu'il y marche constamment avant l'amitié, la haine, l'intérêt
personnel. N'y proposez jamais au Roi, Messieurs, que ce qui vous paraîtra juste ; que le
désir même de lui plaire fasse place à celui de
le servir ; ne lui conseillez que ce qui peut le
conduire à la seule gloire qu'il ambitionne, à
celle de rendre ses peuples heureux. Donnez
enfin, par vos vertus privées, par la sagesse
de votre conduite, par la modération de vos
principes, une haute opinion de la capacité de
vos Conseils ; vous offrirez ainsi au meilleur
comme au plus juste des Rois la plus forte
preuve de votre attachement et de votre fidélité, et vous verrez se fortifier chaque jour
vos droits à l'estime publique, qui se mesure
moins sur l'éclat que sur l'utilité des travaux ».

(9 *janvier* 1815. Ordonnance qui renvoie au
comité du contentieux du Conseil-d'État, le
jugement des affaires dont l'instruction n'était
pas achevée au moment de la suppression du
Conseil des Prises, et statue sur la conservation des archives de ce Conseil).

Par l'ordonnance du 23 août 1815, l'institution paraît avoir changé de face, et semble

avoir pris une direction marquée vers un ordre de choses plus récent.

Cette ordonnance porte : « Louis, par la grace de Dieu, etc ;

« Sur le compte qui nous a été rendu de la nécessité de mettre l'organisation et les attributions de notre Conseil-d'État en harmonie avec les formes de notre Gouvernement, et avec le caractère d'unité et de solidarité que nous avons jugé à propos de donner à notre ministère ;

« Considérant que notre ordonnance du 29 juin de l'an de grace 1814 ne saurait, à cet égard, remplir le but que nous nous proposons, il est indispensable d'opérer sans délai les changemens nécessaires à cet effet, tant afin de pourvoir à la prompte expédition des affaires contentieuses que notre Conseil-d'État est appelé à examiner, que pour donner à notre ministère les secours dont il peut avoir besoin pour la préparation des ordonnances et des travaux législatifs qui doivent nous être soumis.

« A ces causes, nous avons ordonné et ordonnons ce qui suit :

« *Art.* 1. Notre ordonnance du 29 juin 1814, concernant l'organisation du Conseil-d'État, est rapportée.

« *Art.* 2. Il sera dressé un tableau général de toutes les personnes à qui il nous aura plu de conserver ou de conférer le titre de conseiller d'état ou celui de maître des requêtes.

« *Art.* 3. Ce tableau comprendra tant nos conseillers d'état et maîtres des requêtes en service actif, que nos conseillers d'état et maîtres des requêtes honoraires.

« *Art.* 4. Nos conseillers d'état et maîtres des requêtes en service actif seront distribués en service ordinaire et en service extraordinaire.

« *Art.* 5. Au premier janvier de chaque année, notre Garde-des-Sceaux soumettra à notre approbation le tableau de ceux de nos conseillers d'état et de nos maîtres des requêtes qui devront être mis en service ordinaire.

« *Art.* 6. Le nombre des conseillers d'état et des maîtres des requêtes mis en service ordinaire ne pourra s'élever, pour les premiers, au-dessus de trente, et pour les seconds, au-dessus de quarante.

« *Art.* 7. Nos conseillers d'état et nos maîtres des requêtes en service ordinaire seront
distribués en cinq comités, savoir : le comité
de législation; le comité *du contentieux*; le
comité *des finances*; le comité *de l'intérieur
et du commerce*; le comité *de la marine et
des colonies*. (*a*)

« *Art.* 8. Le comité de législation sera composé de six conseillers d'état et de cinq maîtres
des requêtes; le comité du contentieux, de
sept conseillers d'état et de huit maîtres des
requêtes; le comité des finances, de cinq conseillers d'état et de cinq maîtres des requêtes;
le comité de la marine et des colonies, de quatre
conseillers d'état et de trois maîtres des requêtes.

« *Art.* 9. Le nombre des conseillers d'état et
des maîtres des requêtes, composant les divers comités de notre Conseil-d'État, pourra
être augmenté selon les besoins du service, et
sur la proposition qui nous en sera faite par

(*a*) Cette disposition réunit en un seul comité celui
de l'Intérieur et du commerce, et rétablit, sous le titre
de comité de la marine et des colonies, celui de la marine
supprimé par l'ordonnance du 29 juin 1814.

notre Garde-des-Sceaux, sans que cependant le total de ce nombre puisse dépasser la limite fixée par l'article 6 de la présente ordonnance.

« *Art.* 10. Notre comité de législation et notre comité du contentieux seront présidés par notre Garde-des-Sceaux, ministre-secrétaire-d'état au département de la justice, et à son défaut, par le conseiller d'état qu'il croira devoir déléguer à cet effet.

« Nos comités des finances, de l'intérieur et du commerce, et de la marine et des colonies, seront présidés chacun par celui de nos ministres dans le département duquel il se trouve placé, et à son défaut, par le conseiller d'état que chacun de nos ministres croira devoir déléguer à cet effet.

« *Art.* 11. Nos comités de législation, des finances, de l'intérieur et du commerce, et de la marine et des colonies, d'après les ordres et sous la présidence de nos ministres secrétaires d'état, prépareront les projets de lois, ordonnances, réglemens et tous autres, relatifs aux matières comprises dans les attributions des départemens ministériels auxquels ils sont attachés.

« *Art.* 12. Chacun desdits comités connaîtra
en outre des affaires administratives que le
ministre dont il dépend jugera à propos de
lui confier, et notamment de celles qui, par
leur nature, présenteraient une opposition de
droit, d'intérêts ou de prétentions diverses,
telles que les concessions des mines, les établissemens de moulins, d'usines, les desséchemens, les canaux, partages des biens communaux, etc.

« *Art.* 13. Le comité du contentieux connaîtra de tout le contentieux de l'administration
des divers départemens ministériels, d'après
les attributions assignées à la commission du
contentieux par les décrets du 11 juin et du
22 juillet 1806.

« Le comité du contentieux exercera en
outre les attributions précédemment assignées
au Conseil-des-Prises.

« *Art.* 14. Ses avis, rédigés en forme d'ordonnances, seront délibérés et arrêtés en notre
Conseil-d'État, dont les divers comités se réuniront, à cet effet, deux fois par mois, et plus
souvent, si le besoin des affaires l'exige.

« Nos ministres secrétaires d'état prendront
séance dans cette réunion.

« *Art.* 15. Les rapports seront faits au comité du contentieux, par les maîtres des requêtes, et au Conseil-d'État, par les conseillers d'état ou par les maîtres des requêtes, au
choix de notre Garde-des-Sceaux, qui pourra,
selon l'importance des affaires, ordonner l'impression et la distribution du rapport aux
membres du Conseil-d'État.

« *Art.* 16. Les ordonnances délibérées par
notre Conseil-d'État, sur le rapport du comité
du contentieux, seront présentées à notre
signature par notre Garde-des-Sceaux, ministre-secrétaire-d'état au département de la
justice.

« *Art.* 17. Sur la demande de l'un de nos
ministres-secrétaires-d'état, notre président du
Conseil des ministres, pourra ordonner la réunion complète du Conseil-d'État, ou celle
de deux ou de plusieurs comités.

« *Art.* 18. Lorsque nous ne jugerons pas à
propos de présider le Conseil-d'État réuni,
cette présidence appartiendra au président de
notre Conseil des ministres, et, en son absence,
à notre Garde-des-Sceaux, ministre-secrétaire-
d'état au département de la justice.

« Le secrétaire du comité du contentieux tiendra la plume avec le titre et en qualité de secrétaire du Conseil-d'État.

« *Art.* 19. Lorsque deux ou plusieurs comités seulement seront réunis, la présidence appartiendra à notre Garde-des-Sceaux, et à son défaut, à celui de nos ministres secrétaires d'état qui aura provoqué la réunion.

« *Art.* 20. Nos conseillers d'état, en service ordinaire, recevront un traitement de seize mille francs.

« *Art.* 21. Nos maîtres des requêtes en service ordinaire recevront un traitement de six mille francs.

« *Art.* 22. Notre Garde-des-Sceaux, ministre secrétaire-d'état au département de la justice, est chargé de l'exécution de la présente ordonnance ».

19 *septembre* 1815. Ordonnance relative à la formation du Conseil *privé*, et ainsi conçue : « Louis, par la grace de Dieu, etc.

« Voulant nous entourer des lumières des personnes les plus recommandables, soit par les talens dont elles ont fait preuve, soit par les services qu'elles ont rendus à l'État et à nous, soit par les marques d'attachement qu'elles ont données à notre personne, nous avons résolu de former un Conseil *privé*, nous réservant de faire discuter dans ce Conseil les affaires que, d'après leur importance et leur nature, nous en jugerons susceptibles, et spécialement celles de haute législature.

« A ces causes, nous avons ordonné et ordonnons ce qui suit :

« *Art.* 1. Il sera formé un Conseil *privé*.

« *Art.* 2. Le nombre des membres de ce Conseil n'est pas fixé.

« *Art.* 3. Il ne s'assemble que sur convocation spéciale, et faite d'après nos ordres par le président de notre Conseil des ministres, et il ne discute que les affaires qui lui sont spécialement soumises.

« *Art.* 4. Sont membres de ce Conseil les princes de notre famille et de notre sang que nous jugerons à propos d'y appeler.

« Nos ministres secrétaires d'état ayant département, en font partie.

« *Art.* 5. Sont appelés à ce Conseil les ministres d'état dont les noms suivent : (*suivent en effet les noms de* 23 *personnes.*

« *Art.* 6. (*Nomination du secrétaire du Conseil privé.*)

« *Art.* 7. Les ministres d'état faisant partie du Conseil privé recevront annuellement un traitement de vingt-mille francs.

22 *septembre* 1815. Ordonnance portant que les rapports sur la mise en jugement des fonctionnaires publics seront faits au comité du contentieux.

19 *avril* 1817. Enfin une dernière ordonnance de ce jour, portant établissement d'un Conseil *de cabinet* (pris dans le Conseil privé et dans le Conseil-d'État), est ainsi conçue :

« Louis, par la grace de Dieu, roi de France et de Navarre, etc.

« Sur le compte qui nous a été rendu des travaux de notre Conseil-d'État dans la préparation des lois, ordonnances et réglemens dont il a eu à s'occuper conformément aux dispositions de notre ordonnance du 23 août 1815 ;

« Considérant, 1° Que sur les questions de gouvernement, de législation ou d'administration d'une haute importance, il serait aussi utile que convenable de réunir dans des Conseils particuliers, dit *Conseils de cabinet*, ceux des membres de notre Conseil privé ou de notre Conseil-d'État qu'il nous plairait d'y appeler;

« 2° Que les projets de lois, ordonnances et réglemens, préparés dans les divers comités du Conseil-d'État, pourraient encore être soumis à une discussion plus solennelle et plus approfondie, à un concours plus général de lumières, en les présentant à la délibération de notre Conseil, tous les comités réunis;

« 3° Que les bons résultats qui ont été obtenus des travaux confiés aux différens comités qui composent notre Conseil-d'État, prouvent l'avantage de créer un nouveau comité, auprès de notre ministre secrétaire d'état au département de la guerre;

« 4° Enfin, que la nature des fonctions de nos sous-secrétaires d'état et de nos conseillers d'état directeurs - généraux ne laisse aucun doute sur la nécessité de leur donner droit de séance et voix délibérative, tant dans les comités qu'aux séances du Conseil, encore même qu'ils ne soient portés que sur la liste du service extraordinaire.

« A ces causes, nous avons ordonné et ordonnons ce qui suit :

« TITRE I. *Des Conseils de cabinet.*

« *Art.* 1er. Les Conseils de cabinet sont appelés à discuter sur toutes les questions de gouvernement, les matières de haute-administration ou de législation qui leur sont renvoyées par nous.

« *Art.* 2. Les Conseils de cabinet sont présidés par nous, ou par le président du Conseil des ministres.

« *Art.* 3. Ils sont composés : 1° De tous les ministres secrétaires d'état; 2° De quatre ministres d'état au plus, et de deux conseillers d'état, désignés par nous pour chaque conseil.

« *Art.* 4. Il n'est tenu aucun registre ni note des délibérations des Conseils de cabinet; seulement toutes les fois qu'un de ces Conseils sera réuni, l'avis pris à la majorité des voix sera rédigé et certifié par l'un des ministres responsables y assistant.

« TITRE II. *Du Conseil-d'État.*

« *Art.* 5. Il sera formé un sixième comité auprès de notre ministre secrétaire d'état au département de la guerre.

« *Art.* 6. Tout projet de loi ou d'ordonnance portant réglement d'administration publique, qui, conformément à l'article 11 de l'ordonnance du 23 août 1815, aura été préparé dans l'un des comités établis près de l'un de nos ministres secrétaires d'état, devra ensuite être délibéré au Conseil-d'État, tous les comités réunis, et tous les ministres secrétaires d'état ayant été convoqués.

« Les ordonnances portant réglement d'administration publique devront porter dans leur préambule ces mots : *Notre Conseil-d'État entendu.*

« *Art.* 7. Nos sous-secrétaires d'état conseillers d'état, et nos conseillers d'état directeurs-généraux d'une administration, assisteront aux séances du Conseil-d'État et des comités établis près des ministères dont ils dépendent ; *ils y auront voix délibérative.*

« *Art.* 8. Au défaut du président de notre Conseil des ministres, ou de notre garde-des-sceaux ministre de la justice, le Conseil-d'État réuni sera toujours présidé par le plus ancien de nos ministres secrétaires d'état présens, et, à défaut de l'un d'eux, par le sous-secrétaire d'état au département de la justice.

« *Art.* 9. Nos sous-secrétaires d'état présideront les comités attachés aux ministères dont ils font partie, toutes les fois que le ministre ne les présidera pas lui-même.

« Dans le cas d'empêchement du sous-secrétaire d'état, le ministre pourra désigner un autre président pris parmi les membres du comité.

« *Art.* 10. Toutes les dispositions de nos ordonnances des 23 août et 19 septembre 1815, relatives à l'organisation du Conseil-d'État et à la formation du Conseil privé sont maintenues, en ce qui n'est pas contraire à la présente ordonnance » (*a*).

(*a*) En Angleterre aussi, « Le Conseil *de Cabinet*, suivant l'expression adoptée, est formé de ceux des ministres d'état qui sont plus particulièrement honorés de la confiance du Roi, et qui sont convoqués pour délibérer sur les actes importans et difficiles du ressort de l'autorité exécutive. Leur nombre et leur choix dépendent de la seule volonté du Roi ; et chacun des membres de ce Conseil reçoit un avis ou message pour chaque assemblée ». (Commentaires de Blackstone , liv. 1, chap. v. *Note de M. Christian.* — *Traduction de M. Chompré,* vol. 1, pag. 427).

10 *septembre* 1817. Ordonnance qui prescrit la réunion de l'*Ordre* des avocats au Conseil et du *Collége* des avocats à la Cour de cassation sous la dénomination d'*Ordre des avocats aux Conseils du Roi et à la Cour de cassation.*

Le Conseil-d'État en France comprend donc aujourd'hui (de 1817 à 1822) : 1.º Un Conseil *d'en-haut* ou Conseil *des ministres*, composé des princes de la famille royale, du chancelier, de ceux des ministres secrétaires d'état, des ministres d'état et des conseillers d'état qu'il plaît au Roi d'y faire appeler pour chaque séance.

Ce Conseil délibère, en présence du Roi, sur les matières de haute administration, sur la législation administrative, sur tout ce qui tient à la police générale, à la sûreté du trône et du royaume, et au maintien de l'autorité royale.

Le Roi peut y évoquer les affaires du contentieux de l'administration qui se lieraient à des vues d'intérêt général.

Les projets de loi, et généralement toutes les affaires qui doivent être soumises à l'ap-

13.

probation du Roi, et qui ne l'auraient pas reçue dans le Conseil-d'État, sont présentés au roi dans ce Conseil, ou à lui soumis directement, suivant que le Roi le juge convenable (*a*).

2° Un Conseil *privé*, qui n'est plus comme autrefois le Conseil *des parties*, et dans lequel « Le Roi se réserve simplement de faire discuter les affaires que, d'après leur importance et leur nature, il en jugera susceptible, et spécialement celles de haute législature ».

Il ne discute donc que les affaires qui lui sont spécialement soumises, et il ne s'assemble que sur convocation spéciale et faite d'après les ordres du Roi par le président du Conseil des ministres.

Sont membres de ce Conseil, en nombre indéterminé, les princes de la famille royale et du sang que le Roi juge à propos d'y appeler, et les ministres secrétaires d'état ayant département (*b*).

3° Des conseils *de cabinet* appelés à dis-

_____

(*a*) Ordonnance du 29 juin 1814, *art. 6 et 7.*

(*b*) Ordonnance du 19 septembre 1815. *Préambule*, *et art.* 1, 2, 3, 4.

cuter, sur toutes les questions de gouvernement, les matières de haute administration ou
de législation qui leur sont renvoyées par le
Roi, et composés : 1° De tous les ministres
secrétaires d'état ; 2° De quatre ministres d'état
au plus, et de deux conseillers d'état désignés
par le Roi pour chaque Conseil (*a*).

4° Le Conseil-d'État, *proprement dit*, lequel se compose du Roi, de ministres secrétaires d'état, de sous-secrétaires d'état conseillers d'état, de conseillers d'état directeurs-
généraux d'une administration publique, de
conseillers d'état en service ordinaire ou extraordinaire, et de maîtres des requêtes en
service actif ou simplement honoraires.

Il se divise en six comités : le comité *de
législation*, composé de six conseillers d'état,
et de cinq maîtres des requêtes ; le comité du
contentieux (*b*), composé de sept conseillers
d'état et de huit maîtres des requêtes ; le comité des *finances*, composé de cinq conseillers

---

(*a*) Ordonnance du 17 avril 1817, tit. 1, *art.* 1, 2, 3.
(*b*) Décret du 11 juin 1806, tit. iv, *art.* 24 *et* 25. —
Ordonnance du 29 juin 1814, tit. ii, *art.* 5. — Ordonnance du 23 août 1815, *art.* 7 *et* 13.

d'état et de cinq maîtres des requêtes ; le comité *de l'intérieur et du commerce (a)*, composé de sept conseillers d'état et de six maîtres
des requêtes ; le comité *de la marine et des
colonies (b)*, composé de quatre conseillers
d'état et de trois maîtres des requêtes ; le comité *de la guerre*, établi par l'ordonnance du
19 avril 1817, qui ne détermine pas le nombre
de ses membres.

Ces divers comités sont réunis en Conseil-
d'État deux fois par semaine, et plus souvent
si le besoin des affaires l'exige (*c*).

Le Conseil ainsi réuni est présidé par le
Roi ; en son absence, par le président du
conseil des ministres, ou par le garde-des-
sceaux ministre de la justice, ou par le plus
ancien des ministres d'état (*d*).

Lorsque deux ou plusieurs comités seulement sont réunis, la présidence appartient
au ministre garde-des-sceaux ; à son défaut,
au ministre qui a provoqué la réunion (*e*).

(*a*) Ordonnance du 23 août 1815, *art. 7.*
(*b*) *Ibid.*
(*c*) *Ibid., art.* 14.
(*d*) *Ibid., art.* 18; Ordonn. du 19 avril 1817, *art.* 8.
(*e*) *Ibid., art.* 19.

Chaque comité est présidé par le ministre secrétaire d'état en cette partie, ou par le sous-secrétaire d'état (*a*).

Les ordonnances délibérées par le Conseil-d'État sont présentées à la signature du Roi par le garde-des-sceaux (*b*).

La Commission du sceau des titres, qui, par ordonnance du Roi du 15 juillet 1814, a remplacé le Conseil du sceau des titres, institué par décret du 1er mars 1808, est une espèce d'annexe du Conseil-d'État; elle est permanente, et présidée par le garde-des-sceaux.

Une ordonnance du 23 août 1819 détermine la composition et les fonctions du Conseil-général du commerce établi près du ministre de l'intérieur.

Une autre ordonnance, en date du même jour, détermine la composition et les fonctions d'un Conseil-général des manufactures, établi près du même ministre de l'intérieur (*c*).

_____

(*a*) Ord. du 23 août 1815, *art.* 10; Ord. du 19 avril 1817, *art.* 19.

(*b*) *Ibid.*, *art.* 16.

(*c*) Une loi du 22 germinal an II reconnaissait l'existence de Chambres consultatives de manufactures, fabri-

Tel a toujours été jusqu'ici, tel est encore, du moins en France, la confusion et l'instabilité de l'institution du Conseil-d'État, de cette branche importante de l'organisation sociale : il n'en est peut-être aucune qui ait plus besoin d'amélioration et qui exige une réforme plus prompte; car de son imperfection découlent, ainsi qu'il est facile de le concevoir et que nous venons déja de le voir, une foule d'autres irrégularités, de désordres et d'abus. En preuve, on peut encore consulter un grand nombre des pétitions qui sont journellement présentées aux Chambres, et dont plusieurs se trouvent recueillies et analysées dans l'ouvrage précédemment cité, de M. Sirey, ayant pour titre : *Du Conseil-d'État selon la Charte* (a).

---

ques, arts et métiers; et l'article 4 de cette loi portait : « Il pourra être fait, sur l'avis de ces Chambres, des réglemens d'administration publique relatifs aux produits des manufactures françaises, qui s'exporteront à l'étranger. Ces réglemens seront présentés en forme de loi au Corps législatif, dans les trois ans, à compter du jour de leur promulgation ».

(a) *Voy.* cet ouvrage, entre autres, pag. 328 *et suiv.*; 518 *et suiv.*

Et pourquoi donc cette instabilité, ces vacillations pour ainsi dire continuelles de l'institution? Principalement, de ce que ses attributions ont toujours dépassé leurs véritables
limites, de ce que l'on a toujours cherché à
surcharger cette partie de l'édifice d'un poids
qu'elle ne doit pas supporter, et qui, s'op-
posant à ce qu'elle pût s'asseoir sur ses bases
naturelles, a dû nécessairement nuire à son
aplomb : car, en toutes choses, dans le monde
moral, comme dans le monde physique et
matériel, il n'y a rien de solide, de véritablement stable, que ce qui repose sur les
lois de la nature, sur celles de la justice et
de la raison, toujours parfaitement identiques
entre elles. Mais ce n'est pas uniquement la
mauvaise intention des hommes qui sont appelés à construire et à gouverner qu'il faut
accuser . Ils ont un intérêt trop grand à l'observation de ces lois, pour que l'on puisse raisonnablement supposer qu'ils voulussent s'opposer à leur établissement, si elles leur étaient
bien connues.

Ordinairement, et ici surtout, le premier
obstacle vient de la difficulté très-réelle de

découvrir ces lois, qui paraissent claires, simples, incontestables, lorsqu'elles sont une fois dévoilées et mises au jour, mais qui jusque-là restent cependant enveloppées d'une nuit si profonde que les travaux et les lumières de plusieurs siècles peuvent à peine les en dégager. Combien de temps ne s'est-il pas écoulé avant que l'étude de l'architecture nous ait appris à élever des monumens dignes, par leur noble et majestueuse simplicité, de l'Être universel auquel ils sont consacrés? Doit-on penser qu'il en fallût moins pour construire, rassembler et mettre en harmonie toutes les parties de cet édifice social que les esprits profonds, dont le génie a devancé leur siècle, ont toujours considéré comme le plus beau, le plus important que l'homme puisse fonder et consacrer au bonheur de ses semblables?

Les reproches les plus vifs, et peut-être les plus fondés, qui s'élèvent aujourd'hui contre la marche de l'administration en général, les plus graves inconvéniens que les esprits justes s'accordent à signaler comme subversifs de l'ordre et des bases fondamentales de la Mo-

narchie Constitutionnelle, c'est, d'une part,
l'envahissement trop fréquent encore du domaine de la Législation par cette portion de
l'Autorité Souveraine que l'on peut désigner
sous le nom de *Régime ou Puissance des Or-*
donnances; et, d'autre part, l'usurpation non
moins funeste des attributions du Pouvoir
judiciaire, par l'un des principaux agens de
cette même Puissance qui, de sa nature, doit
être resserrée dans les bornes de l'exécution.

Or, le préservatif le plus efficace auquel
on puisse recourir contre le premier inconvénient, c'est évidemment de prendre la distinction naturelle de la Loi et de l'Exécution
pour base de l'organisation de cet agent principal de la Puissance exécutive, le Conseil-
d'État. — *De telle sorte* que l'une des divisions
de ce Conseil, désigné sous le titre de *Comité*
général de Législation, sera spécialement
chargée de l'examen et de la rédaction des
plans et projets qui, n'étant pas la conséquence nécessaire d'une loi préexistante, peuvent devenir la manifestation d'une volonté
nouvelle du Législateur, mais qui ne doivent
acquérir ce caractère de légalité, que lors-

qu'elles seront émanées du Législateur lui-
même, c'est-à-dire du Roi et des deux Chambres (*a*). — *Tandis* qu'au contraire une autre
division de ce même Conseil, désignée sous le
titre de *Comité général d'examen et de rédaction des Réglemens ou Ordonnances de
pure exécution*, n'aura, dans la sphère de ses
attributions, que celles qui, se rattachant à
l'exécution des lois déjà promulguées (*b*), auront pour but la rédaction et l'examen de
toutes les ordonnances ou réglemens de détail et de pure exécution.

C'est un grand et puissant avantage que de
trouver, dans le sein même de l'un des principaux agens de l'Autorité Royale, dans laquelle l'exercice de la Puissance législative
s'unit et se confond, en un point, avec l'exercice de la Puissance exécutive, une sorte de
contre-poids, un principe de méditation et de
sagesse, dont la seule existence ait pour résultat nécessaire de faire considérer sans cesse
par cette autorité les objets qui se trouvent sou-

(*a*) *Voy. ci-dessus*, entre autres, vol. iv, pag. 75 *et suiv.*
(*b*) *Ibid.*, pag. 86 *et suiv.*

mis à son action, sous le double aspect qu'exige l'une des bases essentielles et fondamentales de la Constitution de l'État; et cet avantage, on l'obtiendra de la division du Conseil-d'État que nous venons d'indiquer; distinction d'ailleurs si naturelle et si concordante avec l'ordre et la nature de la Monarchie Constitutionnelle (*a*).

(*a*) On peut rattacher ici les réflexions suivantes :

« Il faut que les Chambres soient éclairées et libres ; mais il faut aussi que le ministère soit habile et vigoureux. L'action des Chambres ressemble à un torrent qui sans cesse mine, et qui emporterait ses rivages, s'il n'était sans cesse ramené dans son lit et contenu par de fortes digues. Or un des moyens les plus efficaces de modérer l'opposition sans l'asservir, est sans contredit de présenter aux Chambres, non des ébauches improvisées dans les bureaux, mais des lois bien faites, dont les principes et les bases soient arrêtés...., dont les détails soient préparés...., dont la délibération (préparatoire) *ait lieu* dans l'Assemblée générale des comités, dans ce Conseil-d'État composé d'hommes de longue expérience, libres des passions de la tribune, placés par leur rang et par leur caractère au-dessus des corruptions qui assiégent les emplois obscurs, et à qui l'habitude de manier les grandes affaires a élevé les vues et élargi l'esprit. Quelles garanties une semblable délibération n'offre-t-elle pas, même aux Députés ? Et pourrait-on s'offenser de ce que l'opinion

Quant à l'usurpation des attributions de la Puissance judiciaire, il faut, pour l'en pré-

d'un semblable Conseil prendrait sur l'opinion des Chambres cette sorte de recommandation morale et de légitime autorité qu'ont toujours la raison et la sagesse, de quelque part qu'elles viennent?

« J'ai dit, continue immédiatement l'auteur de ce passage, que la délibération préalable du Conseil sur les projets de loi était utile au Gouvernement.

« J'en dirai autant des ordonnances et des réglemens d'administration publique.

« Les bureaux peuvent bien, dans chaque ministère, rassembler les détails et préparer la matière des ordonnances, mais il faut qu'elles soient délibérées dans le Conseil. Il est rare en effet qu'une ordonnance ne touche, par son exécution, à une foule d'intérêts divers, et ne corresponde par quelque point à chaque ministère.....
La délibération du Conseil garantit chaque ministre des surprises de ses collégues, et de ses propres erreurs. Elle rectifie ses fausses vues; elle développe, sous toutes les faces, les inconvéniens de l'exécution; elle a singulièrement cet effet, que l'ordonnance devient alors l'œuvre, non d'un seul ministre, mais du ministère tout entier; et elle attache ainsi à tous ses actes l'unité et la solidarité. Enfin, en délibérant les ordonnances, qui sont l'exécution de ces lois à la préparation desquelles il a concouru, le Conseil offre aux citoyens de plus fortes garanties et de plus pressans motifs d'y obéir, puisqu'elles sont devenues, à l'aide de cette délibération,

server, qu'en admettant, dans l'organisation
du Conseil-d'État, une troisième division, dé-

---

l'expression la plus universelle, la plus sûre et la plus
juste de la loi.

« Mais lorsqu'il s'agit d'ordonnances, il faudrait, avant
tout, convenir de la signification des mots. On n'a jamais
jusqu'ici bien déterminé, soit les matières qui doivent
être réglées par les ordonnances, soit la forme, les effets
et le degré de force obligatoire des ordonnances elles-
mêmes. On est tombé, à cet égard, dans des méprises
singulières. ʼ

« Ainsi, sous la République, le Pouvoir exécutif s'étant
perdu et englouti dans les Assemblées législatives, les
résolutions les plus minces, des condamnations d'individus, de simples mesures de police ou d'administration
restreintes à un objet particulier, y prenaient le nom
pompeux de lois.

« On sait les bienfaits que ce débordement de lois a
répandus en France !

« Sous le Régime Impérial, tandis que le Corps législatif prononçait solennellement sur l'altération ou l'é-
change d'une parcelle de bien de commune, on tour-
mentait la propriété sur toute la face de la France, par
des réglemens d'administration publique, mot vague qui
n'a jamais été défini, ou plutôt qui signifie, pour celui
qui peut tout, tout ce qu'il veut. C'est à l'aide de ce mot
que Napoléon gouvernait, par de simples décrets, les
royaumes conquis, et que le Conseil-d'État réglait toutes
les matières. Et aujourd'hui même, n'obéissons-nous pas

signée sous le titre de *Comité du Contentieux
administratif*, on s'attache spécialement à définir cette expression, *Contentieux administratif;* et une fois qu'elle sera bien comprise,
on ne devra pas en dénaturer le sens dans le
but d'en étendre la sphère.

Or, l'expression même renferme sa définition ; c'est du Contentieux *administratif* qu'il
s'agit, c'est-à-dire des difficultés et contestations qui peuvent s'élever entre les différens
agens de l'administration, relativement aux
opérations de cette même administration.

Strictement renfermé dans ces limites véritables, et qui lui appartiennent en propre,
cette sorte de tribunal, purement administratif, aura son utilité incontestable et réelle :

---

encore à ces décrets qui ont force de loi, sans qu'on puisse
légalement expliquer d'où leur vient cette force ?

« Sous les monarchies constitutionnelles qui ont également en haine les licences de la démocratie et les violences du despotisme, il ne faut pas que les Chambres
fabriquent sans cesse des lois : il ne faut pas non plus
que les peuples vivent sous le seul régime des ordonnances ». (Du Conseil-d'Etat, comme Conseil et comme
Juridiction, par M. de Cormenin, tit. II, *chapitre unique*, pag. 57 *et suiv.*).

car s'il arrive par exemple qu'un Conflit *positif* ou *négatif* s'élève entre les agens de deux ou plusieurs parties de l'administration, qui ne ressortissent et ne dépendent pas du même ministère, c'est dans le sein même de l'administration, que le tribunal compétent, pour vider ce *Conflit* (a), doit exister, et non pas dans la sphère de la Puissance judiciaire.

Quoique n'ayant pas, et ne pouvant offrir par son organisation les garanties d'impartialité, d'indépendance, de publicité, et autres, qu'il faut nécessairement prendre pour base de toute institution destinée à exercer une partie des attributions de la Puissance judiciaire, cette sorte de tribunal administratif, scrupuleusement circonscrit dans ses propres limites,

---

(a) « Le mot *Conflit*, dans l'état actuel de notre Jurisprudence, indique une plaie *sociale*, un scandale d'iniquité, qui rend tous les jours la justice impuissante, selon les caprices de tel agent de l'administration, ou les intrigues du plus obscur subalterne...

« Un Conflit, dans le sens le plus général, est une lutte de prétentions.

« Un Conflit, de nature à provoquer décision, est une lutte de prétentions, entre magistrats, ou fonctionnaires,

sera sans danger et sans inconvéniens : car il n'existe pas alors de véritable litige, de contestation entre deux parties adverses, et ayant à défendre des droits ou des intérêts opposés. La difficulté à résoudre ne touchant que les inté- rêts généraux de l'administration, et non pas même les intérêts partiels ou privés de ses agens, en ce sens l'administration peut évi- demment se constituer juge dans sa propre cause, sans violer en aucune manière les prin- cipes de l'ordre et de l'équité : tandis que si des droits particuliers quelconques se trouvent en opposition avec les intérêts de l'administra- tion, en bonne justice, ce n'est certainement

---

qui veulent les uns et les autres ordonner et décider, ou qui refusent également d'ordonner et de décider.

« Au premier cas, c'est un conflit *positif.*

« Au deuxième cas, c'est un conflit *négatif.*

« Si le conflit existe entre deux tribunaux, c'est un conflit *de juridiction.*

« S'il existe entre des autorités administratives, c'est un conflit *d'attributions.*

« S'il existe entre des juges d'une part, et des adminis- trateurs de l'autre, c'est un conflit *d'autorités* ». (Du Con- seil-d'État, selon la Charte, pag. 145 et 146. — Et Code de procédure civile, au titre du Réglement de juges, *art.* 383 *et suiv.* — Cod. d'Instr. crim., *art.* 525 *et suiv.*)

pas à l'une plus qu'à l'autre des parties coliti-
geantes qu'il faut s'en remettre du jugement
de la contestation, si l'on veut que ce jugement soit impartial; ce n'est pas sur-tout du
côté où se rencontre déja l'avantage de la
force, que le Législateur doit laisser pencher
la balance; et s'il le fait, l'on a toute raison de
dire que les intérêts individuels sont alors et
par cela seul si gravement, si imminemment
compromis, que loin de marcher à ses fins,
l'institution est de nature tout-à-fait propre à
agir en sens inverse et diamétralement opposé.

Tout ce que peut justifier et réclamer en
semblable circonstance la raison d'état, ou ces
considérations d'intérêt public résultantes de
ce que l'administration ne doit pas être intem-
pestivement entravée dans sa marche, c'est
que les agens responsables de cette administration, ministres, préfets, sous-préfets et
autres, soient, sauf leur responsabilité personnelle, autorisés à prendre telle mesure,
telle décision qu'il leur paraîtra nécessaire
pour écarter provisoirement la réclamation et
les prétentions qui leur font obstacle; ce pouvoir doit donc leur être accordé, pourvu

14.

qu'une autorité judiciaire, indépendante et
constituée sur les bases propres à garantir
cette indépendance légale, sans laquelle il n'y
a pas de justice, soit en définitive appelée à
statuer sur le fond de la contestation, et à
prononcer la réparation des torts et préjudices
qui, sous les prétextes d'urgence ou d'utilité
publique, auraient été commis envers les administrés.

Si la Constitution même, si les Lois fondamentales de l'État ne réservent pas à la partie
lésée cette faculté de recours et d'attaque
contre les agens et les actes de l'administration
qui peuvent lui avoir fait grief, nous le répétons, il n'existe pas de sécurité dans la société;
elle n'offre pas à ses membres les garanties
qu'elle leur doit pour la libre jouissance, l'entière et paisible possession de leurs droits les
plus sacrés.

Serait-ce donc présumer trop de la sagesse
du Législateur, que de penser que cette importante vérité n'était pas éloignée de sa pensée, lorsqu'il procéda à la rédaction de quelques-unes des principales lois relatives à
l'Organisation, publiées depuis 1789?

Par exemple, lorsque, dans le décret du 16-24 août 1790, sur l'organisation judiciaire, il déclara d'une manière générale, tit. ii, *art.* 8, « que les juges ne pourraient être destitués que pour cause de forfaiture.... ». — *Art.* 13, « que les fonctions judiciaires sont distinctes et demeurent à toujours séparées des fonctions administratives.... ». — *Art.* 14, « qu'en toute matière civile et criminelle, les plaidoiries, rapports et jugemens doivent être publics.... ».

Par exemple encore, lorsque, par le décret du 27 avril—25 mai 1791, sur l'organisation du Conseil-d'État et du Ministère, il ordonna, *art.* 14, « que les ministres feraient arrêter en Conseil les proclamations relatives à leur département respectif; savoir, celles qui, sous la forme d'instruction, prescriront les détails nécessaires soit à l'exécution de la loi, soit à la bonté et à l'activité du service; celles qui ordonneront ou rappelleront l'observation des lois, en cas d'oubli ou de négligence; celles qui, aux termes du décret du 6 mars précédent, *annuleraient les actes irréguliers ou suspendraient les membres des Corps administratifs* »; et lorsque, par le même décret, *art.* 17, il

attribua limitativement au Conseil-d'État,
1° l'examen des difficultés, et la discussion
des affaires dont la connaissance appartient
au Pouvoir exécutif, tant à l'égard des objets
dont les Corps administratifs et municipaux
sont chargés sous l'autorité du Roi, que sur
toutes les autres parties de l'administration
générale; 2° la discussion des motifs qui peuvent nécessiter l'annulation des actes irréguliers des Corps administratifs, et la suspension de leurs membres, conformément à la
loi; 3° la discussion des proclamations royales;
4° la discussion des questions de compétence
entre les départemens du ministère, et de
toutes autres qui auront pour objet les forces
ou secours réclamés d'une section du ministère à l'autre ».

On serait encore tenté de reconnaître la
même pensée, du moins superficiellement, em-
preinte dans quelques autres dispositions de
ce décret, et dans celui du 27 avril—6 juillet
1791, contenant renvoi aux tribunaux des
affaires pendantes aux Conseils des Parties, des
Finances, des Dépêches, et à la Grande-Direction, avec commissions particulières.

Le premier de ces deux décrets porte, « *art.* 18, si, après la délibération du Conseil et l'ordre du Roi, un ministre voit du danger à concourir, par les moyens de son département, à l'exécution des mesures arrêtées par le Roi à l'égard d'un autre département, après avoir fait constater son opinion sur le registre, il pourra procéder à l'exécution, sans en demeurer responsable, et alors la responsabilité passera sur la tête du ministre requérant.... ».

« *Art.* 20. Le recours contre les jugemens rendus en dernier ressort, aux termes de l'article 2 du décret du 7 septembre 1790, par les tribunaux de district, en matière de contributions indirectes, devant être porté au Tribunal de cassation, ne pourra en aucun cas être porté au Conseil-d'État ».

Le second de ces deux décrets du même jour, 27 avril 1791, est ainsi conçu dans son intégralité : « L'Assemblée nationale décrète ce qui suit : *Art.* 1. Toutes les affaires pendantes aux Conseils des Parties, des Finances, des Dépêches, à la Grande-Direction, avec commissions particulières, et généralement toutes celles qui ne sont pas de la compétence du Tribunal de cassation, et qui existaient aux diverses sections du Conseil et des commissions, soit par appel, soit par évocation, soit par attribution, seront portées dans les tribunaux à qui la connaissance doit en appartenir, ainsi qu'il va être dit ci-après.

« *Art.* 2. Les affaires qui ont été évoquées au Conseil avant d'avoir reçu un jugement dans les tribunaux qui devront en connaître, seront reportées au tribunal de district, qui, suivant les règles prescrites dans l'organisation de l'Ordre judiciaire, doit les juger.

« *Art.* 3. Les affaires qui ont été évoquées au Conseil après un premier jugement rendu dans les tribunaux, seront reportées dans le tribunal du district qui remplace celui où le procès avait été jugé, pour que si l'une des parties veut être appelante, elle choisisse l'un des sept tribunaux d'arrondissement, conformément à ce qui est prescrit pour les appels.

« *Art.* 4. Il en sera de même pour les affaires retenues au Conseil après un jugement de cassation : elles seront reportées au tribunal de district établi dans le lieu où siégeait la Cour judiciaire dont le jugement a été cassé, afin que les parties choisissent un tribunal entre les sept tribunaux d'arrondissement, comme il se pratique pour les appels; lequel tribunal jugera en dernier ressort le fonds du procès.

« *Art.* 5. Les affaires dans lesquelles il est intervenu un jugement de cassation, et qui ensuite ont été évoquées, pour être attribuées à une Commission, seront reportées au tribunal de district qui doit en connaître, suivant la nature de l'affaire, à moins que la Commission n'eût été établie du consentement, et sur la demande respective de toutes les parties, auquel cas la Commission continuera ses fonctions, aux termes de la convention qui l'a établie.

« *Art.* 6. La même règle sera suivie par les commissions qui pourraient avoir été créées pour connaître d'une affaire ou d'une suite d'affaires, sans que la forme de l'évocation ait été prise. Si ces commissions ont été demandées et consenties par toutes les parties, elles continueront leurs fonctions; si elles ont été créées sans le consentement de toutes les parties, et sur la demande d'une seule, elles ces-

seront d'exister, et les contestations sur lesquelles elles devaient prononcer sont renvoyées
aux tribunaux auxquels la connaissance en appartient.

« *Art.* 7. A l'égard des Commissions établies
pour des affaires dont la nature mixte laisse
incertaine la compétence des tribunaux qui
doivent en connaître, ou qui affectent une
grande masse de biens situés dans plusieurs
districts, et quelquefois dans plusieurs départemens, on se pourvoira au Tribunal de cassation, qui, parmi les tribunaux sous lesquels
les parties sont domiciliées, ou sous lesquels
les biens sont situés, déterminera le tribunal où les parties feront vider leurs contestations.

« *Art.* 8. Les oppositions aux ordonnances
des intendans, et les appels d'icelles, ainsi
que les appels et oppositions aux délibérations
des Administrations, aux jugemens des Élus
de Bourgogne, et à ceux des Commissaires du
Conseil, qui ont pu exister à différentes époques et pour diverses circonstances, dans les
ci-devant provinces, seront, par la partie la
plus diligente, portées au tribunal de district

du domicile du défendeur originaire, lequel
jugera en dernier ressort.

« *Art.* 9. Toutes les affaires qui étaient soumises au jugement des intendans des ci-devant
provinces ou des ci-devant Pays d'État, autres
que celles dont la connaissance est attribuée
aux Corps administratifs, seront portées devant les tribunaux de district, pour être jugées
comme les autres procès, à la charge de l'appel, si l'Intendant n'a pas rendu d'ordonnance.

« *Art.* 10. Sont exceptées de la présente loi
les affaires dans lesquelles la nation plaide
directement contre des particuliers en qualité
de créancière ou de débitrice. Toutes les affaires de cette nature, actuellement pendantes
aux diverses sections du Conseil, ou à la ci-
devant Cour des aides de Paris, seront portées
à l'un des six tribunaux de Paris, soit pour
les juger à la charge de l'appel, s'il n'est point
encore intervenu de jugement, soit pour choisir un des sept tribunaux d'arrondissement,
s'il y avait eu un premier jugement; lequel
tribunal prononcera en dernier ressort.

« *Art.* 11. Dans les dispositions du précédent article, ne peuvent être compris les objets soumis par les décrets à l'examen du commissaire-liquidateur, et à la décision de l'Assemblée nationale ».

Nous avons vu que la Constitution du 3-14 septembre 1791 portait textuellement que les administrateurs en général ne peuvent rien entreprendre sur l'Ordre judiciaire....., que le pouvoir judiciaire ne peut, en aucun cas, être exercé par le Corps législatif, ni par le Roi ; que la justice sera rendue gratuitement par des juges élus à temps par le peuple; qu'ils ne pourront être ni destitués que pour forfaiture duement jugée, ni suspendus que pour une accusation admise....; que les citoyens ne peuvent être distraits des juges que la loi leur assigne par aucune commission, ni par d'autres attributions et évocations que celles qui sont déterminées par les lois.

La Constitution du 5 fructidor an III portait aussi :

« *Art.* 262. Le Directoire exécutif dénonçe au Tribunal de cassation, par la voie de son commissaire, *et sans préjudice du droit des parties intéressées*, les actes par lesquels les juges ont excédé leurs pouvoirs.

« *Art.* 263. Le Tribunal annule ces actes; et s'ils donnent lieu à la forfaiture, le fait est dénoncé au Corps législatif, pour rendre le décret d'accusation, après avoir entendu ou appelé les prévenus.

« *Art.* 264. Le Corps législatif ne peut annuler les jugemens du Tribunal de cassation, sauf à poursuivre personnellement les juges qui auraient encouru la forfaiture ».

La Constitution du 22 frimaire an VIII, *art.* 52, statuait encore que « sous la direction des Consuls, un Conseil-d'État serait chargé de rédiger les projets de loi et les réglemens d'administration publique, et de résoudre les difficultés qui s'élèvent en matière administrative ».

Il est vrai que ces même lois et décrets, ou d'autres actes législatifs et soi-disant constitutionnels, promulgués à des époques plus ou moins rapprochées, mais sur-tout depuis la loi du 21 fructidor an III, renferment des dispositions peu concordantes avec celles que nous venons de rappeler, et qui décèlent au

contraire cet esprit d'empiètement et d'usurpation, par l'ascendant duquel se laissent trop
aisément dominer les hommes en possession
du pouvoir.

L'article 27 de cette loi du 21 fructidor
an III statuait, comme nous l'avons vu (a),
« qu'en cas de conflit entre les autorités judiciaires et administratives, il serait sursis jusqu'à décision du ministre, confirmée par le
Directoire exécutif, qui en référerait, s'il était
besoin, au Corps législatif ».

L'un des auteurs peu nombreux encore qui
ont publié des observations sur cette partie de
l'organisation sociale, M. Sirey, fait remonter
à une époque, et attribue à des causes plus
éloignées, l'existence première et la manifestation de cet esprit d'envahissement, de cette
tendance au pouvoir despotique ou absolu,
dans les principaux agens de la Puissance exécutive. « Comment est-il arrivé, dit-il, que
l'autorité administrative, ainsi subordonnée au
Corps législatif, ait envahi les attributions judiciaires ? La suppression du clergé, l'envahis-

(a) *Voy. ci-dessus*, vol. viii, pag. 115.

sement de ses biens en fut la première cause.
Devenu propriétaire des biens d'Église, l'État
fut soumis au paiement des créanciers du
clergé : il fallut des *séquestres*, des *adjudications* et des *liquidations*. Or, l'autorité administrative fut, comme instrument de révolution, déclarée exécutrice et applicatrice de ces
dispositions législatives.

« Même résultat en ce qui touche les *émigrés*, les *condamnés*, les *déportés*, les *communes*, les *hospices*, les *fabriques*, les *établissemens publics*, etc. De là, un immense
contentieux attribué à l'Autorité administrative, au préjudice de l'Autorité judiciaire.

« L'administration eut la haute-main sur les
personnes, tout aussi-bien que sur les propriétés. La question de savoir si l'on était
*émigré, prêtre déporté, chouan, déserteur,
embaucheur, espion, dans le cas d'arresta-
tion,* ou *condamnable à mort,* était jugée par
l'administration.

« Et parce que les magistrats de l'Ordre judiciaire, toujours respectueux pour les règles
de droit et pour les formes tutélaires, se mon-
traient, moins que les agens de l'administra-

tion, favorables à toutes ces mesures de pro-
scription et de spoliation, il y eut une impulsion
nouvelle dans la loi du 16 fructidor an III,
portant d'itératives défenses à l'Autorité judiciaire de troubler aucune opération de l'Autorité administrative.

« Ainsi placées en état de rivalité habituelle,
les deux Autorités, judiciaire et administrative, furent souvent en lutte ; et cette lutte fut
appelée *conflit* » (*a*).

Cependant, dans tous les cas où la question
de compétence s'élève ainsi entre les tribunaux
d'Ordre judiciaire et les agens de la Puissance
exécutive, la faculté de statuer provisoirement
que ceux-ci doivent avoir et que nous leur
avons reconnue (*b*), répond victorieusement
à toutes les allégations qui auraient pour but
de prouver la nécessité de soustraire la question au jugement d'une Cour supérieure impartiale, et placée hors de la dépendance de
l'une des parties, ayant intérêt à la décision.

(*a*) Du Conseil-d'État selon la Charte, etc., pag. 148
et suiv.

(*b*) *Voy. ci-dessus*, pag. 211 *et suiv.*

Cela est évident par soi-même, et nous aurons d'ailleurs occasion de le démontrer complètement par la suite, lorsque nous traiterons avec détail de l'organisation du Pouvoir judiciaire.

Quant à présent, nous devons nous fixer sur ce point, que la division du Conseil-d'État, telle que nous venons de l'indiquer, en trois sections, savoir 1° Comité de législation, 2° Comité des réglemens ou ordonnances de pure exécution, 3° Comité du contentieux administratif, est suffisante, et qu'elle est la seule qui, concordant avec la nature du Gouvernement monarchique constitutionnel, et étant fondée sur une distinction également prise dans la nature même des choses, présente à son tour une ligne de démarcation précise et sans enjambemens d'une partie sur l'autre; avantage que ne saurait avoir les divisions qu'on a précédemment admises, et celles qu'on admet encore : car quelle ligne de démarcation fixe pourrait-on tracer entre les attributions d'un Conseil *des ministres*, d'une *Grande-Direction*, d'un Conseil *des Parties*, d'un Conseil *des Dépêches*, *des Affaires étran-*

gères, *du Commerce, des Manufactures, des Finances*, etc., etc.; ou bien encore, entre les attributions d'un Conseil *d'en-haut*, d'un Conseil *privé*, de Conseils *de cabinet*, et même d'un Comité *de la Guerre*, sans utilité, ou du moins peu nécessaire en temps de paix; d'un Comité *de la Marine et des Colonies*, dont on peut facilement se passer dans les pays où il n'existe ni colonies ni marine; d'un Comité *des Finances*, dont les fonctions seraient fort restreintes, si les institutions provinciales étaient perfectionnées, et si le système des finances, de répartition et de perception des contributions était amélioré; d'un Comité *du Contentieux*, qui, dans le moment où nous sommes, embrasse et envahit tout, même les attributions de l'un des trois Pouvoirs constitutifs et essentiellement distincts du Gouvernement, la Puissance judiciaire; et enfin d'un Comité *de Législation* qui, en quelque temps, et dans quelque pays que ce soit, doit en effet étendre son influence sur toutes les branches de l'administration en général.

Ajoutons, au surplus, à la démonstration de ce principe d'organisation, en jetant de nouveau et séparément un coup d'œil sur chacune de ces trois divisions du Conseil-d'État.

1° *Comité de Législation.*

Nous venons de dire que les attributions du Comité de législation doivent, en quelque temps et en quelque pays que ce soit, étendre leur influence sur toutes les branches de l'administration; cela n'a besoin que d'être énoncé: et il en découle, ou il s'y rattache une autre vérité de principe assez évidente pour n'avoir pas non plus besoin d'une longue démonstration. En effet, toutes les parties de la législation, dans les diverses branches de l'administration, devant être mises en rapport entre elles, et tendre progressivement à une concordance, à une harmonie plus parfaite, il est clair que si le Conseil se trouve divisé en un plus ou moins grand nombre de comités distincts, correspondants exclusivement à l'une ou à l'autre des branches particulières de l'administration générale, il devient comme indispensable de composer le Comité de Législation de membres tirés de tous ces comités divers, afin qu'ainsi rassemblés, leur réunion

15.

puisse former le foyer de lumières et l'ensemble de connaissances acquises que ce Comité général de Législation doit présenter.
Encore cette réunion serait-elle insuffisante,
puisqu'elle serait partielle et incomplète; ce
que les rédacteurs du réglement du 5 nivôse
an VIII ont bien senti.

L'article 7 de ce réglement porte que « cinc
conseillers d'état sont chargés de diverses
parties d'administration, quant à l'instructior
seulement; qu'ils en suivent les détails, signen
la correspondance, reçoivent et appellent toute
les informations, et portent aux ministres le
propositions de décision que ceux-ci soumet
tent aux Consuls; qu'un d'eux est chargé de
bois et forêts et anciens domaines, un autr
des domaines nationaux, un autre des pont
et chaussées, canaux de navigation et cadastre
un autre des sciences et arts, un autre de
colonies ».

L'article 8 statue aussi que « la propositior
d'une loi ou d'un réglement d'administratior
publique est provoquée par les ministres
chacun dans l'étendue de ses attributions; qu
si les Consuls adoptent leur opinion, ils ren

voient le projet à la section compétente, pour rédiger la loi ou le réglement ».

Mais le même article 8 ajoute : « Aussitôt le travail achevé, le président de la section se transporte auprès des Consuls pour les en informer ; le premier Consul convoque alors l'assemblée générale du Conseil - d'État ; le projet y est discuté sur le rapport de la section qui l'a rédigé ; le Conseil-d'État transmet son avis motivé aux Consuls.

« *Art.* 9. Si les Consuls approuvent la rédaction, ils arrêtent définitivement le réglement ; ou, s'il s'agit d'une loi, ils arrêtent qu'elle sera proposée au Corps législatif ; dans le dernier cas, le premier Consul nomme, parmi les conseillers d'état (et non parmi les ministres) un ou plusieurs orateurs qu'il charge de présenter le projet de loi, et d'en soutenir la discussion ; les orateurs, en présentant les projets de loi, développent les motifs de la proposition du Gouvernement ».

Ainsi, d'après l'article 8 de ce réglement d'organisation du 5 nivôse an VIII, l'assemblée générale du Conseil-d'État devait être convoquée pour la discussion des projets de

lois et des réglemens ou ordonnances d'exécution, et cette discussion devait y avoir lieu sur
le rapport de la section qui les avait rédigés.

Il faut faire à ce sujet quelques remarques
importantes.

1° Examiner ainsi indistinctement, dans
une seule et même assemblée générale de
tout le Conseil, les projets de lois et les
réglemens ou ordonnances de pure exécution, c'est mettre obstacle à ce que deux
choses, qui doivent être parfaitement distinctes, qui exigent même un esprit et des
vues n'ayant pas en tous points une analogie
parfaite (puisque d'une part la loi doit être
plus approfondie, conçue dans un but de
prévoyance plus large et plus étendu; et que
d'autre part l'exécution doit avoir un caractère de promptitude plus prononcé), c'est,
disons-nous, mettre obstacle à ce que deux
choses, de nature très-différente, ne soient
distinguées, ainsi qu'elles doivent l'être, conduites dans le sens qui leur appartient, exécutées d'après les considérations particulières
qui leur conviennent; c'est travailler directement à détruire la ligne de démarcation qui

doit exister entre elles, et contribuer très-évidemment à les mêler, à les confondre, au mépris des principes de l'ordre, et au grand préjudice de l'État, qui ne peut arriver à un plus haut degré de bien-être, que si l'on s'applique à rendre tous les jours plus nombreux et plus fréquens les développemens et les applications de ces mêmes principes de vie, de force et de prospérité.

2° Prescrire que l'examen et la discussion des projets de lois ou d'ordonnances auront lieu dans une section du Conseil, composée d'un nombre plus ou moins grand de ses membres, pour ensuite renouveler cet examen, cette discussion, dans une assemblée générale de ce Conseil, c'est pour le moins s'exposer à rendre cette seconde discussion illusoire, à la voir bientôt dégénérer en une vaine et inutile formalité; et les hommes le plus en état de bien observer les faits, ne manqueront pas, s'ils sont de bonne foi, et qu'on les interroge, de confesser qu'en fait il en est presque toujours ainsi. Peut-être même, de cette manière, est-il souvent arrivé que la question n'a pas été plus éclairée, la

discussion moins superficielle dans le comité
que dans l'assemblée générale du Conseil. On
pourrait encore sur ce point interroger avec
assurance plusieurs même des membres de ce
Conseil. Car que doit-il alors arriver? qu'arrive-t-il souvent en effet? Que le comité s'en
fie sur ce que le travail du rapporteur sera
entendu dans l'assemblée générale, et l'assemblée générale à son tour s'en repose trop facilement sur ce que l'examen de ce même travail a dû se faire dans le comité. Ce n'est donc
pas ici le lieu de faire l'application de ce proverbe vulgaire : « *Non viciat, quod abondat* »;
utile à prendre pour précepte en beaucoup
d'autres circonstances, et sur-tout en fait d'organisation sociale et constitutionnelle.

3° La loi semblait, il est vrai, vouloir répondre d'avance à ces objections, en prescri-
vant textuellement « que le projet serait discuté *sur le rapport de la section qui l'aurait
rédigé* »; mais cette singulière prévoyance ne
remédiait à rien, et ne faisait que rendre la
défectuosité, le vice d'institution plus évident
et plus sensible, en plaçant l'erreur, en in-
troduisant l'absurde dans l'expression même;

puisqu'il est contre toute vérité qu'un rapport
à l'assemblée générale du Conseil soit et puisse
être rédigé, soit et puisse être fait par une
section tout entière de ce Conseil. Ce rapport, sa rédaction et son exposition verbale
ne sont ordinairement que le travail et le fait
d'un seul homme qui, par les considérations
tirées de l'ensemble, de la concordance nécessaire de toutes les parties de la législation,
peut et doit être désigné plutôt dans une section générale de législation, relative à toutes
les parties de la législation réunies, que dans
un comité particulier, chargé, ou spécialement ou exclusivement, de l'une d'elles; et si
cet homme, choisi d'ailleurs par préférence
entre ceux des membres du conseil qui ont
des connaissances relatives au point en discussion, pouvait avoir besoin d'être secondé dans
sa tâche par les lumières de quelques-uns de
ses collègues, il conviendrait mieux encore,
à bien des égards, qu'il le fût par des colla-
borateurs eux-mêmes choisis pour chaque
affaire dans la section générale de législation,
que par des hommes renfermés, par la nature
de leurs travaux habituels, dans une sphère

circonscrite et partielle de l'une des branches de cette même législation (a).

2° Comité d'Examen et de Rédaction des Réglemens ou Ordonnances de pure exécution.

Du reste, en s'occupant de l'organisation du Conseil-d'État, on a souvent reconnu la nécessité des délibérations en assemblée générale, pour l'examen des projets de réglemens ou ordonnances de pure exécution, de même que pour l'examen et la rédaction des projets de lois.

Le réglement du 5 nivose an VIII, que nous venons de citer, ne paraissait faire aucune différence à cet égard.

Le Sénatus-Consulte du 28 floréal an XII, portait : « Lorsque le Conseil-d'État délibère

---

(a) On peut, entre autres, appliquer ici quelques-unes des réflexions de M. de Cormenin, sur la délibération des affaires dites *du grand*, et *du petit ordre*, dans l'Assemblée générale du Conseil, après l'examen qui doit en être fait dans le Comité du contentieux. (*Voy*. du Conseil-d'État envisagé comme conseil et comme juridiction, etc. tit. III, chap. III, pag. 93 *et suiv*.).

sur les projets de lois ou *sur les réglemens d'administration publique*, les deux tiers des membres du Conseil en service ordinaire doivent être présens.

« Le nombre des conseillers présens ne peut être moindre de vingt-cinq ».

L'ordonnance du 29 juin 1814, statuait ainsi : « Tit. II, *art.* 8. Le Conseil-d'État sera composé de nos ministres-secrétaires-d'état, de tous les conseillers d'état et maîtres des requêtes ordinaires.

« Il examinera les projets de lois et *réglemens* qui auront été préparés dans les divers comités.

« Chacun des ministres y rapportera ou y fera rapporter par un conseiller d'état ou un maître des requêtes qu'il aura choisi, les projets de *réglemens* et de jugemens qui auront été convenus au comité contentieux et *autres comités,* pour y être définitivement arrêtés ».

L'*art.* 9 du même chapitre ordonne que même les avis du comité contentieux ne seront définitivement arrêtés qu'après avoir été rapportés et délibérés dans le Conseil; il est vrai que cet article admet, relativement à

ces avis du comité contentieux, une alterna-
tive, en ajoutant, *ou après avoir reçu notre
sanction royale.*

L'*article* 10 porte : « Le comité de législation préparera tous les projets de lois et
de réglement sur toutes les matières civiles,
criminelles et ecclésiastiques; lesquels projets
devront ensuite être délibérés en Conseil-
d'État, avant de nous être définitivement soumis ».

Si l'on eût été plus habitué à voir les vrais
principes de l'ordre servir de base à toutes les
institutions sociales, si ces vrais principes
eussent été mieux connus et bien démontrés,
comment n'aurait-on pas été choqué, en rédigeant cet article, de la violation de ces mêmes
principes; de l'alliance, de la confusion dangereuse qui en résulterait; de l'envahissement,
qui en serait la suite à-peu-près inévitable,
des simples mesures d'exécution par la législation, et bien plus encore de l'empire de la
Législation par le Régime, de sa nature si fort
extensif, des Ordonnances ou de l'Exécution :
tandis qu'en même temps le domaine du comité de législation était à son tour restreint et

morcelé par la disposition de l'*article* 11, ordonnant « que les Comités des Finances, de
l'Intérieur, du Commerce, d'après les ordres,
et sous la présidence des ministres-secrétaires-
d'état, auxquels ils sont respectivement attachés, prépareraient les projets de loi, de réglement, et tous autres relatifs aux matières
comprises dans leurs attributions;

« Qu'ils proposeraient, en forme d'arrêts,
des jugemens sur les affaires d'intérêt local
ou individuel de leurs départemens respectifs,
autres que les affaires contentieuses; lesquels
arrêts, au surplus, ne seraient eux-mêmes
définitifs qu'après avoir été soumis au Roi en
Conseil-d'État, ou (pour ne pas perdre l'avantage que peut quelquefois donner l'équi-
voque) dans un travail particulier, par le ministre de la partie ».

Cette ordonnance du 29 juin 1814 n'a guère
eu qu'une année d'existence, et a été rapportée par l'ordonnance du 23 août 1815;
mais la nécessité des délibérations en assemblées générales n'est pas moins formellement
reconnue par cette seconde ordonnance; laquelle prononce : « *Art.* 11. Nos comités de

Législation, des Finances, de l'Intérieur et du Commerce, et de la Marine et des Colonies, d'après les ordres, et sous la présidence de nos ministres-secrétaires-d'état, prépareront les projets de lois, ordonnances, réglemens et tous autres, relatifs aux matières comprises dans les attributions des départemens ministériels auxquels ils sont attachés (*a*).

« *Art.* 12. Chacun desdits comités connaîtra en outre des affaires administratives que le ministre dont il dépend jugera à propos de lui confier, et notamment de celles qui, par leur nature, présenteraient une opposition de droits, d'intérêts ou de prétentions diverses, telles que les concessions des mines, les établissemens de moulins, usines, les dessèchemens, les canaux, partages des biens communaux, etc.

« *Art.* 13. Le comité du contentieux connaîtra de tout le contentieux de l'adminis-

---

(*a*) Il n'eût sans doute pas été inutile de spécifier dans cet article d'une manière plus précise les attributions dont on parle ; mais nous verrons bien par la suite, en traitant du ministère, quel eût été l'embarras dans lequel on se fût trouvé, si l'on eût voulu le faire.

tration des divers départemens ministériels, d'après les attributions assignées à la commission du contentieux par les décrets du 11 juin et du 22 juillet 1806.

« Le comité du contentieux exercera en outre les attributions précédemment assignées au conseil des prises (*a*).

« *Art.* 14. *Les avis, rédigés en forme d'ordonnance,* seront délibérés et arrêtés en notre Conseil-d'État, dont les divers comités se réuniront à cet effet deux fois par mois, et plus souvent, si le besoin des affaires l'exige.

« Nos ministres-secrétaires-d'état prendront séance dans cette réunion.

« *Art.* 15. Les rapports seront faits au comité du contentieux par les maîtres des requêtes, et au Conseil-d'État par les conseillers d'état

---

(*a*) Quelle confusion, quelle obscurité la rédaction de ces trois articles 11, 12 et 13, ne laisse-t-elle pas subsister relativement à la séparation des attributions que la loi prétend attribuer à tous ces comités divers de Législation, des Finances, de l'Intérieur et du Commerce, de la Marine et des Colonies, et du Contentieux ? En rédigeant ces articles, le Législateur s'est-il bien compris ? et peut-on bien le comprendre ?

ou par les maîtres des requêtes, au choix de notre garde-des-sceaux, qui pourra, selon l'importance des affaires, ordonner l'impression et la distribution du rapport aux membres du Conseil-d'État.

« *Art.* 16. Les ordonnances délibérées par notre Conseil-d'État, sur le rapport du comité du contentieux, seront présentées à notre signature par notre garde-des-sceaux, ministre-secrétaire-d'état au département de la justice.

« *Art.* 17. Sur la demande de l'un de nos ministres-secrétaires-d'état, notre président du conseil des ministres pourra ordonner la réunion complète du Conseil-d'État, ou celle de deux ou plusieurs comités » (*a*).

Enfin, les considérant de l'ordonnance du 19 avril 1817, portant établissement d'une autre espèce de conseil *privé*, dit *de cabinet*, renferment cependant, et malgré l'espèce de contradiction que cela présente, cette énon-

---

(*a*) On conviendra peut-être que les articles 15, 16 et 17 accordent au garde-des-sceaux et au président du Conseil une singulière et bien excessive prépondérance.

ciation formelle, « que les projets de lois, ordonnances et réglemens, préparés dans les divers comités du Conseil-d'État, pourraient encore être soumis à une discussion plus solennelle et plus approfondie, à un concours plus général de lumières, en les présentant à la délibération du Conseil, tous les comités réunis ».

L'ordonnance dit ensuite : « Tit. ii, *art.* 6. Tout projet de loi ou *d'ordonnance*, portant réglement d'administration publique, qui, conformément à l'article 11 de l'ordonnance du 23 août 1815, aura été préparé dans l'un des comités établis près de l'un de nos ministres-secrétaires-d'état, devra ensuite être délibéré au Conseil-d'État, tous les comités réunis, et tous les ministres-secrétaires-d'état ayant été convoqués.

« *Les ordonnances* portant réglement d'administration publique devront porter dans leur préambule ces mots : *Notre Conseil-d'État entendu* ».

On serait assez tenté de croire que cette disposition de l'article 6 de l'ordonnance du 19 avril 1819 n'y a été insérée que pour pallier, du moins en apparence, l'inconvé-

nient de l'innovation que renferme cette
ordonnance : car, d'après les ordonnances
précédentes, cette disposition pouvait être
considérée comme à-peu-près superflue, si ce
n'est cependant que cette disposition ajoute
et prescrit que les ordonnances contenant réglement d'administration publique, devron
porter dans leur préambule ces mots sacra-
mentels : « *Notre Conseil-d'État entendu*, etc. »

Quoi qu'il en soit, l'insuffisance des Comité
partiels de Législation, des Finances, de l'Intérieur et du Commerce, de la Marine et de
Colonies, etc., etc., et l'utilité des délibérations en assemblée générale, y sont bien formellement reconnues, tant pour les ordonnances et simples réglemens d'administration
ou d'exécution, que pour les projets de lois.

Au surplus, toutes les réflexions que nou
venons de faire précédemment, relativemen
à la délibération des projets de loi en assemblée générale, peuvent se reproduire ici au
sujet de la discussion des ordonnances et ré
glemens d'exécution ; et déja l'on peut auss
appliquer en ce sens le passage suivant du
discours de M. Boissy-d'Anglas à la Convention

nationale, en présentant la Constitution du
5 fructidor an III : « L'administration, disait-
il, doit être uniforme, régulière et constante
dans sa marche. C'est la bienfaisante chaleur
de l'astre du jour qui s'échappe de son sein
pour pénétrer doucement dans les lieux les
plus reculés de la terre. Jamais aucune partie
du Gouvernement n'a dû nécessiter un plus
parfait ensemble, un accord plus intime, des
combinaisons plus régulières. La moindre rivalité dans ses agens, la moindre opposition
dans ses mesures, contrarient le bonheur public, et attaquent le système général ».

Mais, en même temps, il importe essentiellement de ne pas perdre de vue cette vérité
fondamentale de l'Organisation monarchique
constitutionnelle, que tout ce qui peut tendre
à détruire la ligne de séparation, entre les
attributions de la Puissance législative et celles
de la Puissance exécutive, sape et ruine par
cela même la base principale de cette constitution.

D'où suit encore cette conséquence manifeste que les réglemens ou ordonnances doivent avoir exclusivement pour objet l'appli-

16.

cation spéciale des lois dont le sens est clair
et précis, et non pas l'interprétation de celles
qui pourraient être, dans leur conception ou
dans leur rédaction, entachées d'insuffisance
ou d'obscurité; qu'aucune autre extension des
attributions du Conseil ne saurait être plus
choquante; qu'un Conseil-d'État qui interprète
les lois, devient bientôt le seul et unique législateur.

Et à ce sujet, nous pouvons déja dire, par
anticipation, que le Roi, ou le Conseil-d'État,
comme partie intégrante du Pouvoir législatif,
et les deux Chambres, doivent s'attacher à
n'admettre que des lois claires et précises;
mais que si cependant ces lois, en quelque cas
particulier, ont besoin d'interprétation, c'est
par la Cour de Cassation que cette interprétation doit être faite; et si cette Cour reconnaît
elle-même l'impossibilité de cette interprétation et la nécessité de recourir à la Puissance
législative, c'est à cette Puissance seule (le Roi
et les deux Chambres) qu'il appartient de le
faire par une nouvelle disposition législative.
« Le Conseil-d'État ne peut pas plus interpréter les lois que les faire. Le Roi et les deux

Chambres, ou les trois branches de la Législature réunies, ont seuls ce pouvoir » (*a*).

3° *Comité du Contentieux administratif.*

Nous répétons le passage que nous venons de citer : « La moindre rivalité entre les agens de l'administration, la moindre opposition dans ses mesures, contrarient le bonheur public, et attaquent le système général ». Cependant, comme il n'est pas hors de vraisemblance que cette rivalité se manifestera quelquefois, l'Acte Constitutionnel, qui doit être une œuvre de prévoyance, statuera à cet égard.

L'institution du Comité du Contentieux administratif est un moyen par lequel le Législateur peut en effet y pourvoir ; et tel doit même être, ainsi que nous l'avons déja dit (*b*), le but unique et spécial de cette troisième section du Conseil-d'État.

On ne doit pas s'attendre à ce que nous fas-

(*a*) Du Conseil-d'État envisagé comme Conseil et comme Juridiction, etc., par M. le baron de Cormenin, tit. III, chap. XXI.

(*b*) *Voy. ci-dessus*, vol. VIII, pag. 206 *et suiv.*

sions ici beaucoup d'efforts pour démontrer qu'il importe par-dessus tout de ne pas permettre l'envahissement d'aucune des véritables attributions des institutions d'ordre judiciaire, par ce Comité du Contentieux, purement administratif; ces efforts seraient superflus pour les uns, et sans efficacité à l'égard des autres.

Ils seraient superflus pour tous ceux qui regardent maintenant la Distinction des trois Pouvoirs, et conséquemment aussi l'Indépendance du Pouvoir judiciaire, comme la pierre angulaire de l'édifice, comme la base fondamentale d'une bonne et solide organisation sociale.

Ils seraient sans efficacité à l'égard de ceux qui se refusent toujours à l'évidence de ce principe; et, quoique (par la suite, et sur-tout en traitant avec détail de l'organisation de ce troisième Pouvoir) nous ayons encore à donner sur le même point d'amples développemens, à en tirer de justes conséquences, à en faire d'utiles applications, nous en avons déjà dit assez à ce sujet pour que nous devions penser que l'on accumulerait en vain, pour convaincre ces hommes aveugles et incrédules, les argu-

mens les plus forts, les preuves les plus con-
vainquantes de la dialectique et du raisonnement; et nous devons dès actuellement nous
résigner à ne plus écrire cet ouvrage pour
eux : mais cela ne nous empêchera pas de
dire, qu'en quelque partie que ce soit de l'organisation, si l'on méconnaît ce principe fondamental, si l'on veut, par crainte et pusil-
lanimité, en éluder les conséquences et se
soustraire à la stricte observation des règles
qui en résultent, et que l'on n'a pas le courage de respecter, pour établir ou conserver,
au mépris du bon sens et de la raison, des
institutions contraires et par cela même im-
parfaites, défectueuses, subversives de l'ordre
et de l'équité, il faut s'attendre en effet à
donner ainsi un libre accès aux abus, à l'arbitraire, au despotisme, à la force sans justice,
enfin à l'autorité purement de fait, et non pas
de droit.

Nous ne laisserons cependant pas sans réponse cette espèce de proverbe, cette sorte
de maxime sentencieuse et vulgaire, à laquelle
se rattachent, comme à un unique et seul
appui, ces hommes chancelans, sans plan,

sans but, et qui, faute d'un guide que la
raison éclaire, s'égarent et se perdent sans
cesse dans les incertitudes et les obscurités
fréquentes de l'histoire. « *En France,* disent-
ils avec confiance, *toute justice émane du Roi;*
c'est le précepte, c'est le fondement nécessaire
de la monarchie ».

Cela signifie, avec beaucoup plus de vérité,
que ce faible argument est à-peu-près le seul
soutien d'une doctrine qui, pour être d'une
origine ancienne et gothique, autant qu'on
le voudra présumer, n'en est pas moins fra-
gile aujourd'hui, et sur le penchant de sa
ruine : ce qui d'ailleurs causera peu de sur-
prise, si l'on fait attention que la prudence
ne conseille pas de considérer toujours l'em-
preinte et les vestiges du temps comme des
garanties bien sûres de durée et de stabilité à
venir.

Et, dans le fait, cette maxime n'avait de
base et de force réelle que celles qu'elle pouvait autrefois recevoir d'un état imparfait de
civilisation. C'est, en un mot, une vérité tout-
à-fait relative et de pure circonstance, mais
non pas un Principe fixe, universel et im-

muable d'organisation. Elle pouvait avoir un certain degré d'exactitude et d'utilité, lorsqu'il importait essentiellement de mettre fin à l'anarchie féodale, fléau terrible qui bouleversait et déchirait la France; lorsqu'il était si nécessaire de préparer le royaume à supporter le bienfait de l'uniformité de la législation et de la jurisprudence.

Ce pouvait être alors, en effet, un bien très-réel, que de substituer la suprématie judiciaire de l'autorité royale à toutes les justices partielles, oppressives et tyranniques des grands et petits seigneurs féodaux, et même aussi à la puissance ambitieuse et mal réglée des divers parlemens qui s'étaient élevés sur leurs ruines.

Mais il n'en est plus de même aujourd'hui; l'utilité a disparu; le danger, les abus ont changé de nature; un autre vice d'organisation, non moins redoutable, cette maladie qui se manifeste habituellement dans la vieillesse des sociétés politiques, et dont les progrès sont rapides et mortels, lorsque le Législateur ne s'applique pas à y apporter de prompts remèdes, remplace ces anciens désordres. La

patrie vient d'en faire une assez pénible expérience; et il y a méprise, aveuglement extrême à se jeter inconsidérément dans le péril
imminent qui menace encore, pour fuir un
mal qui n'existe plus et qui ne peut renaître.

Sous un Gouvernement régulier, dans une
Monarchie bien constituée, une vérité plus
fixe, un principe plus constant doit remplacer
cette maxime du moyen âge, que le temps a
renversée, et qu'il ne saurait relever : c'est
celle que toutes les constitutions de la France,
depuis le décret du 1er octobre 1789, jusqu'à
celle du 4 juin 1814, exclusivement, ont plus
ou moins formellement consacrée; savoir : que
toute justice émane des vrais principes de
droit; de l'intelligence, de la sagesse qui
savent les reconnaître; de la loi qui les prescrit, et commande de les observer; enfin des
tribunaux indépendans et constitués, d'après
ces mêmes principes, pour en surveiller l'exécution.

Ce décret du 1er octobre 1789, accepté le
5 octobre, et promulgué le 3 novembre suivant, portait :

« *Art.* 19. Le Pouvoir judiciaire ne pourra

en aucun cas être exercé par le Roi, ni par le Corps législatif; mais la justice sera administrée, au nom du Roi, par les seuls tribunaux établis par la loi, suivant les principes de la Constitution, et selon les formes déterminées par la loi ».

Cette disposition avait été rappelée à-peu-près dans les mêmes termes, au moins dans la Loi Constitutionnelle du 3 septembre 1791, et dans celle du 5 fructidor an III; et si elle n'avait pas été reproduite d'une manière aussi positive dans la Constitution du 22 frimaire an VIII, et dans les Actes et Sénatus-Consultes organiques ultérieurs, on en découvre assez clairement le motif dans la marche progressive d'envahissement et d'usurpation que le Pouvoir exécutif avait dès-lors adoptée, et qu'il a constamment suivie depuis; mais on n'avait point encore entrepris de la révoquer expressément.

Bien plus, on lit, dans l'un de nos ouvrages de droit les plus répandus, et imprimé postérieurement à la première de ces époques, les réflexions suivantes, desquelles il résulte que cette maxime nouvelle n'en était pas moins considérée comme l'un des fondemens les plus essentiels de notre droit : « On a long-temps dit, en France, que le monarque était chargé de rendre la justice à ses sujets ; que c'était son premier et son principal devoir (*a*), un devoir vraiment royal (*b*) ; que les tribunaux n'étaient institués que pour le remplir à sa décharge ; que les justices seigneuriales elles-mêmes n'étaient que des émanations de son autorité ; *et qu'il était à leur égard la source dont tous les fleuves partaient, et la mer où ils revenaient* (*c*).

« Ces idées étaient répandues jusque dans les livres élémentaires du droit ; et elles avaient jeté dans tous les esprits des racines trop profondes pour qu'il fût possible de les extirper jamais, sans une de ces secousses qui, changeant entièrement la face des empires, permettent aux nations de se ressaisir de leurs droits, ouvrent à tous les hommes le sanc-

----

(*a*) *Voy.*, entre autres, le Préambule de la Déclaration de Louis XIV, du 30 mai 1713.

(*b*) Discours de Louis XV au Parlement de Paris, le 3 mars 1766.

(*c*) Esprit des Lois.

tuaire de la raison et de la vérité, et amènent un ordre de choses dans lequel les pouvoirs publics sont organisés et séparés de la manière la plus propre à concilier les droits individuels des citoyens avec les intérêts du Corps social.

« Aussi n'est-ce guère qu'en 1788, qu'on a osé dire tout haut *qu'un Roi ne peut, en aucun cas, exercer le pouvoir judiciaire* (a); mais celui qui a eu le courage de professer cette grande et précieuse maxime, n'en a pas saisi, ou du moins n'en a pas indiqué la véritable raison.

« Il a bien dit qu'un Roi ne peut s'instruire des objets soumis à la discussion ; qu'il est un homme entouré d'esclaves, et que ses passions, animées par celles de ses ministres ou de ses courtisans, égareraient sans cesse sa justice et inspireraient aux citoyens la plus juste défiance.

« Il a bien dit qu'un Roi doit veiller au maintien des lois, mais sans appliquer les décisions de la loi.

(a) Mémoires sur les États - Généraux, par M. d'Entraigues.

« Mais il n'a pas répondu à l'objection que
l'on oppose communément à ses assertions,
et que voici : le Pouvoir judiciaire est une
branche du Pouvoir exécutif (a) ; le Pouvoir
exécutif suprême réside exclusivement dans
la main du monarque : ainsi ne pas laisser
au monarque le Pouvoir judiciaire, c'est détacher une chose du tout dont elle fait partie,
et qui cesse d'être tout, dès qu'elle en est
séparée.

« Cette objection n'est pourtant pas insolu-
ble : c'est trop peu dire, elle ne consiste que
dans une confusion d'idées facile à éclaircir.

« Sans doute, c'est au monarque, comme
dépositaire suprême du Pouvoir exécutif, qu'il
appartient de faire exécuter les lois dans tous
les cas auxquels s'appliquent clairement leurs
dispositions ; mais souvent cette application
est douteuse, souvent des contestations s'élèvent pour savoir si c'est par telle ou telle loi
que doit être réglé un fait arrivé, souvent aussi
il est incertain si le fait auquel on veut appli-

(a) Nous avons réfuté précédemment l'inexactitude et
le peu de fondement de cette classification. — *Voy. ci-
dessus*, entre autres, vol. IV, pag. 77, 89 *et suiv.*

quer une loi quelconque, existe ou n'existe pas. Par qui seront levés ces doutes ? Par qui seront jugées ces contestations ? Par qui seront fixées ces incertitudes ? Sera-ce par le Pouvoir exécutif ?

« Mais, dans cette hypothèse, le Pouvoir exécutif déterminerait donc lui-même les cas dans lesquels il peut et doit agir ? Il déciderait donc lui-même de sa compétence ? il serait donc, pour trancher le mot, juge dans sa propre cause ? Et alors quel serait le point où il pourrait être forcé de s'arrêter ? Quelle différence imaginerait-on entre le despotisme, qui n'est tel que parce qu'il peut ériger en lois tous ses caprices du moment, et un Pouvoir qui peut, ou exécuter une loi dans un cas étranger à sa disposition, ou se refuser à la mettre en action dans le cas pour lequel elle a été faite ? Assurément cette différence serait nulle, et c'est une vérité qui n'a pas échappé, même à l'auteur du Discours sur l'histoire de France. *Il importe*, dit Moreau (a), *à la sûreté du genre humain que celui qui a la puissance ne puisse disposer de la règle. Chez les Romains*

_____

(a) Tome VII, pag. 292.

même, celle-ci était entre les mains des juges;
le magistrat (le Préteur, le Pouvoir exécutif)
exerçait celle-là.... — Me croira-t-on, conti-
nue-t-il, *lorsque je dirai que, sous le gouver-*
nement de Charlemagne, je retrouve cette sé-
paration si utile....

« Ce sont ces grandes considérations qui
ont déterminé le décret de l'Assemblée Constituante du 1er octobre 1789; par l'article 19 de
ce décret il est dit : *Que le Pouvoir judiciaire*
ne pourra, en aucun cas, être exercé par le
Roi, ni par le Corps législatif; mais que la
justice sera administrée, au nom du Roi, par
les seuls tribunaux établis par la loi, suivant
les principes de la Constitution, et selon les
formes déterminées par la loi.

« Cette disposition, refondue dans la Constitution du 3 septembre 1791, et adaptée
d'abord par celle du 5 fructidor an III au Gouvernement Directorial, ensuite par celle du
22 frimaire an VIII au Gouvernement Consulaire, forme aujourd'hui l'une des maximes
fondamentales de notre droit » (*a*).

(*a*) *Voy.* le Répertoire de Jurisprudence, par Merlin,
au mot *Pouvoir judiciaire.*

Il est vrai que l'article 57 de la Charte du
4 juin 1814 est rédigé ainsi qu'il suit : « *Toute
justice émane du Roi* ; elle s'administre en son
nom par des juges qu'il nomme et qu'il institue ». Quels peuvent avoir été les motifs de
cette rédaction? Voici l'explication que donne
à ce sujet M. le comte Lanjuinais : « *Toute
justice émane du Roi* est un non-sens constitutionnel, qui, de sa nature, ne fait ni bien ni
mal à personne (*a*), qui ne peut servir qu'in-
terprétativement. Le zèle inquiet et outré pour
l'autorité royale, une véritable ignorance ou
l'abstraction trompeuse, ont donné naissance
à cette phrase emphatique. Elle a passé dans
la Charte sans qu'on puisse assurer au juste
ce qu'elle signifie, sans qu'elle soit exacte en
aucun sens universel, soit que *justice* désigne
les lois comme règles des jugemens, soit
qu'elle indique les tribunaux, soit qu'elle signifie leur compétence ou même leurs juge-

_____

(*a*) Ce *non-sens* nous paraît, au contraire, propre à
produire beaucoup de mal, ou du moins à nuire essentiellement à l'établissement du bien.

mens, quatre choses qu'on peut appeler va-
guement du nom de *justice.*» (a).

Aussi, depuis la promulgation de la Charte,
et malgré cette rédaction peu réfléchie de
l'article 57, combien d'hommes judicieux et
impartiaux ont, en diverses circonstances,
rendu hommage au principe fondamental du
Droit constitutionnel?

Un conseiller d'état même, M. Bérenger,
dans son Traité de la justice criminelle en
France, dit entre autres choses : «Les composi-
tions judiciaires n'existent plus; le Roi n'en
est donc plus le protecteur... Le pouvoir de
juger est également sorti de ses mains; il ne
peut donc plus le déléguer : car on ne délègue
pas un droit qu'on n'a pas.... (b)

« Enfin, si le Roi continue de participer à
la formation des lois, ce n'est plus que comme
fraction du Pouvoir législatif. Dès-lors, la justice n'émane du Roi que pour une portion;

(a) *Voy.* Constitutions de la Nation française, par
M. le Comte Lanjuinais, Pair de France, etc., tom. 1,
liv. III, chap. XI, pag. 295.

(b) *Voy. ci-dessus*, le développement que nous avons
donné de cette vérité, vol. IV, pag. 95 *et suiv.*

et c'est en ce sens restrictif qu'on doit regarder comme vraie la doctrine, qu'elle émane de lui. Les actes du Pouvoir législatif sont devenus le résultat de la volonté nationale exprimée par ses mandataires réunis, c'est-à-dire, par le Roi et par les Chambres : voilà, *dans l'esprit même de la Charte,* la source de toute justice en France » (*a*).

Dans son Traité du Conseil-d'État, M. de Cormenin, tout en faisant à la rédaction de l'article 57 une concession que sa sagesse lui aura dictée, mais qui n'est pourtant pas sans conséquences fâcheuses, n'en publie pas moins des réflexions qui sont tout en faveur de la doctrine que nous venons de développer. C'est ainsi qu'il s'exprime : « Si ceux qui désireraient voir revivre le Conseil des Parties avaient médité davantage sur les différences qui existent entre les deux systèmes de Gouvernement, entre les mœurs, les opinions, les

***

(*a*) (*Voy.* De la Justice criminelle en France, par M. Bérenger, tit. 1, chap. 1, pag. 18). Il importe de remarquer que M. Bérenger lui-même semble trop confondre dans ce passage la Législation et la Justice qui sont évidemment deux choses très-distinctes.

lois et les institutions de la monarchie absolue
et de la monarchie constitutionnelle;

« S'ils s'étaient souvenus que la Révolution
a déraciné toutes nos vieilles institutions, que
tout a disparu, système politique, lois civiles,
juridictions, mœurs, habitudes générales, priviléges des provinces, des corporations, de la
noblesse; que l'édifice social a été reconstruit
jusque dans ses fondemens, sur un nouveau
plan, et avec d'autres matériaux;

« S'ils avaient senti que les institutions,
dans un système politique bien lié, n'ont
qu'une excellence relative (a), et que plus
une institution a de cette excellence relative,
moins elle est propre à figurer isolément à
côté d'un système nouveau, parce qu'elle
n'avait d'utilité que dans un ordre de choses
pour lequel seulement elle avait été faite, et
qui n'existe plus :

_____

(a) Il nous semble que c'est le contraire de cette assertion qui est rigoureusement vrai : c'est dans un système imparfait d'organisation que les institutions peuvent
n'avoir qu'une utilité ou *excellence relative ;* tandis que
dans un système complet, cette utilité serait non seulement relative, mais générale et absolue.

« Alors ils comprendraient qu'il y aurait autant d'inconvéniens à rétablir aujourd'hui le Conseil des Parties, qu'il y a de témérité à blâmer sa disposition dans l'ordre du régime ancien (*a*).

« Ils comprendraient que si les vérités de la morale sont de tous les temps et de tous les pays, les vérités de la politique changent avec les siècles, la fortune, les lieux, les choses et les hommes (*b*).

« Ils comprendraient que chaque gouvernement ne doit porter sa force que là où est la nécessité, la réforme où est l'abus.

(*a*) Ce n'est pas seulement l'existence de ce Conseil des Parties qui était à blâmer sans qu'il y eût rien de téméraire à cela : c'était, non pas *l'ordre*, mais l'imperfection, *le désordre*, du Régime tout entier ; et sa ruine même en serait une preuve plus que suffisante, d'après les vérités reconnues ailleurs par l'auteur. *Voy.*, entre autres, le passage cité ci-dessus, vol. viii, pag. 22 et 23.

(*b*) S'il est en politique des vérités relatives et qui changent avec les siècles, la fortune, les lieux, les choses et les hommes, il existe aussi, en cette matière, des Principes qui ne sont pas moins positifs, universels et immuables que ceux de la morale. (*Voy. ci-des.*, 2ᵉ part., liv. i, *Considération générale* ; et *ci-après, même intitulé*, et Conclusion.)

« Ainsi, sous l'ancienne monarchie, la résistance était dans les parlemens; la force de les soumettre fut placée dans le Conseil; le Roi, par ses évocations, assujettissait les parlemens, malgré eux, au frein de sa toute-puissance (*a*).

« L'abus était dans les mille coutumes qui, contraires l'une à l'autre, se partageaient la France; dans les mille priviléges des individus, des états et des corporations qui pesaient sur elle (*b*).

« Le Roi, suprême législateur, pouvait seul, du haut de son Conseil, rétablir l'uniformité dans la jurisprudence, et l'égalité dans la justice distributive.

« La Révolution a détruit ce système de forces et de résistances....

« Les prérogatives des parlemens étendues

(*a*) Ce n'est assurément pas en cela qu'était le bien, ou du moins il sera très-vrai de dire que ce ne pouvait être là qu'un bien des plus relatifs et des plus précaires.

(*b*) On pourra bien aller jusqu'à dire que ces abus, ces priviléges, ces corporations, étaient des biens relatifs et de position; mais on est encore beaucoup plus près de la vérité lorsqu'on affirme qu'ils sont des maux très-positifs et très-absolus.

(et quelquefois restreintes), légitimées, réglées par la Charte, sont passées aux Chambres.

« La puissance de juger, qui émane uniquement du Roi.... (à ce que dit la Charte), a été par lui déléguée *toute entière* (a), en matière civile et criminelle, aux tribunaux.

« Or, maintenant qu'il n'y a plus de parlemens, plus de coutumes, plus de priviléges; qu'une seule loi régit tout le royaume; que tous les citoyens, sans distinction de rang, sont égaux devant elle, et que les juges ont été ramenés à leurs devoirs, l'intervention du Roi dans leurs jugemens a dû cesser, puisqu'elle n'était plus nécessaire, ni pour fortifier la prérogative de sa couronne, ni pour secourir les libertés de ses sujets.

« Autre temps, autres institutions; autres besoins, autres ressources » (b).

(a) Si cette Puissance de juger était en effet déléguée par le Roi *toute entière*, peut-être importerait-il peu, alors, qu'elle en émanât ou non; mais cette entière délégation n'a pas lieu d'après l'institution actuelle du Conseil-d'État.

(b) (Du Conseil-d'État envisagé comme Conseil et

Le bon sens et la réflexion réfutant ainsi le grand argument des adversaires de l'exacte et stricte application du principe de la Distinction des trois Pouvoirs et de l'Indépendance judiciaire à toutes les parties de l'Organisation sociale, s'ils persistent encore à vouloir justifier l'extension de la sphère du Contentieux administratif, ils se trouveront réduits à répéter qu'à tout prix, et dussent même la justice, les droits et toutes les libertés individuels en être froissés et renversés, il faut bien que l'administration marche et agisse. Mais on pourrait, pour toute réponse, se borner à leur faire remarquer que la marche de l'administration est toujours pénible, embarrassée, chancelante et dangereuse, lorsque les droits et libertés individuels sont froissés par elle.

Nous ajoutons que ce n'est pas parce qu'un tribunal, institué d'après de justes bases, sera

---

comme Juridiction, etc., tit. III, chap. VI, pag. 111 et suiv.).

— *Voyez aussi*, à ce sujet, le Traité de l'Autorité judiciaire, par M. Henrion de Pansay, conseiller d'état, président à la Cour de cassation. — *Introduction*, § 3, pag. 32 et suiv.

appelé à statuer sur le fonds des contestations qui peuvent s'élever entre les agens de l'administration et les administrés, que cette administration se trouvera forcée de suspendre son mouvement, et réduite à l'inaction. Dans la réalité, ce qu'il y a toujours de plus vraisemblable, ce qu'il pourrait encore y avoir de plus à redouter, c'est qu'un Corps de magistrature, quelque impartial qu'il soit, ne fût cependant enclin, par une sorte de prévention dont il ne lui est pas facile de se garantir, à trouver d'un poids bien faible, l'intérêt du simple citoyen, de l'homme privé, mis en opposition dans la balance avec l'intérêt présumé de la puissance et de l'autorité. Mais il le sera moins cependant que ne l'est une autorité appelée à prononcer dans sa propre cause.

Fera-t-on une supposition en elle-même peu vraisemblable? imaginera-t-on l'obstacle que pourrait créer l'humeur tenace, obstinée et chicanière d'un plaideur téméraire qui, sans droits et sans raison, trouverait une sorte de satisfaction à rechercher tous les moyens possibles de lutter contre l'autorité et d'entraver ses opérations et ses mesures administratives?

Est-ce donc une chose si naturelle que l'homme en général s'applique à troubler lui-même son repos et sa tranquillité; que sur-tout il attaque de préférence un adversaire redoutable et plus fort que lui; et si cela arrive, est-ce comme règle ou comme exception que le fait doit être considéré? Des dommages et intérêts, proportionnés au peu de fondement de l'attaque ou de la résistance, ne pourront-ils, en cette circonstance comme en toute autre, mettre un frein à cet amour extraordinaire et outré d'une lutte disproportionnée et sans fondement?

Se rejettera-t-on sur le préjudice irréparable qu'une contestation mal fondée pourrait occasionner, pour peu qu'elle pût paralyser ou suspendre l'action de la Puissance exécutive?

On répondrait, avec quelque fondement, qu'en toutes matières les tribunaux d'ordre judiciaire sont autorisés par la raison et par la loi à statuer sommairement, et en état de référé, lorsqu'il y a urgence et que le cas requiert célérité, sauf à prononcer au fond, dans les délais et les formes ordinaires; que si, en matière civile, la provision est due au titre, on pourrait aussi aller jusqu'à l'accorder, en

tout état de cause, aux simples demandes et
prétentions de l'administration. Et nous avons
dit plus, on se le rappelle; nous admettons
que les ministres et autres agens de la Puissance exécutive doivent avoir la faculté d'apprécier eux-mêmes le mérite des réclamations
qui leur sont adressées, et de passer outre,
s'ils jugent que l'intérêt public l'exige. Mais
cet intérêt étant ainsi garanti pleinement, la
responsabilité que la loi attache à toutes leurs
actions ne doit pas être idéale; et pour qu'elle
ne soit pas chimérique et sans application, il
importe incontestablement que ces agens responsables, leurs subordonnés et adhérens, ne
soient pas appelés à se constituer juges, et
de la justice des actes d'administration devenus l'objet des réclamations et des plaintes,
et de la réalité des motifs d'urgence mis en
avant pour les justifier. Hors de ces limites et
de cette faculté de recours devant les juges
naturels que la loi promet et garantit à tout
membre du Corps social, tous les sophismes
accumulés n'empêcheront pas qu'au péril même
de la société et de ceux qui la gouvernent, les
élémens les plus certains du Droit constitu-

tionnel ou organique ne soient méconnus, et toutes les notions du juste et de l'injuste outragées et confondues.

« Soutenir qu'il peut exister des droits fondés en titre ou en loi, sans que ces droits soient garantis et protégés par la justice, par une magistrature impartiale; soutenir que l'administration peut, en un cas quelconque, avoir le privilège de neutraliser nos droits, ou de n'en tenir aucun compte, et d'empêcher toute autre autorité de leur accorder appui et protection; c'est, à notre avis, consacrer en principe l'arbitraire le plus effrayant, la servilité la plus dégradante; c'est dire, en d'autres termes, que les droits ne sont pas des droits; et qu'en administration, rien n'est juste et sacré que la volonté des administrateurs.

« Sans doute il faut que l'action administrative soit indépendante et énergique; qu'elle ne soit ni entravée, ni controlée par la justice contentieuse. Sans doute il faut que, toujours, le service public soit fait avec exactitude et ponctualité; que les mesures d'ordre soient exécutées sans obstacle et avec rapidité. Sans doute il faut que l'action administrative, si elle rencontre, froisse ou lèse les droits privés, puisse les apprécier à son gré, pour arrêter, suspendre ou continuer sa marche administrative, selon qu'il lui aura paru sage. Mais il n'est pas nécessaire que l'appréciation incidente de nos droits privés ait un caractère définitif. Cette décision d'urgence ne doit être que provisoire : l'administrateur ne doit absolument point être réputé juge ; lorsqu'il n'a fait et dû faire que soigner des intérêts d'administration.... »

« Nous reconnaissons que les ministres sont juges de toutes les contestations élevées par les droits privés, à l'occasion des mesures administratives, réglementaires ou de police ; mais nous soutenons en principe que leur justice est accidentelle ou transitoire, pour le besoin de conserver effet à l'action administrative ; qu'elle est essentiellement provisoire, en ce qu'elle est rendue seulement pour faire cesser l'obstacle qui entrave l'administration. Nous soutenons que la justice des préfets ou des ministres est de la même nature que la justice de nos juges des référés ; que c'est une simple décision sur le passer-outre ; qu'elle

ne doit pas nuire au principal; que le réclamant, éconduit par le préfet et le ministre,
doit pouvoir s'adresser à la justice contentieuse, pour obtenir une décision définitive
en faveur de ses droits privés, lésés par l'action administrative » (*a*).

Croirait-on pouvoir mettre au rang des
objections l'intérêt que les membres composant présentement le Conseil-d'État, pourraient avoir individuellement à écarter tous
projets de changement dans l'organisation du
Conseil, lors même qu'ils auraient pour résultat manifeste de placer l'institution dans
un plus haut degré d'amélioration?

D'une part, avec quel avantage ne répon-
drait-on pas que, s'il est un cas dans lequel
l'intérêt particulier ne puisse véritablement
pas entrer en balance avec l'utilité publique,
ce serait bien certainement celui-ci.

Mais ensuite, et si l'on va jusqu'à examiner
cette question dont aucun des membres du
Conseil ne serait probablement touché, et que

(*a*) Du Conseil-d'État, selon la Charte, etc., pag. 264
et 485.

nous n'examinerons que sous le point de vue qui peut se rattacher à l'ordre et à l'utilité générale, est-il donc bien vrai que l'intérêt individuel de ces membres actuels du Conseil-d'État dût se trouver ici froissé et méconnu? La proposition contraire serait facilement démontrée.

1° Quelques-unes des attributions, de leur nature véritablement litigieuses et d'ordre judiciaire, se trouvant détachées du Comité du Contentieux purement administratif, pour être réunies à celles de la Haute-Cour de justice et de cassation; si cet établissement d'ordre, d'équilibre, de juridiction, donne lieu, d'un côté à la réduction du nombre des membres du Conseil, et de l'autre à l'augmentation du nombre des membres de la Cour, il sera naturel et de droit que les places de création nouvelle, dans cette Cour, soient remplies par les titulaires des places supprimées dans le Conseil; et certes, ces anciens membres du Conseil ne perdraient rien à cette permutation qui leur assurerait, au prix d'un emploi précaire et sans stabilité, un titre non moins honorable, et auquel doit nécessairement se rattacher l'un des premiers caractères de l'indépendance judiciaire, l'inamovibilité.

2° En supposant que cette translation d'attributions ne motivât pas l'augmentation du nombre des membres de la Cour, les intérêts des membres du Conseil pourraient encore être respectés; car, en thèse générale, nous avons déja plusieurs fois reconnu que lorsqu'il n'existe point de motifs spéciaux de destitution, c'est, autant qu'il se peut, par voie d'extinction que les emplois doivent être réduits et supprimés; et, eu égard au mérite et aux services personnels, il n'existe pas de circonstance où il importe davantage de respecter la règle.

3° Enfin, se pourrait-il que l'amour du pouvoir et du droit de juger fut porté assez loin par des hommes généralement sages et éclairés, pour qu'ils en fussent éblouis et aveuglés au point de ne pas reconnaître de quel côté se trouve en effet leur véritable intérêt. Cet intérêt n'est pas dans la possession précaire et sans stabilité d'une autorité sortie de ses justes limites, et que son extension même contribue à rendre si chancelante et si mobile, qu'on y

voit apporter chaque année quelque changement nouveau; mais il serait tout entier dans
la conservation d'un pouvoir assis sur des
bases fixes et constitutionnelles qui ne per-
mettraient plus de considérer comme problématique et douteuse l'utilité réelle que peut
avoir l'institution; utilité que, dans un état de
choses mal réglé et confus, les inconvéniens
et les abus qui en résultent toujours, obscur-
cissent nécessairement, et peuvent même faire
entièrement disparaître aux yeux du plus grand
nombre.

Ce n'est donc pas de la part des membres
du Conseil-d'État que doit naturellement venir
et que peut raisonnablement se présumer l'obstacle que rencontrera une organisation plus
régulière, qui leur assurerait en même temps
accroissement de considération et d'intérêt.

C'est d'eux, au contraire, que peuvent venir les premières propositions d'amélioration,
puisque, même dans l'état actuel, d'après le
but principal de l'institution, la conception des
plans de perfectionnement et de réforme leur
appartient spécialement; et la sagesse, les
lumières individuelles des membres dont ce

premier Corps de l'État se compose, les considérations d'ordre et d'utilité publique si
puissantes sur l'esprit d'hommes vraiment
éclairés et appelés par situation et par devoir
à les méditer, ce haut degré d'honneur et
de dignité dont une organisation plus parfaite les environnerait, enfin les nobles et
grands travaux par lesquels plusieurs d'entre
eux ont déja illustré leur carrière ; tout se
réunit pour inspirer la confiance que l'on ne
remarquera rien que de conforme aux devoirs
de leurs hautes fonctions dans leur conduite
et leurs résolutions à venir.

Ils sentiront qu'en eux se trouve en quelque
sorte renfermé l'un des premiers germes, d'où
dépend le développement des institutions favorables à la prospérité de la France, et
même au bonheur du genre humain, sur
lequel les destinées de notre patrie ont toujours eu, et auront bien davantage encore
par la suite, une influence si grande et si marquée.

Et au surplus, faisons, en terminant, une
remarque générale. Toutes les fois que les
réformes à opérer, et les institutions à établir,

auront été conçues dans l'unique vue du bien-
être social; qu'elles seront conduites avec sagesse à leur exécution, et opérées par l'intermédiaire des hommes en qui réside le pouvoir
de les faire universellement adopter par l'opinion publique mûrie, et disposée à les ac-
cueillir et à les sanctionner, les intérêts particuliers, en apparence les plus contradictoires
et les plus opposés, seront toujours, en définitive, façilement conciliés, ainsi que l'on voit
qu'ils peuvent l'être ici, avec l'intérêt commun;
et alors, loin de se combattre mutuellement,
ils deviendront au contraire, l'un à l'égard de
l'autre, les plus fermes et les plus inébran-
lables appuis.

Nota. Nous ne devons pas terminer cette section spécialement consacrée à fixer les véritables
limites des Attributions du Conseil, sans appeler encore au soutien des principes d'organisation que nous y avons développés plusieurs réflexions de ces hommes d'état de qui nous avons
déja invoqué l'autorité et dont la position a fa-
vorisé l'étude; ce motif, ainsi que ceux qu'on
peut puiser dans la considération de leur mérite
personnel, rendant, en cette matière sur-tout, leurs

18.

opinions recommandables et du plus grand poids.

Mais l'importance et l'étendue des matières qui nous restent à traiter dans ce chapitre, ne nous permettant pas de consacrer autant d'espace qu'il serait nécessaire à l'examen critique, à l'analyse approfondie et raisonnée de leurs ouvrages, nous nous bornerons à en extraire, en note, quelques-uns des passages les plus importans : peut-être y reviendrons-nous dans l'Appendice (4); nous remar-querons seulement ici que s'ils n'ont pas tiré des faits qu'ils ont observés de près, des conséquences tou-jours aussi étendues que celles qu'il nous paraît in-dispensable d'en déduire, ils ont du moins prouvé, avec un nouveau degré d'évidence, combien il im-porte de redresser les abus qu'ils s'accordent à si-gnaler comme inhérens à l'institution actuelle, et comme inséparables de son état d'irrégularité (a).

(a) Sur la question de savoir si le Conseil-d'État, comme *Juridiction*, est ou n'est pas dans l'esprit et dans le texte de la Charte, on peut, entre autres, citer les réflexions suivantes de M. le comte Lanjuinais : « Sous le Gouver-nement impérial, si l'on nous eût demandé ce que c'était que le Conseil-d'État, sur-tout en le considérant *comme autorité judiciaire*, nous eussions trouvé la réponse à cette question, dans la Constitution de l'an VIII, *art.* 52, et dans les Sénatus-Consultes qui la développèrent, for-mant, avec le peu qui resta de cette même Constitution, ce qu'on appelait *les Constitutions de l'Empire.*

« Mais si la question s'élève aujourd'hui, où irons-nous en chercher la solution ? Ce ne sera pas dans cet article 6 (*de la loi sur les élections du 6 février* 1817) qu'il s'agit d'apprécier.

« Sera-ce dans la Charte ? Elle est muette à cet égard, et par conséquent exclusive du Conseil - d'État comme Tribunal.

« Sera-ce dans les lois antérieures à la Révolution ? Non ; puisque le Conseil - d'État, comme compétent pour juger un contentieux quelconque, fut supprimé, à la grande satisfaction publique, par les lois du 1er décembre 1790, et du 6 juillet 1791.

« Sera-ce dans *les Constitutions de l'Empire ?* Non ; car elles sont nécessairement abrogées par la Charte....

« Sera-ce dans un , ou deux , ou trois articles très-particuliers de la loi impériale, sur certaine compétence du Conseil-d'État impérial ? Non ; car ces articles ne sont que des développemens, de purs accessoires des *Constitutions de l'Empire* abrogées en entier. L'accessoire suit le principal. C'est une règle de droit, et même de logique.

« Sera-ce dans les Décrets impériaux ? Ces actes n'étaient pas , ne sont pas des lois....

« Sera-ce enfin, dans les *lois maintenues* virtuellement comme *non abrogées par la Charte ?* Ces lois gardent sur le Conseil-d'État un profond silence.

« Pour reconnaître le Conseil-d'État, comme autorité, et sur-tout *comme autorité judiciaire* , il faudrait établir, ou que les dispositions des Constitutions de l'empire sont encore en vigueur, ou qu'on peut créer une autorité légale, sans le secours d'aucune loi, ou que la Charte admet des juges *amovibles*, ou qu'elle admet des *commissions* et *tribunaux extraordinaires*, autres que les *prévôtés*.

« La première hypothèse est inadmissible ; la seconde implique contradiction dans les termes ; la troisième est en opposition directe avec l'article 58 de la Charte ; la quatrième est condamnée par les articles 62 et 63 de cette même Charte....

« La Charte, en établissant deux Chambres législatives, et en assurant l'indépendance des Tribunaux, a eu deux objets : d'abord, de protéger le peuple entier contre l'oppression, et puis de faire rendre à chaque individu la justice particulière qui lui est due. Le premier de ces objets rentre dans les attributions du Roi et des Chambres, du Parlement national ; le second, dans les attributions des Tribunaux.

« Si, à côté de ces deux autorités, l'une pour faire des lois, l'autre pour rendre la justice distributive à tous, on invente une troisième autorité appelée Conseil-d'État, quelles seront les attributions qu'on pourra lui donner comme Corps *de magistrats*, comme exerçant des pouvoirs publics, sans porter atteinte ni à la puissance législative des trois branches du parlement, ni à l'indépendance des tribunaux ?...

« On ne chargera pas ce Conseil de juger les procès des citoyens, ni entre eux, ni contre l'État : car ce Conseil n'est (en ce sens) ni constitutionnel, ni légal ; et, d'après la Charte, les tribunaux doivent être constitués par la loi, et les juges sont essentiellement *inamovibles*, à l'exception des juges de paix. Enfin, selon les lois, tous les juges sont *responsables*, comme sujets *à la prise à partie ;* or, en droit comme en fait, les conseillers d'état sont *amovibles*, et ils sont également affranchis de *responsabilité* envers les citoyens....

« On lit dans le procès-verbal d'installation du Conseil-d'État : *Le but de votre institution n'est pas de former un Conseil qui prononce, mais un Conseil qui dirige. Vous n'êtes pas appelés à administrer, mais à éclairer l'administration....* (*Voy.* ci-dessus, pag. 179 ; et le Moniteur du 3 août 1814.)

« Il est évident que, si le Conseil-d'État jugeait en vertu d'une loi, il ne serait plus un Conseil *qui dirige*, mais un Conseil *qui prononce;* il ne serait plus appelé seulement à éclairer par ses avis, mais positivement à décider ; et le Roi, en signant l'ordonnance, le Roi, ou son ministre, serait le véritable juge. Or, il n'y a rien de plus contraire au texte, à l'esprit de la Charte, au principe de l'indépendance des Tribunaux, à la garantie de tous nos droits....

« Enfin, il serait trop contraire à la Charte, il serait trop onéreux aux citoyens, d'être distraits *de leurs juges naturels*, d'être forcés de venir, jusque dans la capitale, plaider à grands frais, au Conseil-d'État, devant une véritable *commission extraordinaire*, à cent ou deux cents lieues de leur domicile....». (*Du Conseil-d'État et de sa compétence sur les droits politiques des citoyens, etc.*, par M. le comte Lanjuinais, Pair de France, pag. 14, 18, 19 *et suiv.*).

M. Henrion de Pansey, dans son ouvrage ayant pour titre, *De l'Autorité judiciaire*, s'exprime ainsi :

« La Charte constitutionnelle dit, à la vérité, que toute justice émane du Roi ; mais elle s'empresse d'ajouter que la justice est administrée par des juges que le Roi institue. Elle ne s'arrête pas là : elle imprime à leur institution le sceau de l'irrévocabilité ; elle veut qu'après les avoir nommés, le Roi ne puisse pas les révoquer.

« La Charte s'exprime bien différemment, lorsqu'elle s'occupe de l'administration. Le Roi en est le chef ; toute administration, comme toute justice, émane de lui : mais, à la différence de la justice, il n'est pas obligé de déléguer l'administration ; la Charte dit, et rien de plus : « Le Roi nomme à tous les emplois de l'administration publique » ; disposition purement facultative, qui laisse au Roi la liberté d'administrer lui-même, ou par des mandataires de son choix, de rappeler à lui les branches de l'administration qu'il aurait pu confier à certains administrateurs, et de les révoquer tous lorsqu'il le juge à propos.

« Telle est donc la ligne de démarcation entre le contentieux administratif et le contentieux judiciaire : dans le domaine du premier, se placent toutes les affaires qui, par leur nature, sont soumises à la décision du Roi ; et dans les attributions du contentieux judiciaire, il faut ranger toutes celles dont le Roi est obligé de déléguer la connaissance à des fonctionnaires qu'il institue, mais qu'il ne peut révoquer.

« Mais quelles sont les affaires qui, par leur nature, sont soumises à la décision du Roi ? On ne peut s'y méprendre (*). Puisque, dans la personne du Roi, le droit de juger dérive du droit d'administrer, et que sa qualité de juge est attachée à celle d'administrateur, il faut nécessairement reconnaître que sa compétence comme juge se concentre dans la sphère administrative.

« Le Conseil-d'État agit-il dans cette sphère ! Lui-même peut-il croire qu'il s'y renferme, lorsque, par des délibérations qui doivent être converties en jugemens sous la dénomination d'ordonnances royales, il applique les dispositions du Code pénal à des particuliers qui ont commis des dégradations sur les routes, à ceux qui, par des voies de fait, troublent l'exercice des cultes, aux ministres de ces mêmes cultes, qui, dans l'exercice de leurs fonctions, outrageraient les citoyens, et feraient d'un ministère de paix et de charité un instrument de vengeance et d'oppression ?

« Lorsque, dans les cas où il y a abus, il réforme des actes émanés de la juridiction ecclésiastique ?

« Lorsqu'il reçoit l'appel des sentences des tribunaux de commerce, en matière de prises maritimes ?

« Lorsque, incidemment à des questions de domicile, il statue sur l'état des citoyens ?

« Enfin, lorsqu'il prononce sur des intérêts privés, sur des difficultés qui, étrangères au Gouvernement, ne concernent que des particuliers, et dont la décision

(*) Nous avons cru cependant remarquer que l'auteur s'est quelquefois mépris lui-même sur cette distinction. *Voy.*, *entre autres*, chap. xxv; et chap. xxx, de son ouvrage, pag. 449, 503 *et suiv.*

est subordonnée aux lois civiles, de commerce ou de police?

« Je ne crois pas me tromper en disant que les lois qui avaient conféré ces différentes attributions au Conseil-d'État impérial, sont toutes abrogées par les dispositions de notre Charte constitutionnelle, qui portent: *La justice s'administre au nom du Roi, par des juges qu'il institue, et qui sont inamovibles* (art. 58). — *Nul ne pourra être distrait de ses juges naturels* (art. 62). — *Il ne pourra être créé de commissions et tribunaux extraordinaires* (art. 63). — *Les lois actuellement existantes, et qui ne sont pas contraires à la présente Charte, restent en vigueur* (art. 68).

« On ne peut donc se le dissimuler : en se perpétuant dans les usurpations du Conseil-d'État impérial, en commettant lui-même de nouvelles entreprises sur les tribunaux, le Conseil-d'État trouble l'ordre des juridictions, distrait les citoyens de leurs juges naturels, aggrave les maux inséparables des contestations judiciaires, se met en opposition avec la Charte constitutionnelle, et fournit des armes à ses détracteurs, en leur montrant, au centre d'un Gouvernement où tous les pouvoirs sont définis, divisés et circonscrits par la Constitution, une réunion d'hommes sans pouvoirs constitutionnels, qui, se transformant tantôt en juges civils, tantôt en tribunal de police correctionnelle, délibèrent et prononcent sur les grands intérêts des citoyens, et s'arrogent des fonctions déléguées aux tribunaux par la Charte constitutionnelle.

« Je m'étais proposé d'examiner les opinions pour et

contre le Conseil-d'État. Je crois avoir établi que l'on ne doit s'arrêter ni à celle qui tend à ce qu'il soit maintenu tel qu'il est, ni à celle qui en provoque la suppression; qu'il faut le conserver, mais le faire rentrer dans ses limites naturelles.

«L'art. 91 de l'ordonnance de Blois (relatif à ce sujet) est d'autant plus digne de fixer l'attention du Gouvernement et des Chambres, que, consigné dans l'une de nos plus célèbres ordonnances, il exprime le vœu des États-Généraux. En voici les termes : *Au regard de notre Conseil Privé et d'État, ayant en cet endroit, comme en tous autres, bénignement reçu les remontrances qui nous ont été faites par nos États, afin aussi de le rétablir en sa première dignité et splendeur, et que dorénavant notre dit Conseil ne soit occupé ès causes qui gisent en juridiction contentieuse; voulant conserver la juridiction qui appartient à nos cours souveraines et justices ordinaires, avons renvoyé les instances pendantes, indécises, et introduites en icelui notre dit Conseil, tant par évocation qu'autrement, par devant les juges qui en doivent naturellement connaître, sans que notre dit Conseil, à l'advenir, prenne connoissance de telles et semblables matières; lesquelles voulons être traitées par-devant nos juges ordinaires, et par appel, en nos Cours souveraines, suivant nos édits et ordonnances*». (De l'Autorité judiciaire, etc., chap. xxx, pag. 504 *et suiv.*).

—« Rappelons-nous, dit aussi M. Sirey, que la loi du 27 avril — 6 juillet 1791, et celle du 8 — 12 août suivant, renvoyèrent aux tribunaux toutes les affaires pendantes aux Conseils des Parties, des Finances, des

Dépêches, et à la Grande-Direction, ainsi qu'aux Commissions particulières, même toutes les affaires pendantes au Conseil-d'État à la requête de l'agent du Trésor public contre des personnes qui auraient traité immédiatement avec le Trésor public ». (*Du Conseil-d'État selon la Charte*, etc., pag. 495).

Enfin, nous transcrirons encore quelques passages extraits de l'ouvrage de M. de Cormenin. Voici dans quels termes il s'exprime (tit. III, chap. X et XI) :

« C'est malheureusement une opinion trop enracinée dans les meilleurs esprits, que le Gouvernement doit seul juger toutes les affaires contentieuses de l'administration.

« Cette opinion, si commode pour l'arbitraire, vient aussi de ce que l'on confond sans cesse l'administration exécutive avec l'administration contentieuse.

« Cependant rien de plus distinct.

« Lorsque le Gouvernement ordonne, lorsqu'il administre, lorsqu'il règle, rien ne doit entraver sa marche. La puissance d'exécution, qui est la vie du Corps politique, doit déployer avec liberté tous ses mouvemens. Seule elle choisit, dispose, et juge ses moyens. Seule elle agit, seule aussi elle est responsable : voilà l'administration exécutive.

« Mais, lorsque le Gouvernement a quelques débats avec les particuliers sur un droit, sur une propriété, il s'individualise alors, il devient personne privée ; c'est ainsi qu'il plaide devant les Tribunaux, c'est ainsi qu'il se présente devant le Conseil-d'État : voilà l'administration contentieuse.

« Pressons maintenant les conséquences de cette distinction.

« Lorsque le Gouvernement contracte avec un citoyen,
peut-il être juge de ce contrat qu'il vient de former
comme partie ?

« Si j'interroge l'équité naturelle, si j'ouvre les lois
civiles, elles me répondent qu'une partie ne peut se juger
elle-même.

« Quelles sont donc ces puissantes considérations qui
imposent au Gouvernement, d'une voix si haute, la nécessité de retenir le jugement des affaires contentieuses?
Est-ce que l'intérêt de l'administration y dominerait tellement, qu'il dût faire pencher en sa faveur la balance de
la justice ? Est-ce que toutes les garanties des citoyens
doivent lui être sacrifiées ? Cela peut être la raison du
plus fort ; mais ce n'est pas assurément la raison de la
justice, de la vérité, de la nécessité.

« Si le Gouvernement doit retenir la décision des affaires
contentieuses administratives, par cette seule raison que
l'intérêt de l'État y domine, pourquoi ne retient-il donc
pas aussi toutes les questions de l'impôt indirect qui
touchent aux sources de la fortune publique, et toutes
ces autres questions si diverses, si multipliées, si importantes, qui touchent la propriété du domaine de l'État,
et qui sont soumises aux tribunaux par les Administrations des domaines, des droits réunis, des douanes, des
eaux et forêts et de l'enregistrement ? L'intérêt de l'État,
l'importance des matières, sont donc, comme on le voit,
des objections plus spécieuses que solides....

« A quoi servent donc, je le demande, l'intervention

du Conseil-d'État, la présence des ministres, la sanction du Prince, dans ces discussions purement privées?

« Je vais le dire : elles servent uniquement à rendre inégales, sans sujet, la condition des parties, à gêner la liberté des juges, à diminuer l'opinion de leur impartialité.

« Où est dans les affaires civiles la garantie du citoyen? Elle est uniquement dans l'indépendance des juges : en effet, ils s'interposent entre l'État et les particuliers, et pèsent leurs intérêts avec égalité dans les balances de la loi. Mais, au contraire, dans les affaires administratives, le Conseil-d'État fait corps avec le Gouvernement lui-même; d'où il arrive que, l'une des parties et leur juge commun se confondant pour ainsi dire en une seule et même personne, l'autre partie se trouve en présence de lois fiscales qui lui sont presque toujours contraires, et d'un juge intéressé qui prononce dans sa propre cause. Or quelle confiance peut avoir celui qui a un litige avec les Administrations des domaines, des droits réunis, des ponts et chaussées, et avec les différens Ministères, lorsqu'il voit sa partie adverse assise sur le tribunal qui va décider de son sort? Quel est l'entrepreneur, quel est le fournisseur qui passera volontiers un marché loyal avec le Gouvernement, lorsque celui-ci peut à son gré interpréter, expliquer, modifier, casser lui-même le contrat qui les lie tous les deux?

« Malheureusement un long usage a perverti les saines doctrines. On s'est fait dans l'administration une habitude de l'arbitraire, comme, dans les tribunaux, on s'en est fait une de la règle....

« Voulez-vous consulter l'opinion publique ? Elle vous dira que, lorsqu'un Tribunal dépend du Gouvernement, les décisions les plus justes qu'il rend en faveur des citoyens passent pour faiblesse ou pour caprice, et que les décisions les plus justes qu'il rend contre eux passent pour erreur ou pour arbitraire (*).

« Ainsi l'État n'a pas moins d'intérêt que les citoyens à l'affranchissement du Tribunal administratif.

« Mais je vois déja qu'on m'objecte la dignité ministérielle....

« Qu'il me soit permis de réfuter cette objection....

« Que sont, à vrai dire, les décisions des ministres...? Des jugemens de première instance. Or des juges de première instance se sentent-ils blessés de ce que leurs décisions sont revues en appel par d'autres juges indépendans d'eux ? Et la pleine liberté des deux degrés de juridiction n'est-elle pas en France, dans toutes les matières, la plus précieuse garantie des citoyens....? (**).

_____

(*) « Presque jamais un procès n'est perdu, en matière administrative, sans que le plaideur qui succombe, ne suppose que ses titres n'ont pas été bien entendus, que son rapporteur a manqué d'exactitude ; or, de cette conjecture sur les faits, au soupçon sur la personne, il n'y a qu'un pas : et quel est le magistrat qui ne veuille à tout prix être au-dessus du soupçon » ? (Du Conseil-d'État selon la Charte, etc., par M. Sirey, par 478).

(**) (*Voy. ci-après*, même chap., tit. iii. *Du Pouvoir judiciaire*).

« Que dirait-on d'un juge qui, après avoir condamné une partie au Tribunal de première instance, irait monter sur le siège de la Cour royale, pour y rejuger cette même partie qui appelle de son jugement ? Où serait le bienfait des deux degrés de juridiction ?

« N'oublions pas que nous vivons sous un Gouvernement représentatif; ne mettons pas là dignité ministérielle où elle n'est point, dans des jugemens. Ne faisons point les ministres plus jaloux de leur puissance qu'ils ne le sont eux-mêmes....

« Les ministres, dit-on, souffriront volontiers que le tribunal administratif soit indépendant, et que les juges soient inamovibles, lorsqu'il s'agira de prononcer sur les arrêtés des Conseils de préfecture, sur les arrêts de la Cour des comptes, et sur les cas d'abus; et lorsqu'il s'agira de prononcer sur leurs propres décisions, il faudra que ce même Tribunal soit composé de juges amovibles et dépendans!

Si les citoyens peuvent réclamer devant les tribunaux toutes les garanties, non pas fictives, mais réelles, de ce second degré que leur assurent les lois fondamentales de notre Monarchie, pourquoi l'imploreraient-ils en vain devant le Conseil-d'État.... Oublierait-on que lorsqu'un citoyen plaide contre l'État, en matière contentieuse, il ne sollicite pas une grace, mais qu'il revendique un droit? Pourquoi l'État ne combattrait-il pas à armes égales avec lui, devant le Conseil comme devant les Tribunaux? Est-ce qu'il ne s'agit pas également des intérêts les plus chers de la propriété? Est-ce que si le Gouvernement est obligé, en matière civile, de se soumettre aux maximes étroites du droit commun, droit qu'il n'a point fait, il ne serait pas obligé d'observer, en matière administrative, les règles spéciales qu'il a établies lui-même dans les seules vues de son intérêt, et qu'il a, sans leur concours, imposées aux citoyens...? Pourquoi la justice civile et la justice administrative auraient-elles deux poids inégaux et deux mesures différentes? Enfin n'a-t-on pas quelque raison de demander où se

« Quelle peut être la raison secrète de cette étrange contradiction? La voici : le ministre envoie au combat, où le sort des deux parties va se décider, un renfort de six à huit conseillers d'état de son comité, qui se rangeront d'abord parmi les combattans, et se feront ensuite juges du combat. On laisse à deviner de quel côté doit pencher la victoire.

« Maintenant, direz-vous qu'un tel arrangement est commode pour le ministre? Et qui en doute? Je vois bien la part de la faveur, mais qui fera la part de la justice (*)?

trouvent pour les citoyens, dans l'assemblée générale du Conseil-d'État, les gages d'une solide délibération des affaires contentieuses, si, par les élémens vicieux de cette délibération et par la force des choses, la manière, quelle qu'elle soit, dont on y rapporte ces affaires, ne peut instruire qu'imparfaitement les juges ; de leur exacte impartialité, s'ils prononcent sur leurs propres décisions ; de leur indépendance, s'ils sont amovibles ; de la bonté de leurs jugemens, si, réunis à d'assez longs intervalles et plus administrateurs que juges, la plupart ignorent la procédure qu'ils suivent, les matières qu'ils traitent, les lois qu'ils appliquent ; enfin de la célérité dans la décision des affaires administratives et ensuite dans l'exécution de ces décisions, si les lenteurs d'une délibération inutile y apportent obstacle ? (Du Conseil-d'État comme Conseil et comme Juridiction, tit. III, chap. III, pag. 98 *et suiv.*).

(*) « Sans doute, dit ailleurs le même auteur, il peut être commode pour l'administration de juger ses propres actes. Mais c'est a maxime des Gouvernemens arbitraires qui se jouent d'eux-mêmes, et qui tentent sans cesse d'échapper à la foi de leurs propres contrats. On sait où mènent ces tristes maximes?

« C'est une bien futile objection de dire : le Gouvernement est

« Chose singulière ! sous le gouvernement absolu de

libre et maître d'imposer les conditions qu'il lui plaît ; si le fournisseur les trouve durés, pourquoi les accepte-t-il ? et s'il les accepte, pourquoi ne les remplirait-il pas ?

« Je répondrai d'abord, qu'il ne les enfreindra point ouvertement, mais qu'il les éludera, ce qui est la même chose.

« Je répondrai ensuite qu'un Gouvernement perd autant que les
citoyens à s'éloigner de la justice, et qu'on trompe ses ruses comme
sa violence.

« Il faut sans doute qu'il ait des garanties suffisantes. Il ne faut
pas que, dans son intérêt même, il en ait d'exorbitantes. Car
voici alors ce qui arrive.

« Des spéculateurs sans foi et sans solvabilité acceptent les prix
du Gouvernement, et n'ayant pas assez de forces pécuniaires pour
soutenir le marché, ils font des fournitures de mauvaise qualité,
ou ils laissent périr l'entreprise ; ce qui engendre des lenteurs dans
les travaux, des désordres dans les services, des procès ruineux
pour l'État dans leur issue, quelle qu'elle soit.

« Or ces mêmes spéculateurs stipulent des prix très-élevés pour
s'indemniser d'avance, non seulement des pertes éventuelles de
la liquidation, mais même des périls imaginaires qu'ils redoutent
d'une autorité à-la-fois juge et partie.

« Il arrive, dans les deux cas, que l'État fait des marchés, mauvais dans leur exécution, ruineux dans leur paiement, précisément
parce qu'il ne les fait pas avec des gens honnêtes et solvables ; et
pourquoi les gens honnêtes et solvables ne contractent-ils pas avec
lui ? c'est qu'ils ne veulent pas, avec raison, de conditions si
inégales.

« Mais si, d'un côté, l'appel des décisions des ministres, des
préfets, des administrations générales, exécutoires par provision,
n'était recevable qu'après résiliation ou exécution du marché ; si,

Napoléon, les ministres auraient préféré au Conseil-

de l'autre côté, les fournisseurs espéraient être jugés, en définitif, par un Tribunal indépendant du Gouvernement, ils se hâteraient d'exécuter fidèlement leurs marchés pour obtenir, en cas de difficultés, la justice de ce Tribunal. Ils élèveraient aussi leurs prix moins haut, plus sûrs d'être payés.

« Au lieu de cela, qu'arrive-t-il aujourd'hui ? Le fournisseur contracte avec un ministre intègre ; mais le ministre est changé. Un ministre moins exact le remplace, et ne veut point tenir les engagemens de son prédécesseur. Le fournisseur se pourvoit contre sa décision. Mais où ? Devant le Conseil-d'État, placé sous la faveur et sous la direction des ministres qui peuvent y paraître, y délibérer, y juger leur adversaire ; tandis qu'un Tribunal inamovible et indépendant ne plierait sous aucune influence, et ne changerait point, avec chaque ministre, de doctrine, de conduite, d'intérêt.

« Ne soyons donc pas surpris que les citoyens ne veuillent placer leur confiance que dans un pareil Tribunal. La confiance ne s'arrache point, ne se commande point, mais se persuade et s'attire. Elle amène avec elle la bonne foi, l'économie, le crédit, les richesses ; elle dénoue sans effort les embarras les plus compliqués de l'administration ; elle aime la règle et craint l'arbitraire ; elle fuit des juges amovibles. Voulez-vous la fixer sans retour, faites-la asseoir sur un tribunal indépendant.

« Ce n'est donc pas la cause des fournisseurs que je plaide ici, c'est la cause de l'État ; car toute cette matière, en dernière analyse, se réduit à ceci : l'État, d'après tel mode ou tel autre, sera-t-il mieux ou plus mal servi, paiera-t-il plus, ou paiera-t-il moins ? Je laisse à décider quel est, sous ce rapport, le mode qui assure le mieux ses intérêts, du mode que l'on observe actuellement, ou du mode que je propose. Au surplus, l'expérience confirme mes théories, et elle est un peu plus sûre que toutes ces

d'État un Tribunal administratif indépendant. Sous le gouvernement libre du Roi, on prétend qu'ils se refuse- raient à la création d'un pareil Tribunal! (*)

« Je ne pense pas qu'ils s'y refusassent; mais s'ils s'y refusaient, aurais-je, par hasard, expliqué pourquoi?...

« Sans doute, il s'élève peu de murmures et de plaintes contre les décisions du Conseil-d'État : je vois la justice

vieilles maximes de raison d'État, que ceux même qui les défen- dent appellent ténébreuses, et qu'ils ne peuvent définir.

« C'est dans l'affermissement de la confiance et du crédit, c'est dans l'observation exacte des principes de la justice, c'est dans l'épargne des deniers publics, que je place et fais consister le véri- table intérêt de l'État. Ne perdez point de vue ces choses-là dans la législation des marchés, et vous aurez bientôt trouvé de bonnes règles ». (Du Conseil-d'État, comme Conseil et comme Juridiction, tit. III, chap. XIV, pag. 185 et suiv.).

(*) « Les différentes sections du Conseil impérial étaient indé- pendantes des ministres de chaque département dont elles por- taient le nom, et les ministres d'état, qui présidaient ces diffé- rentes sections, étaient bien plutôt les rivaux et les contrôleurs des ministres à département, que leurs défenseurs et leur appui....

« Aux termes de l'art. 12 du Réglement du 5 nivose an VIII, qui détermina la composition et les attributions de l'ancien Con- seil, les conseillers d'état chargés de la direction de quelque partie d'administration publique, n'avaient point de voix au Conseil lorsqu'il prononçait sur le contentieux de cette partie.

« On doit regretter qu'une disposition si pleine de convenance et de justice n'ait point été introduite dans l'organisation du Con- seil-d'État actuel et étendue aux membres de chaque comité auquel la matière appartient ». (Observations extraites du même ouvrage, pag. 96 et pag. 147, n. 1).

avec l'arbitraire; mais j'aimerais mieux voir la justice avec la règle.

« Sans doute un Gouvernement libre et paternel, des ministres probes, un Conseil-d'État éclairé, sont des garanties réelles; mais elles ne suffisent pas au citoyen, parce qu'il voit toujours la main du Gouvernement levée sur lui, et parce que ces garanties corrigent, sans le détruire, le vice irremédiable de la dépendance des juges (*).

« Leur indépendance est la seule condition qui, à ses yeux, complète, fixe et perpétue toutes les garanties d'une bonne distribution de la justice administrative. Cette indépendance.... affermit la division des pouvoirs; elle développe par-tout, et attire la confiance publique. Or, la confiance des citoyens est aujourd'hui le plus riche trésor de l'État. Elle lui donnera ce crédit qu'ont toujours les honnêtes gens. Elle fera sa force; elle est le plus pressant de ses besoins, et l'unique remède de ses plaies. Que ne doit-il donc pas tenter pour l'obtenir?.... (**)

(*) « C'est en vain que chaque ministre, que chaque membre du Conseil sera probe, éclairé, juste; ces qualités de l'homme ne corrigent point les vices de l'institution; elles n'offrent d'ailleurs aux citoyens que des garanties morales : or ils veulent, pour être pleinement rassurés, pour l'être toujours, trouver leurs garanties non dans l'homme, mais dans l'institution même ». (*Ibid.*, tit. III, chap. III, pag. 99 et 100).

(**) « Encore une réflexion.

« Pourquoi le Gouvernement expliquerait-il ses propres contrats ? N'est-ce pas assez qu'il les ait rédigés lui-même, qu'il en ait

« Mais sans inamovibilité, il n'y a point d'indépendance ; et sans indépendance, il n'y a point de bonne
justice.

« C'est donc dans l'intérêt des citoyens qu'il faut que
les juges soient inamovibles, comme c'est dans l'intérêt
de l'État qu'il faut que les administrateurs soient révocables.

« Tout administrateur est l'agent de l'Autorité ; mieux
il obéit à ses impulsions, plus il est fidèle à son mandat.
L'intérêt du Gouvernement est son intérêt ; la volonté du
Gouvernement est sa volonté.

« Or, les membres du Tribunal que je propose de créer
ne sont pas des administrateurs, ils sont des juges ; donc
ils doivent être irrévocables.

« L'amovibilité des juges, en matière contentieuse administrative, a de graves inconvéniens.

« Elle expose la jurisprudence à changer continuellement.

« Elle courbe les juges faibles, timides, pauvres, sous
l'opinion dominante du ministère, puisque la conserva-

calculé le sens, l'étendue, les accidens ; qu'il en ait imposé les
charges, et enfin qu'il ait pu stipuler en sa faveur des garanties
spéciales ?

« Pourquoi appliquerait-il aussi lui-même les décrets et les actes
qui règlent les matières administratives ? n'est-ce donc pas encore
assez qu'il les ait faites ?

« En compensation de tant de garanties que le Gouvernement
s'est données, quelles autres garanties réclament les citoyens ? Un
Tribunal indépendant ». (*Ibid.*, tit. III, chap. X, pag. 153).

tion de leurs places peut dépendre de la flexibilité de leurs complaisances.

« L'opinion du ministère fait alors leur règle, et non pas la loi.

« Mais est-ce que les opinions politiques du ministère devraient gouverner la délibération des juges, et l'application des lois à des intérêts privés?

« Le contrat ou la loi, ou bien, dans leur insuffisance ou leur obscurité, les inspirations d'une conscience impartiale, voilà les seules règles des juges; toute autre est passionnée ou arbitraire.

« L'uniformité de la jurisprudence doit-elle dépendre du renouvellement capricieux des juges? L'application des lois doit-elle changer avec le ministère? et le citoyen, qui, blessé dans ses intérêts, accourt réclamer la protection de la loi, ne doit-il pas trembler, lorsqu'il rencontre entre lui et elle les passions et les faiblesses de l'homme?

« C'est ici qu'il faut que je jette la plume, ou que je dise la vérité; mais disons-la, puisqu'elle est utile, et allons au but.

« On ne sait peut-être pas assez que les matières soumises à ce Tribunal, représenté aujourd'hui par le comité du contentieux, ont la plus haute importance, si on les considère sous le point de vue politique.

« C'est lui qui prononce sur toutes les questions relatives aux ventes de biens nationaux. Les acquéreurs, cette portion immense des Français, les yeux sans cesse attachés sur ce tribunal, règlent sur ses décisions leurs espérances ou leurs craintes.

« La moindre atteinte portée à leurs droits, consacrés par la Charte et par la volonté du monarque, se ferait à l'instant ressentir dans toute la France, répandrait l'alarme dans les familles, et remuerait les passions les plus dangereuses.

« C'est ainsi encore que l'admission des créances les plus légitimes en elles-mêmes, mais frappées de déchéance, ou anéanties par la chose jugée, ou proscrites par les lois, quelque iniques et monstrueuses qu'elles soient, qui ont fermé leur liquidation, épuiserait en peu de temps les sources déja si languissantes de la fortune publique; et, comme on l'a si énergiquement dit, enterrerait la monarchie sous les décombres des finances.

« Maintenant, concevez des juges amovibles, concevez un ministre ennemi des intérêts nouveaux. Que va-t-il faire? Il va reléguer, dans le service extraordinaire, les membres du comité du contentieux qui auront eu le courage de préférer leurs devoirs à leur place; il va faire asseoir à ce comité des juges passionnés comme lui; il va faire plier sous son influence et sous les menaces d'une destitution, les hommes d'un caractère timide; il va bouleverser toute la législation.

« Que servira-t-il ensuite d'invoquer, et les garanties de la Charte, et la volonté du Roi, et l'autorité de la chose jugée? La confiance des citoyens se sera évanouie, et le mal sera peut-être irréparable.

« Concevez maintenant un ministre secrètement attaché aux principes de la Révolution, qui condamne les réclamations les plus légitimes des anciens émigrés, qui, fiscal à l'excès, repousse les créances les plus justes et les plus admissibles ; et qui ainsi d'un côté éloigne les réconciliations si nécessaires à la tranquillité publique, et de l'autre tue le crédit qui ne vit point sans justice.

« Le mal serait le même, et les citoyens seraient également sans confiance, parce qu'ils seraient également sans sécurité.

« Qu'on y prenne garde. L'inamovibilité des juges n'est point instituée dans leur intérêt, mais dans celui des citoyens. Elle affranchirait de toute influence les membres du Tribunal administratif ; et, arrachant de leur cœur toute crainte et toute ambition, les rendrait impassibles comme la loi. Car c'est véritablement le propre effet de l'inamovibilité d'assoupir les passions, et de rendre modérés les hommes qui ne le seraient pas. L'exagération des principes n'est souvent qu'une inquiétude de position.

« On prend d'ailleurs l'esprit des commissions, et c'est l'esprit des juges qu'il faut : des commissaires sont les hommes du Gouvernement ; des juges sont les hommes de la justice ». (*Du Conseil-d'État, envisagé comme conseil et comme juridiction,* etc. tit. III, chap. x et xi, pag. 137, 140, 146, 154, *et suiv.*)

Le même auteur dit encore : « Si le Conseil-d'État peut être utile, ce n'est point en absorbant la Cour de cassation (*), en s'érigeant en une autorité qui gêne à-la-fois le Ministère et les Chambres, et qui soit d'ailleurs contraire à la nature des Gouvernemens représentatifs ; mais c'est en préparant les ordonnances, les réglemens

_____

(*) « La Cour de cassation, placée au sommet de l'Ordre judid'administration générale, et les projets de loi soumis aux Chambres....

« Et il ne suffit pas que la liberté civile soit affermie en ce qui regarde seulement la justice des tribunaux ; il faut qu'elle le soit aussi en ce qui regarde la justice de l'administration. Ces deux justices règlent des intérêts privés qui sont semblables; mais l'une offre assez de garanties dans la composition de ses tribunaux, la régularité de ses formes, la sagesse de ses lois et l'indépendance de ses juges; l'autre est gâtée par tous les abus qui doivent nécessairement découler des obscurités et des

ciaire, est depuis vingt ans dans l'opinion du peuple la gardienne de ses droits civils.

« Les Français sont extrêmement jaloux de l'indépendance de leurs tribunaux....

« Jusqu'ici ils ont trouvé, dans la Cour de cassation, la plus ancienne de nos institutions existantes, un Tribunal régulier, où toutes les formes judiciaires sont observées; où les audiences, les plaidoiries, les jugemens, sont publics; dont les membres sont indépendans, parce qu'ils sont inamovibles, parce qu'ils ont atteint le dernier terme de leur ambition, parce qu'ils vivent dans les retraites de l'étude, loin des séductions de la faveur....

« Qu'on nous dise maintenant lequel du Conseil des parties ou de la Cour de cassation garantirait le mieux aux citoyens le plein exercice de leurs droits civils ?

« L'exercice de ces droits pourrait-il offenser les prérogatives de la Couronne ? Non : la liberté politique combat souvent pour l'empire; la liberté civile ne combat jamais que pour la conservation.

« La liberté civile, protégée par l'indépendance du Pouvoir judi-

autres vices de sa législation, des imperfections de sa
procédure, de la versatilité de sa jurisprudence, et de
l'amovibilité de ses juges. Et qu'arrive-t-il de là ? C'est
que n'offrant pas aux citoyens assez de garanties, elle
ne leur inspire pas non plus assez de confiance ». (*Ibid.*
tit. iii, chap. vi, p. 124.)

Terminons en disant, et toujours avec le même auteur :
« Laissons le Conseil-d'État à ses éminentes et utiles fonctions; qu'il soulage les ministres, qu'il prépare les lois,
les réglemens, les ordonnances ; qu'il se mêle des affaires
publiques et non des affaires particulières; qu'il soit un
Conseil et non un Tribunal ; c'est l'intérêt véritable des

ciaire, est peut-être la seule conquête dont la Révolution puisse
se glorifier.

« Elle est du moins le plus fécond principe de vie qui soit sorti
de ses ruines.

« Elle est une des perfections de l'ordre social.

« Elle contente les sujets, parce qu'elle garantit la liberté de leur
conscience, de leurs opinions, de leurs personnes et de leurs biens.

« Elle affermit le trône, parce qu'elle ôte tout prétexte légitime
aux ambitions.

« Elle est le fondement, le but et le résultat de tous les Gouvernemens représentatifs.

« Les Rois ne sont point forts par l'exercice illimité de leur puissance : car qu'y a-t-il de plus faible qu'un despote ?

« Ils sont forts par l'opinion intime et réfléchie que chaque
citoyen, sous leur Gouvernement, y a de sa liberté et de leur
justice.

« Ils gêneraient donc la liberté civile sans aucun bénéfice réel
pour leur puissance ». (*Ibid.*, tit. iii, ch. vi, pag. 114 *et suiv.*).

citoyens et du Gouvernement, c'est l'esprit de son institution, qui le veulent ainsi ». (*Du Conseil-d'État, comme
conseil et comme juridiction*, etc., tit. III, chap. IX,
pag. 136.)

Gardons-nous même de nous en tenir, si ce n'est du
moins comme moyens de transition, à des demi-mesures
incomplètes et insuffisantes, dans lesquelles se rencontre
trop souvent encore discordance et contradiction, et qui,
laissant nécessairement plusieurs parties de l'édifice défectueuses et sans harmonie avec son ensemble, nuisent
toujours d'une manière imminente à sa stabilité. Hâtons-
nous, redoublons d'efforts et de zèle pour compléter,
asseoir et affermir ce vaste et utile édifice sur ses véritables bases, pour le mettre en parfait rapport avec ces
grands principes d'équilibre, d'ordre, de fixité, que les
plus grands génies de l'antiquité avaient entrevus, dont
les publicistes et les législateurs les plus éclairés des
siècles modernes ont mieux apprécié les justes et salutaires conséquences, et qu'ils ont consacrés à jamais par
ces déclarations expresses et formelles : Sans la distinction et la balance des trois Pouvoirs, il n'est point de bon
Gouvernement, de Constitution stable, de protection
assurée pour les lois, la liberté et les propriétés des
peuples. — Par-tout où les Pouvoirs se trouvent réunis,
par-tout où ils sont confondus, il n'existe plus de liberté;
il n'y a plus que despotisme. — Le magistrat ne doit pas
être législateur, et un Corps tout-à-la-fois juge et législateur serait de fait au-dessus des lois. — Il faut assurer à
l'Ordre judiciaire une indépendance absolue, qui ne
donne jamais d'inquiétude à l'innocence, et qui ne laisse

jamais de sécurité au crime.—Il n'y a plus de liberté, si la Puissance de juger n'est point séparée de la Puissance législative et de l'exécutive : si elle était jointe à la Puissance législative, le pouvoir sur la vie et la liberté des citoyens serait arbitraire, car le juge serait législateur ; si elle était jointe à la Puissance exécutive, le juge pourrait avoir la force d'un oppresseur; tout serait perdu, si le même homme, ou le même Corps des principaux, ou des Nobles ou du Peuple, exerçaient ces trois Pouvoirs (*).

Entre autres preuves des désordres et des malheurs résultans de la violation de ces bases fondamentales d'organisation sociale, « N'oublions pas, ainsi que le dit M. de Cormenin, que si l'Assemblée Constituante a décrété le principe de la séparation des Pouvoirs, les législatures qui lui ont succédé se sont appliquées sans relâche à détourner, au bénéfice de la Révolution, l'application de ce principe.

« N'oublions pas, *non plus*, que ce n'est pas *toutefois* le Pouvoir judiciaire, mais le pouvoir administratif, qui, sorti de ses limites, avait élargi les voies de la Révolution, envahi la France et fatigué les ressorts du Gouvernement.

« N'oublions pas enfin que les divers Gouvernemens qui viennent de s'écrouler, ont toujours commandé aux tribunaux de plier sous le joug de l'autorité administrative, parce qu'ils redoutaient leur inflexible justice....

(*) *Voy. ci-dessus*, le Développement de ces vérités, entre autres, vol. IV, pag. 8o *et suiv.*

« Rappelons-nous que le Roi lui-même a condamné le rétablissement du Conseil des Parties, qu'il a reconnu l'avantage de simplifier l'ancien système, et qu'il a déclaré qu'on ne pouvait se dispenser de mettre le Conseil-d'État en harmonie avec les changemens survenus dans la forme du Gouvernement et dans les habitudes de ses peuples....; que le Roi a du moins reconnu la nécessité et les avantages de l'inamovibilité, lorsqu'il a dit, dans l'ordonnance du 15 février 1815, relative à l'institution de la Cour de cassation : Toute justice émane du Roi; mais nous en déléguons l'exercice à des juges dont la nomination nous est exclusivement réservée, *et auxquels l'irrévocabilité que notre institution leur imprime, assure cette indépendance d'opinion, qui les élève au-dessus de toutes les craintes, comme de toutes les espérances, et leur permet de n'écouter jamais d'autre voix que celle du devoir et de la conscience....*

« N'allons point commettre la faute de nos devanciers, brouiller toutes les juridictions, et déplacer chaque Pouvoir de *ses véritables limites....* » (*Du Conseil-d'État, comme Conseil et comme juridiction,* etc., tit. III, chap. VI et XI, pag. 122, 123, 159).

Il faut borner ici les nombreuses citations que nous pourrions tirer de cet ouvrage, rempli d'une saine critique, de réflexions judicieuses, de vérité, de force et de raison, d'ailleurs concis, peu volumineux, que l'on ne peut se dispenser de lire, et qu'on lira certainement avec grand intérêt. Nous avons presque regretté de ne pouvoir le transcrire en entier, ou peut-être sauf quelques développemens et explications auxquels suppléera complètement

la lecture de ce qui nous reste à exposer dans ce second
titre, et dans le titre III, ayant pour objet l'organisation
du Pouvoir judiciaire (*).

En Angleterre, les hommes éclairés rendent hommage
au même principe; et Blackstone, dans ses Commentaires, s'exprime ainsi à ce sujet : « L'existence, distincte et séparée, du Pouvoir judiciaire dans un Corps
particulier d'hommes nommés, à la vérité, par la Couronne, mais non révocables à volonté, est un des principaux remparts de la liberté publique ; laquelle ne peut
subsister long-temps, sous aucun gouvernement, à moins
que l'administration de la justice commune ne soit séparée, à un certain degré, tant du Pouvoir législatif que
du Pouvoir exécutif. Si elle était réunie au Pouvoir législatif, la vie, la liberté et la propriété des sujets seraient
livrées à l'arbitraire des juges dont les décisions ne seraient réglées que sur leurs propres opinions, et non sur
les principes fondamentaux de la loi, dont ils pourraient
s'écarter comme législateurs, quoique tenus comme juges
de s'y conformer. Si l'administration de la justice était
unie au Pouvoir exécutif, cette union l'emporterait bientôt sur le Pouvoir législatif. C'est par cette raison que,
dans le statut de la seizième année du règne de Charles Ier,
chap. x, prononçant la suppression de la Chambre étoilée

(*) *Voy.* encore quelques passages du Discours de M. Roi, rapporteur de la Commission chargée de l'examen de la loi des
finances (Chambre des Députés. — Session de 1817); et du Discours de M. de Villèle, dans la séance du vendredi, 24 avril
1818. — Moniteur du 26, n° 116.

et de la Cour des *requétes*, lesquelles étaient composées
de conseillers privés, il est pourvu efficacement à ce
qu'il ne soit laissé aucun pouvoir judiciaire au Conseil
privé du Roi; ce Conseil devant tendre bientôt, ainsi que
le prouvaient alors des exemples récents, à donner le
caractère de loi à ce qui convient le plus au prince
ou à ses officiers. Il n'est donc rien qu'on doive éviter
davantage, dans une constitution libre, que de réunir
les fonctions de juge à celles d'un ministre d'état ».

Blackstone, qui écrivait ce passage quelques années
avant 1780, ajoute ici une réflexion que nous avons déja
citée (vol. IV, pag. 110) : « Et, dans le fait, si le pouvoir
absolu, prétendu et exercé chez une nation voisine de la
nôtre, est plus tolérable que ce pouvoir ne l'est dans les
empires d'orient, cela est dû en grande partie à ce que le
Pouvoir judiciaire y est attribué à des parlemens, Corps
séparés et distincts des Pouvoirs, tant législatif qu'exécutif.... En Turquie, où tout est concentré dans le sultan
ou ses ministres, le pouvoir despotique est à son plus
haut point, et il s'y montre sous un aspect plus redoutable ». Mais il dit ailleurs que, « quoique le statut de la
seizième année du règne de Charles Ier ait déclaré que le
Conseil privé ne pouvait légalement prendre connaissance
des questions qui intéressent les propriétés des citoyens,
il continue cependant à connaître des affaires des colonies
et de l'amirauté qui s'élèvent hors de la juridiction du
royaume, et de celles qui concernent les fous et les imbé-
cilles, lesquelles sont spécialement sous la direction de
la prérogative royale, et forment une seconde classe d'affaires qui peut quelquefois embrasser des questions rela-

tives à de grandes propriétés; que même ce Conseil a le droit de faire mettre en prison, mais que néanmoins sa juridiction ne va pas jusqu'à punir, et que les personnes qu'il fait arrêter ont droit, suivant le même statut, ch. x, à l'*habeas corpus*, de même que si l'emprisonnement eût été ordonné par un juge-de-paix ordinaire; que, dans ces divers cas, le Conseil forme la Cour d'appel, ou que plutôt l'appel est porté devant le Roi lui-même en son Conseil ».

M. Christian ajoute en note que « c'est dans le fait une Cour de justice qui doit être composée au moins de trois conseillers privés ».

Cependant le roi Georges III, dans le statut de la première année de son règne, avait déclaré « qu'il regardait l'indépendance et l'élévation des juges comme essentielles à l'administration impartiale de la justice, comme l'une des meilleures garanties des droits et libertés de ses sujets, et comme important beaucoup à l'honneur de la Couronne ». (*Voy.* Blackstone, vol. I, liv. I, chap. v et vii, pag. 429, 489, 491, 492; *Traduction sous presse de M. Chompré.*)

On voit donc ici une preuve de plus qu'en Angleterre, aussi-bien qu'en France, les institutions et la législation sont loin encore d'être en harmonie parfaite avec les vrais principes du droit organique ou constitutionnel, quoique, dans ces deux royaumes, l'utilité de ces principes ait été solennellement reconnue et confessée.

SECTION III.

Attributions du Ministère, et Règles de leur répartition, dans les principales branches de l'Administration.

Ce n'est pas assez que de reconnaître et de tracer, entre les Attributions du Conseil-d'État et celles du Ministère, une ligne de démarcation distincte, naturelle et conforme aux principes généraux de l'ordre et du droit.

Nous avons en outre réparti, d'après ces mêmes principes, dans le sein même du Conseil, les attributions qui lui sont particulières.

Maintenant, il faut de même classer et coordonner entre elles les Attributions propres au Ministère.

On sent assez généralement quels sont les dangers et les inconvéniens graves, inhérens à l'existence d'un seul et unique Ministère; e' l'histoire est, en plus d'un endroit, parfaitement d'accord sur ce point avec l'opinion commune et avec la théorie de la plupart des publicistes (*a*).

_____

(*a*) En ce sens, on ne peut, entre autres, méconnaîtr

Mais, lorsqu'on s'attache à rechercher un
mode de répartition régulier, et dans lequel

---

l'exactitude de la plupart des réflexions suivantes, relativement à quelques-unes des époques les plus marquantes
de notre histoire : « Il est difficile que tous les ministres
du prince aient le même mérite, la même étendue d'esprit, la même capacité pour les affaires, le même degré
de vertu, le même zèle ; et il est juste, par conséquent,
que la confiance du prince ne soit pas égale pour tous, et
qu'elle soit mesurée sur l'inégalité des talens.

« Mais il y a une extrême différence entre une confiance
plus grande pour qui la mérite mieux, et une confiance
sans bornes pour un premier ministre. Il est du devoir
d'un prince éclairé de distinguer le mérite; mais un
prince éclairé ne se livre point. Il demeure pleinement
le maître, le juge et l'arbitre de tous. C'est lui seul qui
donne le mouvement à l'État; c'est de lui que partent les
ordres; c'est devant lui qu'on rend compte de leur exécution ; et l'unique différence entre un ministre plus entendu, et un autre moins habile, est que l'un est employé
par le prince à des choses plus importantes, et que l'autre
est employé à des affaires d'une moindre étendue et d'une
moindre conséquence; mais c'est le prince qui conduit
l'un et l'autre, et qui leur marque leurs occupations et
leurs soins.

« C'est cette autorité qui préside à tout et qui voit
tout, qui est le caractère essentiel d'un souverain. Il ne
peut la transporter à un premier ministre, sans se dé-
grader, et sans mettre son sujet à sa place; et il doit com-

20.

toutes les branches principales de l'administration soient distinctes de leur nature, sans

---

prendre qu'il lui cède le trône, dès qu'il lui abandonne
la suprême intendance sur tous ses ministres, et sur toutes
sortes d'affaires : car le trône n'est point une place élevée,
où le corps soit assis ; il n'est point une vaine image de
puissance et de grandeur. Il est la même chose que l'indépendance et la souveraine autorité ; et c'est réellement
descendre du trône, que de les abandonner à un premier
ministre, qui dispose de tout, qui s'assujettit tous ses
collègues, qui leur fait rendre compte, et ne le rend jamais ; qui donne l'administration des finances à qui il lui
plaît, qui est le maître des emplois et des charges, qui
est le seul canal des récompenses, et qui est le principal
arbitre de la guerre et de la paix.

« Que reste-t-il en effet à un prince ainsi dépouillé,
que le vain fantôme d'une royauté, dont son premier ministre fait toutes les fonctions? Comment peut-il, s'il a
du courage, voir avec tranquillité qu'un autre règne pour
lui? S'il était digne de sa place, pourquoi souffre-t-il
qu'un serviteur l'usurpe?... Pourquoi livre-t-il et sa personne et son État à un homme né pour lui obéir? Ne pou-
vait-il pas se faire aider, au lieu de se décharger de tout?
La Providence l'avait-elle donné en spectacle à tous les
peuples, afin qu'il s'allât cacher dans le sein de la paresse et de l'oisiveté? A quoi emploie-t-il son esprit et
son temps, pendant que toutes les grandes affaires se
jugent sans lui? Quels talens a-t-il, s'il n'en a point
d'autres que celui d'un particulier, et s'il s'amuse en se-

enchevêtrement et sans confusion, de bien
grandes difficultés se présentent, et la multi-

---

cret à des choses qui seraient l'occupation d'un curieux
ou d'un artisan?

« Que veut-il que pensent de lui, et ses sujets, et les
étrangers, qui ne voient son autorité nécessaire en rien;
qui ont tout fait, quand ils ont obtenu le consentement
de son ministre, et qui savent que tout est réglé avant
que ce ministre lui rende compte de rien? Comment ne
rougit-il pas quand ce ministre vient l'entretenir par
forme de tout ce qui a été arrêté sans lui? Sait-il autre
chose d'aucune affaire, que ce que celui-ci veut bien lui
en dire? Et que lui en dit-il, qui ne soit propre à le faire
entrer dans ses sentimens?

« Cependant, quelle assurance a le prince que toutes
les volontés de son ministre soient justes? Et si elles ne
le sont pas, n'en est-il pas chargé, quoiqu'il les ignore?
Par quel aveuglement adopte-t-il des injustices qu'il ne
voudrait pas avoir faites? Pourquoi abandonne-t-il son
peuple, c'est-à-dire ses enfans, à un homme peut-être
cruel et avare, et qui certainement n'en est pas le père?
Pourquoi autorise-t-il des oppressions, d'autant plus
grandes peut-être, que l'on sait bien qu'elles lui demeureront inconnues?

« Mais s'il est indifférent à tout cela, pourquoi abandonne-t-il à un seul homme sa réputation et sa gloire, en
lui laissant tout l'honneur des succès, et en consentant
qu'il rejette sur lui ses propres fautes? Pourquoi souffre-
t-il qu'il ait seul toute la reconnaissance des graces et des

plicité des détails, la diversité des aspects sous
lesquels toutes les opérations de la Puissance

---

bienfaits, pendant qu'on le charge lui-même de tout ce
qu'il y a d'odieux dans les refus? Pourquoi n'est-il pas
touché de ce que son ministre se sert de tous les liens qui
doivent attacher les sujets à leur prince, pour se les attacher à lui-même, et pour les tenter contre leur devoir?

« Ne sait-il pas ce qui est arrivé en France aux derniers
rois de la première et de la seconde race, pour avoir souf-
fert que des ministres trop autorisés usurpassent leurs
fonctions? Deux premiers ministres de suite peuvent disposer l'État a de grands changemens; et quand on ne veut
pas les craindre, il ne faut pas avoir l'imprudence de les
rendre si puissans.

« Mais quand ils ne porteraient pas l'ambition jusqu'à
vouloir usurper un trône qu'on leur laisse comme vacant,
il n'est presque pas possible que leur domination ne cause
beaucoup de trouble dans l'État, par des factions et des
partis que le murmure et la jalousie excitent, et que la
faiblesse du prince, autant que l'excessive autorité du
premier ministre, fait naître.

« L'obéissance au Roi ne coûte rien; mais celle qu'exige
un sujet est insupportable. On connaît le maître, mais
non le serviteur : on veut dépendre de la souveraine autorité, mais non ramper sous un homme qui devrait obéir
comme les autres (*). On se soumet pourtant, si l'on y est

(*) « Potentiam apud unum, odium apud omnes adeptus ». (TACIT.
lib. 1, Annal., pag. 37.

exécutive doivent être envisagées, sont telles,
que la bonne foi la plus entière, l'amour le

---

forcé; mais avec une secrète indignation, et en cherchant
tous les moyens d'abattre une puissance importune.

« Sous un prince faible et crédule, on en tente plusieurs, qui sont ordinairement malheureux, mais qui
ébranlent autant de fois le royaume; et sous un prince
qui n'écoute rien contre celui qui le domine, la haine
contre le ministre passe quelquefois jusqu'à son maître,
et l'on est surpris de voir, dans presque toutes les conditions, une disposition au mécontentement peu éloignée
de la révolte. Ce mal est de tous le plus grand; et un
prince qui a quelque amour pour son peuple, ne doit
jamais l'exposer à une tentation si funeste.

« Il doit craindre, d'ailleurs, que le désir de se maintenir et de se rendre nécessaire, ne porte son ministre à
faire la guerre, ou à la continuer, sans aucun fondement
légitime. Car il lui est bien plus facile de conserver son
autorité, lorsque les troupes dépendent de lui, et que
l'État a besoin de ses services, que lorsque la paix avec
les étrangers l'expose aux divisions intestines. Aussi tous
les premiers ministres, qui entendent bien leurs intérêts,
demeurent toujours armés, et ils ont grand soin d'en conserver des prétextes, qu'ils colorent du bien de l'État. Le
prince répond de toutes ces guerres injustes, dont l'ambition seule de son ministre est la cause; et il s'expose
de plus, aussi-bien que son royaume, à toutes les dangereuses suites que des guerres témérairement entreprises
peuvent avoir.

plus exclusif du bien public, ne suffisent peut-
être pas pour conduire à la solution du pro-

« En s'abandonnant sans précaution et sans réserve à
son ministre, il éteint dans le cœur de tous ses sujets
l'amour du bien public; car tout le monde alors ne pense
qu'à ses propres intérêts, parce que le ministre n'est at-
tentif qu'à ceux qui s'attachent à lui. On s'empresse pour
se distinguer des autres, bien loin d'agir en commun.
On sait que la faveur est prête pour quiconque accepte
le joug des premiers, et de bonne grace; et que tout ce
qu'on sollicite en corps, et par des motifs publics, est
sujet à des lenteurs infinies (*). Ainsi tout ce qui regarde
le bien commun est négligé, et tous les intérêts sont désu-
nis, comme si les citoyens n'étaient plus rien les uns aux
autres.

« Il arrive de là un autre mal, qui est l'abaissement et
l'oppression de toutes les personnes capables de conduire
l'État, ou dignes de la confiance du prince; car un premier ministre, qui a commencé par destituer son maître,
n'a garde de laisser en autorité aucune personne qui ne
fléchisse pas le genou devant lui. Toute liberté et toute
générosité lui sont odieuses; et plus sa haine contre tout
mérite qui ne cède pas à son orgueil, est injuste, plus
elle est sincère et implacable (**); et c'est même une nou-

(*) « *Tarda sunt quæ in commune expostulantur : privatam gra-
tiam statim mereare, statim accipias* ». (TACIT., lib. 1 , *Annal.* ,
pag. 19).

(**) « *Odiorum causæ acriores, quia iniquæ* ». (*Ibid.* , pag. 21).

blème; et que l'esprit, fatigué de longues et
infructueuses méditations, est souvent près de

---

velle raison pour se l'attirer, que d'en avoir été maltraité
sans sujet (*).

« Mais le plus grand de tous les maux, est que le prince
lui-même est regardé comme rival, et qu'après avoir tout
reçu de lui, on s'efforce de lui tout ôter. C'est lui en apparence qui donne encore certains emplois; mais la condition secrète, exigée par le ministre, est un dévouement
aveugle à ses volontés (**). Ainsi, la récompense de la
fidélité devient le prix de la trahison; et le prince n'accorde presque aucune grace qui n'ait été méritée par le
crime et la perfidie.

« Il est inutile de répondre qu'un prince habile choisira
mieux son premier ministre, ou qu'il sera averti de sa
conduite, ou qu'il ne lui laissera qu'un pouvoir plus
limité.

« Il n'y a que l'épreuve qui découvre le fond du cœur,
et qui puisse faire connaître ce que sont les hommes; et
l'épreuve à l'égard d'un premier ministre ne saurait être
d'aucun usage, parce que, moins il sera fidèle, plus il
prendra de précautions pour se maintenir.

« Personne n'entreprendra de parler contre lui au prince
qu'il obsède, et dont il s'est rendu le maître; si quelqu'un

(*) « *Proprium humani ingenii est, odisse quem læseris* ». (Tacit.
in vit. Agricol., pag. 466).

(**) « *Ad consulatum non nisi per Sejanum aditus : neque Sejani
voluntas nisi scelere quærebatur* ». (*Ibid.*, lib. iv, *Annal.* p. 134).

se décourager, et sur le point de renoncer à
son entreprise.

---

ose le faire, il sera bientôt accablé, et son malheur ne
servira qu'à intimider tous les autres.

« Avant que de lui soumettre tout, il était juste de
limiter son pouvoir; mais depuis que le prince a voulu
que tout en dépendît, comment fera-t-il pour réduire
une autorité devenue supérieure à la sienne? et comment
délivrera-t-il les autres d'un joug qu'il porte lui-même
le premier?

« Ainsi l'unique précaution que la prudence doive employer, est de laisser tous les ministres dans une égale
dépendance à l'égard du prince; de ne les assujettir qu'à
lui seul, et de ne confondre jamais ces deux choses qui
paraissent semblables : une confiance entière, et une pleine
autorité. Un homme de bien peut mériter une confiance
parfaite : mais un homme de bien ne peut mériter que le
prince lui abandonne son autorité; et si le prince a cette
faiblesse, non-seulement il ne doit pas en abuser, mais il
doit employer tous ses efforts pour l'empêcher de se dé-
grader par cette espèce de démission; et s'il fait autrement, il manque au plus essentiel de ses devoirs.... ».

Et « ce n'est point par de simples discours, continue l'auteur de ces réflexions, qu'un prince retient la principale
autorité; car il peut se la réserver en paroles, et s'en dépouiller en effet. C'est en agissant, en travaillant, en
menant une vie sérieuse et appliquée. C'est en se souve-
nant que son temps est au public, et en évitant de le
perdre en jeux, en amusemens, en entretiens inutiles,

Cependant, de quelle importance réelle n'est-
il pas pour le Roi, comme pour la société tout

ou même en des occupations qui ne soient pas dignes de
la royauté. C'est en passant d'un soin à un autre, en se
délassant d'une affaire par l'attention à une nouvelle, en
ne demeurant jamais absolument oisif, et sachant me-
surer le temps que demandent les exercices nécessaires à
la santé.

« Un prince né pour commander, est né aussi pour le
travail, soit de l'esprit, soit du corps (*). C'est à lui à
veiller et même à souffrir, pour conserver le repos et la
sûreté à ceux que Dieu a confiés à ses soins (**). Il est
dans l'État comme un pilote dans un vaisseau, qui demeure attaché au gouvernail, qui veille pendant le som-
meil des autres, et qui souffre l'incommodité du froid et
du vent, afin que tous ceux qui se reposent sur son application, ne soient exposés à aucun danger (***).

« Il est dans l'État, comme un général dans l'armée
qu'il commande, qui est chargé d'un détail immense, qui
doit donner tous les ordres, visiter tous les postes, prévenir tous les périls, et qui doit passer les jours et les
nuits dans l'inquiétude, pour en délivrer les autres et
les mettre en sûreté.

(*) « *Qui laborem et molestiam perferre vult, ne quid subditis
molestum sit, qui pro illis periclitatur, ut in pace et securitate degant,
hic rex est*». (Synes. de Reg., pag. 6).

(**) «*Imperium curarum est laborumque gravium susceptio volun-
taria* ». (Theoph., Instit. Reg. p^te C. 21).

(***) *Voy. ci-dessus*, vol. vii, pag. 486.

entière, que l'Organisation constitutionnelle ne reste pas toujours, sous ce rapport, dans un état d'insuffisance et d'imperfection ? Si les principaux rouages d'une partie si essentielle de cette Organisation sociale se nuisent, se heur-

---

« Il est dans l'État, ce que l'ame est à l'égard du corps. C'est à lui à donner aux autres l'activité et l'ardeur, à les encourager par son exemple, à les rendre infatigables par sa persévérance dans le travail, et à les consoler par son attention à leurs services.

« Sans cela, tout se ressent de la faiblesse et de la langueur du prince. Sa paresse endort ses ministres, ou réveille leur ambition. Ils s'accoutument à ne faire que ce qui leur plaît, et à le faire sans dépendance. Ils donnent à leurs plaisirs leurs principaux soins, et ne reviennent à leurs emplois que par des motifs d'intérêt; et si quelqu'un, parmi eux, a plus d'ardeur et plus d'intelligence, il remplit bientôt les intervalles que le prince laisse vides; et il sait bientôt se mettre à la première place qu'il lui abandonne par sa mollesse.

« Il faut qu'un prince se souvienne qu'il l'est, lors même qu'il est malade. Il faut que son amour pour le peuple le soutienne contre la faiblesse de son corps. Il faut, s'il est possible, qu'il meure debout. Il faut que, jusqu'au dernier soupir, il soit l'ame et le premier mobile de son royaume ». (Institution d'un Prince, ou *Traité des qualités, des vertus et des devoirs d'un Souverain*, tom. 1, 2ᵉ part., chap. XI, p. 175 et suiv., 183 et suiv.)

tent, se froissent, au lieu de coopérer chacun,
par une action distincte, à la marche, au mouvement général de l'administration; si chaque
ministère, au lieu d'être circonscrit et renfermé dans une sphère d'attributions qui lui
soit propre et particulière, empiète au contraire sur les limites naturelles des autres branches de cette même administration; si toutes
les attributions administratives, loin d'être régulièrement classées, coordonnées, distinctes
et faciles à reconnaître, se trouvent, au contraire, par la constitution même, mêlées et
confondues; on ne peut raisonnablement en
attendre que désordre et confusion : et de
ces deux vices d'organisation naîtront toujours
les dilapidations, les injustices et les abus;
tandis que la simplification, la régularité,
l'ordre pour ainsi dire purement matériel, dé-
voilant et éclairant tout, corrigent, redressent
tout, et finissent avec le temps par détruire
même le mal moral et intentionnel jusque dans
ses premiers fondemens. En un mot, c'est encore ici qu'il convient de rappeler cette réflexion, que si l'ordre doit exister quelque
part, c'est sans doute dans la partie du Gou-

vernement, proprement dite administrative; qu'aucune autre branche de l'organisation ne nécessite des combinaisons plus justes, un accord plus intime, un plus parfait ensemble; que la moindre rivalité dans ses agens, la moindre opposition dans ses mesures attaquent le système général, et contrarient le bonheur public (*a*).

Lors de la rédaction de quelques-unes de nos Constitutions, depuis 1789, le Législateur, désespérant peut-être de surmonter entièrement les obstacles qui se présentaient en ce point, à ses méditations, à ses travaux, s'est contenté de poser quelques bases incomplètes et défectueuses; il se reposa sur le Pouvoir exécutif du soin de terminer son ouvrage d'après les vues que lui suggéreraient par la suite les circonstances, et les leçons de l'expérience. Mais ce n'était là qu'éluder la difficulté; et les voies n'étant même que très-imparfaitement préparées, les essais du Pouvoir exécutif n'ont pas été moins pénibles; ses tentatives ont été incertaines, vacillantes, pré-

_____

(*a*) *Voy. ci-dessus*, pag. 243.

caires; et les améliorations qui, en définitive, ont été opérées, quoique réelles, sont encore bien éloignées de toucher à un degré satisfaisant de rectitude et de perfection.

C'est là ce que l'exposé des faits nous rendra évident et sensible.

Si l'on remonte aux époques les plus reculées de la monarchie, en France, on voit que sous la première race de nos rois, les maires du palais, qui, dans l'origine, n'étaient que les intendans des maisons royales, accrurent tellement leur puissance, qu'ils devinrent ministres héréditaires.

Sous la seconde race, la dignité de maire fut supprimée; mais la fonction de ministre continua d'être exercée par des hommes de divers états. Fulrard, chancelier de Pépin, était en même temps son ministre. Charlemagne avait deux ministres : le premier était Éginhard, son gendre; et le second, Adelbard. On remarque aussi que Charles-le-Chauve avait pour ministre Robert-le-Fort, duc et marquis de France, comte d'Anjou, bisaïeul de Hugues-Capet.

Dès le commencement de la troisième race,

les places de ministres du Roi étaient remplies par les cinq grands officiers de la couronne, savoir : le sénéchal ou grand-maître, le connétable, le bouteiller, le chambrier et le chancelier.

De ces cinq officiers, le chancelier était, en 1789, le seul qui fût encore, comme anciennement, ministre-né; et le magistrat qui en était revêtu, était le premier agent du Roi pour l'administration de la justice.

Les autres parties de l'administration étaient confiées à des secrétaires d'état qui n'avaient le titre de ministres que lorsqu'ils étaient admis au Conseil des affaires étrangères, mais qui en exerçaient les attributions.

Le nombre des secrétaires d'état n'avait pas toujours été le même. Il avait été fixé à cinq à la fin de septembre 1718; mais en 1789, ils n'étaient plus que quatre.

Ils avaient chacun leurs départemens (a). Louis XIII les avait déterminés par un régle-

(a) Aujourd'hui le mot *département* est consacré spécialement à désigner une section du territoire français.

Par la loi du 26 février 1790, l'Assemblée constituante a partagé la France en quatre-vingt-trois sections qu'elle

ment du 14 mars 1626; mais il y avait été fait depuis beaucoup de changemens.

En 1789, les départemens auxquels se rapportaient les différentes branches des fonctions des secrétaires d'état, étaient, 1° *les affaires étrangères*; 2° *la marine*; 3° *la guerre*; 4° *la maison du Roi et le clergé.*

Le secrétaire d'état qui avait le département des affaires étrangères, avait aussi ordinaire-

---

a appelées départemens. Le nombre en fut porté depuis à cent trente, sans y comprendre les colonies.

Les départemens prennent leur nom de leur situation géographique, des monts qui les dominent, ou des rivières qui les traversent.

Chaque département est le siége d'une préfecture, d'une cour d'assises et d'une cour spéciale, et d'autant de sous-préfectures et de tribunaux de première instance, qu'il comprend d'arrondissemens communaux.

La subdivision des départemens en arrondissemens communaux est l'ouvrage de la loi du 28 pluviose an VIII. La Constitution de l'an III ne les avait divisés qu'en cantons. L'Assemblée constituante les avait divisés en districts.

La loi du 28 février 1790 porte, tit. 2, *art.* 3, « que lorsqu'une rivière est indiquée comme limite entre deux départemens ou deux districts, il est entendu que les deux départemens ou les deux districts ne sont bornés que par

ment celui des pensions et des expéditions qui
en dépendaient; les dons, brevets et pensions,
tant des étrangers que des personnes non militaires des provinces de son département.

Le secrétaire d'état qui avait le département
de la marine, était ordinairement chargé de ce
qui y avait rapport, comme des fortifications
de mer, des galères, du commerce des Indes,
du commerce maritime des colonies françaises,
des Iles de France et de Bourbon, et de tous

---

le milieu du lit de la rivière, et que les deux Directoires
(administrations) doivent concourir à l'administration de
la rivière ».

Il n'appartient qu'au Gouvernement de prononcer sur
les contestations qui s'élèvent sur les limites respectives
des départemens.

Lorsqu'une loi nouvelle vient changer les limites d'un
département ou d'un arrondissement communal, devant
quels juges doivent être poursuivis les délits qui ont été
commis avant ces changemens?

La loi du 21 prairial an II porte « que les délits antérieurs aux nouvelles divisions qui ont été ou pourraient
être faites de quelques portions du territoire français,
doivent être poursuivis par les officiers de police, et jugés
par les tribunaux auxquels en appartenait la connaissance
au moment où ils ont été commis ». (*Voyez* le Répertoire
de jurisprudence, par Merlin, au mot *Département.*)

les établissemens français au-delà du cap de
Bonne-Espérance ; du commerce de la Méditerranée, ce qui comprenait les échelles du Levant et tous les États du grand-seigneur, la Barbarie, les côtes d'Italie, et les côtes d'Espagne
dans la Méditerranée ; de la chambre du commerce de Marseille ; du commerce de Hollande,
d'Angleterre, d'Écosse et d'Irlande, de Suède,
de Dannemarck, de Hambourg, Dantzick, et
autres pays du nord dans la Baltique ; du commerce avec la Russie ; des pêches de la morue,
du hareng, de la baleine et autres ; des consulats ; des pensions, dons, brevets, et expéditions qui en dépendaient.

Le secrétaire d'état qui avait le département
de la guerre, avait en même temps dans ses
attributions le taillon, les maréchaussées, l'artillerie, les fortifications de terre, quelquefois
des fortifications de mer ; tous les états-majors,
à l'exception des gouverneurs-généraux, des
lieutenans-généraux, et des lieutenans-de-roi
des provinces qui n'étaient pas de son département ; les haras et les postes ; les dons, brevets, pensions et expéditions, qui dépendaient
de son département.

Enfin, le secrétaire d'état qui avait le département de la maison du Roi et du Clergé, avait communément dans ses attributions les affaires générales de la religion prétendue réformée ; l'expédition de la feuille des bénéfices, les économats, et l'expédition des dons et brevets pour les provinces de son département, quand ils ne concernaient ni des officiers de guerre, ni des étrangers.

Indépendamment du Chancelier, garde-des-sceaux, et des secrétaires d'état, il y avait un contrôleur ou directeur général, et plusieurs intendans des finances, et des intendans pour le commerce intérieur et pour le commerce extérieur ou maritime du royaume.

Mais ce qui tenait sur-tout à un état bien imparfait d'ensemble, d'unité, d'organisation, c'est l'espèce de partage et de distribution des provinces et généralités entre les divers départemens des secrétaires d'état, entre les divers départemens des finances, entre les divers départemens des intendans du commerce, comme si toutes divisions quelconques de ces provinces et généralités, faisant partie d'un seul tout, ne devaient pas, par cela même, être soumises à la même législation, et administrées d'après les mêmes principes, suivant les mêmes règles et le même mode d'administration.

De cette manière, l'administration ne se trouvait pas répartie en branches distinctes de leur nature, pour tout le royaume, entre chaque département ou division du ministère; mais presque toutes les attributions administratives étant réunies et confondues dans chacune de ces divisions ministérielles, chaque département d'un secrétaire d'état se trouvait ainsi transformé en une sorte de pachalic ou administration absolue, despotique, et pesant de tout le poids de l'accumulation du pouvoir sur les parties du territoire qui lui étaient abandonnées.

Dans le département des affaires étrangères étaient la Guyenne haute et basse; ce qui comprenait les intendances de Bordeaux, d'Auch et de Bayonne; la Normandie, qui comprenait les généralités de Rouen, Caen et Alençon, et la partie de la province du Perche qui dépendait de la généralité d'Alençon; la Champagne et la partie de la Brie qui dépendait de la généralité de Châlons; la principauté de Dombes et de Berry.

Dans le département du ministère de la marine étaient les îles françaises de l'Amérique, et tout ce qui concernait l'Amérique; l'île de Gorée, et tous les comptoirs établis sur les côtes d'Afrique, les îles de France et de Bourbon, les Indes orientales, les échelles du Levant.

Le département de la guerre comprenait les trois évêchés de Metz, Toul et Verdun, la Lorraine et le Barrois, l'Artois, la Flandre, le Hainaut, le Cambrésis, les pays d'entre Sambre-et-Meuse, et d'Outre-Meuse, l'Alsace, la Franche-Comté, le Roussillon, le Dauphiné, la ville de Sedan et ses dépendances, l'île de Corse.

Le département du ministre de la maison du Roi comprenait la ville et la généralité de Paris, le Languedoc haut et bas, et la généralité de Montauban, la Provence, la Bourgogne, la Bresse, le Bugey, le Valromey, le pays de Gex, la Bretagne, le comté de Foix, la Navarre, le Béarn, le Bigorre, le Nébouzan, la Picardie, le Boulonnais, la généralité de

Tours, l'Auvergne, qui comprenait la généralité de Riom, la généralité de Moulins, qui
comprenait le Bourbonnais, le Nivernais et la
Haute-Marche, la généralité de Limoges, qui
comprenait l'Angoumois et la Basse-Marche,
celle de Soissons, celle d'Orléans, qui comprenait une partie du Perche, le Poitou, la Rochelle, qui comprenait la Saintonge, le pays
d'Aunis, Brouage, les îles de Rhé et d'Oléron (*a*).

« Tel était à-peu-près l'état du ministère en

(*a*) Relativement aux Départemens du Contrôleur-général et des Intendans des finances, et aux Départemens
des Intendans du commerce, si nous consultons, au hasard, les anciens tableaux de répartition, nous y voyons
ce qui suit :

Par exemple,

En 1753.

Départemens de M. le contrôleur - général et de
MM. les intendans des finances.

M. de Machault, *garde-des-sceaux de France, et contrôleur-général des finances.* « Le Trésor Royal. Les parties casuelles. La direction générale de toutes les fermes du
Roi. Le clergé. Le commerce de l'intérieur du royaume,
et le commerce extérieur par terre. La Compagnie des
Indes, et les différens commerces maritimes dont elle a
le privilége. L'extraordinaire des guerres. Pain de munition et vivres. Les étapes. L'artillerie. Toutes les rentes.

France, lorsque fut formée l'Assemblée Constituante.

Les pays-d'états. Les monnaies. Les parlemens du
royaume et cours supérieures. Ponts et chaussées. Turcies et levées. Barrage et pavé de Paris. Les manufactures. Les octrois des villes. Les dettes des communautés.
Les ligues suisses. Les deux sols pour livre du dixième.
Le vingtième. La caisse générale des amortissemens ».

M. D'ORMESSON, *intendant des finances*. « Les tailles et
le taillon. La capitation. Les impositions des provinces
de Flandre, de Franche-Comté et d'Alsace. Le dixième
de retenue. Les étapes. Les États des finances des Pays
d'Élection. Le clergé. Les poudres et salpêtres. L'extraordinaire des guerres. Les États des finances de Bourgogne ».

M. DE BAUDRY, *intendant des finances*. « Les eaux et
forêts. Les états des bois. La ferme des droits rétablis.
La ferme des huiles. La chambre des comptes. Les états
des finances d'Artois. La ferme des postes ».

M. TRUDAINE, *intendant des finances*. « Les gabelles
de France. Celles du Lyonnais, Provence, Dauphiné,
Languedoc, et autres. Les cinq grosses fermes. Les états
des fermes. Les états des finances de Bretagne et de Provence. Les détails des ponts et chaussées ».

M. DE BOULLONGNE, *intendant des finances*. « Le détail
des fonds du Trésor royal et autres. Les rentes. Les débets à la poursuite du contrôleur des bons d'état du conseil. Le détail de l'exécution de la déclaration concernant
les mendians, et tout ce qui concerne l'administration

Cette Assemblée supprima d'abord l'office de chancelier, et elle en fit l'objet d'un ar-

---

des hôpitaux. La ferme des suifs. Les réglemens concernant le marc d'or. Les états des finances de Navarre et de Béarn ».

M. Barberie de Courteille, *intendant des finances.* « Les domaines et les états du domaine. La ferme des greffes. Les parlemens. Le domaine d'occident. Les ligues suisses. Le grand-conseil. Amortissement, franc-fief, nouveaux acquêts et usages. Les octrois des villes. Les dettes des communautés. Les restes de la régie de Bourrié, pour la revente des offices de receveurs et contrôleurs des octrois. Les états des finances des généralités de Toulouse et de Montpellier. Le vingtième. Les deux sols pour livre du dixième ».

M. Chauvelin, *intendant des finances.* « Les aides et droits y joints. Les droits de contrôle des actes de notaires, insinuations, et centième denier. Les droits de petit scel. Le contrôle des exploits. La ferme de la marque des fers. La ferme de la marque d'or et d'argent. La ferme des impôts et billots de Bretagne. Les restes de la ferme du tabac. Les cours des aides. Les bureaux des finances ».

Départemens de MM. les intendans du commerce.

Pour le commerce de l'intérieur du royaume, et extérieur par terre.

M. de Machault, *garde-des-sceaux de France, et contrôleur-général des finances.*

M. de Persan. « La généralité de Soissons, la Picardie

ticle exprès de la loi du 27 novembre 1790,
institutive de la Cour de cassation.

---

et l'Artois, la Flandre, le Hainaut, la Champagne, les
Trois-Évêchés, l'Alsace. Les papeteries et les tanneries ».

M. Boulla de Quincy. « La province de Normandie, etc.
La Bretagne, la généralité d'Orléans, la généralité de
Bourges, la généralité de Moulins, et le Bourbonnais.
Les manufactures de bas, et autres ouvrages de bonne-
terie ».

M. Montaran. « La généralité de Paris, à l'exception
de la ville. Le Roussillon, le Languedoc, la Provence,
le Dauphiné, l'Auvergne, la généralité de Montauban,
la généralité d'Auch, le Béarn. Les manufactures de
toiles et toileries ».

M. Vincent de Gournay. « Le Lyonnais, Forez, et le
Baujolais. La Bourgogne, duché et comté. La Bresse, la
généralité de Limoges, la généralité de Tours, la province du Maine, le Poitou, la généralité de la Rochelle,
la généralité de Bordeaux. Les manufactures de soies ».

Pour le commerce extérieur et maritime.

M. Rouillé, *secrétaire d'état, ayant le département
de la marine.* « Les îles françaises de l'Amérique, et tout
ce qui regarde l'Amérique. La pêche de la morue, le
commerce de la mer Méditerranée; ce qui comprend les
échelles du Levant, et tous les États du grand-seigneur,
la Barbarie, les côtes d'Italie, et les côtes d'Espagne dans
la Méditerranée. Le commerce de la Hollande, le commerce d'Angleterre, d'Écosse, d'Irlande. La pêche du hareng, le commerce de Suède, Danemarck, Hambourg,

Ensuite, par la loi du 27 avril 1791, *art.* 4, elle fixa le nombre des ministres à six, savoir :

Dantzick, et autres pays du nord dans la mer Baltique. La pêche de la baleine, le commerce de Russie ».

En 1770.

Département de M. le contrôleur-général.

M. l'abbé Terray, *conseiller ordinaire au conseil royal, contrôleur-général des finances.* (Même énonciation que celle ci-dessus, pour M. de Machault, à l'exception *du commerce maritime et de l'artillerie.*)

M. d'Ormesson, *intendant des finances.* « Les tailles et le taillon. La capitation. Les vingtièmes, les deux sols pour livre du dixième. L'expédition de tous les états du Roi qui s'arrêtent au conseil des finances. Les états des finances de Flandre, Hainaut, Artois, Franche-Comté, Metz et Alsace. Les impositions des provinces de Flandre, de Franche-Comté et d'Alsace. Le dixième de retenue. Les étapes. Les états des finances des pays d'élection. Le clergé. Les poudres et salpêtres. L'extraordinaire des guerres. La vérification des états au vrai qui s'arrêtent au conseil ».

M. Moreau de Beaumont, *intendant des finances.* « Les eaux et forêts, et les états des bois. La ferme des huiles. La ferme des postes. La ferme des droits rétablis pour Paris. La régie des cuirs ».

M. Trudaine, *intendant des finances.* « Les gabelles de France ; celles du Lyonnais, Provence, Dauphiné, Languedoc et autres. Les cinq grosses fermes. Les états des fermes. Les détails des ponts et chaussées. Turcies et

le ministre *de la justice*, le ministre *de l'intérieur*, le ministre *des contributions et reve-*

---

levées. Pavé de Paris. Les pépinières royales, et les ports
maritimes de commerce. Les mines et minières de France.
Les états des grains ».

M. DE BOULLONGNE, *intendant des finances*. « Les monnaies. La ferme de la marque d'or et d'argent. Les hôpitaux, établissemens et maisons de charité du royaume.
Les chambres des comptes. Les débets de comptables.
Les cours des aides. Le bureau des finances. Les dixième
et quinzième d'amortissement. Les impositions du clergé, des frontières et de l'ordre de Malte. Les ligues
suisses. La ferme de la Flandre maritime. Le réglement
du marc d'or. Les états des finances de Bretagne, Bourgogne, Provence, Toulouse, Montpellier, Navarre et
Béarn ».

M. LANGLOIS, *intendant des finances*. « L'exécution des
édits concernant l'administration municipale. Les octrois
des villes et communautés d'habitans, et leurs dettes. La
ferme des octrois municipaux. La régie des droits ré-
servés ».

M. BOUTIN, *intendant des finances*. « Les aides et droits
y joints. Les droits de contrôle des actes des notaires,
insinuations, et centième denier. Les droits de petit scel.
Le contrôle des exploits. La ferme des droits rétablis,
dont jouissent les fermiers des aides et du domaine. La
ferme de la marque des fers. La ferme des suifs. La ferme
des impôts et billots de Bretagne. Les détails de la Compagnie des Indes, et des différens commerces dont elle a
le privilége ».

nus publics, le ministre *de la guerre*, le ministre *de la marine*, et celui *des affaires étrangères.*

M. COCHIN, *intendant des finances.* « Les domaines, et les états du domaine, la ferme des greffes, les amortissemens, francs-fiefs, nouveaux acquéts et usages. Les parlemens, le grand-conseil ».

DÉPARTEMENT DE MM. LES INTENDANS DU COMMERCE.

Pour le commerce extérieur et maritime.

M. LE DUC DE PRASLIN, *pair de France, ministre et secrétaire d'état.* « Les îles françaises de l'Amérique, et tout ce qui regarde l'Amérique. L'île de Gorée, et tous les comptoirs établis sur les côtes d'Afrique. Le commerce des îles de France et de Bourbon, et des Indes orientales. Les pêches de la morue, du hareng, de la baleine et autres.

« Le commerce de la mer Méditerranée, etc. La chambre de Marseille. Le commerce de la Hollande, le commerce d'Angleterre, Écosse et Irlande. Le commerce de Suède, Danemarck, Hambourg, Dantzick, et autres pays du nord dans la mer Baltique. Le commerce de Russie ».

M. DE VILEVAULT, *maître des requétes, intendant du commerce extérieur et maritime.*

Pour le commerce de l'intérieur du royaume, et extérieur par terre.

M. L'ABBÉ TERRAY, *conseiller ordinaire au conseil royal, contrôleur général des finances.*

L'*art.* 5 de cette loi portait : les fonctions du ministre de la justice seront : « 1° de garder

---

M. Boula de Quincy. (*Même énonciation que celle ci-dessus.*)

M. de Montaran fils. M. de Montaran père, en survivance. (*Même énonciation que celle ci-dessus.*)

M. de Cotte. (*Même énonciation que celle ci-dessus, pour M. Vincent de Gournay.*)

M. Vilevault. « Les affaires concernant le commerce extérieur et maritime, et les affaires de l'intérieur qui y ont rapport ».

M. Albert. (*Même énonciation que celle ci-dessus, pour M. de Persan;* plus, la Lorraine et le Barrois.)

En 1781.

DÉPARTEMENS DES FINANCES.

M. Necker, *directeur général des finances.* « L'administration générale des finances ».

Comité pour les affaires contentieuses des finances.

M. Moreau de Beaumont, *conseiller d'état ordinaire au conseil royal des finances, et au conseil royal du commerce.*

M. Bouvard de Fourqueux, *conseiller d'état ordinaire au conseil royal du commerce.*

M. Dufour de Villeneuve, *conseiller d'état.*

Détail de l'administration des finances.

M. Guerrier de Bezance, *maître des requêtes.* « Les messageries, le roulage, les coches d'eau, les écoles de médecine vétérinaire de Paris et de Lyon, les épizooties, les péages et bacs. L'exécution de l'arrêt du 3 août 1777,

le sceau de l'État, et de sceller les lois, les
traités, les lettres-patentes de provisions d'of-

---

concernant la vérification des titres des moulins et pê-
cheries sur les rivières navigables, et celle de l'arrêt du
15 août 1579, sur la liquidation des indemnités à accorder aux propriétaires des péages ».

M. VALDEC DE LESSART, *maître des requêtes*. « La liquidation de la Compagnie des Indes, les détails relatifs au
commerce de l'Inde, les monnaies, la ferme générale ».

M. DEBONNAIRE DE FORGES, *maître des requêtes*. « L'administration et la régie générale des domaines et bois,
eaux et forêts ; les états des domaines, les états des bois,
les droits de contrôle des actes des notaires. Insinuation
et centième denier. Les droits de petit scel, le contrôle
des exploits, la formule, les amortissemens, francs-fiefs.
Nouveaux acquêts et usages ».

DÉPARTEMENS DE MM. LES INTENDANS DU COMMERCE.

Pour le commerce de l'intérieur du royaume, et extérieur
par terre.

MM. DE MONTARAN PÈRE ET FILS, *maîtres des requêtes,*
conjointement, et en survivance l'un de l'autre. « La gé-
néralité de Paris, à l'exception de la ville. Le Roussillon.
Le Languedoc. La Provence. Le Dauphiné. L'Auvergne.
La généralité de Montauban. La généralité d'Auch. Le
Béarn. Les manufactures de tuiles, et tuileries.

« Les détails de la correspondance relative aux subsistances ; les mines des provinces de son département ».

M. DE COLONIA, *maître des requêtes*. « Le Lyonnais,
Forez et Beaujolais. La Bourgogne, duché et comté. La

fices, les commissions, patentes et diplômes du Gouvernement ; 2° d'exécuter les lois relatives à la sanction des décrets du Corps législatif, à la promulgation et à l'expédition des lois ; 3° d'entretenir une correspondance habituelle avec les tribunaux et les commissaires

---

Bresse. La généralité de Limoges. La généralité de Tours. La province du Maine. Le Poitou. La généralité de la Rochelle. La généralité de Bordeaux. Les manufactures de soies. Les mines des provinces de ce département ».

M. Tolozan, *maître des requêtes.* « La province de Normandie, etc. La Bretagne. La généralité d'Orléans. Celle de Bourges. Celle de Moulins, et le Bourbonnais. Les manufactures de bas, et autres ouvrages de bonneterie. Les états pour les appointemens, gratifications, encouragemens, et autres parties assignées sur la caisse du commerce. Le dépôt des pièces, titres et mémoires, commissions des inspecteurs, sous-inspecteurs, et autres papiers, concernant le commerce et les manufactures. Les demandes, placets, et mémoires relatifs à la maladie épidémique. Les mines des provinces de son département ».

M. Blondel, *maître des requêtes.* « La généralité de Soissons. La Picardie et l'Artois. La Flandre. Le Hainaut. La Champagne. Les Trois-Évêchés. La Lorraine et Barrois. L'Alsace. Les papeteries et les tanneries. Les mines de son département ». (*Voyez* aussi l'ancien Répertoire de jurisprudence, par Guyot, au mot *Secrétaire d'état.*)

du Roi; 4° de donner aux juges des tribunaux de district, et des tribunaux criminels, ainsi qu'aux juges de paix et de commerce, tous les avertissemens nécessaires; de les rappeler à la règle, et de veiller à ce que la justice soit bien administrée; 5° de soumettre au Corps législatif les questions qui lui seront proposées, relativement à l'Ordre judiciaire, et qui exigeront une interprétation de la loi; 6° de transmettre au commissaire du Roi, près le Tribunal de cassation, les pièces et mémoires concernant les affaires qui lui auront été déférées, et qui seront de nature à être portées à ce tribunal; d'accompagner ces pièces et mémoires des éclaircissemens et observations dont il les croira susceptibles; 7° de rendre compte à la Législature, au commencement de chaque session, de l'état de l'administration de la justice, et des abus qui auraient pu s'y introduire.... »

Les fonctions des autres ministres étaient ainsi déterminées par la même loi :

« *Art.* 7. Le ministre de l'intérieur sera chargé, 1° de faire parvenir toutes les lois aux Corps administratifs; 2° de maintenir le ré-

gime constitutionnel, et les lois, touchant les
assemblées de communes par communautés
entières ou par sections, les assemblées primaires et les assemblées électorales, les corps
administratifs, les municipalités, la constitution civile du clergé, et provisoirement l'instruction et l'éducation publique, sans que de
la présente disposition on puisse jamais in-
duire que les questions sur la régularité des
assemblées et la validité des élections, ou sur
l'activité et l'éligibilité des citoyens, puissent
être soumises au jugement du Pouvoir exécutif; 3° il aura la surveillance et l'exécution
des lois relatives à la sûreté et à la tranquillité
de l'intérieur de l'État; 4° le maintien et l'exécution des lois, touchant les mines, minières
et carrières, les ponts et chaussées, et autres
travaux publics, la conservation de la navigation et du flottage sur les rivières, et du hallage sur leurs bords; 5° la direction des objets
relatifs aux bâtimens et édifices publics, aux
hôpitaux, établissemens et ateliers de charité,
et la répression de la mendicité et du vagabondage; 6° la surveillance et l'exécution des
lois relatives à l'agriculture, au commerce de

terre et de mer, au produit des pêches sur les côtes, et des grandes pêches maritimes, à l'industrie, aux arts et inventions, fabriques et manufactures, ainsi qu'aux primes et encouragemens qui pourraient avoir lieu sur ces divers objets; 7° il sera tenu de correspondre avec les Corps administratifs, de les rappeler à leurs devoirs, de les éclairer sur les moyens de faire exécuter les lois, à la charge de s'adresser au Corps législatif, dans tous les cas où elles auront besoin d'interprétation; 8° de rendre compte, tous les ans, au Corps législatif de l'état de l'administration générale, et des abus qui auraient pu s'y introduire.

« *Art.* 8. Il soumettra à l'examen et à l'approbation du Roi les procès-verbaux des Conseils des départemens, conformément à l'art. 5 de la section troisième du décret sur les Assemblées administratives.

« *Art.* 9. Le ministre des contributions et revenus publics sera chargé, 1° du maintien et de l'exécution des lois, touchant l'assiette des contributions directes, et leur répartition; touchant le recouvrement, dans le rapport des contribuables avec les percepteurs, et dans le

rapport de ces derniers avec les receveurs de
districts; touchant la nomination et le caution-
nement des percepteurs et du receveur de chaque district; 2° il aura la surveillance, tant de
la répartition, que du recouvrement et de l'application des sommes dont la levée aura été au-
torisée par la Législature, pour les dépenses
qui sont ou seront à la charge des départemens; 3° le maintien et l'exécution des lois
touchant la perception des contributions indirectes, et l'inspection des percepteurs de
ces contributions; 4° l'exécution des lois, et
l'inspection, relativement aux monnaies et à
tous les établissemens, baux, régies ou entreprises, qui rendront une somme quelconque
au Trésor public; 5° le maintien et l'exécution
des lois, touchant la conservation ou administration économique des forêts nationales,
domaines nationaux, et autres propriétés publiques, produisant ou pouvant produire une
somme quelconque au Trésor public; 6° sur
la réquisition des commissaires de la Trésorerie, il donnera aux Corps administratifs les
ordres nécessaires pour assurer l'exactitude du
service des receveurs; 7° il rendra compte au

Corps législatif, au commencement de chaque année, et toutes les fois qu'il sera nécessaire, des obstacles qu'aura pu éprouver la perception des contributions et revenus publics.

« *Art.* 10. Le ministre de la guerre aura, 1° la surveillance et la direction des troupes de ligne, et des troupes auxiliaires qui doivent remplacer les milices; 2° de l'artillerie, du génie, des fortifications, des places de guerre, et des officiers qui y commanderont, ainsi que de tous les officiers qui commanderont les troupes de ligne et les troupes auxiliaires; 3° il aura également la surveillance et la direction du mouvement et de l'emploi des troupes de ligne contre les ennemis de l'État, pour la sûreté du royaume, ainsi que pour la tranquillité intérieure, mais en se conformant strictement, dans ce dernier cas, aux règles posées par la constitution; 4° il aura, en outre, la surveillance et la direction de la gendarmerie nationale, mais seulement pour les commissions d'avancement, la tenue et la police militaire; 5° il sera chargé du travail sur les grades et avancemens militaires, et sur les récompenses dûes, suivant les lois, à l'armée,

ainsi qu'aux employés de son département;
6° il donnera les ordonnances pour la distribution des fonds de son département, et il en
sera responsable; 7° il présentera, chaque année, à la Législature, l'état détaillé des forces
de terre, et des fonds employés dans les diverses parties de son département : il indiquera
les économies et les améliorations dont telle
partie serait susceptible.

« *Art.* 11. Le ministre de la marine et des
colonies aura, 1° l'administration des ports,
arsenaux, approvisionnemens, et magasins de
la marine, et dépôts des condamnés aux travaux publics, employés dans les ports du
royaume; 2° la direction des armemens, constructions, réparations, et entretien des vaisseaux, navires et bâtimens de mer; 3° la direction des forces navales, et des opérations
militaires de la marine; 4° la correspondance
avec les consuls et agens du commerce de la
nation française au-dehors; 5° la surveillance
de la police qui doit avoir lieu dans le cours
des grandes pêches maritimes, à l'égard des
navires et équipages qui y seront employés,
ainsi que l'exécution des lois sur cet objet;

6º il sera chargé de l'exécution des lois sur les classes, les grades, l'avancement, la police et autres objets concernant la marine et les colonies. Les Directoires de département correspondront avec lui, en ce qui concerne les classes et la police des gens de mer ; 7º il aura la surveillance et la direction des établissemens et comptoirs français en Asie et en Afrique ; 8º il aura, en outre, conformément à ce qui sera statué sur le régime des colonies, et sauf la surveillance et l'inspection des tribunaux des colonies, qui pourront être attribuées au ministre de la justice, l'exécution des lois, touchant le régime et l'administration de toutes les colonies dans les îles et sur le continent d'Amérique, à la côte d'Afrique, et au-delà du cap de Bonne-Espérance, et nommément à l'égard des approvisionnemens, des contributions, des concessions de terrains, et de la force publique intérieure des colonies et établissemens français ; 9º il surveillera et secondera les progrès de l'agriculture et du commerce des colonies ; 10º il rendra compte, chaque année, au Corps législatif, de la situation des colonies, de l'état de leur administra-

tion, ainsi que de la conduite des administrateurs, et en particulier de l'accroissement et
du décroissement de leur culture et de leur
commerce; 11° il donnera les ordonnances
pour la distribution des fonds assignés à son
département, et il en sera responsable; 12° il
sera chargé du travail sur les récompenses
dues, suivant les lois, à l'armée navale et aux
employés de son département; 13° chaque
année, il présentera à la législature un état
détaillé de la force navale et des fonds employés dans chaque partie de son département;
et il indiquera les économies et améliorations
dont telle partie se trouverait susceptible.

« *Art.* 12. Le ministre des affaires étrangères aura, 1° la correspondance avec les ministres, résidens ou agens que le Roi enverra
ou entretiendra auprès des puissances étrangères; 2° il suivra et réclamera l'exécution des
traités; 3° il surveillera et défendra au-dehors
les intérêts politiques et commerciaux de la
nation française; 4° il sera tenu de donner au
Corps législatif les instructions relatives aux
affaires extérieures, dans les cas et aux époques
déterminés par la constitution, et notamment

par le décret sur la paix et la guerre; 5° conformément au décret du 5 juin 1790, il rendra, chaque année, à la Législature un compte détaillé et appuyé de pièces justificatives, de l'emploi des fonds destinés aux dépenses publiques de son département » (a).

(a) A ces dispositions, cette même loi du 27 avril 1791 en joignait d'autres qui étaient communes à tous les ministres. Voici comment elles étaient conçues :

« *Art.* 1. Au Roi seul appartient le choix et la révocation des ministres.

« *Art.* 2. Il appartient au Pouvoir législatif de statuer sur le nombre, la division et la démarcation des départemens du ministère.

« *Art.* 3. Nul ne pourra exercer les fonctions de ministre, s'il ne réunit les conditions nécessaires à la qualité de citoyen actif....

« *Art.* 13. Tous les ministres sont membres du Conseil du Roi, et il n'y aura point de premier ministre.

« *Art.* 14. Les ministres feront arrêter au Conseil les proclamations relatives à leurs départemens respectifs, savoir : celles qui, sous la forme d'instructions, prescriront les détails nécessaires, soit à l'exécution de la loi, soit à la bonté et à l'activité du service; celles qui ordonneront ou rappelleront l'observation des lois, en cas d'oubli ou de négligence; celles qui, aux termes du décret du 6 mars dernier, annuleront les actes irréguliers, ou suspendront les membres des Corps administratifs....

Cette organisation du ministère, confirmée par la Constitution du 3 septembre 1791, que

---

« *Art.* 21. Les actes de la correspondance du Roi avec le Corps législatif, seront contre-signés par un ministre.

« *Art.* 22. Chaque ministre contre-signera la partie de ces actes relative à son département.

« *Art.* 23. Quant aux objets qui concernent personnellement le Roi et sa famille, le contre-seing sera apposé par le ministre de la justice.

« *Art.* 24. Aucun ordre du Roi, aucune délibération du Conseil, ne pourront être exécutés, s'ils ne sont contre-signés par le ministre chargé de la division à laquelle appartiendra la nature de l'affaire. — Dans le cas de mort ou de démission de l'un des ministres, celui qui sera chargé des affaires par *interim*, répondra de ses signatures et de ses ordres.

« *Art.* 25. En aucun cas, l'ordre du Roi, verbal ou par écrit, non plus que les délibérations du Conseil, ne pourront soustraire un ministre à la responsabilité.

« *Art.* 26. Au commencement de l'année, chaque ministre sera tenu de dresser un état de distribution par mois, des fonds destinés à son département, et de communiquer cet état au comité de la Trésorerie, qui le présentera au Corps législatif avec ses observations. Cet état sera arrêté par le Corps législatif, et il ne pourra plus y être fait de changement qu'en vertu d'un décret.

« *Art.* 27. Les ministres seront tenus de rendre compte, en ce qui concerne l'administration, tant de leur con-

le Roi avait sanctionnée, ne survécut que
quelque temps au régime monarchique.

duité que de l'état des dépenses et affaires, toutes les
fois qu'ils en seront requis par le Corps législatif.

« *Art.* 28. Le Corps législatif pourra présenter au Roi
telles observations qu'il jugera convenables sur la conduite des ministres, et même lui déclarer qu'ils ont perdu
la confiance de la nation.

« *Art.* 29. Les ministres sont responsables, 1° de tous
les délits par eux commis contre la sûreté nationale et la
constitution du royaume; 2° de tout attentat à la liberté
et à la propriété individuelle; 3° de tout emploi de fonds
publics, sans un décret du Corps législatif, et de toute
dissipation des deniers publics qu'ils auraient faite ou
favorisée.

« *Art.* 30. Les délits des ministres, les réparations, et
les peines qui pourront être prononcées contre les ministres coupables, seront déterminées dans le Code pénal.

« *Art.* 31. Aucun ministre en place, ou hors de place,
ne pourra, pour faits de son administration, être traduit
en justice, en matière criminelle, qu'après un décret du
Corps législatif, prononçant qu'il y a lieu à l'accusation.
— Tout ministre contre lequel il sera intervenu un décret
du Corps législatif, déclarant qu'il y a lieu à accusation,
pourra être poursuivi en dommages et intérêts par les
citoyens qui éprouveront une lésion résultante des faits
qui auront donné lieu au décret du Corps législatif.

« *Art.* 32. L'action, en matière criminelle, ainsi que
l'action accessoire en dommages et intérêts pour faits

Dès le 10 août 1792, l'Assemblée législative érigea les ministres en *Conseil exécutif provisoire ;* et cet état de choses subsista jusqu'au 22 germinal an II, date d'une loi qui supprima le ministère, et en répartit toutes les attributions entre différens comités de la Convention nationale, sous lesquels furent placées des commissions administratives pour les détails ; savoir : commission *des administrations civiles, police et tribunaux ;* commission *de l'agriculture et des arts ;* commission *de l'organisation et du mouvement de l'armée de terre ;* commission *des armes, poudres, et exploitation des mines* (*a*) ; commission *de com-*

---

d'administration d'un ministre hors de place, sera prescrite au bout de trois ans, à l'égard du ministre de la marine et des colonies, et au bout de deux ans, à l'égard des autres ; le tout à compter du jour où l'on supposera que le délit aura été commis : néanmoins, l'action pour ordre arbitraire contre la liberté individuelle, ne sera pas sujette à prescription.

« *Art.* 33. Le décret du Corps législatif, prononçant qu'il y a lieu à accusation contre un ministre, suspendra celui-ci de ses fonctions ».

(*a*) Supprimée le 18 fructidor an III (4 septembre 1795) (*II, B.* 176, *n.* 1067).

merce et *approvisionnemens (a)*; commission *des finances ou des revenus nationaux*; commission *de l'instruction publique*; commission *de la marine et des colonies (b)*; commission *des relations extérieures*; commission *des secours publics*; commission *des transports, postes et messageries (c)*.

(*a*) Son organisation. 14 vendémiaire an III (1 novembre 1794) (*I, B.* 69, *n.* 368).

Rectification d'une erreur dans son organisation. (23 vendémiaire an III) (5 octobre 1794.)

Elle fut supprimée, et il en fut créé une autre sous le nom de commission *des subsistances et approvisionnemens.* 17 nivose an III (18 janvier 1795).

Cette nouvelle commission fut elle-même supprimée, à l'exception *de l'agence des approvisionnemens de Paris*; et il fut nommé une commission pour vérifier ses opérations. 15 fructidor an III (1 septembre 1795) (*I, B.* 173, *n.* 1042).

(*b*) Elle fut de nouveau chargée des détails qui en avaient été détachés pour faire partie des commissions *des armes, des travaux publics*, et *des transports.* 29 thermidor an III (16 août 1795) (*I, B.* 172, *n.* 1033).

(*c*) Suppression de cette commission, et attribution de ses fonctions aux commissions *du mouvement des armées*, et *des revenus nationaux.* 2 prairial an III (21 mai 1795) (*II*, . 151, *n.* 881).

Il a depuis été créé plusieurs commissions spéciales

L'insuffisance et le vice de toutes ces commissions ne tardèrent pas à se faire sentir. Dès le 4 frimaire an III (24 novembre 1794), il fut fait plusieurs propositions relatives à leur réorganisation et à leur épuration; et le 13 du même mois (3 décembre 1794), chaque comité fut chargé de donner son avis sur leur conservation ou leur suppression.

La Constitution du 5 fructidor an III recréa le ministère, et voici quelles furent là-dessus ses dispositions :

« *Art.* 136. A compter du premier jour de l'an V, les membres du Corps législatif ne pourront être élus ministres, soit pendant la durée de leurs fonctions législatives, soit pendant la première année, après l'expiration de ces mêmes fonctions....

« *Art.* 148. Le Directoire exécutif nomme hors de son sein les ministres, et les révoque, lorsqu'il le juge convenable.

« *Art.* 149. Les ministres correspondent im-

On peut voir, entre autres, sur l'organisation et les attributions de celles qui ont été établies pour connaître des contestations relatives au dessèchement des marais, la loi du 16 septembre 1807, *art.* 42 (*IV, B.* 162, *n.* 2794).

médiatement avec les autorités qui leur sont
subordonnées.

« *Art.* 150. Le Corps législatif détermine les
attributions et le nombre des ministres. — Ce
nombre est de six au moins, et de huit au
plus.

« *Art.* 151. Les ministres ne forment point
un Conseil.

« *Art.* 152. Les ministres sont respectivement responsables, tant de l'inexécution des
lois, que de l'inexécution des arrêtés du Directoire....

« *Art.* 193. Les administrations municipales
sont subordonnées aux administrations de départemens, et celles-ci aux ministres. — En
conséquence, les ministres peuvent annuler,
chacun dans sa partie, les actes des administrations de département; et celles-ci, les actes
des administrations municipales, lorsque ces
actes sont contraires aux lois ou aux ordres
des autorités supérieures.

« *Art.* 194. Les ministres peuvent aussi suspendre les administrations de département
qui ont contrevenu aux lois ou aux ordres
des autorités supérieures; et les administra-

tions de département ont le même droit à l'égard des membres des administrations municipales.

« *Art.* 195. Aucune suspension ni annulation ne devient définitive, sans la confirmation formelle du Directoire exécutif ».

Ces dispositions générales nécessitaient une loi d'organisation : elle fut faite, en ces termes, le 10 vendémiaire an IV :

« *Art.* 1. Il y a six ministres, savoir : un ministre *de la justice*, un ministre *de l'intérieur*, un ministre *des finances*, un ministre *de la guerre*, un ministre *de la marine*, et un ministre *des relations extérieures*.

« *Art.* 2. Les ministres ont, sous les ordres du Directoire exécutif, les attributions déterminées ci-après :

« *Art.* 3. *Attributions du ministre de la justice.* L'impression et l'envoi des lois et arrêtés, proclamations et instructions du Directoire exécutif, aux autorités administratives et judiciaires. Il correspond habituellement avec les tribunaux et avec les commissaires du Directoire près les tribunaux; il donne aux juges tous les avertissemens nécessaires, et veille à

ce que la justice soit bien administrée, sans
pouvoir connaître du fond des affaires; il soumet les questions qui lui sont proposées, relativement à l'Ordre judiciaire, et qui exigent
une interprétation de la loi, au Directoire exécutif, qui les transmet au Conseil des Cinq-
Cents (*a*).

« *Art.* 4. *Attributions du ministère de l'intérieur.* La correspondance avec les autorités
administratives....; le maintien du régime con-

(*a*) Ces attributions ont été conservées au ministère de
la justice, sous la Constitution du 22 frimaire an VIII;
mais elles furent agrandies par les dispositions suivantes
du sénatus-consulte du 16 thermidor an X :

« *Art.* 78. Il y a un grand-juge ministre de la justice.

« *Art.* 79. Il a une place distinguée au sénat et au conseil.

« *Art.* 80. Il préside le tribunal de cassation et les tribunaux d'appel, quand le Gouvernement le juge convenable.

« *Art.* 81. Il a sur les tribunaux, les justices de paix et
les membres qui les composent, le droit de les surveiller
et de les reprendre.

« *Art.* 82. Le Tribunal de cassation, présidé par lui, a
droit de censure et de discipline sur les tribunaux d'appel
et les tribunaux criminels; il peut, pour cause grave,
suspendre les juges de leurs fonctions, les mander près
du grand-juge, pour y rendre compte de leur conduite ».

stitutionnel, et des lois, touchant les assemblées communales, primaires et électorales; *l'exécution des lois relatives à la police générale, à la sûreté et à la tranquillité intérieure de la république; la garde nationale sédentaire; le service de la gendarmerie; les prisons, maisons d'arrêts, de justice et de réclusion (a);*

(*a*) Il a été dérogé à ces dispositions par une loi du 12 nivose an IV, ainsi conçue :

« *Art.* 1. Il y a un septième ministère, sous le nom de Police générale de la république.

« *Art.* 2. Le ministre de la police générale de la république aura, sous les ordres du Directoire exécutif, les attributions déterminées ci-après, et distraites de celles données au ministre de l'intérieur par l'article 4 de la loi du 10 vendémiaire sur l'organisation du ministère.

Attributions du ministère général de la police.

« L'exécution des lois relatives à la police générale, à la sûreté et à la tranquillité intérieure de la république; la garde nationale sédentaire...., et le service de la gendarmerie, pour tout ce qui est relatif au maintien de l'ordre public; la police des prisons, maisons d'arrêts, de justice et de réclusion; la répression de la mendicité et du vagabondage.

« *Art.* 3. Le ministre de la police a la correspondance avec les autorités constituées, et avec les commissaires du Directoire exécutif près lesdites autorités, en ce qui le concerne ».

les hôpitaux civils, les établissemens et ateliers de charité, la répression de la mendicité et du vagabondage, les secours civils, les établissemens destinés aux sourds-muets et aux aveugles; la confection et l'entretien des routes, ponts, canaux et autres travaux publics; les mines, minières et carrières; la navigation intérieure, le flottage, le halage; l'agriculture, les desséchemens et défrichemens; le commerce, l'industrie, les arts et inventions; les fabriques, les manufactures, les aciéreries; les primes et les encouragemens sur ces divers objets; la surveillance, la conservation et la distribution du produit des contributions en nature; l'instruction publique, les musées et autres collections nationales; les écoles, les fêtes nationales, les poids et mesures; la formation des tableaux de population et d'économie politique, des produits territoriaux, des produits des pêches sur les côtes, des grandes pêches maritimes, et de la balance du commerce (a).

_____

(a) Celles de ces attributions qui concernent les manufactures et le commerce, ont été détachées du ministère de l'intérieur par un décret impérial du 22 juin 1811

23.

« *Art.* 5. *Attributions du ministère des finances.* L'exécution des lois sur l'assiette, la répartition et le recouvrement des contributions

(rapporté ci-après); et, en conséquence, par un autre décret du 21 septembre 1812, le chef du Gouvernement déclara que le ministère de l'intérieur restait chargé, 1° de la police municipale, de la police sanitaire et de celle de la grande et de la petite voirie; de la surveillance sur le personnel des préfets, sous-préfets et maires; de la présentation pour leur nomination, et des rapports sur leur conduite; de l'exécution et du maintien des lois relatives à la convocation et tenue des assemblées politiques, et aux élections; de l'organisation des gardes nationales, non-comprises dans les bans; de la division territoriale; des chemins vicinaux; de la formation des budgets, et de la comptabilité des départemens et des communes; 2° de l'agriculture, sans préjudice des attributions du ministère des manufactures et du commerce; des haras et dépôts d'étalons; des dépôts et des bergeries de mérinos, des écoles vétérinaires, des écoles d'équitation, des poids et mesures, de la construction et de la conservation des bâtimens civils, prisons, dépôts de mendicité, tribunaux, hôtels de préfecture, mairies, hôpitaux, maisons de secours, lazarets, établissemens d'instruction publique, ainsi que du mobilier de ces établissemens; 3° de l'administration et des dépenses des prisons, maisons de détention; des dépôts de mendicité, de la distribution des secours généraux pour grêles et incendies, des mesures sanitaires, de l'administration des hôpitaux, des directes; sur la perception des contributions indirectes, et sur la nomination des receveurs; sur la fabrication des monnaies, le départ du

---

établissemens et ateliers de charité; des eaux thermales; de l'administration et de la surveillance des établissemens des sciences, lettres et arts; des encouragemens aux savans, aux gens de lettres et aux artistes; de la conservation des bibliothèques et des dépôts d'objets de littérature, de sciences ou arts, qui n'étaient pas sous l'administration de l'intendant de la couronne; des relations avec les sociétés savantes; de l'administration et des réglemens pour la police intérieure et extérieure des théâtres, sans préjudice des attributions du surintendant des quatre grands théâtres de Paris; de la surveillance des dépenses et des bâtimens du Corps législatif; 4° de la surveillance de l'Université impériale, et de ses établissemens; de l'administration et établissemens des écoles primaires; du Conservatoire de musique, et des établissemens d'instruction qui ne sont pas soumis par les décrets à l'Université impériale; de l'administration des ponts et chaussées; de celle des mines; de celle de la comptabilité des communes et des hospices; de celle de la librairie; de celle des travaux de Paris; de celle des monumens des arts; de celle des archives de l'empire; 5° de la comptabilité générale des dépenses de tous les objets qui sont dans les attributions du ministère, tant sur les fonds généraux du Trésor, que sur des fonds spéciaux, ou sur ceux des départemens, des communes et des établissemens de charité et d'instruction publique.

métal des cloches; sur les assignats; l'administration des domaines nationaux et des forêts
nationales; les postes aux lettres, les postes
aux chevaux, les messageries, les douanes, les
poudres et salpêtres, et tous les établissemens,
baux, régies ou entreprises qui rendent une
somme quelconque au Trésor public.

«*Art. 6. Attributions du ministère de la guerre.*
La levée, la surveillance, la discipline et le
mouvement des armées de terre; l'artillerie, le
génie, les fortifications, les places de guerre,
la gendarmerie nationale pour l'avancement,
la comptabilité, la tenue et la police militaire;
le travail sur les grades, avancemens, récompenses et secours militaires; les fournitures,
vivres et autres approvisionnemens pour les
armées de terre; les hôpitaux militaires; les
Invalides.

« *Art. 7. Attributions du ministère de la
marine et des colonies.* La levée, la surveillance, la discipline et le mouvement des armées navales; les inscriptions maritimes, le
travail sur les grades, les avancemens, les
récompenses et les secours; l'administration
des ports, les arsenaux, les approvisionne-

mens, les magasins destinés au service de la marine ; les travaux des ports de commerce ; la construction, la réparation, l'entretien et l'armement des vaisseaux, navires et bâtimens de mer ; les hôpitaux de la marine ; les grandes pêches maritimes ; la police à l'égard des navires et équipages qui y seront employés ; la correspondance avec les Consuls pour tout ce qui est relatif à l'administration de la marine ; l'exécution des lois sur le régime et l'administration de toutes les colonies dans les îles et sur le continent d'Amérique, à la côte d'Afrique, et au-delà du cap de Bonne-Espérance ; les approvisionnemens, les contributions., la concession des terrains, la force publique intérieure des colonies et établissemens français, les progrès de l'agriculture et du commerce ; la surveillance et la direction des établissemens et comptoirs français en Asie et en Afrique.

« *Art.* 8. *Attributions du ministère des relations extérieures.* La correspondance avec les ambassadeurs, les ministres, résidens ou agens que le Directoire envoie ou entretient auprès des puissances étrangères ; le

maintien et l'exécution des traités; les consulats (*a*).

Loi du 12 *nivose an IV*, ci-dessus relatée,
contenant création d'un septième ministère,
sous le nom de ministère *de la police générale.*
(*Voy. ci-dessus*, pag. 354, note *a*.)

La Constitution du 22 frimaire an VIII s'écarta
en plusieurs points, relativement aux ministres, de celle du 5 fructidor an III. Voici quelles
sont à cet égard ses dispositions :

(*a*) Cette même loi du 10 vendémiaire an IV ajoutait
les dispositions suivantes :

« *Art.* 9. Les commissaires du Pouvoir exécutif près
les tribunaux et près les administrations, correspondront
avec les ministres.

« *Art.* 10. Les ministres sont responsables, 1° de tous
les-délits par eux commis contre la sûreté générale et
contre la constitution; 2° de tout attentat à la liberté et
à la propriété individuelle; 3° de tout emploi de fonds
publics, sans un décret du Corps législatif et une décision
du Directoire exécutif, et de toute dissipation de deniers
publics qu'ils auraient faite ou favorisée.

« *Art.* 11. Les délits des ministres, les réparations et
les peines qui pourront être prononcées contre les ministres coupables, sont déterminés dans le Code pénal.

« *Art.* 12. Aucun ministre en fonctions ou hors de
fonctions ne peut, pour fait de son administration, être

« *Art.* 54. Les ministres procurent l'exécution des lois et des réglemens d'administration publique.

« *Art.* 55. Aucun acte du Gouvernement ne peut avoir d'effet, s'il n'est signé par un ministre.

« *Art.* 56. L'un des ministres est spécialement chargé de l'administration du Trésor public : il assure les recettes, ordonne les mouvemens de fonds et les paiemens autorisés par

---

traduit en justice, en matière criminelle, que sur la dénonciation du Directoire exécutif.

« *Art.* 13. Tout ministre contre lequel il est intervenu un acte d'accusation sur une dénonciation du Directoire exécutif, peut être poursuivi en dommages et intérêts par les citoyens qui ont éprouvé une lésion résultant des faits qui ont donné lieu à l'acte d'accusation.

« *Art.* 14. Les poursuites sont faites devant le tribunal criminel du département où siégeait le Pouvoir exécutif lors du délit.

« *Art.* 15. L'action en matière criminelle, ainsi que l'action accessoire en dommages-intérêts pour faits d'administration d'un ministre hors de fonctions, est prescrite après trois ans à l'égard du ministre de la marine et des colonies, et après deux ans à l'égard des autres ; le tout à compter du jour où l'on suppose que le délit a été commis.

la loi. Il ne peut rien faire payer qu'en vertu, 1° d'une loi, et jusqu'à la concurrence des fonds qu'elle a déterminés pour un genre de dépenses; 2° d'un arrêté du Gouvernement; 3° d'un mandat signé par un ministre.

« *Art.* 57. Les comptes détaillés de la dépense de chaque ministre, signés et certifiés par lui, sont rendus publics....

« *Art.* 59. Les administrations locales établies, soit pour chaque arrondissement communal, soit pour des portions plus étendues du territoire, sont subordonnées aux ministres....

« *Art.* 72. Les ministres sont responsables; 1° de tout acte de Gouvernement signé par eux, et déclaré inconstitutionnel par le sénat; 2° de l'inexécution des lois et des réglemens d'administration publique; 3° des ordres particuliers qu'ils ont donnés, si ces ordres sont contraires à la Constitution, aux lois et aux réglemens.

« *Art.* 73. Dans le cas de l'article précédent, le tribunal dénonce le ministre par un acte sur lequel le Corps législatif délibère dans les formes ordinaires, après avoir entendu ou appelé le dénoncé. Le ministre, mis en jugement par un décret du Corps législatif, est jugé par une Haute-Cour, sans appel et sans recours en cassation. — La Haute-Cour est composée de juges et de jurés. Les juges sont choisis par le tribunal de cassation, et dans son sein ; les jurés sont pris dans la liste nationale ; le tout suivant les formes que la loi détermine.... » (*a*).

On vient de voir que la Constitution du 22 frimaire an VIII laissait implicitement au

_____

(*a*) Il fut dérogé à ce dernier article par le sénatus-consulte du 28 floréal an XII (tit. xiii), et par celui du 19 août 1809.

(*Voy. aussi* le Répertoire de jurisprudence, par Merlin, aux mots *Haute-Cour impériale*, *Inviolabilité*, et *Loi*, §. 1, nᵒ 9.)

Ce sénatus-consulte du 19 août 1807 concernait principalement l'organisation du Corps législatif, et le divisait en trois commissions pour l'examen préalable des lois : 1ᵒ commission de législation civile et criminelle ; 2ᵒ commission d'administration intérieure ; 3ᵒ commission des finances.

L'article 4 portait qu'en cas de discordance d'opinion entre la section du Conseil-d'État qui aurait rédigé le projet de loi, et la commission compétente du Corps législatif, l'un et l'autre se réuniraient en conférences, sous la présidence de l'archi-chancelier ou de l'archi-trésorier, suivant la nature des objets à examiner.

Gouvernement le droit que la loi du 27 avril 1791, et la Constitution du 5 fructidor an III, réservaient au Corps législatif, de déterminer le nombre des ministres, et de régler leurs attributions.

Aussi le Gouvernement profita-t-il bientôt de cette latitude pour ajouter cinq ministres à ceux qu'avait créés la loi du 10 vendémiaire an IV.

1° Par *l'art.* 2 d'un arrêté du 5 vendémiaire an X, il créa, sous le nom de ministre *du Trésor public,* un huitième ministre, chargé directement et sous sa propre responsabilité, de toutes les fonctions qu'un directeur général, nommé en exécution de l'arrêté du premier pluviose an VIII, remplissait sous la surveillance et la responsabilité du ministre des finances ».

L'art. 3 du même arrêté porte : « Les administrateurs, les payeurs généraux, les contrôleurs et autres qui étaient nommés sur la proposition du directeur-général et sur la présentation du ministre des finances, seront nommés sur la présentation du ministre du Trésor public. Seront pareillement nommés, sur sa présentation, les inspecteurs-généraux créés par l'arrêté du 19 fructidor an IX ».

L'*art.* 4 ajoute : « Les inspecteurs généraux vérifieront les caisses des receveurs, comme celles des payeurs. Quant aux caisses des receveurs, le double des procès-verbaux de vérification, dressés par les inspecteurs généraux, sera adressé par le ministre du Trésor public au ministre des finances, pour être par lui proposé au Gouvernement les mesures que les circonstances exigent ».

2° Par un autre arrêté du 17 ventose de la même année, il fut créé un neuvième ministère pour le matériel de la guerre (*a*). Voici comment il est conçu :

« *Art.* 2. A compter du 1er germinal prochain, les attributions du ministre de la guerre seront, 1° la conscription, le recrutement, l'organisation, la discipline et la police de l'armée ; 2° les mouvemens militaires, les revues, le paiement de la solde, des récompenses pour

---

(*a*) Un arrêté du 2 thermidor an IX contenait déja une première organisation des bureaux du ministère de la guerre.

actions d'éclat, des gratifications de campagne
et pertes d'équipages; 3° la nomination aux
emplois et l'admission aux Invalides, la solde
et les masses de la gendarmerie; 4° le personnel et le matériel des armes de l'artillerie
et du génie; 5° les pensions et soldes de retraite, et traitemens de réforme; 6° les frais de
bureau et frais extraordinaires des officiers généraux et états-majors des divisions et des
places; 7° le dépôt des archives de la guerre;
8° la comptabilité de toutes les parties qui
forment ces attributions; 9° les dépenses extraordinaires et secrètes.

« *Art.* 3. Il sera créé un directeur de l'administration de la guerre, ayant rang et fonctions
de ministre; il présidera au conseil d'administration de la guerre, et travaillera avec les
Consuls en présence du ministre de la guerre.

« *Art.* 4. Le Conseil d'administration sera
composé du directeur, de trois conseillers
d'état, et d'un secrétaire-général, ayant le rang
d'ordonnateur. — Lesdits conseillers d'état auront sous leur surveillance et direction, le
premier, les vivres-pain, les vivres-viande, les
liquides, fournitures de campagne, et appro-

visionnemens extraordinaires de siége, les lits militaires, chauffage et lumière, gîtes et geolages, la comptabilité de toutes ces parties; le second, les fonds, les hôpitaux, la présentation des ordonnateurs et commissaires des guerres, officiers de santé, et agens divers de l'administration et des postes de l'armée; la comptabilité de toutes ces parties; le troisième, l'habillement et l'équipement, les effets de campement, les charrois, transports et convois militaires; les fourrages et étapes, les remontes, l'enharnachement des chevaux, la comptabilité de toutes ces parties.

« *Art.* 5. Le Conseil d'administration de la guerre s'assemblera au moins trois fois par décade.

« *Art.* 6. Chacun des conseillers d'état y rendra compte de la situation des différentes parties dont il sera chargé, y proposera les projets de marchés, d'entreprises ou de régies, relatifs à ses attributions, pour y être discutés et ensuite présentés par le directeur à l'approbation des consuls.

« *Art.* 7. Ledit conseil, toujours sauf l'approbation des consuls, réglera la liquidation de toutes les fournitures et dépenses, vérifiera la comptabilité de toutes les parties, et traitera enfin de tout ce qui peut améliorer l'administration.

« *Art.* 8. Le secrétaire-général rédigera le procès-verbal de toutes les séances, et y consignera nominativement l'opinion de chacun des membres du Conseil sur les questions soumises à la discussion.

« *Art.* 9. L'expédition du procès-verbal de chaque séance sera adressée, dans les vingt-quatre heures, au secrétaire-d'état, pour être annexé au registre des procès-verbaux du conseil général d'administration de la guerre.

« *Art.* 10. Chacun des trois conseillers d'état travaillera tous les jours avec le directeur-ministre.

« *Art.* 11. Le directeur-ministre a seul, dans toutes les affaires, la décision et la signature, le droit d'organiser les bureaux, de nommer aux emplois, et de faire les réglemens nécessaires.... » (*a*).

(*a*) Cet arrêté du 17 ventose an X, et deux autres ar-

3° Un dixième ministère fut créé par un décret impérial du 21 messidor an XII (5 *juillet* 1804); c'est celui des cultes.

Ses attributions furent les mêmes que celles qui avaient été données par un décret du 14 vendémiaire an X (6 *octobre* 1801), au con-

---

rêtés du même jour ordonnèrent la suppression de l'usage de la signature griffée dans les ministères.

L'un de ces deux derniers arrêtés déterminait les attributions de deux conseillers d'état près du ministère de l'intérieur, et portait que l'un aurait sous sa direction tout ce qui concerne l'instruction publique; et l'autre, tout ce qui concerne l'établissement et la perception des octrois, l'administration des communes, le budget de leurs recettes et de leurs dépenses, et la régularisation de leur comptabilité.

Quel amalgame! De bonne foi, serait-ce bien dans cette foule de sénatus-consultes, de lois, de décrets, de réglemens, d'arrêtés, contradictoires, créant d'un côté, modifiant, renversant de l'autre, réédifiant, détruisant de nouveau, et se succédant sans relâche, que l'on pourrait reconnaître le cachet d'un véritable génie administratif? Si l'on prend la peine de les consulter avant de prononcer, nous ne croyons pas que l'on puisse le penser. La turbulence n'est pas le génie; quelquefois même un homme, quoique atteint de certaine affection mentale, peut avoir beaucoup d'activité.

Le sénatus-consulte du 16 thermidor an X, ci-dessus

seiller d'état *chargé des affaires concernant les cultes*, savoir : 1° de présenter les projets de lois, règlemens, arrêtés et décisions, touchant la matière des cultes; 2° de proposer à la nomination du premier Consul les sujets propres à remplir les places de ministres des différens cultes; 3° d'examiner, avant leur publication en France, tous les rescrits, bulles et brefs de la cour de Rome; 4° d'entretenir

---

indiqué, comme relatif à l'institution d'un grand-juge ministre de la justice (*voy.* pag. 353, note *a*), contenait encore sur les ministres trois dispositions assez remarquables. Il portait :

« *Art.* 64. Les sénateurs pourront être ministres....

« *Art.* 65. Les ministres ont séance au Sénat, mais sans voix délibérative, s'ils ne sont sénateurs....

« *Art.* 68. Les ministres ont rang, séance et voix délibérative au Conseil-d'État ».

1er *messidor an X.* Établissement d'un conseil général de liquidation près du ministère des finances.

28 *fructidor.* Arrêté prononçant suppression du ministère de la police, et réunion des attributions de ce ministère à celles du grand-juge, ministre de la justice.

28 *floréal an XII* (18 *mai* 1804). Le sénatus-consulte de ce jour renfermait quelques dispositions relatives à la responsabilité des ministres, et des conseillers d'état chargés spécialement d'une partie d'administration publique. (*Voy.* tit. XIII, *de la Haute-Cour impériale.*)

toutes correspondances intérieures relatives à
ces objets : les ministres des relations extérieures, de l'intérieur, de la police générale,
et du trésor public, chargés, chacun en ce
qui les concernait, de l'exécution dudit arrêté.

Par un autre décret du même jour, le ministère de la police générale, qui avait été supprimé et réuni au ministère de la justice, par
l'arrêté, déja cité ci-dessus en note, du 28
fructidor an X, fut rétabli, avec ses anciennes
attributions (*a*).

4° Un décret impérial du 22 juin 1811, ci-
dessus relaté (*voy.* pag. 355, note *a*), créa un
onzième ministère, celui des manufactures et

(*a*) Un décret impérial du 24 du même mois de messidor an XII portait (tit. 1, *art.* 1), que, « dans les cérémonies publiques, les ministres prendraient rang après
les princes français, les grands dignitaires, les cardi-
naux, et avant les grands officiers de l'Empire ».
Ce même décret déterminait (tit. vii) les honneurs
civils et militaires qui devaient être rendus aux ministres
en voyage.

17 *mars* 1808. Organisation de l'instruction publique
sous la direction d'un grand-maître et d'un conseil.

du commerce (*a*); et un autre décret du 19 janvier 1812, en détermina ainsi les attributions :

« Les attributions du ministère des manufactures et du commerce se composeront, 1° de
la direction et de l'administration du commerce; de son mouvement dans les ports et
dans les diverses places de l'intérieur; des manufactures, des réglemens de police qui y sont
relatifs; de la nomination des commissaires,
courtiers et agens de change; de la formation
et de l'administration des manufactures de pro-

(*a*) Un arrêté du 3 nivose an XI contenait établissement dans plusieurs villes de chambres de commerce,
correspondant directement avec le ministre de l'intérieur,
et formation d'un Conseil général de commerce près de
ce ministère.

Deux autres arrêtés, l'un du 26 juin, et l'autre du 18
octobre 1810, portaient modification et réorganisation
de ce Conseil général de commerce établi près du ministère de l'intérieur.

Et un troisième arrêté dudit jour, 18 octobre 1810,
portait institution d'un Conseil général des fabriques et
des manufactures près de ce même ministère.

Ces trois derniers arrêtés ne paraissent pas avoir été
insérés au *Bulletin des lois*; mais on les trouve relatés
dans l'Almanach impérial pour l'année 1811, *Ministère
de l'intérieur*, pag. 204 et 205.

duits indigènes; de l'examen des divers procédés d'amélioration des fabriques; 2° de la surveillance de l'administration des douanes, du personnel de cette administration, de la proposition des tarifs et de tous les règlemens relatifs à cet objet; 3° de la surveillance relative aux approvisionnemens généraux de l'empire, aux mouvemens, à l'entrée et à la sortie des denrées; 4° de la correspondance avec nos consuls près des Puissances étrangères sur les affaires relatives au commerce; 5° du rapport de toutes les affaires soumises ou à soumettre a notre Conseil des Prises, et dont il y aura lieu à nous rendre compte » (a).

(a) L'article 2 de ce décret portait : « Les bureaux du ministère du commerce et des manufactures seront organisés ainsi qu'il suit :

« 1° Un secrétaire général, nommé par nous, qui sera chargé de l'enregistrement et de la distribution des dépêches, de la connaissance des affaires dont le ministre lui réservera l'expédition, des archives du ministère, des dépenses intérieures du ministère;

« 2° Une division du commerce, qui sera divisée en quatre bureaux :

« Le bureau de l'administration du commerce, comprenant les mouvemens du commerce dans les ports et

dans les places de l'intérieur, les nominations de courtiers et agens de change, le conseil général du commerce,
les chambres et bourses de commerce, et les conseils de
prud'hommes;

« Le bureau des licences, chargé de l'expédition des
licences, de toutes les vérifications qui doivent en pré-
céder la délivrance, et des résultats de celles exécutées;

« Le bureau de la balance du commerce, chargé de
recueillir tous les renseignemens généraux sur les importations et les exportations;

« Le bureau des douanes, chargé de la correspondance
avec la direction générale des douanes, et en outre de
toutes les affaires relatives au conseil des prises;

« 3° Une division des fabriques et manufactures, composée de deux bureaux :

« L'un, chargé de la direction, du perfectionnement
et de la statistique des manufactures, et de la délivrance
des brevets d'invention : il aura dans ses attributions le
conseil général des manufactures, les agens de l'administration dans les départemens, et le comité consultatif
des manufactures;

« L'autre, chargé des fabriques de produits indigènes
destinés à remplacer les produits exotiques;

« 4° Une division des subsistances, composée de deux
bureaux :

« L'un, chargé des recensemens généraux des subsistances dans l'empire, des marchés publics, des approvisionnemens de réserve, et de l'état des recettes;

« L'autre, chargé de la surveillance du mouvement

déterminant les attributions dont le ministère
de l'intérieur restait chargé (*Voy.* pag. 356,
note *a* de la pag. 355) (*a*).

3 *avril* 1814. Un arrêté du Gouvernement
provisoire a réuni au ministère de la guerre
l'administration du matériel de la guerre; et
au ministère des finances, celui du trésor, les
manufactures et le commerce.

La Constitution proposée par le Sénat, le
6 du même mois, ne contenait aucun changement à cet égard, et portait seulement (*art.* 14)
que les ministres pouvaient être membres,
soit du Sénat, soit du Corps législatif.

---

des denrées dans l'intérieur, de l'importation et de l'exportation.

« 5° Le directeur général des douanes travaillera avec
notre ministre des manufactures et du commerce ».

L'article 3 du même décret charge de l'exécution de
ce décret le ministre de l'intérieur et le ministre des manufactures et du commerce.

Un autre décret du 17 avril 1812, déterminait les attributions du même ministère, relativement aux ventes publiques de marchandises faites par les courtiers de commerce.

(*a*) *Voy.* aussi, sur tout ce qui précède, le nouveau
Répertoire de jurisprudence, par Merlin, au mot *Ministre*.

13 *mai* 1814. Ordonnance, contenant nomination de nouveaux ministres, d'après les mêmes bases, et de plus, nomination d'un directeur général des postes, et d'un directeur général des impositions indirectes.

16 *mai.* Un arrêté du Gouvernement provisoire, en date du 8 avril, réunissait la police particulière de tous les arrondissemens au ministère de la police générale; et nommait simplement un préfet de police pour la ville de Paris. Un décret royal du 16 mai ordonna la même réunion sous le titre de *Direction générale de la police du royaume.*

Ibid. Ordonnance contenant nomination d'un directeur général de l'administration de l'agriculture, du commerce, des arts et des manufactures, devant exercer ses fonctions sous l'autorité du ministre secrétaire d'état au département de l'intérieur.

Ibid. Ordonnance, contenant nomination d'un directeur général de l'administration des ponts et chaussées, devant de même remplir ses fonctions sous l'autorité du ministre secrétaire d'état au département de l'intérieur.

17 *mai.* Ordonnance qui porte : « Les Direc-

tions générales des douanes et des droits réunis sont supprimées : leurs attributions sont réunies sous le titre de *Direction générale des contributions indirectes* ».

24 *mai.* Ordonnance, contenant nomination d'un secrétaire général du ministère de l'intérieur, devant exercer ses fonctions, aux termes de ladite ordonnance, sous l'autorité du ministre secrétaire d'état chargé de ce département.

29 *mai.* Ordonnance, prononçant suppression de la direction de la comptabilité des communes et des hospices, et réunissant ses attributions au ministère de l'intérieur.

6 *juin.* Ordonnance, portant que le dépôt des cartes et plans de la marine et des colonies, et celui des chartes et archives, seront sous les ordres d'un chef supérieur qui sera choisi parmi les officiers de la marine, et qui aura le titre de directeur général des dépôts des cartes, plans, chartes et archives de la marine et des colonies.

8 *juin.* Ordonnance qui replace le conseil des prises dans les attributions du ministère de la marine.

16 *juin.* Ordonnance qui autorise le ministre

de l'intérieur à régler, pour 1814, les budgets des communes dont le revenu s'élève à 10,000 fr. et au-dessus.

22 *juin.* Ordonnance qui maintient provisoirement les règlemens de l'Université de France.

1er *juillet.* Ordonnance qui crée, près du ministre de la guerre, et sous son autorité immédiate, une direction des comptabilités et dépenses des armées hors du territoire français depuis 1816.

4 *juillet.* Ordonnance qui autorise la société d'agriculture de Paris à reprendre le titre de *société royale d'agriculture,* qui lui avait été conféré par le règlement du 30 mai 1788, et qui la constitue, conformément aux dispositions dudit réglement, le centre commun et le lieu de correspondance des différentes sociétés d'agriculture du royaume.

15 *juillet.* Ordonnance portant, en remplacement du conseil du sceau des titres, création d'une commission du sceau, devant être présidée par le chancelier.

Ibid. Ordonnance qui autorise le ministre de l'intérieur à régler, pour 1814, les budgets

des dépenses variables ordinaires et extraordinaires des départemens.

25 *juillet.* Ordonnance portant que le chancelier de France exercera, relativement à la
Cour des comptes, les attributions qui avaient
été données à l'archi-trésorier par les lois précédentes. (*Voy. entre autres les lois du* 18 *mai*
1804, 16 *septembre* 1807, *et le décret du*
28 *septembre de la même année.*)

30 *octobre.* Ordonnance qui autorise le ministre secrétaire d'état de l'intérieur à régler
pour 1815 les budgets des dépenses variables
ordinaires et extraordinaires des départemens.

20 *novembre.* Ordonnance portant que le
ministre de l'intérieur exercera sur l'administration des canaux du midi, d'Orléans et de
Loing, la même surveillance et la même action
que celle qu'il exerce, tant sur les autres canaux, que sur toute la navigation du royaume.

30 *décembre.* Ordonnance qui dissout la direction générale de liquidation, créée par l'ordonnance du 1er juillet 1814, et porte que la
liquidation qui lui était confiée sera réunie
aux différens bureaux administratifs du ministère de la guerre.

17 *février* 1815. Ordonnance contenant réglement de l'instruction publique.... (*a*).

(*a*) 20 *mars* 1815. Décret impérial qui charge l'archichancelier du portefeuille du ministère de la justice, et qui porte qu'un conseiller d'état sera chargé, sous ses ordres, de la correspondance et de la comptabilité du ministère.

Ibid. Décret qui nomme un ministre *des finances*, un ministre *de la secrétairerie d'état*, un ministre *de la marine et des colonies*, un ministre *de la police générale*, un ministre *du Trésor impérial*, un ministre *de la guerre*.

Ibid. Décret qui nomme un ministre *de l'intérieur*.

21 *mars*. Décret qui nomme un ministre *des affaires étrangères*.

Ibid. Décret qui supprime l'intendance des arts et des monumens publics.

Ibid. Décret qui nomme un directeur général des ponts et chaussées.

Ibid. Décret qui annulle les décisions royales du 22 mai et 8 juin, relatives à la nomination d'un secrétaire général de l'amirauté, et à l'organisation des bureaux du ministère de la marine.

23 *mars*. Décret qui annulle les ordonnances des 11 mai, 13 mai, 9 juin, et 10 septembre, relatives à la création d'un état-major des gardes nationales de la France; et celle du 16 juillet, qui déterminait les attributions de cet état-major; et qui porte que la garde nationale ressortira au ministère de l'intérieur.

24 *mars*. Décret qui réunit la librairie et l'imprimerie au ministère de la police générale.

9 *juillet* 1815. Ordonnance qui porte : « Voulant donner à notre ministère un caractère

---

Ibid. Décret portant, *art.* 1 , que les règles établies dans l'ordre judiciaire et dans l'ordre administratif, avant le 1ᵉʳ avril 1814, continueront à être observées comme elles l'étaient auparavant; et, *art.* 2 , que chacun des ministres ferait, dans ses attributions respectives, l'application du principe contenu dans l'article 1 , sauf à prendre les ordres du chef du Gouvernement pour les cas extraordinaires.

Ibid. Décret qui supprime la direction générale de la librairie et de l'imprimerie, et la censure.

Ibid. Décret qui rétablit le conseil du sceau des titres, et porte qu'il conservera les fonctions et attributions qui lui étaient données par les statuts et décrets impériaux.

Ibid. Décret qui nomme un intendant général des bâtimens de la couronne.

Ibid. Décret qui nomme deux administrateurs de la loterie, en remplacement du directeur dont la place est supprimée.

25 *mars.* Décret qui sépare la direction générale des douanes de celle des contributions indirectes.

28 *mars.* Décret qui supprime les directeurs généraux, et les commissaires généraux et spéciaux de police, qui crée sept lieutenans de police, attachés au ministère de la police générale, et qui détermine leurs fonctions et leurs arrondissemens respectifs.

30 *mars.* Décret qui prononce l'annulation de l'or-

d'unité et de solidarité qui inspire à nos sujets une juste confiance.... etc. » (*a*); qui nomme un président du Conseil des ministres, secrétaire d'état au département des affaires étrangères, un ministre secrétaire d'état au département des finances, un ministre secrétaire d'état au

---

donnance du 17 février 1815, portant règlement sur l'instruction publique, et qui rétablit l'Université telle qu'elle était organisée par le décret du 17 mars 1808.

31 *mars*. Décret qui nomme un directeur général du commerce des manufactures, et un directeur général des cultes, sous les ordres du ministre de l'intérieur.

Ibid. Décret qui donne à l'archi-chancelier, chargé du portefeuille du ministère de la justice, la présidence de la commission du contentieux au Conseil-d'État, rétablie, sauf quelques modifications, telle qu'elle était instituée par les décrets des 11 juin et 22 juillet 1806.

6 *avril*. Décret qui institue une caisse, dite *Caisse de l'extraordinaire*, et qui détermine l'emploi des sommes qui y seront versées.

11 *mai*. Décret portant suppression des inspecteurs de la librairie, et création de neuf commissaires spéciaux.

13 *mai*. Décret qui annule l'ordonnance du 12 décembre 1814, relative à l'établissement d'une caisse des invalides de la guerre.

(*a*) *Voy. ci-dessus*, sur la question de savoir si la responsabilité ministérielle doit être collective et solidaire, entre autres, vol. VIII, pag. 76 *et suiv.*

département de la police générale, un ministre secrétaire d'état au département de la justice, et garde-des-sceaux, un ministre secrétaire d'état au département de la guerre, un ministre secrétaire d'état au département de la marine, un ministre secrétaire d'état au département de la maison du roi; et qui confie provisoirement le portefeuille de l'intérieur au ministre de la justice.

14 *juillet.* Ordonnance qui nomme un secrétaire général du ministère de la justice.

Ibid. Ordonnance qui nomme un secrétaire général du ministère de l'intérieur.

15 *juillet.* Ordonnance qui nomme un secrétaire général du ministère de la police générale.

17 *juillet.* Ordonnance qui réunit la direction générale des mines à celle des ponts et chaussées.

21 *juillet.* Ordonnance portant que l'inspection générale de la gendarmerie est supprimée; que les bureaux et archives de l'inspection générale de la gendarmerie sont réunis au ministère de la guerre, pour former, avec les bureaux de la gendarmerie, de la police mili-

taire et des déserteurs, une seule division, dirigée par un général, sous la dénomination de *Division de la gendarmerie et de la police militaire*; que toutes les parties de l'administration et des diverses comptabilités de la gendarmerie, seront réunies à cette division, conformément aux principes établis par les lois des 16 février 1791 et 20 juillet 1794 (2 thermidor an II).

Ibid. Ordonnance qui porte que les emplois des deux premiers inspecteurs généraux de l'artillerie et du génie, créés par arrêté du 5 janvier 1800 (15 nivose an VIII), sont supprimés; et qu'à l'avenir, le comité central de l'artillerie et du génie sera présidé par le plus ancien des inspecteurs lieutenans généraux de chaque arme, présent à Paris.

Ibid. Ordonnance qui porte : « L'ordonnance du 8 juin 1814, sur l'organisation du ministère de la marine et des colonies, est révoquée. Les bureaux de ce ministère seront formés ainsi qu'il suit : secrétariat général; 1re division, personnel; 2e, matériel; 3e, vivres; 4e, fonds et comptabilité; 5e, caisse des invalides; administration des colonies ».

15 *août.* Ordonnance portant : « L'ordonnance du 17 février dernier n'ayant pu être mise à exécution, et les difficultés des temps ne permettant pas qu'il soit pourvu aux dépenses de l'instruction publique, ainsi qu'il avait été statué par notre ordonnance susdite ; voulant surseoir à toute innovation importante dans le régime de l'instruction, jusqu'au moment où des circonstances plus heureuses, que nous espérons n'être pas éloignées, nous permettront d'établir par une loi les bases d'un système définitif, nous avons ordonné et ordonnons ce qui suit : 1° l'organisation des académies est provisoirement maintenue ; 2° la taxe du vingtième des frais d'études, établie par le décret du 17 mars 1808, continuera d'être perçue, à dater du 7 juillet dernier, jusqu'à ce qu'il en ait été autrement ordonné ; le recouvrement de l'arriéré, dû le 17 février dernier, sera poursuivi conformément aux décrets et réglemens ; 3° les pouvoirs, attribués au grand-maître et au conseil de l'Université, ainsi qu'au chancelier et au trésorier, seront exercés sous l'autorité de notre ministre secrétaire d'état au département de l'intérieur,

Tome VIII. 25

par une commission de cinq membres, laquelle
prendra le titre de *Commission de l'instruction
publique*; 4° elle régira les biens, et percevra
les droits, rentes et revenus qui formaient la
dotation de l'Université; 5° la présence de
trois membres au moins sera nécessaire pour
la validité de ses actes; 6° le président de la
Commission délivrera les diplômes et ordonnances des traitemens et pensions, conformément aux états arrêtés par la Commission;
7° les dénommés en l'ordonnance du 21 février dernier, rempliront les fonctions d'inspecteurs généraux des études; 8° (*Cet article
contient nomination des cinq membres de la
Commission, et d'un secrétaire général; et
l'art.* 9, *nomination d'un nouvel inspecteur
général des études*) » (*a*).

(*a*) Il y a autant d'Académies que de Cours royales :
chaque Académie est gouvernée par un Recteur; les diverses écoles sont placées dans l'ordre suivant : 1° les
Facultés; 2° les Colléges royaux et les Colléges communaux; 3° les Institutions et Pensions; 4° les Petites Écoles
et Écoles primaires; un Pensionnat normal, établi à
Paris, est destiné à recevoir un certain nombre de jeunes
gens qui y sont entretenus pendant trois ans, et formés
à l'art d'enseigner.

6 *septembre*. Ordonnance qui crée, sous la présidence du ministre de l'intérieur, une Commission de subsistances, et nomme les membres de cette Commission au nombre de quatre, et un secrétaire.

29 *novembre* 1815. Ordonnance concernant la régie et l'administration générale et particulière des ports et arsenaux de la marine.

9 *décembre*. Ordonnance contenant nomination de trois administrateurs de la loterie royale, en remplacement du directeur.

Ibid. Ordonnance qui supprime les titres et emplois de premier inspecteur général de la marine.

Ibid. Ordonnance qui rétablit l'emploi d'inspecteur général des classes, créé par l'ordonnance du 31 octobre 1714, et qui porte que cet inspecteur général sera toujours choisi parmi les officiers généraux de la marine.

14 *décembre*. Ordonnance portant : « 1° l'ordonnance du 6 mai 1814, qui crée une direction générale de l'administration de l'agriculture, du commerce, des arts et manufactures ; celle du 11 janvier 1815, qui établit une direction générale de l'administration des com-

25.

munes, des hospices et des octrois municipaux; enfin celle du 28 janvier 1815, qui
nomme un intendant général des arts et des
monumens publics, et en détermine les attributions, sont rapportées; 2° les attributions
de ces directions et intendances sont réunies
aux attributions du ministère de l'intérieur ».
Le ministre secrétaire d'état de l'intérieur
chargé de l'exécution.

28 *avril* 1816. Les articles 99 et suivans de
la loi de ce jour sont relatifs à l'organisation
de la Caisse d'amortissement, et à celle de la
Caisse des dépôts et consignations.

7 *mai*. Ordonnance portant que le chancelier de France reprendra les sceaux du
royaume, et qu'il sera chargé, par *interim*,
du portefeuille du ministère de la justice.

8 *mai*. Ordonnance portant nomination des
membres d'une compagnie de surveillance de
la nouvelle Caisse d'amortissement.

Ibid. Ordonnance qui transfère au Trésor
royal l'administration des cautionnemens, précédemment attribuée à l'ancienne Caisse d'a-
mortissement, sous la direction d'un administrateur particulier.

9 *mai*. Ordonnance portant que des sous-secrétaires d'état seront attachés aux ministres secrétaires d'état, lorsque ceux-ci le jugeront nécessaire au bien du service.

Ibid. Ordonnance qui nomme un sous-secrétaire d'état au département de la justice.

10 *mai*. Ordonnance qui nomme un sous-secrétaire d'état au ministère de l'intérieur.

Ibid. Ordonnance qui nomme un sous-secrétaire d'état au département des finances.

22 *mai*. Ordonnance portant rétablissement de la Caisse des invalides de la marine, dans les attributions du ministre secrétaire d'état de la marine et des colonies.

Ibid. Ordonnance contenant réglement sur l'administration de la Caisse d'amortissement et de la Caisse des dépôts et des consignations, créées par la loi du 28 avril 1816, et confiées par cette ordonnance à un directeur général, et à un sous-directeur ou directeur adjoint.

Ibid. Ordonnance qui porte reconstitution du domaine extraordinaire, et qui transfère au ministre secrétaire de la maison du Roi les fonctions attribuées à l'intendant général du domaine extraordinaire par l'acte du 30 janvier 1810.

29 *mai.* Ordonnance prononçant suppression de l'administration générale des cultes, et déterminant celles des attributions dépendantes de l'ancien ministère des cultes, qui ressortiront au grand aumônier de France, et celles qui restent exclusivement affectées au ministère de l'intérieur.

Ibid. Ordonnance qui conserve dans les attributions du ministère des finances la compagnie des agens de change, banque, finance et commerce de la ville de Paris, et contient réglement sur cette compagnie.

3 *juillet.* Ordonnance relative aux attributions de la Caisse des dépôts et consignations, créée par la loi du 28 avril 1816.

28 *août.* Ordonnance concernant la nouvelle division des forêts du royaume en quatre directions, pour l'exploitation des bois destinés aux constructions navales, sous la surveillance du ministre secrétaire d'état de la marine, et de Mgr le duc d'Angoulême, amiral de France.

Ibid. Réglement concernant l'organisation du personnel dans ces quatre directions forestières de la marine.

18 *septembre.* Ordonnance relative à la composition d'une Commission mixte des travaux publics, sous la direction et surveillance des ministres secrétaires d'état de l'intérieur, de la marine et de la guerre.

5 *décembre.* Ordonnance relative à l'organisation de l'école des mines, spécialement confiée pour l'exécution au ministre secrétaire d'état de l'intérieur.

23 *décembre.* Ordonnance portant formation d'une Commission syndicale pour la direction des travaux des digues de Saint-Vaast et Réville, département de la Manche, confiée pour l'exécution au ministre secrétaire d'état de l'intérieur.

26 *février* 1817. Ordonnance qui place sous les ordres du ministre de l'intérieur un agent spécial, avec le titre de *directeur des travaux de Paris,* pour la direction et la surveillance de ces travaux.

1er *avril.* Ordonnance qui nomme un nouvel administrateur général des canaux du midi, d'Orléans, et de leurs embranchemens. Le ministre secrétaire d'état de la maison du Roi, et le grand chancelier de l'ordre royal de la Légion-d'Honneur, chargés, chacun en ce qui le concerne, de l'exécution de ladite ordonnance.

16 *avril.* Ordonnance qui nomme un directeur chargé de l'administration du Conservatoire royal des arts et métiers, et près de cette administration un conseil d'amélioration et de perfectionnement : confiée pour l'exécution au ministre de l'intérieur.

17 *mai.* Ordonnance qui réunit l'administration des forêts à celle de l'enregistrement et des domaines; l'administration de la poste aux chevaux à celle de la poste aux lettres; qui fixe à quatre le nombre des administrateurs de l'enregistrement, des domaines et des forêts, et qui porte que l'un de ces administrateurs est spécialement chargé, sous les ordres du directeur général, de l'administration des forêts; qui supprime les administrateurs des postes, des douanes, des contributions indirectes, et qui porte que ces administrateurs sont remplacés, dans les régies respectives, par un conseil, composé de trois agens supérieurs de la direction générale à laquelle il doit être attaché, pris dans le nombre de ceux qui sont nommés par le

Roi, et désignés par le ministre des finances qui reste chargé de l'exécution de ladite ordonnance.

21 *mai.* Ordonnance portant institution d'une régie générale des subsistances militaires, composée de cinq régisseurs, dont l'un sera président. Le ministre de la guerre chargé de l'exécution.

4 *juin.* Ordonnance qui supprime les conservateurs des forêts, et qui établit six nouveaux conservateurs résidens, le premier à Paris, le second à Rouen, le troisième à Laon, le quatrième à Nancy, le cinquième à Colmar, le sixième à Dijon. Le ministre des finances chargé de l'exécution.

29 *juillet.* Ordonnance portant suppression du corps d'inspecteurs aux revues et des commissaires des guerres, et création d'un corps d'administrateurs militaires, sous la dénomination d'*intendans militaires.* Le ministre secrétaire d'état de la guerre chargé de l'exécution.

17 *septembre.* Ordonnance qui nomme un directeur général des ponts et chaussées et des mines. Le ministre de l'intérieur chargé de l'exécution de l'ordonnance.

8 *octobre.* Ordonnance qui supprime la direction générale du dépôt de la guerre, et en ordonne la réunion à la troisième direction de ce ministère.

22 *octobre.* Ordonnance portant réorganisation du corps royal des ingénieurs géographes. Le ministère de la guerre chargé de l'exécution.

Ibid. Ordonnance qui réunit les 3ᵉ et 4ᵉ divisions militaires.

18 *novembre.* Ordonnance contenant nouvelle organisation du service de la recette et de la comptabilité du Trésor royal ; suppression des caisses *générale*, des *recettes*, des *dépenses*, du *service*, et création d'une caisse *centrale et de service.*

Ibid. Ordonnance relative à la nouvelle organisation du service de la dépense et de la comptabilité du Trésor ; suppression des payeurs généraux des dépenses de la guerre, de la marine, de la dette publique, et des dépenses diverses, créés par l'arrêté du Gouvernement du 1ᵉʳ pluviose an VIII (février 1800) ; création d'un directeur *des dépenses,* sous les ordres du ministre secrétaire d'état des finances, d'un payeur principal *de la dette publique*, et d'un payeur principal *des dépenses des ministères.*

Ibid. Ordonnance qui détermine un nouveau mode pour les comptes à rendre *annuellement*, par les receveurs généraux, devant la Cour des comptes.

19 *novembre.* Ordonnance qui porte suppression des régisseurs généraux et inspecteurs généraux des poudres et salpêtres, et qui confie la direction générale des poudres à un lieutenant général du corps de l'artillerie. Le ministre de la guerre chargé de l'exécution.

10 *décembre.* Ordonnance qui constitue en direction générale des subsistances militaires, la régie créée par l'ordonnance du 21 mai précédent, et qui crée un directeur général, trois administrateurs et quatre inspecteurs. Le ministre de la guerre chargé de l'exécution.

13 *décembre.* Ordonnance qui confie les subsistances de la marine à un administrateur, sous les ordres du ministre de ce département.

17 *décembre.* Ordonnance relative à la réduction et composition du corps du génie. Le

ministre de la guerre chargé de l'exécution.

Ibid. Ordonnance relative à la réduction et composition du corps royal de l'artillerie. Le ministre de la guerre chargé de l'exécution.

31 *décembre.* Ordonnance concernant l'organisation des écoles militaires. Le ministre de la guerre chargé de l'exécution.

18 *février* 1818. Ordonnance relative à l'organisation et composition du conseil d'administration des hospices et secours de la ville de Paris. Le ministre de l'intérieur chargé de l'exécution.

23 *mars.* Ordonnance qui attribue exclusivement à la direction générale des contributions indirectes la vente et exploitation des poudres de chasse, de mine, de commerce et de guerre. Les ministres des finances, de la marine et de la guerre, chargés de l'exécution, chacun en ce qui le concerne.

6 *mai.* Ordonnance portant formation d'un corps royal d'état-major, et d'une école d'application pour le service de l'état-major général de l'armée. Le ministre de la guerre chargé de l'exécution.

15 *mai.* Loi sur les finances, portant sup-

pression du domaine extraordinaire, et sa réunion au domaine de l'État (tit. x, *art.* 95).

10 *juin.* Ordonnance qui règle l'administration et le service intérieur des écoles royales
militaires (*école militaire préparatoire, et école
spéciale militaire*). Le ministre de la guerre
chargé de l'exécution.

8 *juillet.* Ordonnance qui règle le service
général des écoles du corps royal d'artillerie,
et les fonctions et attributions des maréchaux-
de-camp commandant ces écoles. Le ministre
de la guerre chargé de l'exécution.

15 *juillet.* Ordonnance concernant l'organisation du personnel, et le mode général du
service de l'administration des poudres et salpêtres. Le ministre de la guerre chargé de
l'exécution.

22 *juillet.* Ordonnance qui règle la composition de l'état-major-général de l'armée de
terre. Le ministre de la guerre chargé de l'exécution........

Depuis cette époque, aucun changement
important n'étant survenu, ce nous semble,
dans l'organisation et la répartition des attributions du Ministère, nous ne pousserons pas

plus loin cette énumération déja très-étendue,
et que d'ailleurs on peut facilement compléter
avec le secours des derniers volumes du Bulletin des Lois. Nous terminerons par quelques réflexions, et en émettant les idées
auxquelles cet examen des faits doit nous
conduire et nous fixer (*a*).

Quoique les détails de l'organisation de
quelques-uns des Ministères actuels soient encore une sorte de dédale inextricable, où le
ministre lui-même ne peut manquer de se
perdre, mais dans lequel on serait tenté de

(*a*) Nous citerons cependant encore l'ordonnance du
27 janvier 1819, par laquelle un Conseil d'agriculture a
été créé pour donner son avis sur les questions de législation et d'administration, et sur les projets et mémoires
relatifs à l'agriculture qui lui sont renvoyés par le ministre de l'intérieur; il présente au ministre ses vues sur
les améliorations et perfectionnemens à introduire dans
l'agriculture et sur les encouragemens et récompenses à
accorder. Ce Conseil est présidé par le ministre, ou par
un membre qu'il désigne pour être vice-président.

— L'Almanach royal donne l'indication des Ministres
d'état et de cabinet des Puissances étrangères; et, si
l'on compare cette indication d'une année avec celle de
plusieurs autres, on verra que l'Organisation ministérielle n'est pas ailleurs plus qu'en France exempte d'incertitude, de variations et d'irrégularité.

croire qu'en général il aime et cherche à se
renfermer, afin de se rendre par là toujours
moins accessible à l'application du Principe
de la Responsabilité, si l'on compare l'état
de choses du moment à celui des temps antérieurs à *mil sept cent quatre-vingt-neuf*, on
reconnaît sans peine qu'il existe une amélioration réelle et bien sensible dans cette partie
du Gouvernement.

En effet, nous avons vu qu'avant cette époque, la France, sous ce rapport, celui de
la répartition des attributions ministérielles,
était comme partagée en plusieurs États régis
et gouvernés, chacun suivant un mode d'administration plus ou moins despotique et
absolu dans l'étendue de sa sphère particulière, et cependant sans uniformité, sans ensemble, sans concordance les uns à l'égard
des autres, sans rapport suffisant à un centre
unique et commun.

Par une contradiction choquante, dans un
Gouvernement essentiellement monarchique
de nom, l'unité, ce principe si utile à l'action
de la Puissance exécutive (a), n'existait qu'im-

_____

(a) *Voy. ci-des.*, entre autres, vol. IV, pag. 519 *et suiv.*

parfaitement, et se trouvait déplacée, contra-
riée, interrompue, brisée et détruite en vingt
endroits différens.

D'après les changemens que la Révolution,
et particulièrement la loi du 27 avril—25 mai
1791, ont opérés, ce même principe d'unité
a reçu, du moins en un sens, une application
plus exacte, plus générale et plus utile : on
a senti que, même dans une république, le
mouvement d'influence du ministère devait
être le même, régulier et semblable, du centre
à tous les points de la circonférence. C'est un
foyer dont les rayons, distincts dès leur naissance par leur propre nature, doivent rester
toujours distincts, en se prolongeant dans
tous les sens jusqu'aux extrémités; et, s'il est
vrai que, de cette manière, il se rencontre
peut-être certains objets d'administration qui
ne puissent être exclusivement attribués à
l'une ou à l'autre des divisions ou subdivisions
du ministère, il ne faudrait pas en conclure
que ce soit là un obstacle essentiellement à
redouter comme incompatible avec le maintien du bon ordre, la promptitude, la force
et la sûreté de l'exécution. Il doit même, selon

toute vraisemblance, résulter plus d'avantages que d'inconvéniens de cette sorte de surveillance respective que deux ou plusieurs branches principales ou secondaires de cette Puissance administrative et d'exécution peuvent exercer l'une à l'égard de l'autre, en agissant concurremment, mais chacune en ce qui la concerne, sur un même point du territoire, ou sur un seul et même genre d'établissement; comme pourraient, par exemple, le faire, dans un ordre de répartition peu différent de celui qui existe, la division ministérielle à laquelle serait confiée la salubrité publique et les mesures sanitaires en général, ou encore la division qui aurait dans ses attributions la police, la conservation des bonnes mœurs, l'instruction publique, etc., relativement à celle qui se trouverait chargée de la construction, de l'entretien, de la réparation des monumens publics, des maisons destinées à l'éducation, de celles qui sont affectées aux établissemens de bienfaisance et de charité, aux dépôts de mendicité, aux hôpitaux, aux prisons, etc.

L'état actuel du Ministère est donc incontestablement de beaucoup préférable à l'état

du Ministère avant la Révolution ; l'organisation, à cet égard comme à beaucoup d'autres,
a fait un pas vers l'uniformité, et c'est une
chose d'une haute importance pour le bien-
être et la prospérité d'un peuple ; mais, sous
ce rapport non plus, et relativement même au
partage des branches ou divisions principales
du Ministère, nous ne sommes pas encore ar-
rivés au dernier degré de simplicité, d'ordre,
de régularité possible et nécessaire ; et, si l'on
y fait quelque réflexion, on verra bien que
cette classification présentement admise par
la législation, n'est pas d'accord avec celle qui
existe dans la nature, et que par conséquent
il ne s'agit pas de créer, d'inventer, mais qu'il
ne faut que reconnaître et constater.

Or, cette classification naturelle et préexistante, quelle est-elle ? Qui affirmera que celle
que l'on pourra indiquer comme telle, sera la
vraie, la seule à laquelle on doit se fixer, et
qu'il ne peut en exister une autre égale, ou
même supérieure et à préférer ? Aucune affir-
mation n'est ici nécessaire, et la preuve pour
tout esprit judicieux et exercé doit résulter,
si le fait est vrai, de son évidence même.

Cela posé, nous croyons pouvoir dire avec confiance à nos lecteurs que, d'après l'unique division prise dans la nature des choses, on ne peut reconnaître que trois grands Ministères ; savoir : le Ministère de l'Intérieur, le Ministère des Relations extérieures, et le Ministère du Trésor public ; susceptibles, les deux premiers du moins, d'être eux-mêmes partagés en différentes divisions principales ou sous-ministères, ainsi que nous en trouverons par la suite la démonstration.

Commençons par entrevoir ici quelques-uns des avantages de cette simplification dans l'organisation première du ministère, et essayons de prévoir les objections que l'on pourrait imaginer pour la combattre.

Nous pourrions d'abord parler d'un premier avantage, celui de l'économie manifeste et directe qui en résulterait ; et cet avantage, quand il serait le seul, ne devrait pas être négligé, si d'un autre côté il n'entraîne avec lui aucun inconvénient réel. Depuis plusieurs années, nous voyons se multiplier les nominations de ministres d'état, de sous-secrétaires d'état ; on s'est efforcé de défendre ces titres de création

26.

nouvelle, sans en démontrer l'utilité : c'est par
l'organisation du Ministère, dont il est ici question, qu'ils pourraient en effet cesser d'être de
véritables sinécures, et devenir au contraire
profitables à l'État; chaque division principale ou sous-ministère devant être confié à la
direction et surveillance d'un sous-secrétaire
d'état, dont les appointemens sont quatre fois
moindres que ceux dont les ministres ont obtenu jusqu'ici l'allocation.

Un autre avantage, dont les résultats sont
inappréciables et infinis, consiste précisément
dans l'application juste, constitutionnelle et
régulière, à l'exercice de la Puissance exécutive, du Principe d'Unité; principe dont les
résultats sont si différens, selon l'emploi que
l'on en fait; principe de destruction et de
ruine, s'il est étendu ou placé hors de ses véritables limites; principe de force et de vie,
lorsqu'il est au contraire circonscrit exactement dans ces mêmes limites, celles de l'administration proprement dite ou de l'exécution.

Un troisième avantage de cette même organisation, et celui-ci découle déjà du précédent,
c'est la possibilité qui doit en résulter, de

mettre par la suite plus d'ensemble et d'uniformité dans l'organisation de toutes les parties secondaires et inférieures de l'administration; car, quoique peut-être le plan de cette
organisation ne puisse pas être le même en tout
point, dans toutes ses parties, il est du moins
constant que, pour qu'il se rapproche d'un
certain degré de clarté et de perfection, il faut
que l'on veuille et que l'on puisse s'appliquer
à lui donner pour appui des bases concordantes et analogues; et c'est ce que l'on ne
voudra pas, ce que même on ne pourra peut-
être pas effectuer, tant qu'il n'existera pas un
chef unique et supérieur pour chacun des trois
grands Ministères distincts que nous venons
d'indiquer.

Maintenant, si nous allons au-devant des
objections, ce que nous venons de dire répond
déja suffisamment à celle que l'on voudrait
tirer du danger de la concentration; car toutes
les fois que la Puissance exécutive, ou seulement une portion distincte de cette Puissance,
se trouvera strictement renfermée dans les limites des attributions qui lui sont propres (*a*),

_____

(*a*) *Voy. ci-dessus*, entre autres, vol. iv, p. 82 *et suiv.*

la centralisation aura d'immenses avantages,
et ne donnera pas à craindre les graves inconvéniens qu'elle doit infailliblement produire
dans un ordre de choses où ces limites sont
détruites, et le domaine de la Puissance législative et celui de la Puissance judiciaire usur-
pés et envahis. On ne serait donc pas fondé à
opposer ici l'exemple du passé ou du présent;
car jusqu'ici les bornes respectives de ces trois
premières Puissances constitutives ont toujours
été plus ou moins franchies et dépassées par
l'une ou par l'autre des trois, mais principalement par la seconde, c'est-à-dire par la Puissance d'exécution.

Nous raisonnons, on ne doit pas l'oublier,
dans l'hypothèse d'une Organisation sociale,
réformée et rendue plus régulière dans toutes
ses parties. Ainsi, avant de se prononcer sur
les avantages et sur les inconvéniens de la simplification du ministère, il ne faut pas perdre
de vue que cette simplification est proposée
pour coïncider avec la réforme de toutes les
autres branches de l'Organisation monarchique
constitutionnelle; qu'en conséquence on doit
déja considérer la Puissance législative et la

Puissance judiciaire comme étant, dans tous les détails de leur organisation particulière, établies et réglées sur les bases, d'après les fins que chacune d'elles doit spécialement atteindre. Or, quelle comparaison de l'ancienne monarchie, avec toutes ses irrégularités et imperfections choquantes, quelle comparaison même des institutions actuelles, sous tant de rapports encore incomplètes, et préparées seulement pour recevoir un nouveau et plus haut degré d'amélioration, à ces mêmes institutions, lorsqu'elles auront atteint ce degré de perfectibilité possible, auquel la raison et l'amour de la justice, de la patrie, de l'humanité, doivent nécessairement aspirer! Qui ne verra que, d'après ce nouvel ordre de choses, la centralisation du ministère, telle que nous venons de la proposer, ne saurait avoir les mêmes inconvéniens qu'elle aurait eus avant *mil sept cent quatre-vingt-neuf,* ou que peut-être elle aurait encore à présent, si elle était admise isolément, et sans qu'il fût pris aucune autre mesure organique ou constitutionnelle pour rétablir et conserver l'équilibre dont cette centralisation d'attributions et de pou-

voirs pourrait faire appréhender la rupture?
Nous supposons des Chambres représentatives
nationales, départementales, cantonales et
communales, régulièrement constituées, indé-
pendantes, libres, et préservées de toute influence ministérielle, établies et consolidées
dans l'intégralité de leurs droits; nous supposons la stricte observation de tous les principes du Droit philosophique et moral, qui
doit naturellement résulter de cette organisation des différens degrés de la Puissance
législative d'après les vrais principes du Droit
organique et constitutionnel, le respect reli-
gieux pour la sûreté, la liberté, la propriété
individuelles, la réprobation effective et formelle de tous priviléges, immunités et prérogatives, l'égalité parfaite devant la loi, la
liberté entière de l'industrie et du commerce,
tant à l'intérieur qu'à l'extérieur, etc., etc.;
c'est dans cette hypothèse, et encore avec un
Système électoral mis à l'abri de toute influence
étrangère, ministérielle ou autre, un Conseil-
d'État également affranchi du joug, et mis en
pleine possession et jouissance de ses attributions, enfin avec un Roi constitutionnel, s'en-

tourant de ministres éclairés et actifs, et néanmoins toujours surveillés par lui (*a*); que nous
proposons cet autre moyen de perfectionnement, la centralisation ou simplification du
ministère. Et il nous semble qu'il n'est aucune
objection possible à laquelle cette seule réflexion ne doive victorieusement répondre.
Quels dangers, en effet, cette organisation
simplifiée, qui doit être la source féconde de
biens, de prospérités, d'avantages multipliés,
pourrait-elle faire raisonnablement redouter,
si l'on remarque seulement que les dangers
résultans d'une concentration beaucoup plus
grande, et dans un état de choses sans ordre
et sans régularité, provenaient, du moins pour
la plupart, de l'incapacité, de l'indolence du
souverain; incapacité, paresse pour ainsi dire
commandée alors, même dans les pays les
moins barbares, ainsi qu'elle l'est encore chez
quelques peuples asservis et dégradés sous le
poids du despotisme, par les préjugés ou par
la politique fourbe et astucieuse des visirs et
des courtisans.

_____

(*a*) *Voy. ci-dessus*, vol. VII, pag. 488 *et suiv.*

Achevons au surplus de nous éclairer, en examinant avec quelque détail les attributions essentielles et particulières, et la division de chacun des trois principaux ministères.

Ministère de l'Intérieur.

La complète organisation des Chambres représentatives nationales, provinciales et municipales, leur entière indépendance, le respect dû aux principes du Droit public, la liberté du Système électoral et l'affranchissement du Conseil-d'État, doivent simplifier les rouages et le mouvement, diminuer en un sens la sphère excentrique des attributions de ce ministère; mais, d'un autre côté, les divisions importantes qui en étaient détachées, se trouvant placées et rétablies dans leurs limites, son action et son influence seront encore d'une grande étendue; et nous ne devons même pas songer à entrer dans le développement et le réglement de tous les détails de son administration. Il suffira que nous ayons indiqué le moyen d'arriver à ce plus haut degré de régularité dans toutes les parties inférieures, et déterminé les divisions principales ou sous-ministères qui doivent en dépendre, et leurs attributions.

Ces divisions principales sont évidemment les sous-ministères, 1° de la religion ou des cultes ; 2° de l'instruction ; 3° de la justice ; 4° de l'agriculture ; 5° de l'industrie et du commerce ; 6° de l'organisation des Armées de terre ; 7° de celle des forces navales ou de la Marine ; 8° de la Police générale ; 9° des Finances ou des Domaines, et des Contributions ; lequel sous-ministère ne doit pas être confondu avec le Ministère du Trésor public(a).

Nous remarquerons d'abord que, d'après cette classification, le Ministre de l'Intérieur doit naturellement réserver, sous sa surveillance directe et immédiate, les propositions de nomination, suspension et révocation des sous-secrétaires d'État, des préfets, des sous-préfets et des maires ; l'examen et l'approbation de leurs actes administratifs, les questions relatives à la division, à la statistique du territoire et de la population, et en général toutes celles qui ne se rattacheraient pas aux attri-

(a) *Voy. ci-après, même Section.*

butions particulières dévolues à chacun de ses sous-ministères.

Nous émettrons ensuite quelques réflexions, relativement à ces attributions particulières à chaque sous-ministère; et quant à leur organisation, nous nous bornerons à faire trois observations importantes; savoir :

Premièrement, que dans une Monarchie, disons même dans une République, l'Unité doit toujours être la base de l'Organisation administrative, depuis le faîte jusque dans les dernières ramifications; que sans elle il ne peut y avoir dans le Gouvernement ni force ni ensemble, et qu'en conséquence toute Commission ou Administration, composée de plusieurs membres, commissaires ou administrateurs, égaux en pouvoirs, et réunissant collectivement des attributions de même nature, est une anomalie, un véritable contresens constitutionnel, dont les résultats ne seront jamais sans inconvéniens.

Deuxièmement, que, dans chaque sous-ministère, l'organisation peut toujours conserver quelques points essentiels d'uniformité, au moins dans l'existence d'un secrétariat général,

composé de cinq divisions ou bureaux principaux ; savoir : 1° le bureau du Secrétariat
proprement dit, chargé de l'ouverture, de
l'examen et de l'analyse des dépêches à l'arrivée, de l'enregistrement et distribution des
affaires, des renseignemens généraux à donner
au public, des réponses aux demandes d'audiences, places et secours, etc., de la délivrance des congés à accorder aux employés,
et enfin du contre-seing, de l'enregistrement
et du départ des lettres et paquets ; 2° celui du
Contentieux, chargé de la suite et instruction
de toutes les affaires en litige ; 3° celui des Archives, chargé du dépôt, de la classification,
du répertoire et de la conservation de toutes
les lois, des ordonnances royales, des arrêtés,
réglemens, statuts, décisions et circulaires
ministérielles, etc.; 4° celui de la Comptabilité spéciale, chargé des rapports et décisions sur les matières relatives à cette comptabilité spéciale du sous-ministère et de ses
bureaux, du contrôle des employés, de la
tenue des registres et écritures, de la formation du budget des dépenses annuelles et
spéciales du sous-ministère, des recettes et

versemens au Trésor royal, de l'ameublement, mobilier, fournitures, impressions et dépenses diverses intérieures, des lettres d'avis, expéditions et délivrance des bordereaux de paiement, etc.; 5° celui de la Revision et du Perfectionnement.

Troisièmement, qu'il semble aussi que dans chaque sous-ministère ou dans chaque direction dépendante d'un sous-ministère, il devrait toujours exister deux parties principales et distinctes, chargées, l'une du Personnel, l'autre du Matériel; lesquelles seront elles-mêmes partagées en autant de divisions, sections, bureaux et employés, que pourront l'exiger les besoins du service qui s'y rattache, c'est-à-dire la multiplicité, l'importance, l'étendue des genres d'affaires et de travaux qui en dépendent.

Ces premières règles d'une application générale bien comprises, jetons un coup-d'œil rapide sur chaque sous-ministère dépendant du Ministère de l'Intérieur, et cherchons à en reconnaître, à en indiquer, à titre seulement de renseignement, les principales attributions.

1º *Sous-Ministère de la Religion ou des Cultes.*

Dans un pays où il existe plusieurs religions, où même la liberté des opinions religieuses est un principe de droit public consacré par la législation, où chacun doit en conséquence obtenir pour son culte la même tolérance, la même protection (*a*), comment concevoir l'absence d'un centre d'administration seul propre à faire observer impartialement les lois fondamentales de l'État sous ce rapport? Ce ne sont pas les ministres de l'un ou de l'autre de ces cultes, qui prendront soin de faire honorer et respecter les autres; on ne doit pas l'attendre d'eux et le leur demander.

D'ailleurs ce centre d'administration serait peut-être un des moyens les plus efficaces d'amener insensiblement et de fixer enfin toutes les croyances à ce qu'il y a de plus essentiel, de véritablement universel et immuable dans toutes les religions, et de les

(*a*) Charte Constitutionnelle, du 4 juin 1814. Droit public des Français. *Art.* 5. «Chacun professe sa religion «avec une égale liberté, et obtient pour son culte la même «protection».

amener ainsi, par une douce persuasion, à s'unir, à se confondre ensemble pour honorer en commun et par des vœux patriotiques et fraternels, l'auteur suprême de toute morale et de toute équité.

Sans doute que, si l'organisation ministérielle eût été sous ce rapport plus conforme aux vrais principes du Droit constitutionnel, nous n'aurions pas eu à gémir, et des scandales dont les citoyens véritablement amis de l'ordre et de la paix publique ont naguère été affligés, et des mesures violentes auxquelles des branches d'administration agissant hors de leur sphère se sont crues dans la nécessité de recourir pour les réprimer.

Les Attributions de ce sous-ministère, sous la direction et surveillance du Ministère de l'Intérieur, pourraient être déterminées à peu près telles qu'elles l'avaient été par le décret du 14 vendémiaire an X, et par celui du 21 messidor an XII et depuis ces époques, mais seulement en ce qui concerne l'intérieur du royaume.

Attributions. Présentation des sujets propres à remplir les places de Ministres des différens

cultes. Expédition des nominations faites ou
agréées par le Roi. Lettres-patentes d'institutions. Surveillance des associations et congrégations religieuses de toutes classes, confré-
ries, séminaires et maîtrises, etc. Formation
des états de répartition des traitemens de tous
les minsitres des cultes salariés par l'État. Délivrance des ordonnances de paiement. Demandes de pensions et secours. Régie et administration temporelle des évêchés, chapitres,
paroisses, annexes, chapelles et fabriques. Lo-
gemens des curés, desservans, vicaires et autres. Bâtimens et propriétés du clergé. Mobilier et autres dépenses des cultes en général.
Dons et legs ecclésiastiques. Circonscription
des paroisses, succursales et églises consisto-
riales. Honneurs et préséances dans les églises
et autres édifices destinés à l'exercice des
cultes. Tarifs des oblations et inhumations.
Police spéciale, etc., etc.

2° *Sous-Ministère de l'Instruction publique.*

Cette autre division principale de l'administration n'est pas moins nécessaire dans un
État, pour y établir, relativement à l'éducation

et à l'instruction publiques, cette uniformité
de doctrine et de principes si nécessaire au
bonheur individuel de tous les citoyens et à
la prospérité générale de la société; résultat
que l'on ne pourrait pas obtenir, qu'il n'est
pas raisonnable d'espérer, de ces systèmes que
l'on a quelque sujet de s'étonner de voir
adopter dans une Monarchie, de Commissions composées de plusieurs membres égaux
en pouvoirs administratifs, d'Universités même ou autres Corps collectifs sans unité suffisante, sans dépendance hiérarchique, constitutionnelle et régulière, dont les uns se
méprenant étrangement sur le but véritable
de leur mission, se persuadent peut-être qu'il
est plutôt de leur devoir d'étouffer, de ralentir
du moins les progrès des lumières, que de
hâter le développement de la raison et de l'en-
tendement humain (a), et dont les autres, au
contraire, non moins éloignés de la sagesse

(a) « *Multitudo sapientium sanitas est orbis terrarum* ».
Sap., cap. vi, v. 26.

« *Qui ad justitiam erudiunt multos, fulgebunt quasi
splendor firmamenti* ». Dan., cap. xii, v. 3.

« *Vir sapiens erudit plebem suam et fructus sensus illius
fideles sunt* ». Eccles., cap. xxxvii, v. 26.

et de la vérité, ne s'appliquent peut-être pas
assez à convaincre la jeunesse que la véritable
liberté n'est pas ennemie de toute sujétion,
de toute dépendance, et qu'elle ne peut même
pas exister sans subordination, sans respect
pour l'autorité, sans obéissance et soumission
aux lois.

Peut-être que, si, sous cet autre rapport,
l'organisation eût été plus conforme aux vrais
principes, on n'aurait pas entendu à la tribune
de la Chambre des Députés, dans la session
de 1815, s'élever de justes réclamations, sur
lesquelles il fut néanmoins passé à l'ordre du
jour, au sujet d'une ordonnance, en date
du 30 juillet 1814, qui, au mépris des articles 1, 3, 71 de la Charte Constitutionnelle
du 4 juin précédent, annonçait que l'éducation militaire était due de préférence aux
enfans des familles nobles (a).

Peut-être que, dans ce cas, les mouvemens
d'agitation et d'effervescence qui, depuis quel-

(a) *Voy.* Du Conseil-d'État selon la Charte, etc., par
M. Sirey, pag. 350. — Et le Moniteur du 13 novembre
1814, pag. 1277.

ques années, se sont parfois manifestés parmi la jeunesse des écoles de la capitale et de plusieurs grandes villes du Royaume, auraient encore été ou prévenus ou réprimés par des voies moins rigoureuses, et cependant plus propres à rétablir et à conserver pour la suite l'esprit d'ordre et de tranquillité (a).

Ce sous-ministère peut d'abord admettre deux parties principales ou directions distinctes. 1° La Direction de l'Enseignement ou des Écoles : 2° La Direction des Bibliothèques, Musées, Institutions savantes, Imprimerie, Librairie et Théâtres.

1° *Direction de l'Enseignement ou des Écoles.*

Attributions. Nomination des recteurs, inspecteurs, proviseurs, censeurs, principaux, régens, professeurs, maîtres d'étude, suppléans, et autres titulaires, officiers et fonctionnaires, dépendans de cette partie d'administration. Réception de la prestation du serment. Délivrance des diplômes. Échange et

(a) *Voy. aussi*, à ce sujet, ce que nous avons déjà développé ci-dessus, vol. vi, pag. 415 *et suiv.*

collation des grades. Direction et surveillance des institutions de premier, deuxième, troisième et quatrième degré (*a*), c'est-à-dire des Institutions ou Écoles primaires, dans les communes; des Écoles secondaires ou Pensionnats, dans les arrondissements; des Collèges, Lycées ou Académies, dans les départemens; et de l'Université ou Maison normale et des Émérites, dans la capitale. Direction et surveillance des Écoles polytechniques et spéciales ou Facultés de théologie, de droit, de médecine, de chirurgie, des lettres et langues, des sciences mathématiques, physiques et naturelles; des Écoles d'archéologie, de stéréotomie, de dessin, peinture, sculpture, gravure, déclamation et musique, etc. Inspection de tous les Lycées, Écoles et Facultés, pour y reconnaître l'état des études et de la discipline, s'assurer de l'exactitude et des talens des professeurs, régens et maîtres d'étude, examiner les aspirans aux bourses communales, cantonales et départementales, surveiller l'administration et la comptabilité lo-

_____

(*a*) *Voy. ci-dessus*, vol. VI, pag. 428, note (*a*).

cales. Exécution des réglemens sur les concours. Instructions à donner aux recteurs. Présentation des sujets pour les Écoles préparatoires d'application et de service public, telles, par exemple, que celles des ponts et chaussées, des mines, d'architecture, des ingénieurs géographes, des ingénieurs de vaisseaux, celles de navigation, d'état-major, de génie, d'artillerie, de cavalerie et d'équitation, de médecine vétérinaire, d'économie rurale, des arts et métiers, etc. Les économats. Contentieux des droits de diplômes et de rétribution. Examen, admission ou rejet des livres nouveaux proposés pour l'enseignement. Classification et distribution de ceux desdits ouvrages qui doivent être mis entre les mains des élèves, ou placés dans les bibliothèques des écoles, lycées et facultés, etc., etc.

2° *Direction des Bibliothèques, Musées, Institutions savantes, Librairie et Théâtres.*

Attributions. Nomination des conservateurs, directeurs, inspecteurs et autres fonctionnaires et employés dépendans de cette partie d'administration. Surveillance et conservation des

bibliothèques et dépôts littéraires, des musées,
des monumens d'antiquité, des beaux-arts,
d'histoire naturelle. Conservatoire des arts
et métiers et autres collections nationales.
Institut, bureau des longitudes, observatoire.
Correspondance et relations avec les sociétés
littéraires et savantes de la capitale et des départemens. Encouragemens aux savans, aux
gens de lettres et aux artistes. Rapports et
propositions sur les ouvrages de sciences
et arts. Achats, abonnemens, souscriptions,
transports et distributions de ces ouvrages.
Exécution des lois et réglemens relatifs à l'imprimerie et à la librairie. Délivrance des brevets, et réception des déclarations. Examen,
censure et réception des pièces de théâtre.
Direction, surveillance et police spéciale, etc.

3° *Sous-Ministère de la Justice.*

Nous avons déja eu lieu de démontrer, et
nous prouverons encore par la suite, que
l'indépendance morale, l'honneur, la dignité
de la Magistrature, doivent être garanties par
l'indépendance d'organisation de l'Ordre judi-

ciaire(*a*) : toutefois, l'existence du sous-ministère de la justice est nécessaire ; et elle n'aura
rien de funeste, si elle n'a rien de contraire
aux règles fondamentales de cette organisation d'après les principes essentiels du
Droit constitutionnel, si les attributions qui
lui sont départies et déléguées se trouvent
strictement renfermées dans leurs justes limites.

Attributions. Nomination des officiers dits
du Ministère public près les Cours et Tribunaux, ou Magistrats du Parquet, Avocats-
généraux, Procureurs du Roi ou autres. Renseignemens à leur transmettre relativement à
l'instruction des procès civils et criminels
poursuivis au nom du Roi. Instruction, devant la Haute-Cour de justice et de cassation,
des conflits de juridiction et des conflits d'autorités qui peuvent être élevés par les officiers
du ministère public près les cours et tribunaux (*b*). Rapports au Conseil-d'État sur les

---

(*a*) *Voy. ci-dessus*, entre autres, vol. IV, pag. 89 *et
suiv.* ; vol. VIII, pag. 245 *et suiv. — Et ci-après*, tit. III.

(*b*) *Voy.* sur la définition de ces différens conflits, ci-
dessus, vol. VIII, pag. 209, note (*a*).

conflits administratifs ou d'Attributions (*a*).
Exécution des arrêts et jugemens prononcés
en toutes matières au profit du Gouvernement.
Vérification, réglemens et régularisation des
indemnités (*b*) et des frais de justice. Exécution des arrêts et jugemens criminels. Rapports en grace et en commutation de peine.
Extraditions et Réhabilitations. Surveillance des
prisons. Établissement et surveillance des registres et des actes de l'état civil des citoyens, de
naissance, de mariage et de décès. Formalités
à observer relativement aux déclarations d'absence. Examen des demandes de naturalisation
et délivrance des actes relatifs à leur admission. Admission à l'exercice des droits de citoyen. Dispenses d'âge et de parenté pour
mariage. Régime et organisation du notariat.
Nomination, surveillance et discipline des
avoués, commissaires - priseurs et huissiers.
Approbation des mesures d'ordre et de discipline, prises par leurs chambres ou conseils, etc., etc.

(*a*) *Voy. ci-dessus*, vol. viii, pag. 245 *et suiv.*
(*b*) *Voy.* 1ʳᵉ part., vol. i, pag. 359 *et suiv.*

4° *Sous-Ministère de l'Agriculture.* (a).

Entre autres dispositions relatives à cette partie d'administration , l'ordonnance du 4 juillet 1814 a rétabli la société royale d'agriculture dans le titre et les attributions qui lui avaient été conférés en 1788 ; elle a voulu que cette société fût le centre et le lien de correspondance des différentes sociétés d'agriculture du royaume, et que ses travaux eussent pour objet l'amélioration des diverses branches de l'économie rurale et domestique de la France; qu'elle se réunît deux fois par mois à l'hôtel de la Préfecture du département de la Seine ; qu'elle tînt, chaque année, une séance publique, pour entendre le compte de ses travaux à elle présenté par le secrétaire perpétuel, et pour la distribution des prix proposés par elle au concours.

L'ordonnance du 27 janvier 1819, ci-dessus relatée (b), a créé, pour donner son avis sur

---

(a) « *Omnium rerum ex quibus acquiritur, nihil est agriculturâ melius, nihil uberius, nihil dulcius, nihil homine, nihil libero dignius* ». Cicer. De Off. lib. 1.

(b) *Voy. ci-dessus*, vol. viii, pag. 398, note (a).

les questions de législation et d'administration et sur les projets et mémoires relatifs à l'agriculture, pour présenter ses vues sur les améliorations et perfectionnemens à introduire dans l'agriculture et sur les récompenses et encouragemens à accorder, un Conseil d'agriculture composé de dix membres, à la nomination du ministre, sous l'approbation du Roi.

Pour remplir le but qu'elle se propose, cette seconde institution n'est pas moins insuffisante que la première et que toutes celles qu'on a établies jusqu'ici. D'après cette ordonnance, chaque préfet présente, à la vérité, au choix du ministre, un membre correspondant du Conseil, ayant le droit d'assister aux séances quand il se trouve à Paris; mais quel est le propriétaire, le cultivateur qui peut abandonner souvent la surveillance de ses travaux domestiques, pour venir, des points les plus éloignés du Royaume, assister dans la capitale aux délibérations du Conseil établi près du ministère. Et qu'est-ce d'ailleurs que ce Conseil composé de dix membres pour tous les départemens dont un vaste État se compose, et lors sur-tout qu'il n'existe pas

dans ces départemens d'institutions constitutionnelles et régulières, qui puissent seconder
efficacement ses vues et ses projets d'amélioration ?

Nous l'avons démontré ; c'est dans la composition même de l'une des trois branches du
Pouvoir législatif. que doivent se trouver rassemblés et constitués en Corps libre et indépendant les représentans et mandataires véritables de la propriété, de l'agriculture, et cela
non seulement dans la capitale pour tout le
Royaume, mais encore dans chaque département, dans chaque arrondissement, dans chaque commune (a). Ici, nous remarquons que
les membres que le sous-ministère de l'agriculture doit appeler dans son sein, ne sont pas
des propriétaires et des cultivateurs, qui, du
moment où ils sont nommés par le ministre,
n'offrent plus les garanties nécessaires d'indépendance et de liberté, mais des hommes
propres par leurs études habituelles et principales, par des expériences et des travaux

(a) *Voy. ci-dessus*, entre autres, vol. vi, p. 8 *et suiv.*;
et vol. vii, pag. 148 *et suiv.*

assidus, à avancer les progrès de la science, à concevoir des procédés, à juger des plans qui, examinés et mûris de nouveau dans le Conseil-d'État, pourront en définitive devenir la matière de projets de lois que les trois branches de la législature discuteront et adopteront en connaissance de cause et avec l'espérance fondée du succès.

Attributions. Nomination et surveillance des agens et préposés de cette branche d'administration. Renseignemens sur l'espèce de culture propre à chaque département, et généralement informations à prendre sur la statistique des produits territoriaux et agricoles, sur la topographie et l'économie rurales, sur la délimitation des communes et les chemins vicinaux. Dessèchemens. Défrichemens. Pépinières. Curages des rivières non navigables ni flottables. Canaux d'irrigation. Moulins, étangs, pêches et chasses, parcours et vaines pâtures. Naturalisation des plantes exotiques. Haras, dépôts d'étalons et bergeries. Écoles royales vétérinaires et d'économie rurale. Exécution des lois et réglemens sur le mouvement et la libre circulation des grains et denrées dans l'intérieur du Royaume. Etablissement et surveillance des marchés de grains, de comestibles et de fourrages. Recensement général des grains et subsistances. Relevé des mercuriales. Détermination du prix moyen des grains par quinzaine, mois et année. Tableau du produit effectif et annuel des récoltes en céréales et autres productions du sol. Approvisionnemens et entrepôts. Poids et mesures. Tarifs et réglemens des boulangeries et boucheries. Indemnités et secours pour grêles, inondations, gelées, incendies, épidémies, épizooties, et autres accidens imprévus. Recherches, examens, inventions et perfectionnemens des procédés agricoles. Distribution des récompenses, primes et encouragemens. Courses de chevaux, etc., etc.

5° *Sous-Ministère de l'Industrie et du Commerce.*

Le nombre des membres du Conseil général de commerce et le nombre des membres du Conseil général des fabriques, tous deux établis près du ministère de l'intérieur, avaient été fixés, l'un et l'autre, à soixante; et la réunion de la Hollande avait augmenté ce nombre de huit pour le Conseil général du commerce. Les membres de ces deux Conseils devaient être nommés par le ministre de l'intérieur et pris parmi les négocians et commerçans, parmi les fabricans et manufacturiers, en activité ; au bout de cinq ans d'exercice, ils pouvaient obtenir le titre de conseiller de commerce, ou le titre de conseiller des arts et manufactures, qui devaient leur être conférés par un brevet signé de la main du chef du Gouvernement. Il devait toujours y avoir présens à l'un et à l'autre de ces Conseils pour qu'ils pussent délibérer, cinq membres au moins; et dans le Conseil des arts et manufactures chacun de ces cinq membres devait représenter l'un des genres d'industrie ci-après: la fabrication de la soierie, celle de la laine, celle de chanvre et de lin, celle de coton et celle des cuirs et peaux (*a*).

Nous reproduisons ici la réflexion que nous venons de faire, dans l'article précédent, relativement au Conseil d'agriculture institué, depuis, près du même ministère. Cette institution est par trop insuffisante ; elle ne peut

(*a*) *Voy. ci-dessus*, pag. 372, note (*a*).

ni remplacer les Chambres représentatives
nationales et locales du commerce et de l'industrie, ni atteindre le but spécial qui lui doit
être propre. Les hommes qu'elle doit admettre
dans sa composition n'ont besoin d'être ni
manufacturiers ni commerçans pour remplir
avec fruit leurs fonctions ; peut-être même
vaut-il mieux qu'ils ne puissent être distraits
de ces fonctions par la surveillance de travaux et d'intérêts particuliers, pourvu que
leurs plans toujours soumis à l'examen du
Conseil-d'État ne puissent être approuvés,
sanctionnés et convertis en lois qu'après avoir
été proposés, discutés et adoptés dans les
Chambres représentatives par les véritables
mandataires de l'industrie et du commerce.

Attributions. Nomination et surveillance des
agens et préposés dépendans de cette branche
d'administration. Correspondance ; renseignemens et informations à prendre sur la généralité des productions industrielles et manu-
facturières. Encouragement et soutien des
manufactures, fabriques, usines, forges, aciéries. Police des ateliers et ouvriers. Formation des tableaux et états d'économie et

de statistique industrielle et manufacturière.
Mouvement du commerce dans les diverses
places de l'intérieur. Exécution des lois et
règlemens sur la libre circulation des marchandises et des matières premières. Établissement et surveillance des foires et marchés.
Relevés généraux relatifs aux prix des marchandises et produits manufacturés. Formation du tableau général et annuel de leur
terme moyen et de la balance intérieure du
commerce. Propositions des modifications à
apporter aux tarifs des droits et contributions,
quant aux matières premières qui intéressent
l'industrie. Approvisionnemens et entrepôts.
Poids et mesures. Surveillance des ventes publiques faites par le ministère d'agens de
change, commissionnaires et courtiers. Nomination de ces agens. Organisation, régime et
discipline des conseils de prud'hommes, chambres et bourses de commerce, banques, ton-
tines, sociétés anonymes et d'assurance. Approbation des listes de négocians notables.
Recherche, examen, invention et perfectionnement des procédés mécaniques et indus-
triels, des productions et découvertes pour

lesquels les auteurs sollicitent soit des brevets d'invention, soit des encouragemens et récompenses. Délivrance desdits brevets d'invention. Distribution des récompenses, primes et encouragemens, indemnités et secours. Expositions publiques des produits de l'industrie, des manufactures, arts et métiers, etc., etc.

6° *Sous-Ministère de l'organisation de l'Armée de terre et de ses mouvemens dans l'intérieur.*

Plus la civilisation se perfectionne, plus les peuples s'éclairent, et plus les vrais principes du Droit politique ou des nations, et du Droit des gens ou Droit commun (*a*) sont facilement et scrupuleusement respectés.

Déja l'on sent de jour en jour davantage les bienfaits et le besoin de la paix; la guerre n'est plus un fléau permanent et habituel, mais un désordre rare et passager (*b*).

Cependant, quelque fondée que soit l'espérance que l'on conçoit de voir cet état de choses s'affermir et s'améliorer encore, sur-

(*a*) *Voy. ci-dessus*, PRÉFACE, vol. 1, pag. LXVI.
(*b*) *Ibid.*, 1ʳᵉ PART., liv. II et III.

tout si l'on en juge d'après le nouvel essor que
les lumières viennent de prendre et d'après le
perfectionnement toujours croissant et plus
rapide des institutions ; cette espérance se fût-
elle même complètement réalisée ; tout Corps
politique n'en aura pas moins besoin d'une
organisation militaire calculée de manière à
assurer à tout évènement sa tranquillité intérieure et extérieure ; l'utilité du précepte : « *Si
vis pacem, para bellum* », n'en est pas moins
réelle (*a*).

Il semble toutefois convenable d'adopter,
pour la division du ministère, qui doit être
chargée spécialement de la direction et surveillance de cette organisation militaire, une
dénomination telle qu'elle s'applique plutôt à
l'état de paix permanent et habituel, que l'on
désire de voir se réaliser, qu'à un état de
guerre, qui ne doit plus être considéré que
comme étant purement accidentel.

Ce sous-ministère se divise d'abord en
deux parties ou directions principales, savoir :
1° « Direction des gardes nationales ou séden-

(*a*) *Voy. ci-dess.*, 2ᵉ PART., vol. VII, pag. 19 *et suiv.*

28.

taires; 2° Direction des armées de ligne ou troupes actives et mobiles.

1° Direction des Gardes nationales ou sédentaires.

Cette direction sera chargée de créer et maintenir une organisation uniforme et régulière pour toutes les gardes nationales ou sédentaires du Royaume ; d'en surveiller l'instruction, la tenue, l'administration, le service purement local ; d'en passer les revues quatre fois au moins par année, et d'y récompenser l'exactitude, le zèle, la bonne conduite et le mérite.

Si cette partie importante et première de la force militaire, moins onéreuse que toute autre, ayant déja été et pouvant surtout devenir si utile, sans faire craindre aucun inconvénient, aucun danger, occupait ainsi dans le cadre ministériel et administratif la seule place régulière qui lui convienne ; si elle était stimulée, soutenue, encouragée ; si l'on adoptait pour son organisation l'esprit d'ordre et de justice qui fera toujours la solidité et la force des institutions, et d'après les inspirations duquel nous avons précédemment indiqué quelques idées d'amélioration (a), on ne verrait pas, comme on voit aujourd'hui, l'indiffé- rence et le dégoût s'y manifester avec une rapidité et dans une progression toujours croissante.

Du reste, cette organisation peut se rap- procher en partie de l'organisation de la se- conde direction ; et nous passons de même à l'indication sommaire des attributions de celle-ci.

2° *Direction des Armées de ligne ou Troupes actives et mobiles.*

Cette direction d'une autre partie de la force militaire, plus dispendieuse que la première, et, aujourd'hui surtout, beaucoup plus com- pliquée, pourrait aussi être simplifiée, si on lui donnait pour règles les bases qu'elle doit avoir.

Attributions. Recrutemens et engagemens volontaires. Répartition des recrues dans les différens corps de l'armée de terre. Délivrance des feuilles de route. Tableaux de ces mou-

---

(a) *Voy. ci-dessus*, vol. vii, pag. 65 *et suiv.*

vemens. Tenue. Discipline. Promotions et avancemens. Propositions de titres et décorations. Changemens de Corps. Congés. Permissions de mariage à accorder aux officiers, sous-officiers et soldats de toutes armes et de tous grades. Remplacemens. Formation du contrôle des vétérans. Admission à l'Hôtel des Invalides. Délivrance en temps de paix des congés définitifs et actes de libération des officiers, sous-officiers et soldats qui ont accompli leur temps de service. Admission à la solde de retraite et au traitement de réforme des militaires de toutes armes. Pensions et secours à accorder à leurs veuves, enfans et parens. Réunion et classement des extraits mortuaires. Recherche, réunion et enregistrement de tous les renseignemens propres à y suppléer. Recherche des familles et parents des militaires décédés. Envoi à leurs domiciles des extraits de mort, ou des renseignemens qui peuvent en tenir lieu. Direction et mouvemens des troupes actives et mobiles dans l'intérieur. Leur organisation, instruction et revues. Tableaux et états de la solde. Service des vivres, boissons, liquides, éclairage, chauffage. Habil-

lement, équipement, armement, harnache-
ment, construction d'équipages. Lits et effets de
casernement. Remontes. Fourrages. Transports
et charrois. Étapes. Gite et geolage. Surveillance des travaux de fortifications, canaux
défensifs, et autres. Indemnités de route. Gratifications de campagne et autres. Correspondance avec le sous-ministère de la justice, sur
les affaires civiles et criminelles. Poursuites
des crimes et délits. Recherche des déserteurs.
Contrôles et envois des signalemens par tout
le Royaume. Formation des conseils de guerre
et de revision. Exécution de leurs jugemens.
Recours en grace et en commutations de peine.
Surveillance et inspection des prisons et des
corps de discipline. Applications des amnis-
ties. En temps de guerre, police des prisonniers de guerre. Propositions d'améliorations
à faire dans le service soit du personnel, soit
du matériel. Revision de tous les règlemens
du génie, de l'artillerie, de la cavalerie, de
l'infanterie, pour en former un système complet. Progrès et perfectionnement de différentes branches de l'art des fortifications.
Inspection des écoles préparatoires et d'ap-

plication d'état-major, de génie, d'artillerie, de cavalerie et autres. Inspection et surveillance des commissaires des guerres, des arsenaux, forges, fonderies, manufactures d'armes, et magasins des hôpitaux, etc. Jugemens des épreuves. Propositions d'encouragemens à accorder à l'application et aux talens des individus et à la prospérité des fabriques et manufactures d'équipement et armement en général ; et généralement aussi direction, inspection, surveillance de tous les travaux qui peuvent tendre au perfectionnement de l'art militaire. Dépôt, classification et répertoire des lois et ordonnances royales, relatives à cette branche d'administration, des arrêtés, règlemens, décisions, circulaires ministérielles, de tous les mémoires historiques concernant la guerre. Tableaux des publications. Garde et conservation des types, cartes et plans, etc., etc., (*a*).

(*a*) Le travail relatif à plusieurs de ces divers détails d'administration, en raison de son étendue et de son importance, sous le rapport du matériel surtout, peut être divisé en autant de parties distinctes qu'il existe en effet de parties essentiellement distinctes dans le maté-

7° Sous-Ministère de la Marine.

Nous venons de voir que l'un des résultats salutaires de la civilisation est de tendre à réduire progressivement le nombre des armées mobiles de terre, de le renfermer dans de justes proportions avec les besoins d'une défense légitime, d'arracher ainsi des générations entières à l'influence meurtrière du démon de la guerre, et de rendre les bras vigoureux d'une jeunesse active, d'une population nombreuse, à leur destination naturelle, aux travaux utiles de l'agriculture, de l'industrie, du commerce. Par une conséquence évidente, la même cause, ce bienfait trop méconnu du progrès des lumières, doit conduire au contraire à étendre la prépondérance, à développer, à perfectionner le mouvement et l'activité des forces navales, non

---

riel des fournitures; et même chacune de ces parties peut être subdivisée au moins en cinq sections, suivant la différence des armes, savoir : le *génie*, l'*artillerie*, la *cavalerie*, l'*infanterie*, et les *équipages du train ou autres*.

pour transporter au loin la ruine et la dévas-
tation, non pour aller, ainsi que le firent trop
souvent, au nom de la religion même, des
conquérans impies, ambitieux, avides et barbares, troubler la paix, ravager le pays, détruire l'indépendance des nations étrangères,
et établir par la violence, dans des champs
ruinés, dépeuplés, inondés du sang de leurs
habitans, des colonies onéreuses pour l'État,
dont elles reçoivent et réclament le soutien,
tant que leur faiblesse et l'insuffisance de leurs
propres richesses les rendent soumises et ser-
vilement dépendantes de la mère-patrie, mais
qui, lorsqu'elles auront vu leurs ressources
s'accroître et leur primitif appui se changer en
fardeau, ne manqueront pas de chercher à
rompre des liens qui deviennent des chaînes,
quoique trop fragiles pour durer long-temps.
Bientôt elles briseront un joug fait pour humilier dès qu'il contraint et captive, et d'ailleurs
non moins funeste aux oppresseurs mêmes
qu'il ne l'est aux opprimés.

Ce ne sont pas là les vues, les projets et la
conduite d'un peuple que le flambeau de la
raison, de la liberté, éclaire et vivifie. Il doit

se créer une marine, avoir des flottes et leur imprimer un mouvement sagement calculé de force et d'activité, pour former, dans tous les climats, avec tous les pays du monde, des relations amicales, des opérations d'échange et de commerce, libres, et par cela même profitables ; pour semer, faire germer et fructifier partout ces mêmes principes de droit, de justice, d'honneur, qui doivent faire naître chez lui et propager d'un hémisphère à l'autre la vie, le bien-être et la fécondité ; pour défendre et protéger partout ces principes ; pour maintenir sa propre indépendance ; pour établir et conserver, dans le même but, des communications faciles, fréquentes, promptes et sûres, et pour faire ainsi aimer, honorer, bénir et respecter le pavillon national flottant sur les mers, d'une extrémité à l'autre de la terre.

Attributions. Recrutemens, engagemens des marins, ouvriers et gens de mer. Leur répartition et direction sur les différens ports de mer. Délivrance des feuilles de route. Tableaux et états de ces mouvemens. Tenue. Discipline. Inscriptions maritimes. Travail sur les grades,

avancemens, promotions, récompenses des
officiers et autres marins de toutes classes.
Propositions de titres et décorations. Revues
des officiers et autres individus de tous grades
employés au service de la marine. Changemens. Congés en temps de paix. Permissions
de mariage. Remplacemens. Délivrance des
congés définitifs et actes libératifs des officiers, sous-officiers, matelots, ouvriers et autres hommes de marine qui ont accompli leur
temps de service et engagement. Admission à
la solde de retraite et au traitement de réforme des marins de toutes classes. Admission
aux hôpitaux qui doivent leur être affectés
spécialement. Pensions et secours à accorder
à leurs veuves, enfans et parens. Réunion et
classement des extraits mortuaires, etc. Tableaux et états de la solde. Service des vivres, etc. Construction, réparation, entretien
des vaisseaux, navires et bâtimens de mer.
Martelage, exploitation et transports des bois
de marine des différentes divisions forestières,
dans les ports. Matériel de l'artillerie de marine. Fortifications de mer. Vatringues et pol-
ders. Correspondance avec le ministère de la

justice sur les affaires civiles et criminelles, etc.
Inspection des chiourmes, bagnes et galères.
Rapports sur les bris, échouemens et naufrages. Police de la navigation et de la pêche
sur les côtes (*a*). Progrès et perfectionnement
de l'art de la navigation, etc. Inspection des
écoles d'application de génie maritime, de
marine et de navigation ; inspection des arsenaux, forges, fonderies, manufactures, chan-
tiers, ateliers des travaux de la marine. Collection des mémoires historiques concernant
la marine. Garde et conservation des types,
cartes, plans et travaux topographiques, etc.

8° *Sous-Ministère de la Police générale.*

Dans son discours sur l'Administration de
la justice criminelle, M. l'avocat-général Servan fait une réflexion d'une grande vérité, et
de la sagesse de laquelle les hommes qui gouvernent devraient bien se pénétrer en tous
temps, mais plus particulièrement sans doute

(*a*) Relativement aux grandes pêches maritimes, et autres expéditions, éloignées, des forces navales, *voy.* ci-
après, *Ministère des Relations extérieures.*

dans une monarchie constitutionnelle : « Ne
jugeons pas, dit-il, de la vigilance du magistrat par la multiplicité de ses actions; l'ordre
et l'exactitude en sont un meilleur signe. Un
magistrat vigilant n'appesantit point la main
sur le frein des lois, il le tient léger et presque insensible sur la tête du citoyen; il observe plus qu'il n'agit, et plus il observe,
moins il a besoin d'agir.

« Défiez-vous de ces hommes publics, toujours agissans, toujours inquiets : ce que d'autres prennent pour de la vigilance, n'annonce
qu'une ame timide et des vues incertaines;
leurs yeux, toujours troublés, ne reçoivent
aucune image nette de tant d'objets divers
qui s'y confondent; ils s'agitent comme un
enfant qui a perdu la lumière, et ils commu-
niquent à la chose publique les ébranlemens
qu'ils reçoivent de tous côtés. Encore une fois,
ce n'est pas là être vigilant, c'est être inquiet;
rien ne donne plus de sécurité que de bien
voir ce qui est, et rien ne donne plus de loisir
que de ne faire que ce qui est utile » (*a*).

(*a*) *Voy.* SERVAN. OEuvres choisies, t. 1, p. 11 et 12.

En général, les auteurs, amis de l'ordre et de la tranquillité publique, se sont élevés fortement contre l'existence du ministère de la police générale. Ils ont cru pouvoir entreprendre d'en démontrer non seulement les dangers, mais l'insuffisance et l'inutilité. Plusieurs même, d'opinions fort contraires sur beaucoup d'autres points, se sont accordés pour affirmer que « sous une Constitution libre, le ministère de la police ne doit absolument pas exister (*a*); et, il faut le dire, leurs ouvrages renferment sur ce sujet des réflexions pleines de justesse et de force, et de la lecture desquelles l'homme d'état peut tirer une grande utilité, s'il est réellement jaloux d'atteindre le but unique qu'il doit se proposer, celui de coopérer à la prospérité de la chose publique, au bonheur de la patrie et de l'humanité.

Dans des circonstances assez récentes, les attaques contre cette branche de l'adminis-

---

(*a*) *Voy.* entre autres , De la Justice criminelle , en France , par M. Bérenger ; et de la Monarchie sous la Charte , par M. le vicomte de Chateaubriant.

tration ministérielle ont été renouvelées, en France, avec violence et tenacité, par des orateurs éloquens, mais, on peut le dire aussi, de partis diamétralement opposés (*a*). Leur accord, si peu commun, a eu ce résultat, qu'en apparence du moins le ministère de la police a été supprimé.

En Angleterre, depuis que l'office de grand-connétable a été aboli, il paraît que ce ministère n'a pas non plus existé (*b*); et l'auteur du Système Social dit, à ce sujet, que dans ce pays, « ceux qui gouvernent la nation n'ont encore pu établir aucune sûreté dans les chemins où les voleurs exercent librement leurs brigandages ». — « Les Anglais, ajoute-t-il, craignent la police, parce qu'ils la regardent comme un instrument, qui, dans la main du souverain, peut introduire le despotisme; ils

---

(*a*). *Voy.* entre autres, le Disc. de M. de La Bourdonnaie. Chambre des Députés. Session de 1817.—Moniteur du dimanche, 26 avril 1818, n° 116, *supplément.*

(*b*) *Voy.* ce que Blackstone dit à ce sujet et sur les Constables. Commentaires sur les lois anglaises, liv. I, chap. IX. (*Traduction de M. Chompré*, vol. II, pag. 33 *et suiv.*).

aiment mieux être volés, que de confier au monarque le soin de les garder » (a).

Ce qu'il est vrai de dire, c'est qu'en effet, dans un État mal réglé, mal constitué, cette partie de la Puissance ministérielle peut bien tendre à établir le despotisme, et que, le despotisme une fois établi, elle a encore des résultats plus funestes peut-être; qu'elle est alors soupçonneuse, inquiète, violente, tyrannique, arbitraire; qu'elle corrompt et provoque bien plus qu'elle ne surveille, qu'elle ne prévient, ne protége et ne garantit.

Mais où est la véritable cause de ses mauvais résultats? C'est toujours celle qui dénature et vicie alors toutes les autres institutions ou plutôt toutes les parties de l'excessive autorité de la Puissance exécutive, c'est-à-dire la nature même de ce funeste Gouvernement, dont nous avons assez fait connaître et démontré les imminens dangers, les inévitables inconvéniens. Corrompu dans son principe et corrupteur par essence, ainsi que le remarque

(a) Système Social, 2ᵉ part., chap. iii.

M. de Montesquieu, il ne recueille et n'exprime, des fruits les plus salutaires, que des venins et des poisons mortels (a).

Il n'en faut donc pas conclure que, dans un tout autre état de choses, sous un Gouvernement monarchique et constitutionnel, où chaque institution, chaque partie de l'administration doit être renfermée dans les justes bornes de son véritable domaine, réglée et calculée, conduite et dirigée dans le sens qu'elle doit suivre et pour le but qu'elle doit remplir, la même branche d'administration deviendra aussi nuisible et produira les mêmes effets. C'est une proposition exagérée et peu réfléchie, que d'affirmer que cette branche d'administration doit être entièrement supprimée; et c'est même pousser trop loin l'irréflexion et la crédulité que de se persuader qu'elle puisse être en effet totalement détruite. En y faisant attention, l'on reconnaîtra bien, au contraire, qu'elle ne sera que masquée ou déplacée, et que, de cela même, proviennent encore d'autres inconvéniens graves et qu'il

***

(a) *Voy. ci-dessus*, entre autres, vol. IV, pag. 242.

importe essentiellement d'éviter : le droit,
l'ordre, la bonne foi, sont les seules choses
qui ne puissent jamais nuire.

Dans la vérité, cette division de la Puissance
ministérielle n'a pas encore été jusqu'ici ce
qu'elle doit être ; ses attributions, en un sens
trop étendues, excessives même, dans un autre
sens ont toujours été envahies et trop restreintes : et cette usurpation, par une autre
partie de l'Autorité ministérielle, de plusieurs
des attributions essentielles qui, d'après leur
nature et suivant les règles de droit, appartiennent en propre à celle-ci, est évidemment,
ainsi que nous allons le reconnaître, l'une
des causes qui en ont fait révoquer en doute
l'utilité.

Le sous-ministère de la Police générale se
divise d'abord au moins en deux parties ou
directions principales, savoir : 1° Direction
de Sûreté ou de Police proprement dite ;
2° Direction des grande et petite voiries, des
ponts et chaussées, canaux, navigation intérieure, mines, minières et carrières, mesures
sanitaires, hôpitaux et prisons.

29.

1.º *Direction de la Sûreté publique ou de la Police*
proprement dite.

En réalité encore, dans le point de vue rétréci et borné sous lequel on est dans l'usage de considérer le ministère de la Police générale, il est facile de voir que, dans une société civilisée, qui ne doit abandonner ni aux individus ni aux familles, la répression des délits et des crimes, qui doit même les punir, et plus encore les surveiller et les prévenir (*a*), il convient qu'il existe un centre commun de correspondance et de communication entre les divers agens qu'elle charge spécialement de cette surveillance ; et qu'il est impossible de supprimer ce point central de relations et de communication sans que les citoyens paisibles, dépourvus dès-lors d'une protection clairvoyante et efficace, ne se trouvent livrés à une foule de désordres, d'attentats, de désastres et et de forfaits, causés ou par la soif de l'or, ou par celle de la vengeance, ou par le dénuement, la détresse, la misère des classes

(*a*) *Voy. ci-dessus*, 1.ʳᵉ part., vol. 1, pag. 259 *et suiv.*

indigentes qu'une police proprement dite,
bien entendue, bien conduite, et non pas
détournée sans cesse de son objet, par une
fausse et étroite politique, aurait certainement
pu prévenir et écarter. Alors le chef de cette
branche d'administration que l'on est jusqu'ici
dans l'habitude de désigner sous le titre de
Police générale du royaume, et qui cependant,
dans une monarchie constitutionnelle complètement organisée, ne devrait être qu'un simple
démembrement du sous-ministère de la Police,
ne donnera plus lieu à énoncer, en quelque
sorte comme un principe, «*que son devoir est
de frapper et de corrompre*» (*a*) : car, dans
le fait non plus que dans le droit, tels ne
seront pas les obligations et le besoin de ses
fonctions.

   L'un des ouvrages que nous venons de désigner présente aussi un tableau frappant de
l'emploi et de l'action de la Police générale
sous le dernier Gouvernement ; et dans un

(*a*) *Voy.* l'ouvrage précédemment indiqué, de M. le
vicomte de Chateaubriant. *De la Monarchie sous la
Charte.*

chapitre de cet ouvrage., on lit, entre autres, la réflexion suivante : « On ne sait ce qu'il y a de plus déplorable, ou des incursions de cette police dans le domaine de la justice, ou de la docilité avec laquelle certains magistrats, et trop souvent des tribunaux entiers, reçoivent ses directions. Toutes les idées à cet égard sont renversées : autrefois, c'était la police qui était l'auxiliaire de la justice, maintenant, l'accessoire est devenu le principal, et la justice, en bien des cas, n'est plus que l'auxiliaire de la Police générale (a)». Reproche malheureusement trop fondé....!

Nous avons déjà vu que, sous une monarchie bien constituée, les attributions de la Puissance judiciaire ne seront envahies par aucune des branches de la Puissance exécutive (b); le chef même de la partie de l'Autorité ministérielle qui doit avoir, par l'entremise des magistrats du parquet ou officiers du

(a) Voy. De la Justice criminelle, en France, par M. Bérenger, tit. 1, chap. III, § 1, pag. 252 ; et ibid., chap. v, § 1, pag. 289.

(b) Voy. ci-des., entre autres, vol. IV, pag. 89 et suiv.; et vol. VIII, pag. 245 et suiv.

ministère public, une connexion, un rapport
direct avec les cours et tribunaux ordinaires,
ne prendra pas la suprématie hiérarchique sur
les magistrats de cet ordre essentiellement
distinct et indépendant (a). A plus forte raison, cette suprématie n'appartiendra-t-elle
pas non plus au sous-secrétaire d'état, chef de
la Police. Cette autre partie de l'Autorité ministérielle sera en effet, aussi bien que la première, quoique, sous quelques rapports d'un
rang et d'une importance subalternes, un auxiliaire actif, vigilant, indispensable. Elle ne
troublera pas les citoyens dans la jouissance de
leurs droits les plus sacrés, de leur propriété,
de leur liberté, de leur sûreté individuelles;
elle n'enfreindra aucun des principes fondamentaux, aucune des conditions essentielles
du pacte social; la loi ne lui en donnera jamais le pouvoir : mais elle veillera soigneusement, au contraire, à ce que ces mêmes droits
soient constamment respectés; elle préservera
le propriétaire, l'homme actif qui se livre à
l'industrie, des attentats de la paresse et de la

_____

(a) *Ibid.*, vol. viii, pag. 423 *et suiv.*

malveillance ; elle s'attachera spécialement à diminuer, par des moyens d'encouragement, d'émulation et autres, le nombre des fainéans, des vagabonds, des gens sans aveu et sans état. Son action sera en quelque sorte inaperçue et insensible pour les hommes laborieux et paisibles ; mais, dans leur propre intérêt, d'une extrémité à l'autre, sur toute l'étendue du territoire, elle redoublera de vigilance auprès de ceux sur qui de justes soupçons seront appelés par des circonstances graves, par des accidens trop fréquens, trop multipliés pour qu'on ne soit pas fondé à les attribuer à une volonté criminelle (tels, par exemple, que les incendies qui affligent en ce moment plusieurs des départemens de la France et les environs mêmes de la capitale). Elle épiera dans le silence leurs actions, leurs complots, en général tous les délits et tous les crimes, et s'appliquera surtout à en prévenir, à en détourner l'exécution. Si elle ne peut y parvenir, elle les dénoncera à la justice : jamais elle ne s'armera de son glaive ; mais elle portera son flambeau, elle éclairera ses pas dans l'ombre et jusqu'au fond des repaires où le coupable médite ou poursuit l'accomplissement de ses forfaits.

Attributions. Nomination, direction, surveillance et discipline des commissaires, officiers de paix et autres agens, employés et préposés de cette partie d'administration. Sûreté et police des campagnes, des routes et des villes. Exécution des lois et réglemens sur les passe-ports, sur la délivrance des permis de ports. d'armes, sur la prohibition de certaines armes. Répression du vagabondage. Secours à l'indigence. Établissement, direction, surveillance des dépôts et ateliers dits de mendicité. Hospices et hôpitaux. Maisons de charité, de bienfaisance. Asyles de la maternité, des enfans-trouvés, sourds-muets, aveugles, et aliénés, sous le rapport de l'ordre et des mœurs. Maisons d'arrêts, de réclusion, de justice, et autres prisons. Conduite de la chaîne. Ateliers des condamnés aux travaux publics. Recherche des évadés. Mesures de haute-police et surveillance sur les forçats libérés, etc., etc.

2.º *Direction des grande et petite voiries, Ponts et Chaus-*
sées, mines, minières, carrières, etc.

Nous venons de voir que des législateurs peu
circonspects ou des hommes passionnés ont pu
quelquefois consentir à ce que le ministère de
la police, cette partie distincte et essentielle
d'administration qui, comme toutes les autres,
doit, pour être utile, opérer distinctement et
dans un cercle prescrit et déterminé, fut détournée de son usage et de l'application qu'elle
doit recevoir dans un système bien entendu
d'administration; mais que, loin de la supprimer réellement, ou seulement en apparence
et quant à la forme, on doit se borner à la
faire rentrer, à la régler et circonscrire dans
ses justes bornes. Il nous reste à reconnaître
comment on peut lui donner la nouvelle sphère
d'activité qui lui appartient, et sans laquelle
il lui est même impossible d'agir avec efficacité.

Attributions. Nomination, direction, surveillance des inspecteurs, surveillans et autres
agens de cette partie d'administration. Confection et entretien des grandes routes et des

routes départementales. Exécution des lois et
règlemens sur l'établissement et l'entretien
des chemins vicinaux. Alignement des routes,
rues et places. Démolition pour cause de nécessité ou d'utilité publique, à charge d'indemnités suffisantes et préalables. Travaux et
entretien des grands établissemens nationaux,
ports de commerce intérieur et de rivière.
Construction et entretien des ponts et chaussées. Établissement des bacs, bateaux de passages et écluses. Construction des canaux
navigables. Surveillance des roulages et messageries, de la navigation intérieure, du flottage et du hallage. Lignes télégraphiques,
phares et fanaux. Direction, police et surveillance des mines, minières et carrières.
Administration des poudres et salpêtres. Mesures sanitaires. Permissions à délivrer pour
la formation et l'établissement de certaines
usines et fabriques, verreries, fours à chaux
et ateliers qui répandent une odeur insa-
lubre ou incommode. Police des hôpitaux,
bagnes et prisons, sous le rapport de la santé
et de la salubrité. Police des cimetières et
des inhumations. Destruction de certains ani-

maux nuisibles. Projets d'amélioration et de perfectionnement. Eaux thermales. Propagation de la vaccine et autres découvertes utiles à l'humanité, de même sous le rapport de la santé et de la salubrité. Inspection des écoles royales d'application des mines et des ponts et chaussées, etc., etc.

9° Sous-Ministère des Finances.

Dans l'état actuel de l'organisation ministérielle, cette branche de l'administration centrale paraît être l'une de celles dans lesquelles il existe le plus de complication et de confusion ; et cependant il n'en est peut-être aucune où l'ordre et la simplicité fussent d'une plus grande utilité.

En la séparant du Ministère du Trésor public, on obtiendra en partie ce résultat, auquel il y a lieu de croire que l'on arriverait plus complètement encore par l'adoption de quelques-unes des idées que nous avons précédemment développées au sujet du mode de la perception des impôts (a) ; mais, quant à

_____

(a) *Voy. ci-dessus*, vol. vi, pag. 319 *et suiv.*

présent du moins, et jusqu'à ce qu'un plan
plus régulier, et entièrement conçu dans cet
esprit d'utilité et de simplicité, ait été mûri
dans le Conseil-d'État, proposé aux Chambres,
et converti en loi, ce Sous-Ministère peut admettre cinq parties ou directions principales;
savoir : 1° la Direction des eaux, forêts et
autres domaines de l'État; 2° la Direction des
contributions directes; 3° la Direction des contributions indirectes; 4° la Direction de la
régie, du timbre et de l'enregistrement; 5° la
Direction des postes aux lettres et postes aux
chevaux.

*1° Direction des Domaines de l'État, Eaux et
Forêts, etc.*

Des cinq directions que nous venons d'indiquer, comme pouvant former dès actuellement la subdivision du Sous-Ministère des
finances, celle-ci, la Direction des domaines,
eaux et forêts, etc., est peut-être la seule
qui, dans un système d'administration plus
complet encore, devrait subsister.

Nous commencerons donc par déterminer
ses attributions.

Attributions. Nomination, surveillance, suspensions et destitutions des inspecteurs, sous-
inspecteurs, gardes-généraux, et autres employés de cette direction. Conservation, régie,
administration des domaines de l'État, forêts,
bois, eaux, salines, etc., en général, de tous
les établissemens pouvant donner un revenu
au trésor public. Formation des états des
bois appartenant à l'État, et de ceux des différens établissemens publics, et en général
tout ce qui concerne la statistique forestière.
Semis, pépinières, plantations, dessèchemens
et autres travaux relatifs au sol des forêts.
Détails relatifs à la formation et rectification
des divers arrondissemens forestiers. Affecta-
tions et cantonnemens. Aménagemens. Martelage. Balivage. Coupes. Ventes ordinaires et
extraordinaires. Dispositions pour le service
public. Fermages, locations, baux amphitéo-
tiques ou à vie, partages et aliénations de tous
biens immobiliers. Détails relatifs à la conservation, réparation, entretien, disposition et
vente du mobilier national et des effets mis
hors de service. Contentieux de cette partie
d'administration. Questions relatives aux prises

de possession et revendications. Aliénations révoquées. Domaines engagés. Biens séquestrés. Remise de ceux qui n'ont pas été vendus. Examen et discussion des droits d'usage ou servitudes réclamées soit par les communes, soit par des particuliers. Poursuites des délits, et correspondance à ce sujet avec les officiers du ministère public et le sous-ministère de la justice. Succession en déshérence pour ce qui concerne cette partie. Contestations relatives à tous décomptes. Opérations relatives au cadastre, s'il est, en définitive, jugé praticable et nécessaire (*a*). Rassemblement et classification des titres, plans et documens de tous genres concernant la propriété, la contenance, la nature et la situation des forêts et autres biens nationaux, etc., etc.

2° *Direction des Contributions directes.*

En conservant cette direction, on peut du moins y mettre plus d'ordre, et y apporter une grande simplification (*b*).

(*a*) *Voy. ci-dessus*, vol. vi, pag. 344 *et suiv.*
(*b*) *Ibid.* ; pag. 388 *et suiv.*

Attributions. Nominations, suspensions et révocations des directeurs, inspecteurs, sous-inspecteurs et contrôleurs, des receveurs-généraux, receveurs-particuliers, percepteurs et autres fonctionnaires comptables. Préparation des mesures pour l'assiette, la répartition et le recouvrement des impositions directes. Instructions pour la confection des rôles des contributions foncières, personnelles, mobiliaires et somptuaires, des portes et fenêtres, etc. États de situation. Rédaction des soumissions des receveurs généraux. Suite des rentrées. Décharges et réductions. Distribution des fonds destinés aux secours et dégrèvemens. Contentieux des caisses. Versemens au Trésor, etc., etc.

3° *Direction des Contributions indirectes.*

Cette direction est également susceptible de beaucoup de simplification.

Attributions. Nomination des directeurs, inspecteurs et contrôleurs, des receveurs généraux et particuliers, percepteurs et autres fonctionnaires comptables de cette direction. Perception des contributions indirectes. Proposition des tarifs et de tous les réglemens relatifs à cet objet. Correspondance. Suite des rentrées. Recouvrement des amendes. Décharges et dégrèvemens. Distribution des fonds destinés aux restitutions. Contentieux des caisses. Versemens au Trésor, etc., etc.

4° *Direction de la Régie du Timbre, de l'Enregistrement, des Greffes et des Hypothèques.*

Attributions. Nomination des percepteurs et agens de cette direction. Confection, distribution et vente du papier timbré. Perception des droits d'enregistrement, de greffe et d'hypothèque, etc. Contentieux. Recouvrement des amendes. Versemens au Trésor, etc.

5° *Direction des Postes.*

Attributions. Nomination, surveillance, suspension, révocation de tous les agens et employés de cette direction. Correspondance, tarifs et départ. Affranchissemens. Chargemens. Abonnemens. Envois d'argent. Arrivée. Rebuts. Impressions et magasins. Contentieux. Versemens au Trésor, etc., etc.

Tome VIII. 30

En terminant cette classification générale
des sous-ministères et directions placés sous
la surveillance suprême du Ministre de l'Intérieur, nous observerons qu'elle renferme en
effet toutes les parties de l'administration à
l'intérieur du royaume; et que si quelques-
unes paraissent omises, c'est qu'elles se rattachent immédiatement, et doivent appartenir
au Ministère des Relations extérieures, dont
nous allons pareillement approfondir et déterminer les attributions. Toutefois nous répétons que nous ne présentons ce tableau qu'à
titre d'indication et comme renseignement.

Ministère des Relations extérieures.

Si ce ministère ne peut admettre la même
organisation, la même division, la même classification que celles qui seront adoptées pour
le Ministère de l'Intérieur; si quelques-unes
des divisions correspondantes n'ont peut-être
pas la même étendue, ou la même activité,
surtout en temps de paix; chacune d'elles
renfermera cependant des attributions égale-

ment distinctes par leur nature, et qui seront encore d'une haute importance.

Nous devons donc commencer de même par faire observer ici que, d'après cette classification, le Ministère des Relations extérieures conserve, sous sa proposition immédiate et directe, les nominations, suspensions et révocations des sous-secrétaires d'État dépendans de son Ministère, des ambassadeurs, ministres plénipotentiaires, et autres agens diplomatiques du Roi près des différens Gouvernemens étrangers, comme le Ministère de l'Intérieur conserve, sous sa surveillance directe, les nominations, suspensions et révocations des préfets, sous-préfets et autres principaux agens de la Puissance exécutive à l'intérieur ; et nous renvoyons aussi aux autres réflexions préliminaires que nous avons exposées relativement aux règles générales sur la composition de chaque sous-ministère et de chaque direction (*a*).

_____

(*a*) *Voy. ci-dessus*, vol. VIII, pag. 412 *et suiv.*

1.° *Sous-Ministère de la Religion et des Cultes.*

Attributions. Correspondance avec la Cour de Rome et autres, sur les matières de Religion. Examen, avant leur publication, de tous les rescrits, bulles et brefs du pape. Formation, surveillance et entretien des associations et congrégations religieuses, hors du royaume. Délivrance des ordonnances pour le paiement des ministres et missionnaires entretenus par l'État, dans les pays étrangers, etc., etc.

2.° *Sous-Ministère de l'Instruction publique.*

Attributions. Relations avec les sociétés littéraires et savantes étrangères. Entretien des élèves dans les écoles de dessin, de peinture, mosaïque, gravure, sculpture, architecture, à Rome et ailleurs. Acquisition à l'étranger et transport des objets de sciences et d'arts, etc.

3.° *Sous-Ministère de la Justice.*

Attributions. Correspondance avec les ambassadeurs, ministres plénipotentiaires, et autres agens diplomatiques, résidens et consuls,

soit du Roi près des Gouvernemens étrangers, soit des Puissances étrangères près du
Roi. Établissement et organisation de tribunaux réguliers dans les principales villes de
commerce (*a*). Délivrance des passe-ports. Autorisation de service, permis de résider en
pays étranger. Légalisations. Collection des
traités, manifestes, déclarations, conventions,
règlemens politiques et généraux. Envoi du
Bulletin des lois et des ordonnances, règlemens et circulaires, à l'étranger. Projets de
perfectionnement et d'amélioration, etc., etc.

4° *Sous-Ministère de l'Agriculture.*

Attributions. Correspondance avec les sociétés d'agriculture dans les pays étrangers.
Introduction des cultures et des productions
exotiques. Importation et exportation des
subsistances. Approvisionnemens hors du territoire. Secours et encouragemens à distri-
buer pour les recherches et découvertes éloignées, etc., etc. (*b*).

(*a*) *Voy. ci-dessus.*, 1re Part., entre autres, vol. 11,
pag. 371, note (*a*).

(*b*) *Voy.*, à ce sujet, la loi du 27 avril 1791, *art.* xi.

5° *Sous-Ministère de l'Industrie et. du Commerce.*

Attributions. Maintien et exécution des traités et conventions de commerce avec les puissances étrangères. Correspondance avec les
ministres et consuls de France, et avec les
sociétés étrangères, pour en obtenir les renseignemens relatifs au commerce. Formation
des tableaux de la balance du commerce extérieur. Direction et soutien des comptoirs et
établissemens de commerce dans les contrées
éloignées (*a*). Importation et exportation des
marchandises. Acquisition des marbres bruts
et autres matières premières, nécessaires aux
arts et à l'industrie. Introduction des procédés propres aux fabriques et manufactures.
Secours et encouragemens. Collection des traités de commerce existans, et discussion de
ceux à conclure, etc., etc.

6° *Sous-Ministère de l'Armée de terre.*

Attributions. Surveillance, discipline, entretien et paiement des troupes, officiers et

---

(*a*) *Voy.*, à ce sujet, la loi du 27 avril 1791, *art.* xi.

soldats employés à des expéditions, à des découvertes ou entreprises hors du territoire. Secours, indemnités et encouragemens à leur accorder, etc., etc. Pensions et secours à leurs veuves, enfans et parens. Extraits mortuaires et renseignemens propres à les suppléer, etc. Recette et envoi des pensions, ou soldes de retraite accordées aux militaires qui résident hors du territoire français, etc., etc.

En temps de guerre, direction et administration des armées à l'extérieur (*a*), et se-

---

(*a*) On pensera peut-être qu'il peut y avoir beaucoup de difficultés et d'inconvéniens à transporter ainsi, en temps de guerre, une partie importante d'administration, d'une division du Ministère de l'Intérieur à une division du Ministère des Relations extérieures, quoique cela soit réellement dans l'ordre et en quelque sorte nécessité par la force, par la nature même des choses. Il faut donc dire d'abord qu'il s'est fait et qu'il s'effectue encore souvent, dans le système administratif, des transmutations d'attributions moins naturelles et par conséquent d'une exécution plus difficile. En second lieu, il importe surtout de remarquer que l'expérience a constamment démontré l'insuffisance, pendant la guerre, d'un seul ministère pour l'organisation, le personnel, le matériel, la direction et le mouvement des armées; que l'on s'est vu forcé d'y suppléer, d'une part, par l'admission d'un mi-

cours à délivrer aux prisonniers en pays étranger, etc., etc.

---

nistre-directeur de l'administration de la guerre (*voy.*
ci-dessus, entre autres, pag. 366, 378, 393, 395), chargé
spécialement de l'administration, de la comptabilité des
services des vivres, des fourrages, des remontes, de l'habillement, des lits militaires, du chauffage, des convois
et transports, de la surveillance des commissaires des
guerres, des agens de l'administration militaire et des
officiers de santé, etc.; et d'autre part, en créant un
Major-Général de l'armée, chargé plus spécialement de
la direction et des mouvemens.

Cette dernière institution, adoptée par un homme auquel la connaissance de l'art de la guerre est sans doute
ce que l'on contestera le moins, deviendra d'autant plus
nécessaire dans une monarchie constitutionnelle où le
Prince ne commande pas habituellement les armées en
personne, surtout hors du territoire (*voy. ci-des.*, vol. VII,
pag. 626). Elle doit donc être rétablie au moins en temps
de guerre : car si les ministres sont, alors surtout, nécessaires au centre pour surveiller et hâter la levée, l'organisation, l'instruction des troupes, la confection des
équipages, des armes, et en général de tout le matériel
de la guerre, les convois, les transports et expéditions
sur les différens corps; il faut de plus, pour diriger et
conduire l'ensemble des opérations militaires, la marche,
le mouvement des troupes, un homme revêtu d'un pouvoir actif et assez étendu, faisant lui-même partie de l'armée, et qui puisse, sans entraver ni ralentir aucune

7° *Sous-Ministère de la Marine.*

Attributions. Mouvement et direction des opérations maritimes et des forces navales. Expéditions éloignées. Voyages et grandes pêches maritimes, de la baleine, de la morue et autres. Dépenses y relatives. Entretien, réparation, approvisionnemens des flottes, vaisseaux, navires, bâtimens qui y sont employés. Surveillance, police et discipline, entretien et paiement des matelots et autres gens de mer qui en font partie. Réclamations des bris, naufrages, échouemens et prises, en pays étranger. Distribution des secours, indemnités, encouragemens et récompenses à accorder en cette partie. Pensions et secours aux veuves, enfans et parens. Extraits mortuaires, et renseignemens propres à les suppléer, etc.

8° *Sous-Ministère de la Police.*

L'organisation de ce sous-ministère à l'extérieur du royaume, de même que la division

---

des autres opérations préparatoires, se transporter rapidement d'un lieu à un autre et voir les choses par lui-même et de près.

correspondante de l'administration ministérielle à l'intérieur, comporte deux parties ou
directions principales et distinctes.

1° Direction de Sûreté publique ou Police proprement dite.

Attributions. Délivrance, visa ou légalisa-
tion des passe-ports pour l'étranger. Recherche, poursuite et réclamation des criminels et condamnés pour autres causes que pour
délits politiques (*a*). Surveillance et rejet des
vagabonds, mendians, et gens sans aveu, qui
chercheraient à s'introduire sur le territoire
national, et autres mesures de police nécessaires à prendre sur les frontières, et particulièrement à l'égard des armes prohibées, etc.

*2° Direction des Mines et Minières, Établissemens de
bienfaisance et Mesures sanitaires.*

Attributions. Recherche et étude des mines
chez l'étranger. Maisons de refuge, de secours
et de bienfaisance, établies ou à fonder pour
les négocians, voyageurs et autres nationaux
en pays étranger. Mesures sanitaires, relativement à ces établissemens et autres, sur les

(*a*) *Voy. ci-des.*, 1re Part., vol. III, pag. 31 *et suiv.*

frontières, dans les ports, etc., principalement dans la vue d'empêcher la communication et introduction des maladies contagieuses et épidémiques; et sous ce rapport, police des lazarets, etc., etc.

9° *Sous-Ministère des Finances.*

Attributions. Perception des droits de douane et d'entrée. Révision du tarif des douanes nationales. Propositions de modifications à ce tarif. Réunion et examen des tarifs étrangers. Formation des tableaux des importations et exportations, pour en déduire la balance du commerce. Personnel, matériel, mouvemens et police des bureaux et brigades. Contentieux. Saisies. Versemens au Trésor, etc., etc.

Si ces attributions des diverses parties principales du Ministère des Relations extérieures, quelles que soient encore et leur étendue et leur importance, n'étaient pas cependant suffisantes, pour que l'on crût devoir en former autant de sous-ministères, dont chacun serait confié à la surveillance d'un sous-secrétaire

d'état, cette classification néanmoins pourrait
encore servir de base à l'organisation de ce
Ministère; et en ne formant de ces parties
distinctes que de simples directions ou divisions confiées à un chef non promu au titre
de sous-secrétaire d'état, la classification qui
en résulterait serait toujours de beaucoup plus
régulière que celles qui ont existé jusqu'ici
dans le département des affaires étrangères,
où se rencontre encore le vice d'organisation
qui existait avant 1791, pour toutes les parties du ministère; c'est-à-dire, que le partage
des attributions y est fondé, non pas sur la
différence et la nature particulière de chacune
de ces attributions, mais d'après une classification quelconque des divers Gouvernemens
avec lesquels l'État est en relation : ce que
l'on a sans doute cru devoir conserver pour
donner moins de prise à la publicité, quoique
peut-être ce système d'organisation soit, par
cela même, moins propre à l'établissement, au
maintien de l'ordre et de la régularité.

Il est bon peut-être de rappeler qu'autrefois on regardait le département des Affaires
étrangères comme étant d'une si haute impor-

tance, que les secrétaires d'état qui s'en trou-
vaient chargés étaient les seuls qui, *de plano*,
et par cela même, eussent droit au titre de
ministre (*a*).

Ministère du Trésor public.

« *Nihil rerum mortalium tam instabile ac tam fluxum est,*
« *quam fama potentiá, non suá vi, nixa* ».

TACITE. Annal., lib. XIII, cap. X.

La nécessité de ce Ministère avait été formellement reconnue par l'arrêté du 5 vendémiaire
an X (*b*) ; et son existence distincte, la responsabilité individuelle du Ministre-Secrétaire
d'état qui doit être chargé de sa direction et
de sa surveillance, sont à coup sûr les garanties les plus fortes que la société puisse avoir,
de l'ordre dans les finances, de l'exactitude
du budget, et de la régularité dans les mouvemens de fonds et dans les paiemens.

Avec ce ministère, nul paiement ne sera ef-

(*a*) *Voy. ci-dessus*, pag. 320 ; et l'ancien Répertoire
de Jurisprudence, par Guyot, au mot *Secrétaire d'état*.
(*b*) *Voy. ci-dessus*, vol. VIII, pag. 364.

fectué qu'en vertu des lois, et conformément à ce qu'elles prescrivent; les fonds seront exactement appliqués aux objets pour lesquels ils auront été votés; le système nécessaire et constitutionnel de la spécialité (consacré par l'article 56 de la constitution du 22 frimaire an VIII), sera religieusement observé et respecté.

Sans ce ministère, les budgets, le vote des impôts, le principe de la responsabilité, sous le rapport de la comptabilité, ne seront jamais qu'illusions et déceptions : non-seulement les vérifications seront impossibles; mais fussent-elles même scrupuleusement faites, elles resteraient encore sans utilité et sans efficacité. On doit donc se hâter de le rétablir, si l'on désire sincèrement de voir l'état du trésor et des finances s'améliorer, et arriver à un degré solide et durable de prospérité.

Ce Ministère doit recevoir tous les versemens des sommes recouvrées par le Ministère de l'Intérieur et par le Ministère des Relations extérieures; il doit opérer toutes les répartitions de fonds et tous les paiemens dans les diverses branches de l'administration.

Il réunira tous les élémens du budget annuel et général de l'État, en recettes et en dépenses; et il sera chargé de sa formation et de sa rédaction.

Le Ministre secrétaire d'état réservera même par devers lui, sous son inspection immédiate et directe, ce travail important.

Le surplus de ses attributions admet ensuite au moins trois parties ou directions principales et distinctes, savoir : 1° la Direction des monnaies; 2° la Direction de l'amortissement; 3° la Direction des recettes et dépenses.

1° *Direction des Monnaies.*

Il serait entièrement superflu de s'étendre sur les principes de bonne foi et d'exactitude scrupuleuse, qui doivent servir de base à la fabrication des monnaies.

Nous ne sommes plus dans ces temps de triste mémoire, que quelques partisans de tout ce qui n'est pas nouveau, ne peuvent se lasser d'admirer et de regretter, et où les rois regardaient l'altération des monnaies comme un moyen licite et facile de richesse et de prospérité.

Il nous suffit d'indiquer sommairement les principales attributions de cette direction.

Attributions. Surveillance, dans toute l'étendue du royaume, de l'exécution des lois monétaires, de la fabrication des monnaies, des fonctionnaires des monnaies, et de l'entretien des hôtels des monnaies et ateliers monétaires. Vérification du titre des monnaies, et du travail des directeurs de la fabrication. Rédaction des tableaux servant à déterminer le titre et le poids d'après lesquels les espèces et matières d'or et d'argent sont échangées dans les hôtels des monnaies. Vérifrcation du titre des espèces étrangères nouvellement fabriquées, afin d'observer les variations qu'il pourrait éprouver. Surveillance du titre des matières et ouvrages d'or et d'argent, dans toute l'étendue du royaume. Vérification de la comptabilité des caissiers des ateliers monétaires, etc., etc.

2° *Direction de l'Amortissement.*

Attributions. Cette direction peut être tout-à-la-fois caisse d'amortissement, caisse des cautionnemens, et caisse des consignations.

Elle sera chargée, comme caisse d'amortissement, de toutes les opérations relatives à l'amortissement de la dette publique; comme caisse des cautionnemens, de la comptabilité générale des cautionnemens, de leur remboursement dans les cas prévus par les lois, et de la distribution des intérêts qui en sont dus; comme caisse des dépôts et consignations, de la recette, garantie et remboursement de toutes les consignations judiciaires, et du service des intérêts des sommes consignées; du placement en accumulation des retenues faites sur le traitement des employés des administrations publiques, ou de leur conversion en rentes sur l'État, pour en former un fonds de retraite, etc., etc. (*a*).

3° *Direction des Recettes et Dépenses.*

Attributions. Nomination de tous les employés de cette direction. Liquidation et pen-

---

(*a*) Cet état d'organisation existait; mais il a été remplacé par un mode d'administration trop restreint, moins monarchique et moins régulier. *Voy.* la loi du 28 avril 1816, *art.* 99 *et suiv.;* l'ordonnance du 3 juillet 1818, celle du 19 mai 1819, et les lois postérieures sur les finances.

sions. Inscriptions, et tenue du Grand-Livre. Transferts et mutations. Caisse générale et autres caisses auxiliaires. Contrôle des paiemens. Agence contentieuse et judiciaire.

CONCLUSION. Si les principales parties de l'administration ministérielle étaient réparties d'après cet ordre, ou dans un esprit semblable de justice et de régularité, il y a lieu de penser que la marche en serait plus libre, plus prompte, plus stable, et plus favorable à la prospérité publique; que l'exactitude et la bonne foi y seraient plus communes, plus naturelles, pour ainsi dire, comme obligées par la position même des administrateurs et autres agens de l'autorité exécutive, sans néanmoins cesser d'être en eux, comme dans tout autre citoyen, un titre précieux à l'estime générale des chefs et des administrés.

Nota. Parmi les Principes du Droit philosophique et du Droit constitutionnel, que nous avons établis et développés jusqu'ici dans cet ouvrage, il en est peu que nous n'ayons appuyés ou sur l'existence même des actes du Gouvernement, ou par l'autorité des Publicistes les plus célèbres et les plus estimés, des Législateurs les plus sages, des Jurisconsultes les plus éclairés ; et, nous croyons l'avoir déja dit, c'est en partie cet appui qui nous donne la confiance que l'ensemble des propositions d'amélioration et de perfectionnement que nous avons entrepris de présenter aux amis de l'ordre, de la justice, de la patrie, de l'humanité, n'a rien d'impraticable et de chimérique, et ne peut être assimilé à ces utopies merveilleuses et idéales, placées hors de la vérité et par conséquent loin de toute possibilité d'exécution.

Ici, nous devons avouer que nous n'avons pas à offrir, sur tous les points, à nos lecteurs, de semblables motifs de confiance et les mêmes garanties ; mais si, toujours animé du même esprit d'utilité, nous ne nous sommes point en effet mépris sur ses inspirations et écarté de la direction qu'il prescrit, bientôt nous ne tarderons pas à trouver de puissans appuis dans les opinions de tant d'hommes qui, soit en France, soit dans tous les autres pays du monde, sont aujourd'hui animés du désir de voir les institutions se perfectionner pour le bonheur de l'humanité tout entière (*a*).

(*a*) Déja, si le temps et l'espace ne nous manquaient pas, nous pourrions recueillir sur les questions les plus importantes, qui se rattachent à la classification des attributions du ministère en général, plusieurs discours prononcés en France dans les dernières sessions des chambres. Bornons-nous à en extraire ou à en indiquer quelques passages.

Ainsi, par exemple, sur l'illégalité et les inconvéniens de l'ordonnance qui établit certaines maisons d'éducation sous le titre de *Collége de plein exercice*, on peut voir, entre autres, le discours prononcé à la Chambre des Députés, dans la session de 1821, par M. le général Foy. (Moniteur du vendredi 29 mars 1822, n° 88, *supplément.*)

— Sur les dangers des armées de ligne permanentes (et même sur leur peu d'utilité, s'il existait une garde nationale fortement organisée), on peut voir le discours prononcé par un autre membre de la même Chambre, M. Ternaux, dans la séance du 28 mars 1822.

Suivant cet orateur, cette garde nationale et des troupes spéciales bien organisées suffiraient pour rendre toute oppression étrangère impossible. « En examinant, dit-il, si la France retirera, des sommes portées dans l'article 8 du chapitre 2 du budget de 1822, et même des 188 millions demandés par le budget du ministre de la guerre, des avantages proportionnés à l'énormité de cette dépense, mon intention n'est nullement de vous entretenir de la composition de l'armée, de son personnel, de son matériel, ni de l'état de nos places fortes.

« Je n'essaierai pas de traiter une matière à laquelle mes occupations me rendent étranger, en présence de militaires distingués réunis dans cette enceinte.

« Je ne ferai non plus aucune dissertation sur les nombreux abus sous lesquels cette branche de l'administration des deniers publics est courbée; si l'on peut en retrancher quelques-uns sur-le-champ, il en est d'autres auxquels le temps peut seul porter remède, et tous vous ont déja été signalés dans les sessions précédentes, ou le seront sans doute dans celle-ci par des orateurs plus en état que moi de les analyser.

« Vous me permettrez de prendre la question de plus haut, et de l'envisager sous le rapport de notre organisation sociale, et sous celui de l'influence qu'elle'exerce nécessairement sur la prospérité de l'agriculture et de l'industrie.

« Pour toute société, deux motifs exigent l'institution d'une force publique.

« Le premier est la nécessité de se défendre contre les autres sociétés qui attaqueraient son existence, ses propriétés ou ses droits.

« Le second est le besoin de maintenir le repos et la tranquillité dans son intérieur, en faisant respecter ses lois et son gouvernement.

« C'est sous ces deux points de vue, qu'il faut examiner de quelle importance il peut être pour la France d'augmenter ou de diminuer notre armée permanente.

« Sous le rapport de la sûreté extérieure, voyons quelle est notre situation morale et physique à l'égard des autres États avec lesquels nous pouvons être en contact.... »

En effet, l'orateur entre ici dans le développement de plusieurs considérations particulières, tirées de la position de la France à l'égard des Puissances étrangères, et à la suite desquelles il continue ainsi : « D'après ces considérations dont la vérité ne vous échappera pas, il est impossible, sous le rapport de la sûreté extérieure, de trouver aucune raison plausible pour augmenter notre armée permanente ; j'en vois au contraire beaucoup pour la diminuer, et faire ainsi de fortes économies qui, en réduisant l'impôt et soulageant le peuple, produiraient bientôt des forces plus réelles.

« Parce que nos derniers monarques entretenaient tant d'hommes sous les armes, est-il nécessaire que Louis XVIII en soudoie un pareil nombre ?

« Nous citera-t-on les exemples de Louis XIV et de Louis XV ?

« Louis XIV fut un grand roi ; mais lui-même a reconnu que l'amour de la gloire l'avait emporté, et que ses guerres avaient foulé son peuple. La France alors manquait de frontières. Louis XIV en traça la ligne, et après les avoir conquises, il eut à les défendre ; il fut réduit à tenir sur pied des armées nombreuses, entouré de peuples qu'il avait humiliés et vaincus, et qui l'avaient ensuite alarmé par leurs victoires.

« Louis XV aurait pu diminuer son état militaire : car il n'entreprit aucune guerre dans l'intérêt de la France ; la France, sous son règne, ne s'est armée que pour des intérêts étrangers.

« Nous citer de pareils exemples, ce serait oublier la différence qui existe entre la monarchie constitutionnelle, que la Charte a établie, et la monarchie, telle qu'elle fut sous nos anciens rois.

« Sous une monarchie constitutionnelle, l'armée n'agit que dans l'intérêt de la patrie ; elle ne se meut en dehors, sous la direction de son roi, que pour protéger le territoire, se venger des aggressions injustes, des injures qu'elle aurait éprouvées, soit comme nation, soit dans la personne de quelqu'un de ses membres.

« Ce n'est plus l'ambition ou la fantaisie qui lui met les armes à la main....

« Au-dedans, l'armée ne doit servir que pour maintenir la tranquillité publique, faire respecter les lois, les défendre dans la personne du prince contre les factions ou les ambitions particulières, dont les entreprises sont d'autant moins dangereuses que le gouvernement est soutenu par l'opinion et par l'intérêt public.

« Dans un gouvernement absolu, au contraire, trop souvent l'armée obéit à un chef qui la fait servir au-dehors à exécuter les projets que l'ambition ou la vengeance lui inspirent; au-dedans, à maintenir un pouvoir oppresseur.

« Sans doute, sous un semblable régime, les armées nombreuses et permanentes, telles qu'elles existaient sous nos derniers rois, pouvaient être, sinon utiles à la prospérité du pays, au moins une conséquence de l'ordre de choses établi.

« Les rois qui les avaient rassemblées pour contenir ou soumettre leurs grands vassaux, les ont conservées ensuite pour satisfaire leur vanité et leur ambition.

« *J'ai trop aimé la guerre*, disait l'un d'eux, quand l'âge eut mûri son expérience; certes, ce tardif repentir n'eût pas eu lieu, si le peuple eût pu alors exprimer ses besoins, ses vœux et son opinion sous un Gouvernement représentatif.

« De nos jours, la France sortit triomphante par le

concours de ses citoyens plutôt que par celui de son armée permanente, de la première lutte qu'elle avait eu à soutenir pour repousser les attaques formidables de l'étranger; n'eût-elle pas été plus puissante et plus heureuse, si celui qui la gouvernait n'avait pas décimé sa population pour opprimer sa liberté au-dedans, et multiplier ses conquêtes au-dehors ?

« Dites-nous, vaillans soldats, braves officiers, illustres chefs, si, lorsque manquant de tout, mais avec la conscience de servir la patrie, de repousser une injuste aggression, vous versiez votre sang dans les champs de Jemmapes, de Fleurus, sur les bords du Rhin, au sommet des Alpes et des Pyrénées, vous n'éprouviez pas un plus noble orgueil, une satisfaction plus intime que lorsque gorgés d'or, chamarrés de cordons et revêtus de titres, vous alliez sous la bannière de l'ambition affronter la mort en Espagne et en Russie, portant chez des peuples paisibles la haine et la désolation !

« J'ai perdu, me disait l'un de vous, ma propre estime et le goût de mon état, lorsqu'au lieu de défendre mon pays, je ne servais plus que d'instrument aux passions d'un conquérant.

« Eh bien ! que nos braves reconnaissent donc aujourd'hui avec moi, qu'en cherchant à affaiblir, à anéantir, s'il est possible, les armées permanentes, je n'ai en vue que l'intérêt de la France, dont ils sont une si noble portion.

« Après tant de sacrifices, qu'ils lui fassent encore celui de l'avancement dans une carrière qui devrait être fermée pour toujours.

« Oui, pour toujours; les armées permanentes n'assimilent-elles pas les hommes, ces créatures douées d'intelligence, de raison et de conscience, aux animaux farouches, qui vivent entre eux dans un état de guerre habituel?

« N'assimilent-elles pas les nations civilisées à ces hordes sauvages auxquelles la férocité met sans cesse les armes à la main?

« Vous voulez, me disent ceux qui désirent une nombreuse armée permanente pour en faire le soutien d'une monarchie absolue plutôt que la défense d'une monarchie constitutionnelle, vous voulez rester désarmé lorsque tout ce qui vous environne ne cesse d'augmenter sa force militaire.

« Non, je n'entends pas que nous nous mettions à la merci de la première puissance qui viendrait nous attaquer.

« Nous sommes dans l'heureuse position, comme je l'ai démontré, de n'avoir à craindre aucune guerre sérieuse ni prochaine de la part de nos voisins ; mais fussent-ils plus puissans en richesses et en population, et aussi fortement unis qu'ils sont divisés par leurs intérêts, une garde nationale fortement organisée, des armées spéciales bien entretenues suffiraient pour leur en imposer.

« N'avons-nous pas vu, pendant plusieurs siècles, la milice citoyenne, dans un faible État voisin, faire respecter sa neutralité et son indépendance, par des monarques puissans, dévorés par l'ambition et la soif des conquêtes? et nous qui sommes forts et puissans, nous n'aurions pas le même avantage !

« S'il est prouvé que notre politique, comme notre défense extérieure, exige plutôt une réduction notable qu'une augmentation de notre armée permanente, surtout en infanterie, il n'est pas moins vrai que cette augmentation n'est pas nécessaire pour maintenir la tranquillité de l'État; elle lui serait plutôt nuisible qu'utile.

« En effet, le surcroît de dépense, demandé pour ajouter à la force de l'armée, nécessitera un surcroît d'impôt, ou au moins nous empêchera de pouvoir voter la diminution des charges qui pèsent sur le peuple. Eh bien! que quelques années désastreuses viennent affliger les départemens, le Gouvernement se trouvera dans l'impossibilité de venir à leur secours.

« On peut alors craindre des troubles et des émeutes, que la force armée réprimera sans doute, mais qui n'auraient pas eu lieu, si l'entretien de cette force n'avait pas épuisé le trésor de l'État.

« Ne croyez pas qu'en accordant au ministre de la guerre les 12 millions d'augmentation qu'il demande, la France en sera quitte pour payer cette somme; la plus grande perte pour elle, ce sera celle du travail des 52 mille hommes actifs et vigoureux que cette disposition enlèvera, soit à l'agriculture, soit à l'industrie.

« En calculant seulement à 1 fr. 50 c. par jour le produit de chacun d'eux, c'est une perte réelle de 78 mille francs par jour, ou 23 millions 400 mille francs par an, à raison de 300 jours de travail, que vous faites éprouver à la France.

« Que l'on juge d'après ce calcul, qui n'a rien d'exagéré, ce qu'une armée permanente coûte à l'État en sus des sommes nécessaires pour sa solde et son entretien !

« Les peuples anciens n'ont point connu cet énorme fardeau. Le plus belliqueux, les Romains, qui du moins, pour soulager la population, faisaient en temps de paix exécuter par leurs soldats de grands et d'utiles travaux, ce peuple conquérant n'a jamais entretenu en temps de guerre des armées égales à celles que de nos jours les princes soudoient au grand détriment de leurs sujets.

« Lorsque Pompée défendait la liberté romaine expirante, il n'avait que dix-huit légions, et César en avait seize. La légion au complet était de 6000 hommes. Le total des deux armées était donc au plus de 204,000 hommes. Tacite nous dit que toutes les forces de l'empire romain, d'un empire qui alors contenait plus de cent millions d'habitans, étaient rassemblées dans les plaines de Pharsale.

« Et de nos jours des souverains, qui ne sont pas même du premier ordre, retiennent oisifs en temps de paix un plus grand nombre de soldats sous les drapeaux.

« Ce sont nos rois qui, les premiers, ont entretenu des armées permanentes, lesquelles sont devenues alors *une nécessité* pour les autres souverains. C'est Louis XIV, c'est Bonaparte, qui ont successivement comblé la mesure de cet abus.

« C'est à la France constitutionnelle, puissante, à Louis XVIII, législateur pacifique, que doit appartenir l'honneur d'établir le retour à l'ordre et aux principes de modération, d'économie et d'humanité.

« Prouvons notre regénération politique, en nous occupant spécialement de l'agriculture, du commerce et des arts, en un mot de tout ce qui peut rendre les hommes heureux; et nous acquerrons par là une gloire plus durable et plus solide que celle dont nous parlent ceux qui veulent établir la puissance de la France, son influence en Europe, par la force des armes.

« Les emprunts et les armées permanentes qui les ont nécessités, sont les plus grands fléaux des sociétés modernes; c'est l'abus que les souverains de l'Europe ont fait depuis deux siècles, de ces moyens d'augmenter leur puissance, qui a fait sentir aux peuples le besoin des Gouvernemens représentatifs. — Le bien naît quelquefois de l'excès du mal.

« S'il est vrai que nous vivions sous ce régime salutaire, sachons en profiter par des institutions conformes à son esprit.

« Qu'une loi monarchique et constitutionnelle organise définitivement la garde nationale; qu'elle confie aux propriétaires, aux plus imposés, à ceux qui ont le plus d'intérêt à la conservation de l'ordre social, les armes destinées à assurer la tranquillité des citoyens dans l'intérieur et à préparer de puissans auxiliaires en temps de guerre.

« Le projet de cette loi, auquel j'ai eu l'honneur de coopérer, avec quelques-uns de nos estimables collègues et quelques membres de la chambre des pairs, reste depuis trois ans enseveli dans les cartons du ministère.

« Par quelles raisons a-t-on différé de vous le soumettre? Serait-ce parce que cette loi, en harmonie avec une bonne loi d'organisation municipale et départementale, déjouerait les entreprises des factieux révolution-

.naires ou contre-révolutionnaires, dans leur haine pour tout ce qui tend à affermir l'ordre constitutionnel et à ramener l'économie dans nos finances? Auraient-ils affecté de confondre la garde nationale organisée dans l'esprit de la Charte, avec la garde nationale composée dans un esprit démocratique, ou plutôt anarchique?...

« J'aurais ici une juste occasion de me plaindre des vexations et des humiliations que quelques individus, puissans, sans doute, puisqu'ils sont restés impunis, ont osé faire subir à cette brave garde nationale parisienne, qui a rendu tant de services dans les momens difficiles, et que rien ne peut décourager.

« Mais loin de moi toute récrimination qui pourrait troubler la paix; cette garde fidèle rivalisera constamment de zèle pour défendre la Patrie, le Roi et la Charte constitutionnelle.

« Avec une garde nationale bien organisée, avec une armée permanente réduite à des cadres d'infanterie et des cadres de cavalerie un peu plus nombreux, et l'entretien des corps spéciaux de l'artillerie et du génie, qui ne se forment que par une instruction suivie et des études soutenues, la tranquillité de l'État, sa sécurité, son poids dans la balance politique de l'Europe, seraient fortement garantis, et l'État cesserait d'être surchargé par l'entretien d'une armée plus nombreuse sur les contrôles que sous les armes; la France serait débarrassée d'une foule d'abus qu'engendre le système actuel, elle profiterait surtout de ce que les fantassins serviraient à l'agriculture et à l'industrie, au lieu de rester oisifs à la caserne, ou de se fatiguer inutilement à l'exercice, quand, au bout de

quelques mois, les recrues de l'infanterie peuvent utilement entrer en ligne si le danger les y appelle; le même
système est applicable jusqu'à un certain point, avec
quelques modifications, à la cavalerie.

« Songez que plus les peuples sont avancés dans la
civilisation, plus dans leur constitution et dans leur organisation la force morale doit dominer la force physique; c'est donc un contre-sens manifeste, et une haute
imprudence, que de fortifier celle-ci aux dépens de la
première : on ne doit pas traiter la France dans son état
actuel, comme si elle était encore dans les langes des
préjugés et de l'ignorance.

« Songez que, si la force de l'ancien Gouvernement devait reposer et reposait en effet sur l'obéissance passive
et le bras du soldat mercenaire, la force, la puissance,
la sécurité du Gouvernement actuel, doivent émaner de
l'amour et de la confiance; l'intérêt général et la raison
éclairée des citoyens, peuvent seuls en former le solide
appui; pour nourrir et fortifier cette impression, il faut
travailler au bonheur du peuple, il faut le gouverner
avec justice, alléger ses charges, et ne se méfier ni de sa
fidélité ni de sa raison.

« Les vrais amis du Roi et de la dynastie doivent concourir à ce but; ils doivent travailler de concert à alléger
les charges publiques, et à propager la sécurité, l'aisance
et le travail au sein de la nation : c'est compromettre le
pouvoir que de lui montrer son principal appui dans le
soldat-citoyen que la loi sur le recrutement met chaque
année à sa disposition; quoi que fasse le ministère, il ne
peut en rendre le sort aussi avantageux que celui du

citoyen laborieux et indépendant; quel que soit le choix des officiers qu'on lui donne, son drapeau ne peut se détacher de sa commune, il n'oubliera jamais qu'il n'a les armes à la main que pour défendre la patrie, et non pour servir ceux qui seraient tentés de l'opprimer; des peuples voisins nous ont prouvé par un terrible exemple la fausseté de ce système, qui substitue la force physique à la force morale dans le gouvernement des nations avancées dans leur civilisation....».

— Sur la mauvaise organisation du ministère de la guerre, sur l'énormité et l'exagération du crédit qui lui est accordé, on peut voir, entre autres, le discours de M. le général Gérard, dans la séance du 27 mars 1822.

Cet orateur, après avoir été souvent interrompu par la portion de l'assemblée siégeant au côté droit, termine ainsi dans le même esprit que le précédent : « Voulez-vous que les soldats accourent en foule sous vos drapeaux? faites qu'ils ne croient pas changer de famille; ne leur dites pas qu'ils sont hors du peuple, quand ils entrent au régiment; ne les forcez point de devenir des instrumens d'oppression et de menace contre leurs concitoyens....

« Voulez-vous que ces braves sous-officiers ne soupirent plus après l'expiration du temps de leur service, et qu'ils se plaisent à recommencer une nouvelle carrière, et à vieillir dans le régiment dont ils sont l'ame et la force? Ne leur ôtez pas l'espoir d'arriver successivement aux grades supérieurs; que les places qui doivent être la récompense de leurs bons services ne deviennent pas le prix de la délation, ou la proie facile de l'inexpérience usurpatrice et privilégiée; ne les accoutumez pas à voir dans la maison du Roi et dans la garde royale la pépinière obligée des officiers de la ligne; ne faussez pas les élémens du mode d'avancement, respectez les bases d'une loi qui est votre ouvrage: car il en est des lois sociales comme de celles de la nature, la perturbation des élémens amène toujours les tempêtes et les ruines ». (Moniteur du vendredi, 29 mars 1822, n° 88, *supplément.*)

— Sur la trop grande extension de l'état-major, on peut voir le discours de M. le général Brun de Villeret, dans la séance du 28 mars 1822.

L'orateur, entre autres choses, dit : « Mon intention est de vous démontrer que notre état-major est trop nombreux; qu'on en augmente le cadre, lorsque toutes les raisons possibles s'accordent à en solliciter la réduction; que les traitemens d'activité se multiplient, sans motif comme sans limite; que les traitemens extraordinaires s'accroissent chaque année d'une manière effrayante pour le trésor....

« Nos états-majors coûtent 20 millions. C'est une absurdité; c'est une dépense hors de toute proportion....

« Nous avons 187 lieutenans-généraux, 369 maréchaux de camp, 289 intendans militaires; c'est à-peu-près ce qu'il faudrait pour une armée de huit cent mille hommes; je vous laisse à juger si jamais vous pouvez en avoir besoin?

« M. le ministre vient de vous dire que cette multitude d'officiers généraux tient au funeste héritage que nous a laissé le régime impérial; mais la plus grande partie de cette observation se trouve paralysée, lorsqu'on jette les yeux sur la liste. Plus de la moitié des noms qu'on y trouve étaient inconnus dans nos armées. Les rangs de nos anciens guerriers sont aujourd'hui bien éclaircis ; et le cadre de nos états-majors serait réduit à peu près à ce qu'il doit être, si l'on n'avait fait en pleine paix un si grand nombre de promotions.

« Ce qu'il y a de plus ridicule, de plus absurde, en effet, dans un moment où l'état de nos finances et la tranquillité de l'Europe feraient une loi d'opérer toutes les réductions possibles, c'est de pourvoir à toutes les vacances ; c'est d'entretenir au complet ce grand état-major ; c'est surtout de faire des promotions qui excèdent en nombre le produit des extinctions.

« Nous avons en ce moment portés au budget de 1822 neuf lieutenans-généraux, treize maréchaux de camp, vingt-huit intendans militaires, de plus que nous n'en avions en 1820. Des ordonnances extrêmement sages prescrivent une réduction graduelle ; l'intrigue et la faveur ont paralysé ces ordonnances ; et l'on ne sait plus où doit s'arrêter l'accroissement de nos états-majors. En 1821, personne ne demandait de l'avancement, personne ne croyait y avoir des droits. On était convaincu que l'avancement n'est qu'un dédommagement naturel des chances de la guerre ; on savait que le cadre des états-majors était hors de proportion avec nos besoins.... Le ministère a choisi une pareille époque pour ajouter à ce cadre vingt-cinq maréchaux de camp et neuf lieutenans généraux ; a-t-il été jamais donné ouverture à une plus grande responsabilité ?....

Tome VIII. 32

« Les activités se multiplient sans motifs ; il me sera aisé de vous en convaincre. Personne ne me contestera que les officiers qu'on serait dans le cas d'employer en temps de guerre, ne fussent suffisans en temps de paix. Voyons donc ce qui serait nécessaire à l'armée, en supposant que nous voulussions faire usage de toutes nos forces. Avec les Suisses et la Garde royale, nous avons 92 régimens d'infanterie et 55 de cavalerie ; nous en formerions, après les avoir complétés, 37 divisions, à chacune desquelles il faudrait attacher un lieutenant-général et deux maréchaux de camp. Ajoutant un tiers pour les états-majors, les dépôts d'artillerie et de génie, nous emploierions 49 lieutenans-généraux et 98 maréchaux de camp. Nous avons en activité 83 officiers du premier grade et 136 du second. Vous conviendrez qu'il y a dans cette disposition un peu trop de luxe, et qu'on abuse un peu de notre facilité à admettre des allocations.

« Si ces activités, si onéreuses pour le trésor, n'avaient d'autre objet que de récompenser de longs et glorieux services, j'aurais mauvaise grace de les reprocher aux ministres ; mais on sait à qui elles sont données de préférence. On ne peut ignorer pour qui ont été imaginées ces sinécures dont il serait si difficile de désigner les fonctions. Douze généraux ou officiers supérieurs sont attachés comme *aides-de-camp* à un prince *au berceau ;* plusieurs généraux en activité ne font de service qu'à la Cour, 50 lieutenans-généraux et 46 maréchaux de camp sont employés à Paris ou dans la Garde. Que de places inutiles ; que de réformes à indiquer à M. le ministre de la guerre, s'il persiste dans le généreux projet qu'il vient de nous annoncer, d'améliorer par tous les moyens qui sont en son pouvoir, le service dont il est chargé !

« Ce n'est pas tout que d'avoir créé tant d'emplois sans fonctions. Les abus sont sans limites, une fois qu'ils se sont introduits, parce que la cupidité est sans frein ; et il a fallu des traitemens extraordinaires pour satisfaire ceux-là même qui auraient eu le moins de droit à l'activité. Sur les 83 lieutenans-généraux employés, 25 reçoivent des traitemens extraordinaires : parmi les 136 maréchaux de camp, il y en a 110 qui jouissent de la même faveur. La dépense de ces sortes de traitemens, en y comprenant ceux des intendans militaires, est de douze cent mille francs. C'est à vous à décider si elle est légale, si elle est réclamée par la nécessité.

« J'ai passé légèrement sur les intendans militaires ; c'est pourtant dans cette partie qu'est déployé le plus grand luxe. Je ne parlerai pas de l'énormité du cadre ; il est le résultat naturel de l'amalgame des commissaires des guerres et des inspecteurs aux revues. Mais je pense qu'on devait, comme pour les officiers-généraux, être plus réservé sur les traitemens extraordinaires ; qu'on n'avait pas le prétexte le plus frivole d'augmenter le cadre par 28 promotions faites depuis 1820 ; qu'on n'avait enfin aucun motif de multiplier les activités comme on l'a fait. Sur 289 intendans, 256 sont en activité. Certes, si M. le ministre actuel voulait les conserver tous, il serait très-embarrassé de leur donner de l'ouvrage....

« Si on fait attention que les abus que je viens de

32.

signaler se reproduisent dans toutes les branches du service public, on ne doit pas s'étonner que le budget augmente d'année en année. Comme il est du devoir des
mandataires de la nation d'attaquer les abus partout où
ils se présentent, je crois devoir proposer une réduction
d'un million sur les neuf millions qu'on propose d'affecter
aux dépenses énoncées dans les articles 1 et 2 du ch. 11,
c'est-à-dire sur les dépenses de l'état-major général. Cette
somme ne saurait paraître trop forte à ceux qui auront
eu la complaisance de suivre mes développemens.... ».
(Moniteur du samedi, 3o mars 1822, n° 89, *supplém.*)

— Sur l'utilité de reconnaître l'indépendance des colonies en général et d'entretenir avec elles des relations
amicales, on peut voir les discours de MM. Bignon et
Laisné de Villevêque, dans la séance du 18 mars 1822.

Entre autres réflexions, le premier de ces orateurs a
dit : « Regagner par degrés, en Europe, la considération
à laquelle la France a droit de prétendre; terminer nos
différens avec les États-Unis, à la satisfaction mutuelle
des deux peuples; renouer avec Saint-Domingue des
relations désirées par les habitans, et par là procurer
aux colons quelque indemnité de leurs pertes; former
d'utiles liaisons avec les États nouveaux, et frayer de
nouvelles routes à notre commerce ; contribuer enfin
dans les deux mondes à l'accroissement de notre prospérité, cette carrière est belle pour les ministres qui
sauraient la parcourir, et pour la parcourir avec succès,
peut-être ne faut-il pas des talens bien extraordinaires :
mais il faut, avant tout, ce qui souvent dans les hommes
en place est plus rare que le talent, un sincère amour

de la patrie et un juste sentiment de la dignité nationale». (Moniteur du 20 mars 1822, n° 79, *suppl.*) (*).

— Sur la nécessité de faire du Trésor public un Ministère distinct, M. Bignon s'est exprimé ainsi, dans la
même session, séance du 22 février 1822 : « Je ne dirai
qu'un mot de la nécessité de séparer la Trésorerie du
Ministère des finances. Le moment où cette idée pourra
être accueillie n'est pas venu encore; mais, depuis que je
l'ai exposée dans cette Chambre, elle a été aussi produite
avec intérêt dans la Chambre des Pairs, et je suis assuré
qu'elle obtiendra un jour une juste approbation. On
sentira que les devoirs du ministre des finances et ceux
du gardien du Trésor doivent, dans l'intérêt de l'État,

(*) On lit aussi dans un écrit attribué à M. le comte Molé, Pair
de France, les réflexions suivantes : « Si un ministre se montre
assez imprévoyant, ou assez imbu de préjugés pour méconnaître
les conséquences d'une révolution, ou plutôt d'un transport dans
la civilisation, qui doit changer tous les rapports des peuples
entre eux, il faut qu'un orateur habile et véhément puisse, de la
tribune nationale, signaler son impéritie, et tracer dans l'avenir
toutes les suites d'un si grand évènement...:

« J'en dirai autant de St.-Domingue et de nos colonies. Ce n'est
pas seulement un droit que des orateurs des deux Chambres exercent, mais aussi un devoir qu'ils remplissent quand ils usent de
toutes les ressources de la parole pour engager les ministres à se
rendre à l'évidence, à se soumettre à la nécessité, et à reconnaître
que cette époque, différente de toutes les autres, étendra son influence sur les quatre parties du monde à-la-fois ». (Observations
sur le dernier budget, adressées par un Pair, aux deux Chambres,
à l'ouverture de la session de 1822).

être remis à des mains différentes; on sentira que le ministre des finances qui, en sa qualité de personnage politique, participe aux passions de ses collègues, doit être distinct du gardien du Trésor, personnage nécessairement impassible, qui, étranger à toutes les variations de l'esprit du ministère, ne doit connaître que le budget pour boussole et pour régulateur; qu'il importe à la sûreté du Trésor que ce gardien, soit individu, soit être collectif, au lieu d'être associé au mouvement d'hommes qui se succèdent sans cesse les uns aux autres, soit constamment attaché à son poste et comme inamovible ».

— Enfin, sur la spécialité des dépenses, il faut citer les discours remarquables prononcés dans cette même session, séances des 16, 17, 18 avril 1822, par MM. Guittard, Devaux et Royer-Collard.

« Le Pouvoir absolu, a dit M. Guittard, prescrit les recettes, ordonne les dépenses, et les paie selon son bon plaisir. Nous ne vivons pas sous un tel pouvoir....

« *Art.* 48 de la Charte. Aucun impôt ne peut être établi ni perçu, s'il n'a été consenti par les deux Chambres et sanctionné par le Roi.

« Ainsi le Roi gouverne et administre; mais seul il ne peut établir des impôts....

« *Art.* 47. La Chambre des Députés reçoit toutes les propositions d'impôt; ce n'est qu'après qu'elles ont été admises, qu'elles peuvent être portées à la Chambre des pairs....

« Le droit qu'a le Gouvernement d'administrer, sans avoir celui d'établir des impôts, et le droit qu'a la Chambre de les consentir, sans avoir celui d'administrer, se concilient d'eux-mêmes; parce que la Chambre et le Gouvernement sont également dominés par la plus impérieuse des nécessités, celle de leur existence constitutionnelle. Ce besoin commun les avertit sans cesse qu'ils ne sont pas institués pour eux seuls, et qu'ils sont chargés de faire jouir trente millions d'hommes de leurs droits sociaux.

« De là, il suit que le Gouvernement doit faire et demander, et que la Chambre doit laisser faire et accorder tout ce qui est nécessaire pour atteindre ce but. C'est ce que dit la Charte dans les articles cités. En appelant la Chambre à voter la première sur les contributions, et en lui imposant par l'article 18 le devoir de discuter et de voter librement, elle l'a investie du droit de juger les demandes du Gouvernement, de les réduire et même de les rejeter. Si donc d'une part le Gouvernement doit demander les sommes suffisantes pour qu'il puisse administrer; si de l'autre la Chambre doit discuter et voter librement pour accorder ou pour réduire, il faut que le Gouvernement spécifie en détail les besoins de chaque partie de l'administration, sans quoi il n'aurait pas satisfait à son devoir, et la Chambre ne pourrait remplir le sien. Le principe de la spécialité est donc dans le pacte fondamental, et j'ose dire qu'elle est constitutionnelle et inhérente au Gouvernement représentatif.

« Oui, elle l'est; et le Gouvernement l'a reconnu, puisqu'il n'a pas demandé en bloc le nombre de millions dont il avait besoin; et que pour s'acquitter de ses devoirs constitutionnels, il a senti la nécessité de diviser les dépenses par ministères, les ministères par chapitres, les chapitres par articles, et la Chambre à son tour a subi le joug de cette même nécessité, en délibérant sur chaque ministère, sur chaque chapitre, sur chaque article.

« Mais cet ordre obligé pour les demandes de fonds, si le Gouvernement peut ne pas le suivre dans leur application à chaque dépense ; si les sommes votées en articles deviennent pour chaque ministre un seul tout dont il peut disposer à volonté, en ce cas le budget qui nous occupe si long temps n'est pas une exposition franche et loyale des besoins réels de l'État ; il n'est qu'une déception, et chaque fois que nous voyons un ministre défendre les diverses allocations de son budget, nous avons le droit de dire qu'il se moque de nous.

« Constitutionnelle et nécessaire, la spécialité est encore éminemment utile ; car elle seule peut amener l'ordre et l'économie.

« Une fois admise, voyez quelle simplicité règnerait dans l'administration et dans les comptes. Le ministre ferait exécuter et ordonnancerait les dépenses prescrites par la loi de finances, et l'année suivante il présenterait son compte désignant les dépenses, la somme allouée pour chacune, la somme payée, le déficit ou l'excédant. Ce compte, aisé à vérifier, se terminerait par des supplémens pour les déficit, et des annulations pour les excédans qui seraient portés à l'exercice ultérieur.

« Supposé qu'il survînt des dépenses extraordinaires et urgentes, le ministre des finances est autorisé par l'art. 152 de la loi du 25 mars, à y pourvoir par des ordonnances qui sont converties en lois à la première session.

« Dans ce système, la loi est ponctuellement suivie, la proposition royale, les votes des Chambres sont respectés, les économies sont possibles, tous les besoins sont satisfaits, tous les devoirs sont remplis.

« N'admettez pas la spécialité, et vous aurez dans les finances les abus dont nous nous plaignons tous.

« Les allocations seront interverties, et lors même que tous les ministres présenteront des comptes où les dépenses seront parfaitement égales en total au crédit accordé, comme l'a miraculeusement fait celui de l'intérieur en 1820, il ne faudra pas pour cela croire que ces dépenses auront été faites en détail, comme le prescrivait la loi. Les ministres auront porté plus de fonds sur des objets favorisés, et auront laissé en souffrance des dépenses utiles, espérant bien que vous ne pourrez vous dispenser de les couvrir l'année suivante.

« C'est ainsi que le ministre de l'intérieur a payé les secrétaires-généraux de préfecture, quoique vous ayez formellement refusé d'allouer leurs traitemens. La note, page 83 de la proposition de loi, prouve qu'il l'a fait avec les fonds destinés aux travaux des bâtimens des cours royales, des établissemens thermaux, et des maisons centrales de détention.

« C'est ainsi que cette année encore, il soldera l'entier traitement des préfets, quoiqu'une réduction de 216 mille francs, proposée par M. Sirieys, mise aux voix par M. le président, ait été adoptée par la chambre; et il le fera, car il l'a annoncé à l'instant même que nous venions de prendre cette délibération. En notre ame et conscience, nous avons cru réduire d'un dixième le traitement des préfets. Point du tout, nous avons suspendu des travaux publics.

« C'est ainsi que tous les ans nous verrons se repro-duire, avec une augmentation effrayante, des dépenses ordonnées par les lois antérieures, arbitrairement ajour-nées par les ministres, plus arbitrairement remplacées par d'autres dont l'autorisation a été refusée, ou pour lesquelles peut-être on n'oserait pas la demander.

« Dans ce système, la loi de finances n'est qu'un chif-fon; la proposition royale, les votes des Chambres sont illusoires; les économies sont impossibles, les besoins ne sont pas satisfaits, les devoirs ne sont pas remplis.

« Et remarquez combien ces abus prennent d'inten-sité, quand, s'obstinant à maintenir la centralisation, le Gouvernement dispose des fonds des départemens et des communes, pèse de tout son poids sur les intérêts lo-caux, et s'ingère dans des détails dont il ne devrait s'oc-cuper que lorsqu'ils se rattacheraient à l'administration générale.

« Ici, je vais aborder franchement l'objection incessam-ment répétée par les ministres, que la spécialité amène-rait l'administration dans les Chambres; et je commence par déclarer que je retirerai ma proposition, si l'on peut me convaincre qu'elle aura cet effet.

« Faire les lois, c'est gouverner. En ce sens, les Cham-bres participent au gouvernement, puisqu'elles exercent la puissance législative conjointement avec le Roi.

« Les lois sont de droit public ou politique, de droit civil ou administratif, selon les objets qu'elles concer-nent. La loi des finances est à-la-fois de droit public et de droit administratif. De droit public, en ce qu'elle règle en fait d'impôt les rapports de l'État, soit avec ses sujets, soit avec les étrangers. De droit administratif, en ce qu'elle détermine les diverses dépenses et les sommes qui leur sont appliquées.

« Administrer dans le sens propre, c'est agir pour l'exécution des lois. Dès-lors, les Chambres ne peuvent administrer, ni dans le droit, parce que le pouvoir exécutif appartient exclusivement au Roi, ni dans le fait, parce qu'elles n'ont aucun moyen d'action.

« Maintenant, lorsque sur la proposition royale, la Chambre discute et vote librement les dépenses et les recettes, elle concourt à une loi de finances, c'est-à-dire, à une loi de droit public et de droit administratif; mais elle ne fait qu'user de la part qu'elle a dans la puissance législative, et plus spécialement en matière d'impôt. Cette part de puissance est mise en mouvement par l'initiative royale, la Chambre ne pouvant proposer aucune dépense, aucune recette, sans attenter à cette prérogative; mais par l'adoption, la réduction ou le rejet des dépenses administratives proposées par le Roi, elle exerce son droit législatif en matière d'administration, elle n'administre pas.

« La loi de finances une fois rendue, la Chambre n'administre pas davantage; elle ne nomme à aucun emploi; elle n'a aucun agent, aucune autorité exécutive; elle attend que les ministres présentent leur compte; et alors, provoquée par la proposition royale, elle examine si les dépenses ont été légalement et régulièrement faites, et concourt à la loi des comptes.

« Remarquez bien qu'en prenant part à la loi de
finances, la Chambre n'a pas administré : car elle n'a
rien proposé; elle n'a pas demandé de quelle manière
les diverses dépenses seraient exécutées; comment, par
exemple, serait fait tel canal, comment serait construit
tel bâtiment, à quelles routes seraient affectés les fonds
des ponts et chaussées; elle s'est bornée à considérer
l'utilité, la convenance et la quotité des demandes de
fonds.

« Remarquez bien qu'après la publication de la loi, la
Chambre n'a encore rien administré : car le Gouvernement est resté le maître de l'exécution des dépenses, et
d'en changer les modes selon qu'il l'a cru convenable au
bien de l'État.

« Remarquez enfin que dans la loi des comptes, la
Chambre n'a encore rien administré, puisqu'elle n'a fait
que juger et liquider les dépenses faites.

« Qu'on dise donc comment la spécialité donnerait l'administration aux Chambres !

« Aussi, quand j'entends les ministres nous faire cette
objection, il me semble qu'ils nous disent :

« Vous administrerez quand vous voulez nous assujétir à
exécuter franchement les propositions que nous vous
avons faites, et que vous avez adoptées.

« Vous administrerez en prétendant que nous n'avons
pas le droit de payer des dépenses que nous n'avons pas
proposées, ou que vous avez rejetées.

« Vous administrerez, quand vous nous contestez le
droit de créer des sinécures et de les doter comme il nous
plaît, bien que vous en ayez refusé les fonds.

« Vous administrez en nous reprochant de faire sans urgence des constructions et des acquisitions considérables, avant de vous les avoir soumises.

« Vous administrez enfin, quand vous vous refusez à n'être que des machines à millions.

« Oui, j'en conviens, nous administrons, mais nous administrons la Charte, la bonne foi et l'économie, et en cela nous n'empiétons pas sur les attributions exécutives du Gouvernement.

« Déja, il a été fait un pas vers la spécialité par la loi du 25 mars 1817, qui a prescrit les comptes par ministères, et d'autres dispositions obligatoires pour les ministres, quoique naguère un d'eux ait prétendu qu'il n'en peut être inséré de pareilles dans les lois de finances.

« L'art. 150 veut que les ministres présentent le compte des dépenses comparées avec les crédits particuliers ouverts à chacun des chapitres de leurs budgets.

« Et l'article 151 porte que les ministres feront, sous l'approbation du Roi, entre les divers chapitres de leurs budgets particuliers, la répartition de la somme allouée par le budget général pour le service de chaque ministère, et que toutes les parties de ce service seront réglées de manière que la dépense ne puisse excéder le crédit en masse ouvert à chacun d'eux, et qu'ils ne pourront, sous leur responsabilité, dépenser au-delà de ce crédit.

« Cette loi fut rendue dans un temps où le ministre de la guerre avait excédé son budget de plus de 40 millions, et son but principal fut d'empêcher que cet abus ne pût se renouveler. Mais il en résulte aussi qu'il y a un crédit particulier pour chaque chapitre, et que ces crédits et les dépenses doivent être réglés de sorte que le crédit général ne soit pas dépassé.

« La spécialité par chapitres pourrait suffire, s'ils étaient plus nombreux et mieux ordonnés : car la spécialité ne doit pas être minutieuse, pas plus que la responsabilité, et un grand royaume ne peut pas être administré comme un ménage.

« Ce serait donc atteindre la perfection que de faire un règlement d'administration publique, et mieux peut-être une loi qui, posant les limites de la spécialité dans chaque ministère, distinguerait le personnel et le matériel; qui subdiviserait le personnel en autant de chapitres qu'il y aurait d'espèces de services, et le matériel en autant de chapitres qu'il en faudrait pour classer les diverses natures de dépenses; qui enfin rangerait dans des chapitres particuliers les dépenses secrètes et celles éparses ou temporaires, qui ne se rattacheraient à aucun autre objet.

« On conçoit qu'alors la spécialité par chapitres serait suffisante; mais dans l'état actuel des choses, elle ne le serait pas : car, au moyen de la confusion qui règne dans les chapitres, elle serait facilement éludée.

« Je cite pour exemple le chapitre 12 du ministère de l'Intérieur. Il comprend le traitement des préfets, sous-préfets, conseillers et secrétaires-généraux de préfecture, et les abonnemens. Il n'y a point d'analogie entre ces objets et ceux qui suivent, tels que les maisons centrales de détention, les bâtimens des cours royales, les dépenses du clergé dans les diocèses, les établissemens sanitaires.

« Les articles du chapitre 13 ne sont pas moins disparates. On y voit pêle-mêle les prisons, les routes départementales, les enfans trouvés, les pépinières et les sociétés d'agriculture : objets qui devraient faire plusieurs chapitres.

« Une confusion plus dangereuse distingue le chapitre 15, où les dépenses secrètes de la police sont accolées à d'autres qui ne le sont pas, telles que la subvention aux théâtres, les Quinze-Vingts, les bureaux de charité.

« Ce mélange donne au ministère la facilité d'éluder la loi du 25 mars, en employant plus de fonds sur une dépense, et en payant celle que vous avez rejetée ou réduite, avec les allocations des autres; en sorte qu'il épuise son crédit général, sans avoir fait toutes les dépenses pour lesquelles il est ouvert; ce qui est évidemment contraire à cette loi, puisque ce crédit est réellement dépassé du montant des dépenses ordonnées qui restent à faire.

« La spécialité par articles peut seule arrêter ces abus, jusqu'à ce qu'ils soient prévenus par une meilleure composition des chapitres, et vous devez d'autant plus l'adopter, que les dépenses vont toujours croissant, et que tout annonce que cette tendance n'aura pas de terme.

« Quant à moi, si j'étais député d'un pays où la loi fondamentale serait religieusement observée; où, fort de ses intentions et de l'amour des peuples, le Gouvernement présenterait des lois justes, qu'il exécuterait avec impartialité; où la représentation serait constitutionnelle; où, rassurés par une administration économe, les citoyens jouiraient paisiblement de leurs droits, se livreraient en sécurité à leurs travaux, et goûteraient dans l'oubli de tout dissentiment les avantages de la civilisation, je voterais pour la spécialité, afin que le désordre des finances ne vînt jamais altérer ce bonheur.

« Que si j'étais député d'un pays où le pacte social serait éludé ou méconnu ; où, seulement appuyé sur une minorité menaçante, le Gouvernement serait forcé à proposer sans cesse des lois d'exception ; où la représentation serait faussée ; où, pressurés par des impôts excessifs, et tourmentés par une administration inquiète et soupçonneuse, les citoyens seraient à-la-fois troublés dans leurs travaux et dans leurs droits, et poussés à des discordes nouvelles ; d'un pays enfin où, pour compléter ce système, la persécution s'appellerait oubli du passé, l'espionnage dévouement, la délation fidélité, la déception franchise, la nullité talent, et la profusion économie, je voterais plus fortement encore pour la spécialité, afin d'empêcher que se joignant à tant d'abus, un plus grand désordre dans les finances ne vînt hâter la dissolution de l'État.

« Mais je suis député de la France, sous l'empire de la Charte ; et cela suffit pour que je demande la spécialité, parce qu'elle est constitutionnelle, utile, et qu'elle amène, non pas l'administration dans les Chambres, mais l'ordre et l'économie dans l'administration ».

M. Devaux a dit : « La loi du 25 mars 1817 défend à chaque ministre d'excéder la masse de son budget. Elle en excepte les cas extraordinaires ; mais en exigeant une autorisation spéciale constatée par ordonnance du Roi, destinée à être convertie en loi.

« Je propose d'étendre cette prohibition aux chapitres de crédits composant le budget de chaque ministère.

« Cette proposition est dans le système de la loi du 25 mars, qu'elle fortifie.

« Je la considère comme un moyen d'assurer les économies dans les dépenses, et de garantir à l'impôt un emploi conforme à sa destination votive.

« §. I. Comme moyen d'économie.

« Les dépenses sont naturellement fixes ou variables. Je ne parle pas de la dette publique, c'est une nécessité dont il suffit de constater l'étendue, sans qu'aucune volonté puisse la restreindre.

« Les dépenses fixes de l'administration publique tiennent à une organisation qui résiste à de notables réductions, et qui ne peut être ramenée, sans l'initiative royale, à un état de simplicité favorable aux retranchemens.

« Les dépenses variables exigeraient un autre mode de les établir.

« Le vote législatif devrait naturellement porter sur des services à effectuer bien plus que sur des sommes à dépenser.

« L'étendue de chaque service étant déterminée d'après la conviction de son utilité, l'investigation législative tendrait à en découvrir le véritable prix, et à se préserver ainsi des approximations exagérées qui surchargent les contribuables de taxes inutiles.

« Des devis, des marchés, des tarifs de solde, des états de situation du matériel et du personnel, tous les documens nombreux réunis et présentés par l'administration viendraient éclairer les évaluations législatives.

« La spécialité s'appliquerait aux services par la prohibition légale d'en faire d'autres que ceux admis au budget.

« L'examen des comptes ne serait que la vérification des services accomplis au meilleur prix.

« Les crédits supplémentaires ne seraient que la réparation des erreurs démontrées par l'expérience dans les évaluations.

« Le vote et la vérification des services s'éclaireraient mutuellement par une riche nomenclature de détails qui feraient pénétrer la lumière dans toutes les parties de l'administration publique.

« La législature saurait ce que le Gouvernement fait, au lieu de ne savoir à-peu-près que ce qu'il dépense.

« Par une conséquence du système actuel, la comptabilité se réduit à l'illusion d'un accord facile entre les crédits et les ordonnancemens ; accord qui dénonce souvent sa propre fausseté par son exactitude même, en faisant correspondre, sans la plus légère différence d'un centime, des dépenses imprévues et variables avec les crédits ouverts, comme si la prévision du législateur était infaillible dans ses approximations des cas les plus accidentels.

« Je crois qu'il y a une révolution à opérer dans le mode d'établir le budget pour en déduire un meilleur mode de comptabilité.

« Une théorie complète sur cette matière me conduirait peut-être à vous faire sentir la nécessité d'organiser des rapports entre la législature qui vote et vérifie les dépenses, l'administration qui les ordonne, une trésorerie indépendante destinée à les solder conformément aux crédits, et la cour des comptes appelée à en constater la régularité.

« Mais cette théorie est trop vaste pour être produite ici sous la forme modeste et restreinte d'un simple amendement.

« La spécialité appliquée à l'état actuel des choses, c'est-à-dire aux sommes votées pour les dépenses, est un moyen de constater et de réaliser les économies.

« Les fonds restés libres sur chacune de ces grandes divisions ou chapitres de crédits, étant frappés de l'indisponibilité, serviront toujours à doter le budget suivant.

« L'exagération dans les évaluations approximatives sera mitigée par cette indisponibilité des fonds restés sans emploi aux dépenses votées.

« Plus on manque de lumières pour établir les approximations et réduire à une juste appréciation ce que le ministère porte au *maximum*, plus on doit sentir l'utilité de rendre les excédans indisponibles.

« Si la prévision législative était infaillible, elle n'accorderait pas un centime au-delà d'une exacte évaluation; parce que le pouvoir de voter l'impôt ou d'exproprier les contribuables de leurs revenus et trop souvent de leurs capitaux, a pour principe et pour limite la nécessité de pourvoir aux besoins publics.

« Si donc la prévision législative va au-delà du besoin, c'est avec l'intention que l'ordonnateur des dépenses n'ex-

33.

cède pas le besoin. On lui donne plus, pour qu'il n'ait pas moins.

« Sans cette indisponibilité des excédans, chaque ministre peut se considérer comme un ordonnateur arbitraire de la masse de son budget, avec faculté non-seulement de transférer les fonds d'une partie sur une autre, mais encore de les appliquer à des services non consentis par la législature.

« Le danger d'un tel pouvoir discrétionnaire est déja fortement signalé par l'expérience.

« Des acquisitions considérables d'immeubles et de simple luxe, des constructions immenses entreprises sans l'aveu législatif;

« Des économies sur le matériel, consommées par le personnel;

« Des fonds de bienfaisance appliqués à des frais d'administration centrale;

« Des crédits pour secours à l'agriculture, employés au mobilier des ministres;

« La complication des comptes, le voile impénétrable qui couvre le véritable motif de beaucoup d'ordonnances de paiemens, l'absence d'énonciation de pièces justificatives dans ces ordonnances; tout concourt à fortifier dans les esprits les plus circonspects le soupçon d'irrégularités et d'abus dans les dépenses. Ce n'est pas assurément étendre trop loin la censure que de croire à plus de 150 millions de dépenses étrangères au vote législatif, ou appliquées à des destinations différentes, depuis l'établissement du régime constitutionnel (*).

(*) 1° Avant la loi du 25 mars 1817, un ministre de la guerre

« L'indulgence qui approuve ces dépenses, quant à leur objet, ne les justifie pas au moins du reproche d'irrégularité. Le passé révèle la nécessité de fortifier contre l'avenir notre système actuel de finances.

« L'inviolabilité des chapitres de crédits non-seulement corrige les approximations exagérées, mais elle apprend à les éviter en indiquant, par des excédans qu'elle révèle, des évaluations plus exactes.

« Elle est de plus une cause de clarté dans les comptes, s'ils sont rendus dans le même ordre de chapitres ; car

excéda son budget de plus de.................	30,000,000 f.
et fit payer en argent 56 millions qui ne devaient être payés qu'en valeur d'arriéré, différence......	37,333,334
2° Acquisitions de 1816 à 1817, non-autorisées par la loi, les hôtels de Brienne et de Noailles.....	1,500,000
Les hôtels de Lorges et bâtimens divers.......	1,053,493
En 1819 : Les manufactures de Tulle et de Charleville.................................	763,775
En 1820 : L'hôtel de Wagram et son mobilier..	896,181
3° Constructions entreprises sans autorisations ; De Rivoly, pour lesquelles on demande encore un crédit de 900,000 fr. avec la perspective de plus de trois millions de dépense à faire, après plus de deux millions dépensés........................	5,900,000
De l'Opéra............................	1,800,000
4° Pertes dans l'emploi arbitraire des fonds, opérations des subsistances, non législativement autorisées	59,195,151
Jeux à la Bourse, où le ministre des finances engagea plus de 140 millions.................	1,210,322
	139,652,256

elle fait de suite apercevoir tous les élémens des crédits à annuler, et des crédits supplémentaires à accorder.

« §. II. Comme garantie du vote de l'impôt.

« La spécialité par chapitres est d'accord avec tous les principes de la monarchie constitutionnelle.

« Sans cet accord, j'en abdiquerais la pensée, parce que c'est seulement par les voies constitutionnelles qu'il nous est permis de rechercher les améliorations.

« Le vote de l'impôt est l'attribution la plus spéciale de la Chambre des Députés. (*Art. 47 de la Charte*).

« Le vote de l'impôt emporte virtuellement la discussion de la dépense, pour établir l'équation entre l'un et l'autre.

« La discussion serait oiseuse, si elle n'avait pour résultat la nature et la limite de la dépense.

De l'autre part....................... 139,652,256

5° Distraction de fonds :

En 1819 : Fonds des cas fortuits, employés à des dépenses fixes de l'intérieur................. 500,000

En 1820 : Fonds du matériel, appliqués au personnel de la justice..................... 32,807

Fonds de bienfaisance et d'agriculture, consommés en frais d'administration centrale de l'intérieur 107,385

Centime spécial de secours généraux pour les pertes accidentelles des contribuables dans les choses soumises à l'impôt, dépensés en aumônes et médicamens pour la Corse...................... 126,182

Économies sur les crédits spéciaux de la guerre, employées à fonder une réserve en grains........ 3,588,000

Fonds de secours de l'agriculture, employés au mobilier du ministère de l'intérieur............ 74,000

144,080,630 f.

« La Charte indique elle-même ce pouvoir limitatif, en ne reconnaissant de dépenses irréductibles que celles de la liste civile. (*Art.* 23.)

« C'est en les considérant isolément que l'on constate les besoins publics, et qu'on juge quelle somme peut être nécessaire à chacun d'eux.

« Chaque dépense fixée est un jugement législatif qui devient un des élémens du vote de l'impôt toujours consenti proportionnellement aux dépenses admises.

« Le vote de l'impôt est un acte de souveraineté, un acte d'expropriation des contribuables de partie de leurs revenus, ou même trop souvent de leurs capitaux ; cet acte a ses motifs.

« Changer la destination législative et motivée de l'impôt, c'est séparer l'effet de sa cause.

« Solder une dépense non proposée ou non allouée au budget, excéder la dépense fixée par le budget,

« C'est violer la condition du vote de l'impôt ;

« C'est en éluder les motifs ;

« C'est s'arroger la faculté subreptice d'obtenir des subsides pour une dépense, dans l'intention d'en faire une autre ;

« C'est révoquer le jugement législatif, et devenir souverain par la sanction sur la nature et la limite de la dépense ;

« C'est disposer arbitrairement de la fortune des contribuables, qui n'ont consenti, par leurs représentans, à en sacrifier une partie, que pour acquitter des dépenses connues et fixées.

« Le respect pour la destination votive de l'impôt est donc un principe éminemment constitutionnel.

« Ce principe parut d'une telle évidence en Angleterre, qu'il fut compris dans le bill des droits, du 23 février 1689, à l'avénement de Guillaume et de Marie. On déclara « que lever de l'argent sur les sujets, ou employer « l'argent accordé *à un autre usage*, est une chose illé- « gale et pernicieuse ».

« Mais ce principe a besoin d'une garantie sans laquelle il cesse de constituer un droit, et reste dans la classe des théories illusoires.

«L'inviolabilité des chapitres de crédits est une garantie, sinon toute-puissante, au moins la seule applicable à l'état actuel des choses.

« La prohibition d'en excéder le montant hors les cas d'urgence constatée par ordonnance royale soumise à l'approbation législative, ne porte point atteinte à la volonté administrative.

« Le caractère de l'action administrative est de s'exercer sur les individualités, d'atteindre nominativement les personnes et les choses.

« La composition d'un chapitre de crédit doit être formée par l'analogie directe des dépenses, par leur connexité, par le contact immédiat des parties appelées par leur mutuelle dépendance à venir se ranger sous un même titre.

« La division par chapitre se trace par des signes contraires de défaut de liaisons nécessaires et d'indépendance réciproque des matières.

« Il suffit d'une séparation assez prononcée, et qui ne

mette en péril aucun service, pour considérer chaque chapitre comme une dépense isolée, et pour lui affecter un crédit spécial.

« Vous votez par chapitre ; chaque chapitre est donc dans votre propre pensée une unité, dont les articles sont les fractions ; et le vote définitif sur la masse totale des dépenses, a pour élémens tous ces votes partiels et indivisibles par unité ou par chapitres.

« La loi du 25 mars 1817 divisait sa prohibition par ministère : c'était opérer sans principe déduit de la nature des choses ; c'était supposer dans les dépenses d'un ministère une homogénéité, une dépendance, une simple analogie même, qui n'existent pas.

« Supposez la concentration du pouvoir administratif dans les mains d'un seul ministre, n'ayant sous lui que des directeurs-généraux ; la loi du 25 mars perdrait tout son effet.

« Admettez l'hypothèse d'autant de ministères qu'il y a eu de grandes divisions dans le budget général, la loi du 25 mars recevrait de l'extension.

« La volonté législative doit avoir plus de fixité dans ses effets.

« Ce n'est donc pas dans le nombre des ministères, variable au gré du pouvoir royal (jusqu'à ce qu'il ait été constitutionnellement déterminé), que réside le véritable principe de la spécialité, mais dans l'affinité naturelle des dépenses réunies sous un même chapitre par un seul vote ou jugement législatif.

« Toute ligne de démarcation, fondée sur l'indépendance des matières, est un principe de spécialité.

« Dans la justice, par exemple, les dépenses de l'administration centrale n'ont point de rapports nécessaires avec celles du conseil du Roi ou de la cour de cassation.

« Dans l'intérieur, le chapitre de l'agriculture est étranger aux frais d'administration centrale.

« Dans la guerre, l'habillement n'a point de connexité avec les subsistances.

« Dans tous les ministères, le personnel peut être isolé du matériel..

« Après ces divisions législatives par chapitres avec une affectation spéciale, le pouvoir administratif n'en continue pas moins de répartir, de subdiviser toutes ces masses de crédit dans tous les détails du service public.

« Il reste seul producteur des actes qui motivent les dépenses.

« Il conserve la nomination et la fixation du nombre de ses agens, et le réglement de tous les traitemens non déterminés par les lois.

« Il indique et prescrit toutes les opérations du service public.

« Le personnel et le matériel de l'armée, de tous les établissemens et de toutes les administrations civiles et militaires, restent toujours soumis, dans toutes leurs parties, à l'exclusive direction de la puissance exécutrice.

« Chaque chapitre n'est qu'un titre nominal d'une somme à dépenser pour telle partie du service public, et dont la distribution, entre les innombrables actes de l'administration qui en absorbent le montant, est étrangère au pouvoir législatif.

« Supprimer la dépense d'un inspecteur-général des

gardes nationales, d'un inspecteur des poids et mesures, d'un président du conseil des ministres, sont des précédens qui paraissent bien plus toucher à cette individualité des choses qui est spécialement dans le domaine du pouvoir exécutif.

« C'est cependant une conséquence naturelle et non contestée de ce pouvoir limitatif des dépenses, inhérent au vote libre et raisonné de l'impôt.

« Où serait la liberté, si la proposition d'une dépense en rendait l'adoption nécessaire ?

« A quoi servirait la discussion, si le résultat n'en pouvait pas être négatif ou restrictif ?

« Les éventualités ne font pas obstacle à cette division obligatoire par chapitres.

« Le ministère de la guerre a prouvé, dans les trois derniers comptes, la possibilité d'exécuter une répartition préalable, sans être gêné dans son action administrative ; et cependant c'est le ministère qui a le plus d'éventualités.

« Le mouvement des corps militaires influe sur les étapes, les maladies sur la solde et sur les hôpitaux, la force variable de l'armée sur les approvisionnemens ; mais les évaluations prévoient toujours même au-delà des circonstances ordinaires.

« La règle de l'inviolabilité des chapitres fléchit devant les éventualités pressantes et extraordinaires.

« Elle laisse à la providence royale la faculté de subvenir, par des ordonnances spéciales, à des besoins échappés à la prévision du législateur.

« Mais pour que l'exception ne tue pas la règle en se

multipliant, il faut une urgence réelle, bien constatée par une ordonnance dont le ministère soit responsable, soumise à la vérification de la puissance législative, et adoptée avec le caractère de bill d'indemnité.

« En mettant ainsi les ordonnateurs des dépenses dans la nécessité de violer la loi ou de prouver qu'ils ont subi la dictature de certains cas imprévus, on leur impose un devoir plus étroit, on les garantit eux-mêmes, en limitant leur pouvoir, des illusions de l'arbitraire.

« Sans doute, cette règle peut être éludée par des formes d'assimilation, où les matières de dépenses, subtilement qualifiées, sortiraient d'un chapitre épuisé, pour entrer furtivement dans un autre assez riche pour les solder.

« Mais la première et la plus noble pensée est de croire à la probité des dépositaires des lois.

« La seconde serait de combattre cet esprit de fraude par tous les moyens possibles d'investigation dans une matière où la puissance d'accuser pour concussion donne à la chambre des moyens d'enquête très-étendus.

« Enfin cet inconvénient est commun à toutes les lois. Leur intégrité ne résiste guère au pouvoir qui veut les éluder ou les corrompre.

« Peut-être est-il temps de préparer la réduction des dépenses, pour se créer les moyens de maintenir l'impôt au taux actuel en cas de guerre. A peine la paix fut-elle conclue, que le Gouvernement britannique fit descendre rapidement, par une subite diminution dans les dépenses, l'impôt à 108 millions au-dessous du pied de guerre.

« Pourquoi ne serions-nous pas animés du même esprit de prévoyance ?

« Nous continuons de toucher aux limites de l'impôt dans sa plus grande extension. Vous ne pouvez rester constamment sur un budget de 912 millions, sans dire à la France qu'elle doit en redouter un de plus d'un milliard.

« Il faudrait rechercher pour la guerre des capitaux dans des emprunts à l'amortissement, ou dans de nouvelles émissions de rentes.

« Attaquer l'amortissement, c'est en détruire le système. Il ne faudrait peut-être pas deux ans de guerre pour absorber les 460,952,880 fr. de capitaux rachetés.

« Émettre de nouvelles rentes, c'est en altérer la valeur, qui diminue par la multiplication. C'est toujours augmenter la dette des intérêts annuels, ou, en d'autres termes, créer la nécessité de nouveaux impôts.

« La guerre diminue les sources productrices de l'impôt, en même temps qu'elle en exige une plus grande extension.

« La sagesse est donc de se placer, en temps de paix, à la plus grande distance possible du dernier terme de l'accroissement de l'impôt, pour y être reporté avec fruit et sans danger par l'état de guerre.

« Si la spécialité favorise la réduction de l'impôt actuel par l'indisponibilité des fonds qui ne sont pas rigoureusement nécessaires à chaque partie du service public, elle est un bienfait pour le présent, et une heureuse prévision pour l'avenir ».

—Enfin, sur la même question, M. Royer-Collard s'est

exprimé ainsi, dans la même séance : « Deux amendemens
sont soumis à la Chambre; tous deux ont pour objet la
spécialité, mais il ne s'agit pas de la même spécialité
dans l'un et dans l'autre. *Les allocations ne pourront être
changées*, a dit M. Guittard ; *les crédits ne pourront être
dépassés*, a dit M. Devaux : ce n'est pas la même chose.
M. Devaux, se plaçant, ainsi qu'il en convient, dans le
système défectueux de la loi de 1817, ne spécialise que
les sommes, tandis que M. Guittard, pénétrant bien plus
avant, spécialise les services. L'amendement de M. Devaux, quoiqu'il l'ait développé, comme il en a l'habitude,
par des doctrines fort larges, est beaucoup trop étroit
dans sa rédaction, et je pense qu'il doit être rejeté comme
insuffisant. J'appuie au contraire l'amendement de M. Guittard, en proposant par sous-amendement que la spécialité des allocations qu'il a étendue aux articles, soit bornée
aux chapitres.

« Le dissentiment que je viens de faire remarquer entre
deux hommes très-éclairés, qui professent les mêmes
doctrines et qui ont le même but, fait assez voir qu'il
reste quelque chose à dire sur la spécialité, sur sa vraie
origine, son caractère, ses applications naturelles. Je
demande la permission de m'expliquer sur ces divers
points; je serai aussi court qu'il convient en ce moment.

« La spécialité, considérée d'une manière générale, me
semble être encore moins une question de principes
qu'une affaire de probité.

« Aucun impôt ne peut être établi ni perçu, s'il n'a été
consenti par les Chambres et sanctionné par le Roi. C'est
la Charte.

« La raison de l'impôt, c'est la dépense; la raison de la dépense, c'est les services; ainsi les services sont la dernière et véritable raison de l'impôt.

« Ce qui se passe entre le Gouvernement et la Chambre, dans la proposition de la loi annuelle de finances, en est la preuve. Sont-ce les chiffres abstraits de la dépense que le Gouvernement présente pour obtenir l'impôt? Non : le consentement serait impossible, faute de motifs. Mais le Gouvernement allègue les différens services dont il est chargé : il les énumère, les expose, les détaille; il dit de ceux-ci qu'ils sont indispensables, de ceux-là qu'ils sont très-utiles ; il vante l'ordre, l'intelligence, l'économie qui règnent dans tous. La Chambre écoute; et selon qu'elle est convaincue ou ne l'est pas, elle accorde ou refuse l'argent qui lui est demandé.

« Ce n'est point là une théorie; c'est ce que vous voyez, ce que vous entendez chaque année. Dans le fait (et ce fait-là se met aux voix, il s'écrit), le consentement général de la Chambre se décompose en autant de consentemens particuliers qu'il y a de dépenses distinctes; il y a autant de dépenses distinctes qu'il y a de services différens allégués par le Gouvernement. L'allégation d'un service emporte assurément la supposition que ce service sera fait, celui-là, et non pas un autre; ainsi les services, tels qu'ils sont exposés, sont les raisons, les causes, et les conditions des votes successifs de la Chambre, et la réciprocité de ces deux choses, les services et l'argent, l'argent et les services, forme un véritable *contrat* qui oblige le Gouvernement envers la Chambre et la Nation. S'il en était autrement, le consentement de la

Chambre lui aurait été surpris; il y aurait dol. Le Pouvoir absolu est bien immoral, mais beaucoup moins qu'un Gouvernement constitutionnel qui compterait le dol au nombre de ses prérogatives.

« Je n'ai pas besoin d'exprimer que je mets ici l'imprévu hors de cause; il est trop clair qu'il ne peut se régler qu'après coup. Tout ce que je dis, et je ne saurais le dire trop affirmativement, c'est que, dans ce qu'il y a de certain et de connu, à chaque vote que le Gouvernement obtient de la Chambre, il s'oblige au service qu'il a lui-même indiqué et déterminé comme la raison de ce vote. S'il ne remplit pas ses engagemens, les votes sont nuls de droit, l'impôt n'a pas été consenti; dans la rigueur des principes, il y a concussion.

« Eh bien! les spécialités ne sont pas autre chose que les engagemens dont je viens de parler; chaque engagement engendre une spécialité, il y a autant de spécialités que le Gouvernement a fait d'allégations différentes pour attirer l'impôt. Qu'on les appelle *chapitres* ou autrement, n'importe; ce n'est pas à vous à vous en troubler l'esprit, ni à vous embarrasser de leur nombre; car ce n'est pas vous qui les faites, c'est le Gouvernement. La spécialité existe à son usage et dans son intérêt; elle lui sert à vous convaincre de la nécessité de la dépense, et par là de la nécessité de l'impôt. S'il multiplie les divisions, c'est qu'il multiplie les demandes; chaque division est une demande; chaque demande est un engagement; chaque engagement est un devoir spécial.

« Je sais bien que la Chambre, quoique le droit et le pouvoir ne lui manquent jamais pour cela, ne doit pas se montrer trop difficile, ni entraîner le Gouvernement au-delà de certaines limites; il y a lieu ici, comme par-tout, à la prudence. La Chambre doit être également en garde contre une crédulité prodigue, et contre une incré-dulité ignorante et tracassière; elle ne doit point se mon-trer avare de restrictions et d'exceptions, par-tout où la nature des choses les indique, pourvu qu'elles ne lui soient point imposées. Mais, cette part faite, et largement faite, il faut qu'il lui reste des raisons substantielles de voter l'impôt, et ces raisons ne peuvent être que des ser-vices spéciaux.

« Voici une analogie qui me semble répandre un grand jour sur la question. Il y a des services absolument fixes, dont la dépense est également fixe; par exemple, la liste civile, la dette, les traitemens des juges, d'autres en-core. S'il n'y avait au budget que des services de cette nature, croit-on que la spécialité serait mise en problème? Se rencontrerait-il un ministre qui osât transférer les fonds de la liste civile aux juges, et réciproquement? C'est, dira-t-on, qu'il y a des lois pour ces différens cas. Eh bien! ce que les lois ont réglé d'avance pour certains cas, parce qu'ils sont invariables, la probité le commande pour ce qui ne varie pas dans tous les autres cas. La probité est aussi une loi qui oblige les Gouvernemens.

« Les raisonnemens dont je me sers font bien com-prendre que la spécialité que j'établis est celle des ser-vices, et non celle de la dépense. Il y a entre ces deux spécialités cette différence ou plutôt cette opposition, que dans l'une, c'est le service qui règle la dépense, et dans l'autre, c'est la dépense qui règle le service. La spé-

cialité de la dépense est bien près de se confondre avec
le système de l'abonnement, système étroit, grossier,
impuissant, qui est d'un autre âge et d'un autre Gouvernement, et que je suis loin de vouloir recommander.
La vraie spécialité, celle des services, consiste d'une part
en ce que les services sont dûs tels qu'ils sont sortis de
la Chambre, sans extension et sans réduction, à moins
de circonstances nouvelles dont il est rendu compte ; et
d'une autre part en ce que chaque service, jusqu'à ce
qu'il soit pleinement accompli, demeure créancier privi-
légié, disons mieux, propriétaire des fonds qui lui ont
été assignés ; c'est-à-dire, que la spécialité des services
est la bonne foi entre le Gouvernement et la Chambre ;
rien de plus, rien de moins. Elle a son complément, sa
preuve et sa sanction dans les comptes rendus annuellement aux Chambres.

« Je suis, je l'avoue, même après avoir entendu notre
honorable collègue M. Courvoisier, tout-à-fait insensible
à l'objection éternelle, qu'avec la spécialité la Chambre
administre. Non-seulement cela est faux en fait ; mais
cela est impossible ; par la nature de ses votes, elle entre
si peu dans l'administration, qu'elle ne la touche seulement pas. Elle ne fait jamais qu'une chose ; elle donne de
l'argent ou elle n'en donne pas. Il est très-vrai qu'elle
exerce par là sur l'administration une influence considérable, qu'elle la gêne, la contrarie, la fait reculer quelquefois ; mais tel est son droit, et tel est son devoir.
C'est dans les plus hauts intérêts de la société et de la
monarchie elle-même, plus encore que pour l'avantage
des contribuables, que la Chambre, héritière des vieilles
libertés de la France, pèse sur l'administration de tout

le poids de ce droit immense d'accorder ou de refuser les subsides. Sans commander jamais au Gouvernement, elle lui imprime des directions auxquelles il ne saurait se soustraire.

« M. le ministre des finances nous disait, il y a quelque temps : Si vous aviez le droit de réduire les traitemens des préfets, vous pourriez les supprimer entièrement; ce serait supprimer les préfets.

« Je réponds d'abord à M. le ministre des finances que nous ne faisons rien de semblable, par cette raison que nous n'opérons pas sur les traitemens, mais sur les subsides. La fixation des traitemens ne nous concerne en aucune manière; ce qui nous concerne uniquement, mais souverainement, c'est de consentir, ou de ne consentir pas à les payer. Renfermés dans ce retranchement, nous y sommes invincibles.

« Mais nous pouvons en sortir en cette occasion, et suivre sans péril le raisonnement de M. le ministre des finances aussi loin qu'il l'a poussé, bien qu'une hypothèse extrême soit une mauvaise attaque contre laquelle on peut toujours rétorquer l'extrémité contraire. Je reprends donc le raisonnement de M. de Villèle, ou du moins la conclusion de ce raisonnement, savoir : la suppression des préfets par la suppression de leurs traitemens.

« Je vais dire une chose qui semblera hardie, et qui ne l'est pas.

« S'il vous paraissait, ce serait une grande erreur, mais enfin s'il vous paraissait que l'administration supérieure peut être gratuite en France comme elle l'est en

34.

Angleterre, et si vous refusiez en conséquence toute allocation de fonds pour des traitemens d'administrateurs, est-il donc vrai que nous n'aurions plus ni administrateurs ni administration, ou bien que la Chambre administrerait à la place du Roi? Nullement; les choses resteraient exactement ce qu'elles sont; l'autorité administrative continuerait à émaner du Roi, et elle n'éprouverait pas le moindre déchet dans ses attributions; seulement, de même que les schérifs anglais, de même que nos maires, les préfets seraient sans traitemens. Je crois que l'ordre public en souffrirait beaucoup; mais la prérogative constitutionnelle du Roi ne serait certainement pas blessée.

« Pour vous en mieux convaincre, renversez les termes de la délibération. Supposez que, l'administration ayant été gratuite jusqu'ici, le Gouvernement demande des subsides pour la salarier. Dira-t-on, si la Chambre rejette cette proposition, qu'elle commet le crime d'administrer? Cela serait absurde; cependant, quant à la Chambre, les deux cas sont absolument semblables; dans l'un et dans l'autre, il s'agit de décider s'il y a lieu de salarier la haute administration, et cette question retombe toujours aux mains du pouvoir que M. de Bonald a si justement appelé le *pouvoir pécuniaire.*

« Tous les torts de la spécialité sont ceux du Gouvernement représentatif; elle n'en a point d'autres. Elle sort toute entière, dans ses conséquences les plus éloignées, les plus incommodes, et si l'on veut, les plus tyranniques, elle sort, dis-je, de la nécessité imposée au Gouvernement d'obtenir le consentement libre et intelligent de la Chambre, pour établir et percevoir des impôts....

« La spécialité, entre beaucoup d'avantages, a celui de prévenir *une sorte de guerre civile* dans les Gouvernemens représentatifs, tandis qu'elle est inévitable dans le système opposé. Car si les abus dispersés dans l'administration ne peuvent être saisis là où ils sont, et chacun d'eux chassé nominativement de la place qu'il occupe, il est à craindre que la Chambre, n'ayant pas d'autre voie pour parvenir jusqu'à eux, n'attaque l'administration toute entière, et ne se jette dans des mesures violentes et dangereuses.

« Il s'en faut bien que la question soit épuisée; à peine a-t-elle été parcourue dans cette discussion incidente. La lassitude des esprits et les difficultés de la matière ne me laissent point espérer qu'elle soit résolue en ce moment ; mais je l'indique aux plus sérieuses méditations du Gouvernement. Il me paraît qu'il y a deux choses à faire : classer les services, séparer les dépenses fixes quelconques, légales ou non, des dépenses variables; ce qui est, je crois, l'expression la plus exacte et la plus générale de la division du personnel et du matériel indiqué par M. le ministre des finances. C'est au ministère à guider la Chambre dans cette double opération, et à lui aplanir généreusement les voies. Qu'il veuille y réfléchir, les affaires ont un point de maturité qu'il faut savoir reconnaître. La loi inconséquente de 1817 ne peut plus subsister; le temps de la spécialité bien entendue et sagement limitée est venu. En vain elle sera repoussée; elle se reproduira de plus en plus exigeante, et elle finira par triompher, peut-être durement, de la mollesse des majorités et de la répugnance des ministères ».

DIVISION TROISIÈME.

DES PRÉFETS, DES SOUS-PRÉFETS, DES MAIRES, ET DES
CONSEILS DE PRÉFECTURE, DE SOUS-PRÉFECTURE
ET DE MAIRIE. — DES ATTRIBUTIONS DE CES AGENS
ET DE CES CONSEILS.

SOMMAIRE. Sujet de cette troisième Division.

Cette troisième division sera, comme la seconde, en deux parties, ayant pour titre : *la première*, « Des Préfets, des Sous-Préfets, des Maires. — Des Conseils de Préfecture, de Sous-Préfecture, de Mairie » ; *la seconde*, « Des Attributions des Préfets, des Sous-Préfets, des Maires. — Des Attributions des Conseils de Préfecture, de Sous-Préfecture et de Mairie ».

PREMIÈRE PARTIE.

PRÉFETS, SOUS-PRÉFETS, MAIRES. — CONSEILS DE PRÉFEC-
TURE, DE SOUS-PRÉFECTURE ET DE MAIRIE.

Sommaire. Sujet et Division de cette première Partie.

Cette première partie se divise en cinq sections, ayant pour titre : *la première*, « Application du Principe d'Unité, sous le rapport de
la Puissance d'exécution, dans les départemens,
arrondissemens et communes »; *la deuxième*,
« Du Nombre et de la Distinction des Agens
de cette Puissance d'exécution dans ces différentes divisions et subdivisions du territoire »;
la troisième, « De la Nomination de ces Agens
(Préfets, Sous-Préfets et Maires), et des Conseillers de Préfecture, de Sous-Préfecture et de
Mairie »; *la quatrième*, « Principes relatifs aux
Incompatibilités, à l'Exercice, à la Durée des
fonctions de ces divers Agens et Conseillers »;
la cinquième, « De la Responsabilité des Préfets, des Sous-Préfets et des Maires ».

SECTION PREMIÈRE.

Application du Principe d'Unité, sous le rapport de la Puissance d'exécution, dans les départemens, arrondissemens et communes.

Sous les deux premières races, les Rois de France avaient coutume d'envoyer dans les provinces des commissaires qu'on nommait *missi dominici* ou *missi regales*, et auxquels était attribuée une autorité très-étendue (quoique souvent contestée, comme aussi souvent excessive), pour réformer les abus qui pouvaient s'être introduits dans les différentes parties de l'administration confiées aux officiers des lieux.

Suivant une ordonnance de Charlemagne, de l'an 812, ces commissaires devaient tenir les audiences avec les comtes durant les mois de janvier, d'avril, de juillet et d'octobre de chaque année.

Le successeur de Charlemagne régla, en 819, que les commissaires envoyés dans les provinces ne tiendraient aucune assemblée dans les lieux où ils trouveraient la justice bien administrée par les comtes.

Le même prince ordonna, en 829, à ces commissaires d'avertir les comtes et les peuples qu'il donnerait audience un jour de chaque semaine pour connaître des causes que les commissaires ou les comtes n'auraient pas voulu décider.

Lorsque vers le commencement de la troisième race, les fiefs et les justices seigneuriales furent établies, on envoya pareillement dans les provinces, des commissaires choisis dans le conseil du Roi, pour y maintenir son autorité, connaître des cas royaux, et recevoir les plaintes auxquelles les seigneurs ou leurs officiers pouvaient avoir donné lieu. Ces plaintes devaient être jugées sommairement quand cela était praticable, sinon on devait les renvoyer aux grandes assises du Roi.

Cette inspection ayant déplu aux seigneurs, on cessa durant quelque temps d'envoyer de ces commissaires, et les rois se contentèrent d'en fixer quatre ordinaires sous le titre de baillis royaux.

Louis IX et ses successeurs envoyèrent des

enquêteurs pour examiner la conduite de ces baillis eux-mêmes, et des autres officiers.

Ces enquêteurs étaient aussi appelés *Commissaires du roi*. Mais ils n'avaient pas chacun le département d'une province entière ; il y avait, dans une province, autant de commissaires qu'il y avait d'objets différens qu'on mettait en commission, pour la justice, pour les finances, pour les monnaies, pour les aides, etc.

Ceux qui étaient chargés de l'administration de quelque portion de finance, devaient rendre compte aussitôt que leur commission était finie, si cette commission ne devait pas durer plus d'un an ; et si elle devait durer davantage, leur compte devait se rendre à la fin de chaque année.

Les commissaires avaient quelquefois le titre de *Réformateurs généraux* ; et alors c'étaient ordinairement des prélats et des barons qui remplissaient la commission.

Les maîtres des requêtes auxquels les commissions d'intendans de province furent, depuis, en quelque sorte affectées, étaient déja institués ; mais ils furent d'abord en très-petit nombre, et ils ne servaient qu'auprès du roi.

Dans la suite, on en envoya la moitié faire des visites dans les provinces, et l'autre moitié restait auprès du roi. Ceux qui avaient été dans les provinces revenaient rendre compte au roi et à son chancelier, des observations qu'ils y avaient faites ; ils proposaient aussi au parlement ce qui devait y être réglé, et y avaient entrée et séance.

Les ordonnances d'Orléans et de Moulins leur enjoignirent de faire tous les ans des chevauchées. L'ordonnance de 1629 renouvela cette disposition ; mais ces tournées n'étaient que passagères, et ils ne résidaient point dans les provinces.

Ce fut Henri II qui, en 1551, établit les intendans de province, sous le titre de *Commissaires départis pour l'exécution des ordres du Roi.*

En 1635, Louis XIII leur donna le titre d'*Intendans du militaire, justice, police et finance.*

L'établissement de ces Intendans éprouva plusieurs difficultés ; et, sous la minorité de Louis XIV, la levée de quelques nouveaux impôts dont ils furent chargés, ayant excité des plaintes de la part des Cours assemblées à Paris, elles arrêtèrent, en 1648, que le Roi serait supplié de révoquer les commissions d'intendans ; et, par une déclaration du 13 juillet suivant, ces commissions furent en effet supprimées pour quelques provinces seulement ; dans d'autres, elles furent limitées à certains objets, mais elles furent ensuite rétablies : elles ne le furent cependant en Béarn qu'en 1682 ; et en Bretagne, qu'en 1689 (*a*).

La loi du 22 décembre 1789, sect. 3, *art.* 9, les supprima définitivement. Cet article portait : « Il n'y a aucun intermédiaire entre les Administrations de département et le Pouvoir exécutif suprême. Les commissaires départis, intendans, et leurs subdélégués, cesseront toutes fonctions aussitôt que les Administrations de département seront entrées en activité ».

Et c'est seulement par la loi du 28 pluviose an VIII, que les Préfets, les Sous-Préfets et les Conseils de préfecture furent institués.

(*a*) *Voy*. l'Ancien Répert. de Jurisp., par Guyot, au mot *Intendant de Province*, et le Recueil des ordonnances du Louvre, etc.

— Les maires étaient, en France, disent les auteurs, ce qu'étaient chez les Romains les officiers appelés *Defensores civitatum.*

Le maire était le premier officier municipal d'une ville ou autre lieu.

Dans quelques endroits, cependant, ce titre était remplacé par celui de Prévôt, Échevin, Lieutenant, Bailli, Sénéchal, Viguier, Jurat, Syndic, Capitoul, Consul, et autres (*a*).

Par la loi du 14 décembre 1789, *art.* 1, l'Assemblée Constituante ayant supprimé les municipalités alors existantes, en chaque ville, bourg, paroisse ou communauté, sous le titre d'Hôtels-de-Ville, Mairies, Échevinats, Consulats, et généralement sous quelque titre et qualification que ce fût, la même loi, *art.* 4, statua que le chef de tout Corps municipal porterait le nom de *Maire.*

La Constitution du 5 fructidor an III, ayant créé des Administrations municipales par canton, le premier des Administrateurs ne prit

_____

(*a*) A Paris et à Lyon, ce premier officier municipal se nommait *Prévôt des marchands.* — *Voy.* Répertoire de Jurisprudence, par Guyot, au mot *Maire.*

pas le nom de *Maire*, mais celui de *Président*. (Tit. VII, *art.* 178 *et* 181).

C'est encore par la loi du 28 pluviose an VIII, sus-énoncée, *art.* 18, que le titre de *Maire* a été rétabli.

Depuis cette époque aussi, l'administration, dans les départemens, dans les arrondissemens et dans les communes, a commencé à prendre une marche plus uniforme, plus régulière et plus active.

Et en effet, le principe que cette loi adopta sur ce point est indispensable.

Le Chef suprême de la Puissance exécutive doit avoir des représentans ou délégués dans les provinces, dans chaque division et subdivision du territoire national : sans cela, point d'ensemble, point d'unité, dans l'exécution surtout ; point de monarchie. Et ce que nous avons dit jusqu'ici, appuyé du raisonnement, et fortifié d'ailleurs de toute l'autorité de l'expérience (*a*), prouve assez claire-

---

(*a*) Nous avons dit, entre autres choses : « Lorsque, depuis 1789, la Démocratie eut successivement envahi, au sommet, les trois branches de la souveraineté, elle

ment combien serait grave l'erreur des hommes qui, dans l'intérêt du bien public et de la liberté, pourraient se persuader encore qu'il est possible de confier sans inconvénient les attributions de cette Puissance d'exécution, dans une portion du territoire, quelque restreinte qu'elle soit, dans une commune, dans une ville, à une Assemblée délibérante, à un Corps quelconque composé de plusieurs membres.

C'est un des plus grands vices que l'on puisse reprocher avec fondement à l'organisation des Administrations provinciales créées par l'influence et sous le ministère de M. Necker. C'est l'une des causes les plus évidentes qui ont paralysé les bons résultats qu'elles auraient pu obtenir (*a*).

---

s'étendit de même sur tous les points de la circonférence; et l'on voulut, contre les règles de la raison et du droit, confier, dans les départemens, dans les districts et dans les municipalités, les actes d'administration et de pure exécution à des Assemblées délibérantes; vice d'organisation manifeste et dont on reconnut bientôt les mauvais et funestes résultats ». (*Voy. ci-dessus*, vol. vii, p. 149).

(*a*) *Voy. ci-dessus*, *ibid.*, pag. 192 et 193.

Pour l'exercice de la Puissance législative,
relativement à tous les intérêts de pure localité, le Gouvernement, premier principe de
résolution et *d'action*, sans lequel la société
ne serait en quelque sorte qu'un corps inert
ou du moins composé de parties sans adhé-
rence, sans union, et pour ainsi dire, répul-
sives par nécessité (*a*), le Gouvernement considéré sous le premier de ces deux points de
vue différens, c'est-à-dire, comme organe de
résolution et de volonté, a essentiellement
besoin d'être suppléé et secondé, dans les diverses parties du territoire, par des institutions qui, telles que les deux Chambres représentatives de la Propriété et de l'Industrie,
soient évidemment d'une nature analogue à
celle de sa propre constitution sous ce rapport (*b*); de même et à bien plus forte raison
encore, pour l'exercice de la Puissance exécutive dans ces mêmes divisions et subdivisions territoriales et administratives, le Gouvernement a besoin d'être secondé et suppléé
par un mobile d'action d'une nature pareille-

(*a*) *Voy. ci-dessus*, vol. IV, pag. I *et suiv.*
(*b*) *Ibid.*, vol. VII, pag. 148 *et suiv.*

ment analogue à celle que doit avoir sa propre constitution sous cet autre rapport, c'est-à-dire que ce mobile d'action doit, partout, dans la plus petite commune, ainsi que dans la capitale, être placé dans la main d'un seul homme. Les préfets, les sous-préfets et les maires sont donc aujourd'hui, en France, ainsi qu'ils doivent l'être, les auxiliaires nécessaires, les ministres ou délégués du Roi, dans les départemens, dans les arrondissemens et dans les communes.

Nous appuierons, par la suite, de quelques autorités, ce principe d'organisation administrative, important, et duquel nous devons faire découler plusieurs autres principes relatifs au même objet; mais nous pouvons dès actuellement remarquer que même le décret du 14 décembre 1789 portait :

« *Art.* 34. Chaque Corps municipal, composé de plus de trois membres, sera divisé en Conseil et en Bureau....

« *Art.* 37. Le Bureau sera chargé de tous les soins de l'exécution, et borné à la simple régie. Dans les municipalités réduites à trois membres, l'exécution sera confiée au Maire *seul*».

SECTION II.

*Du Nombre des Préfets, Sous-Préfets, Maires ;
et des Conseillers de Préfecture, de Sous-
Préfecture et de Mairie.*

Le principe qu'il s'agit d'établir ici, du
moins quant à la fixation du nombre des Préfets, des Sous-Préfets et des Maires, est une
conséquence immédiate, directe, évidente, du
principe qui vient d'être reconnu dans la section précédente, et d'après lequel il ne peut
exister qu'un préfet par département, un sous-
préfet par arrondissement, et un maire par
commune (*a*).

La loi du 28 pluviose an VIII, portait,
tit. 2, § 1er, *art.* 1, « Qu'il y aurait, dans chaque département, un préfet.... »; même titre,
§ 2, *art.* 8. « Que, dans chaque arrondissement communal, il y aurait un sous-préfet »; et

_____

(*a*) Les divisions de la ville de Paris, et de quelques
autres grandes villes, que l'on désigne sous le nom d'*arrondissement*, ne sont pourtant dans la réalité que des
communes. Aussi y a-t-il 12 maires à Paris. Lyon en a
eu 6 ; Bordeaux et Marseille en ont eu 7 : mais la loi du
15 nivose an XIII a changé cette disposition.

même tit., § 3, *art.* 12; « qu'il y aurait, dans les villes, bourgs et autres lieux dont la population n'excèderait pas deux mille cinq cents habitans, un maire et un adjoint; dans celles dont la population serait de deux mille cinq cents à cinq mille habitans, un maire et deux adjoints; dans celles où la population serait de cinq mille à dix mille, un maire, deux adjoints et un commissaire de police, etc. » (*a*).

Mais les adjoints, et les commissaires de police surtout, ne sont, et ne doivent être, que des suppléans, des officiers subordonnés à l'autorité du maire. Aussi un arrêté du Conseil-d'État, en date du 2 pluviose an IX, *art.* 3, que nous avons eu occasion de citer (*b*), avait-il été jusqu'à décider que, lorsque le maire était présent, les adjoints n'avaient pas entrée au Conseil municipal.

(*a*) *Voy. aussi* la loi du 18 floréal an X (8 mai 1802) (III, B. 189, n° 1544). Cette loi veut qu'il soit nommé un adjoint de maire dans les parties de la commune dont les communications sont difficiles avec le chef-lieu.

(*b*) *Voy. ci-dessus*, vol. VII, pag. 194, n. (*a*). — *Voy. aussi* Bulletin des Lois, III, B. 64, n° 484 ; et (4 juin 1806) IV, B. , 99, n° 1653.

Nous pensons, au contraire, qu'ils pourraient sans inconvénient, qu'ils devraient même, dans l'état de choses actuel, y avoir entrée en tous temps ; mais sans voix délibérative (a).

Quant à la fixation du nombre des conseillers de préfecture, de sous-préfecture et de mairie ; cette même loi du 28 pluviose

---

(a) Il est des cas où les adjoints exercent, concurremment avec les maires, les fonctions que la loi confie à l'autorité locale. Tel est celui où ils se trouvent être les premiers témoins d'un délit à constater, ou à portée de faire saisir un prévenu surpris en flagrant délit ou dénoncé par la clameur publique.

Dans ces deux circonstances, ils n'ont pas besoin de délégation pour agir. La loi du 7 pluviose an IX leur en impose l'obligation, comme aux maires et aux commissaires de police.

Tel est encore le cas où il s'agit de constater l'insolvabilité ou l'absence des receveurs du Trésor public.

Suivant l'expression textuelle de l'arrêté du 6 messidor an X, les certificats que cet arrêté exige à ce sujet, doivent être délivrés *par les maires et adjoints, sous leur responsabilité personnelle.*

En général, à quelque titre qu'un adjoint administre, il est personnellement responsable des actes qu'il signe et des mesures qu'il ordonne, parce qu'il n'agit pas comme commis du maire, mais comme fonctionnaire public revêtu d'un caractère qu'il tient de la loi.

an VIII, tit. 2, § 1, *art.* 2, avait porté cette fixation pour les conseillers de préfecture, dans la plupart des départemens, à trois ; dans un petit nombre, à quatre ; et dans un plus petit nombre, à cinq.

Une ordonnance du 6 novembre 1817 statue que le nombre des conseillers de préfecture sera successivement réduit à trois dans chaque département. Mais cette ordonnance a été rapportée par une autre ordonnance en date du 1er août 1820 (a).

Au surplus, nous ne rechercherons pas, en ce moment, toutes les modifications que les lois ou les ordonnances pourraient avoir apportées en ce point, ni celles qu'elles devraient adopter ; le nombre de ces conseillers de préfecture, de sous-préfecture et de mairie dépendant nécessairement de la nature et de l'étendue des attributions qui appartiennent à ces Conseils, ces attributions doivent être reconnues et fixées avant qu'on ne s'occupe de déterminer le nombre de leurs membres.

_____

(a) *Voy. aussi* l'Arrêté du Gouvernement du 19 fructidor an IX (III, B. 101, n° 848).

SECTION III.

De la Nomination des Préfets, Sous-Préfets, Maires, et des Conseillers de Préfecture, de Sous-Préfecture et de Mairie.

Le principe à reconnaître ici, du moins quant à la nomination des préfets, des sous-préfets et des maires, est encore une conséquence immédiate, directe et évidente du principe qui a été établi dans la première section. Puisque les préfets, les sous-préfets et les maires sont les auxiliaires nécessaires, les ministres ou délégués du Roi, dans les départemens, les arrondissemens et les communes, c'est incontestablement au Roi, et au Roi seul, qu'appartient le droit de les nommer; et si ce droit est reconnu et ne souffre aucune difficulté à l'égard des préfets et des sous-préfets, comment pourrait-il en éprouver de réelles et fondées relativement aux maires, qui sont placés de même, quoique à un degré inférieur, dans la ligne des agens de la Puissance exécutive ou d'administration ?

Aussi, quoiqu'on ait souvent cherché à rendre les maires électifs, on a fini, sans doute parce que l'on a senti les inconvéniens qui résultaient de leurs élections, par en revenir, plus ou moins, selon le temps, à l'observation du principe.

Ce fut vers le règne de Louis VII, qu'en France les villes achetèrent des seigneurs la faculté d'élire un maire.

Saint Louis fit, en 1256, deux ordonnances pour régler le mode de leur élection.

Ils furent électifs jusqu'à l'édit du mois d'août 1692, par lequel il fut créé des maires perpétuels en titre d'office dans chaque ville et communauté du royaume, à l'exception des villes de Paris et de Lyon, pour lesquelles on conserva l'ancien usage d'élire un Prévôt des marchands.

Les motifs qui donnèrent lieu à cette création furent, suivant le préambule de l'édit cité, « que le soin que le Roi avait toujours pris de choisir (a) les sujets les plus capables entre

---

(a) A cette époque, les candidats étaient donc élus et présentés au roi; mais c'était ensuite le roi qui choisissait parmi ces mêmes candidats.

ceux qui lui avaient été présentés pour remplir la charge de maire dans les principales
villes du royaume, n'avait pas empêché que
la cabale et les brigues n'eussent eu le plus
souvent beaucoup de part à l'élection de ces
magistrats ; d'où il était presque toujours arrivé que les officiers ainsi élus, pour ménager
les particuliers auxquels ils étaient redevables
de leur emploi et ceux qu'ils prévoyaient leur
pouvoir succéder, avaient surchargé les autres
habitans des villes, et surtout ceux qui leur
avaient refusé leur suffrage ; et qu'à l'égard
des lieux où les maires n'étaient point établis, chaque juge royal voulant s'en attribuer la qualité et les fonctions, à l'exclusion
des autres, cette concurrence n'avait produit
que des contestations entre eux, lesquelles
avaient retardé l'expédition des affaires communes, et distrait ces juges de leurs véritables
fonctions pendant qu'ils s'efforçaient d'usurper
celles qui ne leur appartenaient pas ; qu'en
conséquence, Sa Majesté avait jugé que des
maires créés en titre, qui ne seraient point
redevables de leurs charges aux suffrages des
particuliers, en exerceraient les fonctions sans

passion, et avec toute la liberté qui leur était nécessaire pour conserver l'égalité dans la distribution des charges publiques».

L'édit ordonnait que ces nouveaux maires jouiraient des honneurs, droits, émolumens, priviléges, prérogatives, rang et séance, dont les maires précédemment établis et les officiers qui en avaient fait les fonctions, avaient joui, tant dans les cérémonies publiques qu'en tout autre lieu, sous les titres de maires, jurats, consuls, capitouls, prieurs, premiers échevins, ou autrement. Il fut attribué à ces nouveaux officiers le droit de convoquer aux hôtels-de-ville, les assemblées générales et particulières, où il s'agirait de l'utilité publique, du bien du service du roi et des affaires de la communauté, et il fut dit qu'ils recevraient le serment des échevins et autres officiers municipaux dans les villes où il n'y avait point de parlemens, etc., etc.

Par un autre édit du mois de décembre 1702, il fut créé des offices de lieutenans des maires des villes et communautés du royaume, pour exercer, en l'absence de ces maires, les fonctions qui leur avaient été attribuées.

Par un autre édit du mois de décembre 1706, il fut créé des offices héréditaires de conseillers du roi, maires, et de lieutenans de maires, alternatifs et mi-triennaux.

Dans plusieurs endroits, ces nouveaux offices furent levés par les provinces, villes ou communautés, et réunis aux Corps de ville.

Ces offices furent depuis supprimés, ensuite rétablis, et supprimés encore en différens temps.

Par un édit du mois de novembre 1771, le Roi avait rétabli en titre d'offices formés, dans chaque ville et communauté du Royaume, où il y avait Corps municipal, à l'exception des villes de Paris et de Lyon, un maire, un lieutenant de maire, etc., avec le titre de conseiller du Roi.

Les motifs qui donnèrent lieu à cet édit du mois de novembre 1771, furent à peu près les mêmes que ceux sur lesquels était fondé l'édit du mois d'août, et que nous venons de rapporter : « Les offices municipaux, créés pour la plupart des Provinces du Royaume, avaient été supprimés par deux édits du mois d'août 1764 et mai 1765, et il avait été ordonné qu'il serait à l'avenir pourvu par voie d'élection à la nomination de ces offices ; le Roi avait espéré qu'en rendant aux villes la liberté de nommer leurs officiers elles-mêmes, les citoyens ne profiteraient de cette liberté que pour concourir unanimement au bien de leur communauté, et se dépouilleraient de tout autre intérêt dans le choix des sujets chargés d'y veiller ; mais S. M. a reconnu dans la suite, qu'au lieu des avantages qu'elle s'était promis de l'exécution de ces dispositions, elles étaient devenues dans toutes les villes une source d'inimitiés et de divisions, par le désir que des gens souvent incapables avaient de participer à l'administration, et par la cabale et les brigues qui s'étaient introduites dans les élections, et qui avaient donné lieu à divers procès ruineux pour les villes, retardé l'expédition de leurs affaires communes, et jeté le trouble et la confusion dans leur administration : en conséquence, elle a jugé que pour remédier à ces abus, il n'y avait point de moyen plus expédient que de créer et rétablir en titre, dans toutes les villes et bourgs du royaume, des officiers municipaux qui, n'étant point redevables de leurs charges aux suffrages des particuliers, en exerceraient les fonctions avec toute la liberté nécessaire pour conserver l'égalité dans la distribution des charges publiques, et qui d'ailleurs étant per- pétuels, pourraient se rendre capables, par une longue expérience, de satisfaire à tous les devoirs et aux obligations attachées à leur ministère » (a).

Depuis *mil sept cent quatre-vingt-neuf*, il a de même existé sur ce point de grandes va- riations. La Constitution, éprouvant des se- cousses violentes, changeant d'assiette et de base dans son centre, devait en changer aussi vers les extrémités. A cet égard, on peut voir, entre autres, les décrets des 14 et 22 décembre 1789, celui des 2 et 5 août 1790, la loi du 28 pluviose an VIII, le décret du 19 floréal an VIII (9 mai 1800), celui du 18 floréal an X (8 mai 1802), le sénatus-consulte organique de la constitution du 16 thermidor an X

_____

(a) *Voy.*, sur tout ceci, l'ancien Répertoire de Juris- prudence, par Guyot, entre autres, aux mots *Maire* et *Municipal.*

(4 août 1802); les décrets des 11 nivose, 3 et 5 germinal an XI (1er janvier, 24 et 26 mars 1803) (*a*).

Le décret du 14 décembre 1789, *art.* 16, portait que les maires seraient toujours élus (dans les assemblées de canton) à la pluralité absolue des voix; que si le premier tour de scrutin ne donnait pas cette pluralité, il serait procédé à un second; que si celui-ci ne la donnait point encore, il serait procédé à un troisième, dans lequel le choix ne pourrait plus se faire qu'entre les deux citoyens qui auraient réuni le plus de voix aux scrutins précédens; et qu'enfin s'il y avait égalité de suffrages entre eux à ce troisième scrutin, le plus âgé serait préféré (*b*).

D'après le sénatus-consulte du 16 thermidor an X, tit. II, *art.* 13, les maires et leurs adjoints devaient être choisis par le premier Consul, parmi les membres des Conseils mu-

(*a*) III, B. 17, n° 115. — III, B. 26, n° 173. — III, B. 189, n° 1544. — III, B. 206, n° 1676. — III, B. 239 et 264, n°s 2252 et 2570.

(*b*) *Art.* 17. La nomination des autres membres du Corps municipal devait se faire au scrutin de liste double.

nicipaux; et suivant les décrets des 19 floréal an VIII, 18 floréal an X, et 5 germinal an XI, le droit de leur nomination, dans les communes au-dessous de 5,000 habitans, a été délégué aux préfets.

Quant à la nomination des conseillers de préfecture, la loi du 28 pluviose an VIII, *art.* 18, l'attribuait au Chef du Gouvernement; mais elle pourrait de même être déléguée sans inconvénient, ainsi que la faculté de nommer les conseillers de sous-préfecture et de mairie, aux préfets et aux sous-préfets; pourvu toutefois que le droit d'élection des citoyens fût scrupuleusement respecté dans sa véritable et juste application, c'est-à-dire pour le choix et la désignation des mandataires et représentans de la Propriété et de l'Industrie, non-seulement dans les Chambres nationales, mais encore dans les Conseils, Assemblées ou Chambres départementales, cantonales et municipales, lesquelles ne doivent et ne peuvent pas être confondues avec les Conseils de préfecture, de sous-préfecture et de mairie, ainsi que nous l'avons précédemment remarqué (*a*).

(*a*) *Voy. ci-dessus*, vol. VII, pag. 160, n. (*a*).

Du reste, que le droit à la nomination des maires et des conseillers de préfecture, de sous-préfecture et de mairie, soit retenu et exercé directement par le Chef de la Puissance exécutive, ou que l'exercice de ce droit soit confié et délégué par lui, il n'en est pas moins certain que la sagesse du Législateur et le Pacte constitutionnel peuvent et doivent le subordonner à de certaines conditions, telles, par exemple, que celle de l'âge et celle de l'observation du système graduel et progressif d'avancement. Par un édit de 1597, fait à l'Assemblée de Rouen, il avait été ordonné que nul ne pourrait être reçu lieutenant-général de Province, qu'il ne fût âgé au moins de trente-deux ans accomplis, et qu'il n'eût été pendant six ans conseiller au parlement. L'ordonnance de Blois n'exigea que trente ans. Par un arrêt de 1602, le parlement de Paris avait étendu cette disposition aux lieutenans-généraux et particuliers des grands et petits bailliages. Les intendans étaient habituellement choisis parmi les maîtres des requêtes (a).

_____

(a) *Voy. ci-dessus*, vol. VIII, pag. 538.

Et si, d'après la loi du 28 pluviose an VIII, le Chef du Pouvoir exécutif nommait les maires dans les communes dont la population s'élevait à plus de 5,000 habitans, nous venons de voir que, par l'article 13 du Sénatus-Consulte du 16 thermidor an X, il était tenu de les choisir exclusivement parmi les membres des Conseils municipaux (*a*).

Nous avons vu aussi que si, originairement et en quelque sorte dans l'enfance de la monarchie, les intendans et les grands baillis étaient de simples commissaires envoyés par le Roi dans les différentes parties du Royaume pour y veiller momentanément à tout ce qui pouvait intéresser l'administration de la police et des finances, par la suite et lorsque les institutions eurent acquis un plus haut degré de stabilité et de régularité, ils furent au contraire soumis à garder résidence dans leurs généralités, bailliages et sénéchaussées (*b*). C'est en effet ce qui devrait être *constitution-*

(*a*) *Voy. ci-dessus*, même section, pag. 557. — *Voy. aussi* l'Avis du Conseil d'État du 14 nivose an XI.

(*b*) *Voy. ci-dessus*, même partie, section Ⅰ^re.

nellement prescrit à l'égard des officiers ou agens de l'administration dont il s'agit ici, et ce à quoi ils sont du moins assujétis par quelques lois et arrêtés (*a*).

A l'appui de ce principe, nous produirons encore quelques autorités recommandables (*b*).

(*a*) La Loi du 22, 29 mars—12 septembre 1791, prescrit en termes généraux :

Art. 1er. « Les fonctionnaires publics seront tenus de résider, pendant toute la durée de leurs fonctions, dans les lieux où ils exercent, s'ils n'en sont dispensés pour causes approuvées ».

Art. 2. « Les causes ne pourront être approuvées et les dispenses leur être accordées que par les Corps dont ils sont membres, ou par leurs supérieurs s'ils ne tiennent pas à un Corps, ou par les Directoires administratifs dans les cas spécifiés par la loi ».

Art. 13. « Les fonctionnaires publics dont il est parlé dans les deux premiers articles ci-dessus, qui contreviendront aux dispositions de ces deux articles, seront censés, par le seul fait de leur contravention, avoir renoncé sans retour à leurs fonctions, et devront être remplacés ».

(*b*) *Voy. ci-après*, vol. ix, même Division, *Part.* 2e.

SECTION IV.

Principes relatifs aux Incompatibilités, à l'Exercice, à la Durée des Fonctions de Préfet, Sous-Préfet, Maire, et de Conseiller de Préfecture, de Sous-Préfecture et de Mairie.

Ainsi que nous l'avons fait, dans la première division de ce paragraphe, relativement aux fonctions de ministre et de conseiller d'état, nous examinerons successivement et succinctement, dans cette section, les questions principales qui se rattachent à ces trois choses: Incompatibilité, Exercice et Durée des fonctions indiquées dans le titre de cette section.

Incompatibilité.

La défense de posséder en même temps plusieurs offices n'est pas une disposition de lois récentes ni de jurisprudence moderne. Elle est fondée sur le bon sens et la raison; elle avait été prescrite en France par les plus anciennes lois de la monarchie. Par son ordonnance de 1302, Philippe IV renouvela cette défense; ce qui prouve qu'avant l'ordonnance

la prohibition existait déja. Depuis cette époque, Charles VII, en 1446, l'Ordonnance de
Blois, l'Ordonnance de Moulins, et l'Ordonnance de François I, de 1535, l'avaient également renouvelée. On peut aussi citer à ce
sujet l'Ordonnance de 1585, qui contenait la
disposition suivante : «Nul ne peut tenir deux
« offices incompatibles. Si aucun en impêtre
« deux sans faire mention du premier, le pre-
« mier sera vacant ; s'il les détient tous les
« deux par trois mois sans déclarer auquel il
« veut s'arrêter, ils seront tous deux vacans».
Le Préambule de l'Édit du mois de novembre
1771, renfermait ce qui suit : « Par nos édits
« des mois d'août 1692, mai et août 1702,
« nous avons créé des offices de nos conseillers-
« maires perpétuels et de leurs lieutenans dans
« toutes les villes et lieux de notre Royaume,
« dont l'établissement a été très-utile pour
« l'exécution de nos ordres et l'administration
« des affaires publiques et particulières des-
« dites villes. Mais, comme leurs fonctions sont
« depuis augmentées et qu'elles augmentent
« encore journellement..., et que nous sommes
« d'ailleurs informés que plusieurs d'entre eux

36.

« sont pourvus d'autres offices *qui les empê-*
« *chent de remplir les fonctions de ceux de*
« *maires et de leurs lieutenans avec toute l'ap-*
« *plication qu'ils doivent, et les obligent sou-*
« *vent à s'absenter, ce dont notre service et les*
« *affaires des villes et communautés souffrent*
« *considérablement*, nous avons écouté volon-
« tiers la proposition qui nous a été faite de
« créer des maires et lieutenans de maire alter-
« natifs et triennaux, etc. ».

Le Décret du 14 décembre 1789, relatif
à la constitution des municipalités, portait :

Art. 14. « Les citoyens qui occupent des
places de judicature, ne peuvent être en même
temps membres des Corps municipaux.

Art. 15. « Ceux qui sont chargés de la perception des impôts indirects, tant que ces impôts subsisteront, ne peuvent être admis en
même temps aux fonctions municipales ».

Un autre décret du 22 du même mois, disait : sect. 2, *art.* 8. « Les membres des Corps
municipaux ne pourront être en même temps
membres des Administrations de département
et de district.

« *Art.* 9. Les membres des Administrations de district ne pourront être en même temps membres des Administrations de département » (*a*).

La loi du 24 vendémiaire an III avait aussi déterminé l'incompatibilité de certaines fonctions administratives. Elle portait, titre 2 :

Art. 1 : « Aucun citoyen ne pourra exercer ni concourir à l'exercice d'une autorité chargée de la surveillance médiate ou immédiate des fonctions qu'il exerce dans une autre qualité.

« *Art.* 2. En conséquence les membres des Administrations de département et de district, ceux des municipalités , les agens nationaux et les greffiers de l'une et de l'autre de ces administrations ne peuvent cumuler des fonctions diverses dans l'une ou l'autre de ces administrations ».

(*a*) *Voy. aussi* le Décret du 8 — 10 juin 1790, et celui du 25 - 30 janvier 1791.

Ce dernier portait : « L'Assemblée nationale décrète que les fonctions de maires , officiers municipaux, et procureurs de la commune sont incompatibles avec celles de juges de paix et de leurs greffiers ; et que ceux qui auraient été élus à ces places , seront tenus d'opter dans les trois jours de la publication du présent Décret ».

Et cette même loi ajoutait : « tit. IV, *art.* 2.
Les fonctionnaires publics qui réuniraient actuellement des fonctions incompatibles, seront
tenus de faire leur option dans le délai de dix
jours après la publication de la présente loi
par la voie du bulletin, à peine d'être destitués des unes et des autres, ce délai expiré.

« *Art.* 3. Ceux qui seraient appelés à l'avenir
à remplir des fonctions incompatibles avec
celles qu'ils exerçaient déja, seront pareillement tenus, sous la même peine, de faire leur
option dans les dix jours qui suivront la notification qui leur sera faite du nouveau choix
qui aura eu lieu en leur faveur».

Enfin, la cumulation des emplois n'est bonne
nulle part, et elle n'existe que dans les Gouvernemens imparfaits, dans les Gouvernemens
despotiques, ou qui sont prêts de le devenir
et qui croient déja leur autorité assez absolue
pour jeter le masque et dépouiller toute feinte.
Mais combien n'est-elle pas surtout contraire
à la nature, à l'importance, à l'étendue des
fonctions de préfet, de sous-préfet et de maire !
Comment, dans un état d'ordre, dans un système constitutionnel et régulier, tolérer la

cumulation de ces fonctions avec celles de mandataires ou représentans de la Propriété et de l'Industrie dans les Chambres nationales ! Y a-t-il rien de plus choquant, de plus déraisonnable, de plus absurde que de voir un maire, un sous-préfet, un préfet abandonner, pendant une grande partie de l'année, la surveillance et les soins des détails de son administration, pour venir examiner, discuter, contrôler publiquement la conduite et les actes du ministère, dont il est le subordonné et de qui dépend sa révocation ? Un Législateur prévoyant peut-il présumer que ces agens subordonnés procèderont généralement à cet examen, avec une pleine et entière liberté de conscience; ou ne doit-il pas, au contraire, regarder comme certain qu'à leur insu même, leur opinion sera influencée et égarée par la position fausse et contrainte dans laquelle il souffre qu'ils soient placés ?

D'ailleurs, l'obligation de la résidence que nous venons de poser en principe dans la section qui précède, et que la législation consacre, suffirait, seule, pour faire ressortir ici toute l'évidence de l'incompatibilité. En effet,

si la résidence d'un préfet dans son département est prescrite comme un devoir, c'est
qu'elle est considérée comme une condition
nécessaire à l'exercice de ses fonctions. Dira-
t-on que, dans certains cas et lorsqu'un préfet
est appelé à remplir des fonctions de nature
différente, mais toujours d'ordre public, les
devoirs de sa place seront accomplis, aussi
bien que par lui-même, soit par un secrétaire-
général, soit par un membre du Conseil de
préfecture ? Nous reconnaîtrons bientôt que
cela n'est pas ; mais si en effet il devait en être
ainsi, nous dirions avec toute confiance que
les places de préfet sont inutiles, et qu'il faut
incessamment les supprimer.

On sera donc forcé d'en convenir, il y a encore ici désordre et confusion ; et toutes les
fois qu'il y aura désordre, il ne sera pas possible que les choses marchent comme elles
doivent aller : jamais le pilote le plus vigoureux, le plus vigilant, le plus actif, ne sera
certain de conduire le navire dans le port, si
les rameurs ou les matelots, le gouvernail,
les mâts et les rames ne sont pas à leur place ;
jamais le conducteur le plus habile n'atteindra

le bout de la carrière, si le char est brisé, ou
les roues sans force et sans soutien (*a*).

Si, comme nous venons de le voir, la nature des fonctions de préfet, de sous-préfet,
de maire, et de conseiller de préfecture, de
sous-préfecture et de mairie, démontre que
ces fonctions sont entièrement incompatibles
avec toutes autres fonctions publiques ; si la
dignité même de ces places essentielles d'administration ne permet pas que les hommes
qui en sont pourvus se livrent à des spécula-
tions commerçantes ou lucratives quelconques,
il est dès lors évident qu'un salaire propor-
tionné à l'utilité et à l'importance de ces mêmes
fonctions doit y être attaché. Tout travail mérite un salaire : nous ne pouvons mieux faire
que de répéter à cet égard ce que nous avons

Exercice des fonctions de préfet, sous-préfet, maire, et de conseiller de préfecture, sous-préfecture et mairie.

Un traitement doit-il y être attaché ?

(*a*) Nous avons vu ci-dessus (vol. VII, pag. 243), et nous
devons encore remarquer ici qu'il y a violation réelle du
principe dans l'ordonnance du 23 décembre 1815, qui
autorise les préfets à assister aux séances des Conseils
généraux de département, et les sous-préfets aux Conseils d'arrondissement (à remplacer dans notre système
par les Chambres représentatives de la Propriété et de
l'Industrie).

eu lieu d'exposer sur un sujet analogue (*a*);
et, pour ne pas le faire dans les mêmes termes,
nous emprunterons ceux d'un auteur dont
nous avons déja invoqué l'autorité. « Les sinécures, dit-il, sont les excroissances du corps
politique. Il faut les retrancher, parce qu'elles
dévorent le plus pur de sa substance, et laissent tomber les autres membres dans la langueur et le dépérissement; mais les rétri-
butions modérées accordées à des employés
laborieux, n'ont jamais corrompu la morale
d'un peuple, ni ruiné ses finances.

« D'ailleurs le salaire suit le labeur. C'est
ainsi que va la société domestique, dont les
Gouvernemens ne sont que l'image; le maître
proportionne ce salaire à la difficulté du travail, à la durée et aux dépenses de l'appren-
tissage, aux talens enfin de l'ouvrier. Eh bien!
les employés, les administrateurs, les juges,
les militaires, sont les ouvriers de l'État. Les
employés lui prodiguent leur temps, les administrateurs leurs talens, les juges leur science,
les guerriers leur sang. L'État leur rend en

(*a*) *Voy. ci-dessus*, vol. vi, pag. 207; vol. vii, p. 223;
vol. viii, pag. 48.

échange de l'argent et des honneurs. Dans cet échange, je ne vois point de débiteur, je ne vois point de créancier ; la dette réciproque est éteinte, tout est compensé » (a).

Les préfets, les sous-préfets, les maires, et les conseillers de préfecture, de sous-préfecture et de mairie, sont à la vérité les délégués et les agens spéciaux du Chef de la puissance exécutive ; mais dans quel intérêt ? Ce n'est pas dans son intérêt unique, personnel et exclusif ; c'est dans le but, et pour l'utilité publique et commune, pour le bien et la prospérité de l'État en général. C'est donc la chose publique, l'État, auquel ils profitent, auquel ils sont nécessaires et indispensables, qui doit supporter les frais des émolumens qu'il est juste de leur allouer.

Depuis leur création, les préfets, les sous-préfets et les conseillers de préfecture ont en effet été rétribués sur les fonds du Trésor ; mais les fonctions de maire, au contraire, ont

_____

(a) Du Conseil d'État considéré comme Conseil et comme Juridiction, par M. le baron de Cormenin, maître des requêtes, tit. 11, chapitre unique, pag. 83 et 84.

toujours été gratuites. Pourquoi cela? En existe-t-il une raison bien fondée et équitable? Avant la Révolution, les officiers publics qui remplissaient ces mêmes fonctions ou autres analogues, sous le titre de maires, ou sous tout autre, jouissaient de différens émolumens, profits, gages de villes et autres droits, d'exemptions, de priviléges et prérogatives. Sans doute de semblables droits et priviléges devaient être supprimés et ne seront pas rétablis; mais ne peuvent-ils pas être remplacés ici par un traitement modéré, et justement acquis par des occupations actives, assidues, et qui doivent être exclusives pour être bien et exactement remplies? N'est-ce pas même le seul moyen que le Législateur puisse employer efficacement pour que le fonctionnaire investi de cette autorité regarde toujours l'accomplissement des devoirs qui s'y rattachent comme une obligation stricte et nécessaire, et qu'il ne considère pas sa place comme un simple titre d'honneur qui lui est dû et qui ne l'assujétit à rien envers les administrés?

Nous verrons bientôt, lorsque nous aurons à nous occuper de l'examen des attributions de la mairie, que même pour les plus petites communes, il n'est peut-être pas de fonctions dans l'État qui réclament davantage une juste rétribution en faveur de celui qui les exerce avec zèle, intelligence et activité. Que l'on modère un peu plus les impôts de toute nature ; que l'on réduise surtout, ainsi qu'il est possible de le faire, les frais exorbitans de leur perception ; et qu'on laisse alors à chaque commune la charge d'indemniser et de rétribuer le maire, à chaque arrondissement celle de rétribuer le sous-préfet, à chaque département celle de rétribuer le préfet. Les contribuables n'auront pas lieu de se plaindre, et contribueront avec joie pour acquitter cette charge, aussi bien que toutes celles dont l'utilité réelle et immédiate leur sera également sensible et démontrée. Et pourquoi d'ailleurs, d'une part, une parcimonie qui va jusqu'à l'injustice la plus criante, puisque souvent les maires éprouvent les plus grandes difficultés à se faire rembourser des avances indispensables qu'ils sont obligés de faire ; et de l'autre, un luxe, une prodigalité, hors de toute proportion avec la situation des finances dans un État même qui n'aurait pas des charges extraordinaires à supporter ? L'auteur d'un ouvrage tout récemment publié dit bien avec quelque raison , et même dans le sens de ce qui précède : « N'oublions pas qu'une certaine élévation des traitemens est la plus solide garantie de l'égalité. Cessez de salarier les hautes fonctions ou de les salarier assez : et vous les verrez redevenir l'apanage exclusif de la richesse ou de la naissance; vous verrez renaître un des plus funestes abus des vieilles monarchies , celui des titulaires abandonnant leurs fonctions à des subalternes , et qui sauront bien retrouver, aux dépens des administrés ou des contribuables, les traitemens que vous croirez avoir épargnés » (a).

Mais, du côté de la fixation des traitemens des hauts fonctionnaires , il semble qu'en France il y a peu à désirer aujourd'hui; et par exemple, relativement aux préfets, la loi

_____

(a) Voy. Observations sur le dernier Budget proposées par un Pair aux deux Chambres , à l'ouverture de la session de 1822; et le Journal Constitutionnel du 8 juin 1822.

du 28 pluviose an VIII les avait réglés suivant l'importance de la population du chef-lieu de département, savoir :

« *Art.* 21. Pour les préfets, dans les villes dont la population n'excédait pas quinze mille habitans, à la somme de............. 8,000 fr.

Dans celles de quinze à trente mille habitants, à la somme de.......... 12,000 fr.

Dans celles de trente à quarante-cinq mille, à la somme de............... 16,000 fr.

Dans celles de quarante-cinq à cent mille, à la somme de................ 20,000 fr.

Dans celles de cent mille et au-dessus, à la somme de.................. 24,000 fr.

A Paris, à la somme de....... 30,000 fr.

« *Art.* 22. Pour les conseillers de préfecture, au dixième du traitement déterminé pour les préfets, sans toutefois que ce dixième puisse être moindre de.......... 1,200 fr.

« *Art.* 23. Pour les sous-préfets, dans les villes où la population serait de plus de vingt mille habitans, à............... 4,000 fr.

Et dans les autres, seulement à.. 3,000 fr.

Depuis, ces traitemens ont éprouvé différentes variations. Ils avaient été augmentés par un décret impérial du 11 juin 1810 (a).

Postérieurement à la restauration, ils avaient été rapprochés de leur taux primitif.

Mais une ordonnance récente, du 15 mai 1822, contient une fixation et une répartition nouvelle des traitemens des préfets et des frais d'administration des préfectures.

Suivant la loi du 28 pluviose an VIII, nous venons de voir que les traitemens des préfets, les moins élevés, étaient de...... 8,000 fr.

D'après les tableaux joints à la nouvelle ordonnance, les plus faibles traitemens, savoir : ceux des préfets des départemens des Basses-Alpes, des Hautes-Alpes, de l'Ardèche, de l'Aveyron, du Cantal, de la Corrèze, de la Creuse, des Landes, de la Haute-Loire, de la Lozère, de la Haute-Saône, du Var, de la Vendée, et des Vosges, ne sont pas au-dessous de .... 18,000 fr.

Et leurs frais d'administration,

de 22,000 fr. à .... 30,000 fr.

(a) (IV, B. 294, n° 5568). *Voy. aussi* sur le mode de paiement de leur traitement, l'Arrêté du 15 vendémiaire an X (17 octobre 1801) (III, B. 116, n° 925).

Les traitemens des préfets des départemens de l'Ain, de l'Aisne, de l'Allier, des Ardennes, de l'Arriége, de l'Aube, de l'Aude, de la Charente, du Cher, de la Corse, des Côtes-du-Nord, de la Dordogne, de la Drôme, de l'Eure, d'Eure-et-Loir, du Finistère, du Gers, de l'Indre, du Jura, de Loir-et-Cher, de la Loire, du Lot, du Lot-et-Garonne, de la Marne, de la Haute-Marne, de la Mayenne, de la Meuse, du Morbihan, de la Nièvre, de l'Oise, de l'Orne, des Basses-Pyrénées, des Hautes-Pyrénées, des Pyrénées Orientales, du Haut-Rhin, de Saône-et-Loire, de la Sarthe, de Seine-et-Marne, des Deux-Sèvres, du Tarn, de Tarn-et-Garonne, de Vaucluse, de la Vienne, de la Haute-Vienne et de l'Yonne, sont de . . . . 20,000 fr.

Et leurs frais d'administration, de . . . 24,000 à . . . . 36,000 fr.

Les traitemens des préfets des départemens de la Charente-Inférieure, de Maine-et-Loire, et de la Manche, sont de . . . . 25,000 fr.

Et leurs frais d'administration, de . . . 34,000 à . . . . 39,000 fr.

Les traitemens des préfets des départemens
du Calvados, des Côtes-du-Nord, du Doubs,
du Gard, de la Haute-Garonne, de l'Hérault,
d'Isle-et-Vilaine, de l'Isère, du Loiret, de la
Meurthe, de la Moselle, du Pas-de-Calais, de
la Somme, sont de............ 3o,ooo fr.

Et leurs frais d'administration,
de... 33,ooo à .... 44,ooo fr.

Les traitemens des préfets des départemens
de la Loire-Inférieure, et de Seine-et-Oise,
sont de...................... 35,ooo fr.

Et leurs frais d'administration,
de... 47,ooo à .... 5o,ooo fr.

Les traitemens des préfets des départemens
du Nord, du Bas-Rhin et de la Seine-Infé-
rieure, sont de.............. 4o,ooo fr.

Et leurs frais d'administration,
de... 5o,ooo à .... 53,ooo fr.

Les traitemens des préfets des départemens
des Bouches-du-Rhône, de la Gironde et du
Rhône, sont de.............. 45,ooo fr.

Et leurs frais d'administration,
de... 48,ooo à .... 5o,ooo fr.

Enfin, d'après la loi du 28 pluviose an VIII,
le traitement du préfet du département de la

Seine n'était que de........... 30,000 fr.
et l'ordonnance nouvelle du 15 mai 1822,
le porte à.................... 80,000 fr.
indépendamment des frais d'administration,
qui sont fixés à............... 215,000 fr.

Plusieurs fois il a été demandé avec instance de réduire à la somme, bien suffisante, de.................... 100,000 fr.
les traitemens des ministres, lesquels sont
de...:.................... 150,000 fr.

Mais il n'y a pas lieu de penser que cette
réduction s'opère encore de sitôt.

Et par le projet de loi sur le budget, qui
vient d'être présenté à la Chambre des
Députés pour l'année 1822, la liste civile,
laquelle est, en y comprenant la famille
royale, de 33,000,000,
vient d'être portée à la somme de 43,000,000.

De bonne foi, est-ce ainsi que l'on parvien-
dra à faire des économies utiles, et que l'on
peut atteindre cette réduction des impôts, à
laquelle le Gouvernement se flatte toujours
d'arriver, quoique marchant en sens contraire?

37.

Durée
des fonctions
de Préfet,
de Sous-Préfet,
de Maire, et
de Conseiller
de Préfecture,
de Sous-Pré-
fecture
et de Mairie.

La durée des fonctions de préfet et de sous-préfet n'a jamais été limitée par une loi, ni par aucun décret, arrêté, ordonnance ou règlement du Gouvernement.

D'après la loi du 14 décembre 1789, *art.* 42, les officiers municipaux et les notables devaient au contraire être élus seulement pour deux ans, et renouvelés par moitié chaque année.

Suivant cette même loi, *art.* 43, le maire devait rester en exercice pendant deux ans, et il pouvait être réélu pour deux autres années; mais ensuite il ne pouvait plus être réélu qu'au bout de deux autres années.

D'après la loi du 28 pluviose an VIII, *art.* 19, les membres des Conseils de départemens, et ceux des Conseils d'arrondissemens communaux, devaient être nommés pour trois ans, et pouvaient cependant être continués.

D'après le sénatus-consulte organique de la constitution du 16 thermidor an X, *art.* 12, les membres des Conseils municipaux dûrent se renouveler tous les dix ans, et par moitié.

Suivant ce même sénatus-consulte, *art.* 13,

les maires devaient être cinq ans en place, et pouvaient être renommés.

Par un arrêté du 14 nivose an XI, la durée des fonctions des maires et adjoints, dans les villes dont la population s'élevait à plus de 5,000 ames; et par un autre arrêté du 3 germinal an XI, la durée des fonctions des maires et adjoints, dans les villes dont la population était au-dessous de 5,000 ames, fut, dans l'un comme dans l'autre cas, limitée à ce même laps de temps de cinq années.

Une ordonnance du 13 janvier 1816 a maintenu cette disposition; et cette même ordonnance a en même temps voulu que les Conseils municipaux ne fussent renouvelés que tous les dix ans.

Pourquoi donc encore ces différences et ces variations? Par quel motif raisonnable et fondé, les maires et les adjoints devront-ils être fréquemment changés ou renommés, tandis que la durée des fonctions de préfet et de sous-préfet n'aura point d'autre limite que celle que la volonté du Chef de la Puissance exécutive y voudra mettre?... Il peut en exister un, lorsque ces fonctions sont entièrement oné-

reuses et gratuites; mais ce motif disparaît et
s'évanouit, si elles sont rétribuées convenablement, ainsi qu'elles doivent l'être.

Ce que nous avons dit précédemment à
l'égard de la durée des fonctions représentatives dans les Chambres nationales et communales (*a*), et à l'égard de la durée des fonctions des membres du Conseil d'État et des
ministres (*b*), peut encore recevoir ici son
application en un sens. Aucun emploi ne doit
être ni héréditaire, ni vénal; tous doivent, au
contraire, être mérités par le patriotisme, les
vertus, les talens, le travail, et accordés, les
uns par la confiance du peuple, les autres
par celle du prince : mais la stabilité, si nécessaire à la prospérité des États, ne veut pas
que la durée de ces emplois, quels qu'ils
soient, se trouve si restreinte et si bornée, que
les hommes qui les occupent aient à peine le
temps d'acquérir l'instruction, la connaissance
des choses et des lieux, qui leur est nécessaire
pour les remplir avec succès, et que la pra-

(*a*) *Voy. ci-des.*, vol. vi, p. 219; vol. vii, p. 228 *et suiv.*
(*b*) *Ibid.*, vol. viii, pag. 50 et 51.

tique seule peut leur donner. Les préfets, les sous-préfets et les maires étant les ministres, les délégués du prince dans les départemens, dans les arrondissemens, dans les communes, le droit de les nommer appartient incontestablement au prince; par la même raison, le droit qu'il a de les révoquer, ne peut pas davantage être contesté: mais il agira prudemment, dans l'intérêt des localités, de la chose publique, de l'État, et dans son intérêt propre, s'il ne fait usage de ce droit qu'avec une grande circonspection, et seulement pour des causes graves, directes et personnelles; cette circonspection est un des moyens les plus sûrs qu'il puisse avoir d'asseoir et d'affermir son Gouvernement. Par suite du changement d'un ministre, destituer vingt ou trente préfets, cinquante ou soixante sous-préfets, autant de maires et plus, lorsque tous, peut-être, faisaient bien leur devoir, c'est ouvrir sans aucune nécessité réelle autant de portes au mécontentement et au désordre, et rappeler sur tous les points du territoire le souvenir et même le danger des révolutions.

Le législateur doit aussi savoir distinguer,

en toutes choses, ce qui, de sa nature, peut
et doit être réglé par la loi fondamentale et
constitutionnelle de l'État, et ce qui doit au
contraire être abandonné au libre arbitre, à
la volonté pleine et entière du roi; et en usant
ici, par exemple, de ce discernement nécessaire, il reconnaîtra facilement que si cette
loi peut contenir quelque disposition relative
à la durée des fonctions de préfet, de sous-
préfet, de maire, et de conseiller de préfecture,
de sous-préfecture et de mairie, sans anticiper
sur le droit ou la prérogative royale, c'est en
se bornant à donner à ces fonctions, comme à
celles de conseiller d'état et de ministre, le
terme que la nature et l'âge même prescrivent
à tous les genres de travaux physiques ou in-
tellectuels (a).

(a) *Voy. ci-dessus*, vol. VI, pag. 252.

SECTION V.

De la Responsabilité des Préfets, des Sous-Préfets et des Maires.

« La loi du 14 — 18 décembre 1789, *art.* 16, défendit aux tribunaux de donner suite à des dénonciations contre les officiers municipaux, pour raison de leurs fonctions, autrement que sur renvoi des directoires de département; cette loi ne détermine pas en quel cas ce renvoi devra être fait.

« Même disposition à l'égard des Administrateurs, *en général*, dans l'article 13 du tit. 2 de la loi du 16 — 24 août 1790, et dans la loi du 7 — 14 octobre 1790.

« La Constitution de 1791 fait une exception remarquable, au sujet des Administrateurs de département. Ils ne peuvent être mis en accusation, à raison de leurs fonctions, que par le Corps législatif.

« La Constitution de l'an III, quoique faite en un sens de République, proscrivit le système de 1791, comme tendant à l'anarchie, en ce qu'il protégeait les administrateurs

subalternes contre le chef du Gouvernement.
L'article 196 de cette Constitution est ainsi
conçu : Le Directoire exécutif peut suspendre
ou destituer immédiatement, lorsqu'il le croit
nécessaire, les administrateurs, soit de département, soit de canton, et les envoyer devant
lès tribunaux de département lorsqu'il y a
lieu.

« Si ce système n'eût produit que l'effet de
protéger les administrateurs, et les agens ou
préposés de l'administration, contre des tra-
casseries judiciaires, il n'eût paru qu'une règle
d'ordre ; mais il fut protecteur des agens de
l'autorité, *au détriment des droits privés :* dès-
lors il parut oppressif ; on réclama de toutes
parts.

« Les choses en étaient là, quand fut im-
provisée la Constitution de l'an VIII. Les auteurs de la loi du 22 frimaire an VIII se donnèrent bien de garde d'ôter au Gouvernement
un moyen essentiel d'action ; ils cherchèrent
une garantie, pour les droits privés, dans
l'érection d'un Conseil d'État, chargé d'aider
le Gouvernement de ses lumières et de son
impartialité, sur toutes les matières de légis-

lation, d'administration générale, et de justice administrative : la loi du 22 frimaire an VIII en usa pour les administrateurs comme pour les juges; elle confia à leur premier supérieur, le droit exclusif de les mettre en jugement.

« L'*Art.* 74 avait dit : Les juges civils et criminels sont, pour les délits relatifs à leurs fonctions, poursuivis devant les tribunaux, auxquels celui de cassation les renvoie, après avoir annulé leurs actes.

« L'*Art.* 75 ajoute : Les agens du Gouvernement, autres que les ministres, ne peuvent être poursuivis pour des faits relatifs à leurs fonctions, qu'en vertu d'une décision du Conseil-d'État : en ce cas, la poursuite a lieu devant les tribunaux ordinaires.

«Telle était la Législation avant 1814. Elle n'a pas changé. L'*art.* 9 de l'ordonnance du 29 juin 1814 confère au Comité contentieux du Conseil d'État la connaissance des mises en jugement des administrateurs et préposés ».

L'auteur de qui nous empruntons l'énoncé de ces faits, dit encore ailleurs : « Quels sont les fonctionnaires administratifs ou agens du

Gouvernement, à l'égard de qui est établie la garantie relative à la mise en jugement?

« 1° Les Administrateurs, tels que les préfets, sous-préfets, secrétaires-généraux de préfectures, maires, adjoints, même les commissaires de police.

« Les tribunaux n'ont aucune compétence sur leurs fonctions, ni sur les faits commis à l'occasion de leurs fonctions. Néanmoins, les municipaux sont, en leur qualité d'officiers de police, sous la surveillance de l'autorité immédiate des magistrats des cours de justice criminelle. Ils ne sauraient en conséquence se refuser de correspondre directement, en matière de délit de police, avec les magistrats de l'ordre judiciaire. (*Décret du* 26 *août* 1806.)

« 2° Les préposés à un service quelconque fait pour le Gouvernement, ce qui comprend les percepteurs des contributions et les nombreux préposés de l'enregistrement et des domaines, de la loterie, des postes, des douanes, des droits réunis, des fonds des octrois, des poudres.

« Mais ils peuvent être traduits en justice, sans recours au Conseil d'État, par les administrations dont ils relèvent.

« Les percepteurs des contributions, par les préfets, sur l'avis des sous-préfets. (*Arrêté du 10 floréal an X.*)

« Les préposés de l'octroi municipal, sur l'autorisation des préfets. (*Arrêté du 22 thermidor an XI*).

« Tous les autres préposés des administrations, par les directeurs généraux et administrateurs, auxquels ils sont subordonnés, ou sur leur autorisation. (*Arrêtés du 9 pluviose an X, des 28 pluviose et 29 thermidor an XI, et du 28 février 1806*).

« 3° Sont encore réputés agens du Gouvernement, les agens des subsistances militaires, chefs, directeurs, inspecteurs, entrepreneurs, agens, préposés des vivres, des étapes, des fourrages, du chauffage et lumière, des troupes et convois militaires; les entrepreneurs, directeurs, économes, régisseurs d'hôpitaux au compte du Gouvernement; les chefs des mouvemens maritimes, et même tous ceux qui exécutent des ordres de l'administration, relativement à cette exécution.

« Tout service ou fonction publique ne donne pourtant pas la prérogative dont nous

nous occupons ici; il faut un service dans les
attributions de l'administration. Ainsi les officiers de l'état civil, quoiqu'ils exercent un
ministère public très-important, et que la plupart du temps ils soient maires ou adjoints,
ne sont point considérés en cette partie comme
agens administratifs. La surveillance des actes
auxquels ils sont préposés, appartient aux
tribunaux.

« Ne sont pas agens ceux qui font des entreprises publiques, dont ils ont traité avec le
Gouvernement pour leur propre compte, et
qu'ils ont prises à leurs risques. Les rapports
qu'ils ont avec des particuliers, les actions
qui en naissent, sont des actions privées auxquelles le Gouvernement n'a aucun intérêt.
Il faut néanmoins excepter les cas où des lois
particulières les mettent encore sous la protection du Gouvernement; par exemple, l'art. 4
de la loi du 28 pluviose an VIII attribue aux
Conseils de préfecture la connaissance des réclamations des particuliers qui se plaindraient
de torts et dommages procédant du fait personnel des entrepreneurs des travaux publics.
Cette attribution n'est point *personnelle*, elle

est *réelle ;* elle est prononcée, à raison de la célérité que l'on doit mettre dans les circonstances de ce genre, et de la protection spéciale due aux travaux publics.

« Les sous-traitans des entrepreneurs pour le compte du Gouvernement, ne sont point agens du Gouvernement; ils n'ont point traité avec lui; ils ne sont point ses mandataires ; ils agissent pour leur propre compte; ils font une affaire privée, quoique dérivant d'une affaire publique.

« Les comptables destitués de leurs fonctions, les ex-comptables, rétentionnaires de deniers publics, n'ont plus la prérogative des agens du Gouvernement, et peuvent être poursuivis en justice, sans autorisation, sur la simple dénonciation du ministre du trésor public au ministre de la justice. (*Avis du* 16 *mars* 1817.)

« Lorsque les fonctionnaires publics se sont engagés personnellement, et se sont rendus garans en leur propre et privé nom, de l'obligation qu'ils auraient pu ne contracter que comme personnes publiques ou agens du Gouvernement, ils n'ont plus le droit de réclamer une prérogative à laquelle ils ont renoncé :

leur renonciation est un droit qu'ils ont donné à ceux avec qui ils ont contracté; c'est une condition, sans laquelle ceux-ci n'auraient pas traité avec eux. (*Décrets des* 10 *et* 22 *brumaire an XIV.*)

« Il y a des décrets antérieurs, qui ont renvoyé à l'autorité administrative, nonobstant l'obligation personnelle des administrateurs ou agens. Ils ont pu être déterminés par des circonstances particulières; les derniers paraissent devoir faire la règle.

« Au total, quiconque, soit à raison de fonctions habituelles, soit par un mandat passager, fait un service au compte du Gouvernement, ou exécute un ordre de l'autorité administrative, ne peut être traduit devant les tribunaux (à raison de ses fonctions, ou de ce qu'il se permet dans leur exercice) qu'avec autorisation préalable. Les tribunaux ont beau être compétens de la contestation ou du fait, il faut que la personne leur soit abandonnée avant qu'ils puissent connaître de la chose » (*a*).

(*a*) Du Conseil d'État selon la Charte, etc., par M. Sirey, pag. 157 et 163.

A cette jurisprudence, appuyée ou non sur une législation plus ou moins fixe, mais menacée de tomber en ruine, nous opposons l'autorité toujours victorieuse de la première de toutes les lois, la raison, base universelle et immuable du droit et de ses principes ; et nous répétons : tout administrateur, tout agent du Pouvoir exécutif, depuis le ministre jusqu'au dernier, doit être responsable ; cette responsabilité est une conséquence inévitable et forcée de la nature même de ses fonctions ; l'ordre, la paix, la prospérité publique sont attachés à son exacte et rigoureuse observation. Que des tribunaux désintéressés et impartiaux soient appelés à prononcer....; que tout plaideur téméraire, et dont les plaintes seront jugées mal fondées, soit condamné à des dommages et intérêts....; et l'on ne pourra pas raisonnablement présumer qu'il s'en rencontre beaucoup disposés à élever, à leur propre préjudice, de mauvaises difficultés et d'absurdes prétentions contre les dépositaires de l'autorité administrative. Aucune présomption, quelque forte qu'elle soit, ne peut d'ailleurs avoir assez de poids pour motiver l'infraction d'un principe sans l'observation duquel il n'est plus de justice, plus de garantie assurée pour la propriété, la liberté et la sûreté des citoyens.

Et qu'est-ce que reconnaître un principe, et en éluder en même temps l'application? Cette tactique inconstitutionnelle et frauduleuse ne peut plus en imposer à qui que ce soit; et l'on a raison de dire que, par suite du degré de civilisation où l'espèce humaine est parvenue, et qu'on ne fera pas rétrograder, les notions du juste et de l'injuste ont pénétré dans toutes les classes; que tous les hommes connaissent leurs droits; et que de là est résultée une raison universelle à laquelle n'en appelleront jamais en vain les peuples et les rois (a).

Cependant c'est tout à la fois consacrer le principe et en éluder l'application, que de subordonner (ainsi que l'ont fait, entre autres, la Constitution du 22 frimaire an VIII, *art.* 75,

(a) *Voy.* les Observations sur le dernier budget adressées par un Pair aux deux Chambres, à l'ouverture de la session de 1822.

le Sénatus-Consulte du 28 floréal an XII, *art.* 112, 113, 114 *et* 115, et autres lois sus-relatées), les poursuites et les plaintes à diriger contre les préfets, les sous-préfets, les maires et autres agens actifs de l'exécution et administration, pour faits relatifs à leurs fonctions, à une autorisation, soit du Conseil d'État, soit de toute autre autorité exécutive d'un degré supérieur au rang occupé par le fonctionnaire inculpé. Si celui-ci, directement appelé devant la Puissance judiciaire constitutionnelle, légitime et régulière, justifie d'ordres supérieurs, il devra être absous et renvoyé de l'accusation, dont le poids ne pourra plus porter que sur l'agent du degré supérieur, de qui l'ordre sera émané; mais jamais l'accès du sanctuaire de la justice· ne doit être rétréci ou obstrué par l'homme puissant qui a intérêt à priver le faible et l'opprimé de la protection qu'il vient réclamer près d'elle. Si Mirabeau, dont en général on n'apprécie peut-être pas assez les vues profondes, n'eût pas été pénétré de cette vérité, il n'eût pas insisté, comme il le fit dans la séance du 20 août 1789, sur la stricte et religieuse observation de ce principe.

38.

« Jamais une nation ne sera libre, disait-il, que toute la hiérarchie sociale ne soit comprise dans la responsabilité, le chef seul excepté, parce que l'inviolabilité du prince est nécessaire à la paix publique.... Il faut signer cette maxime, si l'on veut être libre.... Résignez-vous à être esclaves, ou déclarez la responsabilité, le chef seul excepté.... Vous ne serez jamais que des esclaves, si, tous, depuis le premier ministre jusqu'au dernier sbire, ne sont responsables.... Je le répète, toute la hiérarchie doit être responsable, ou bien on trouvera toujours le moyen de rendre tout attentat impuni » (a).

Depuis cette époque, et dans ces dernières années surtout, combien d'auteurs judicieux et d'orateurs éloquens ont embrassé la défense de la même cause, et réclamé l'entière et exacte application du principe! Il faut croire que ce ne sera pas en vain.

L'un d'eux, entre autres, dit : « N'est-ce pas aussi une réflexion trop affligeante, que, dans

---

(a) *Voy.* l'ouvrage ayant pour titre : *Mirabeau peint par lui-même*, tom. 1, pag. 234 et 235.

toute l'administration actuelle de la France,
depuis le maire jusqu'au Président du Conseil
des ministres; depuis le juge de paix jusqu'au
Chancelier, le Français, victime des abus du
pouvoir, ou qui croit l'être, ne rencontre,
pour se plaindre du Gouvernement, que des
agens du Gouvernement; qu'il ne puisse trouver un patron dans un fonctionnaire, indépendant de l'autorité, c'est-à-dire, non breveté
par elle, et qu'il n'ait aucun refuge contre la
force qui l'opprime, et la persécution qui le
poursuit! Le Roi est la seule personne, en
France, qui ne soit pas un agent du pouvoir
royal; mais toutes les plaintes ne peuvent parvenir jusqu'au prince, et si les prêtres s'interposent entre les mortels et la divinité, les
courtisans arrêtent la prière tremblante que
l'opprimé élève vers le trône » (*a*).

Un autre auteur s'exprime avec plus de développement : « S'il arrive une époque où le
monarque puisse soustraire ses agens à la responsabilité, l'État a cessé d'être constitué (*b*).

(*a*) Du Régime municipal et de l'Administration de
département, pag. 86 et 87. (1818.)

(*b*) *Voy. ci-dessus*, vol. viii, pag. 52 et 75.

« Mais, dans l'état actuel de notre législation politique, le ministre est-il le seul qui puisse porter atteinte à la prérogative royale, aux droits de la nation, aux libertés des individus? Est-il forcé d'attenter à la Constitution par lui-même et par lui seul? S'il est ainsi, il suffit sans doute qu'il soit seul responsable. Si, au contraire, l'arbitraire peut aussi se trouver dans d'autres mains; si l'esprit ministériel suffit pour faire agir arbitrairement des machines subalternes; alors, ou la responsabilité n'est qu'un vain nom, ou il faut pouvoir légalement atteindre ces fonctionnaires inférieurs, lorsqu'ils se transforment en tyrans ou en agens de tyrannie. Sans cette possibilité, qu'importerait-il que le ministre fût responsable des actes arbitraires qu'il commettrait, s'il était inviolable pour les actes qu'il ferait commettre? Ne perdons pas de vue qu'à une époque où la puissance se mesurait à la volonté, le Gouvernement qui n'est plus a organisé deux armées, l'une civile et l'autre militaire, et que ces deux armées sont encore inviolables; ce qui leur conserve toutes les couleurs du despotisme qui les a créées. Tout

fonctionnaire est sujet du Gouvernement;
aucun n'est sujet à la Loi, qu'autant qu'il convient au ministre de le livrer à la justice.
Ainsi, depuis le gendarme jusqu'au maréchal
de France, depuis l'huissier jusqu'au premier
président, depuis le percepteur jusqu'au receveur général, on ne peut demander compte
à personne des délits commis dans l'exercice
de fonctions quelconques, sans qu'une ordonnance ministérielle vous permette de prendre
la loi pour juge entre un fonctionnaire et
vous. Il faut donc nécessairement, ou que les
administrateurs soient comptables des actes
arbitraires qui portent atteinte aux droits des
administrés, ou que les ministres soient responsables du refus de livrer leurs subordonnés
à la justice » (*a*).

Un membre de la Chambre des députés
disait aussi, dans la session de 1817 : « Ah!
gardons-nous de relever jamais l'odieux éten-
dart de l'inquisition politique. Nos yeux, si
long-temps mouillés de larmes, ne doivent

_____

(*a*) De la Responsabilité ministérielle, par M. J. P. Pagès,
pag. 20 *et suiv.* (1818.)

plus se fixer que sur un avenir qui s'avance radieux d'espérance et de félicité publique.

« Mais ces considérations de salut général et de circonstances impérieuses doivent-elles nous dispenser de réclamer sans cesse le bienfait d'une loi de responsabilité; bienfait solennellement promis par la Charte, et après lequel la nation ne cesse de soupirer? Sans cette loi, il n'est point de Gouvernement constitutionnel et de liberté publique.

« Jusqu'ici, graces aux fatales erreurs d'un Gouvernement qui n'est plus, la responsabilité n'a été qu'un vain mot. Des préfets et des maires, trop fidèles encore quelquefois aux consignes, aux habitudes impériales, ont constamment trouvé grace devant un Conseil d'État, bien estimable sans doute, mais qui, égaré par des sentimens pacifiques, met peut-être une indulgence sans bornes pour les fautes des administrateurs, au premier rang des vertus publiques.

« Peut-être conserve-t-il encore quelques réminiscences de ces principes si respectés naguère, que reconnaître des torts aux agens de l'autorité, c'est l'affaiblir et la déconsi-

dérer » (*a*) ; tandis qu'au contraire le pétition-
naire dont la réclamation donna lieu aux
réflexions qui précèdent, disait avec vérité :
« Tant que les lois ouvrent aux citoyens des
voies régulières pour obtenir la réparation des
torts qu'ils éprouvent, ils s'abstiennent de
tout acte, de toute voie de fait qui troublerait
l'ordre social ; mais lorsque les lois ne leur
donnent aucun moyen d'obtenir justice, lorsqu'elles les livrent, sans moyens de défense,
à la violence et à la persécution, elles dis-
solvent par cela même tous les liens de la société, et chacun devient juge dans sa propre
cause, soit des réparations auxquelles il croit
avoir droit, soit des moyens par lesquels il
doit les obtenir » (*b*).

On pourrait même invoquer ici, à l'appui
du principe, l'opinion manifestée par M. le
Garde des Sceaux, en présentant à la Chambre
des Députés, dans la session suivante, de 1818,
le projet de loi sur la responsabilité ministérielle (projet qui toutefois est encore resté

(*a*) Discours de M. Laisné de Villevêque. — Moniteur
du mardi, 5 mai 1818, n° 125.

(*b*) *Voy.* le Moniteur du même jour.

jusqu'ici sans aucun résultat). « C'est peu, disait ce ministre, que de prévenir les abus des hautes parties de l'administration; le plein effet de la responsabilité ministérielle doit être d'établir et de réaliser celle même des derniers agens de l'autorité, en sorte qu'il ne puisse se commettre dans tout le Gouvernement une seule prévarication, sans que la loi s'en saisisse aussitôt pour la punir.

« Notre Législation avait déja prévu et soumis à des peines déterminées les différens crimes et délits dont les magistrats peuvent se rendre coupables dans l'exercice de leurs fonctions; mais on se plaignait, *avec raison*, de voir souvent ses dispositions à cet égard éludées, dans l'application, par le refus de l'autorisation nécessaire pour poursuivre les agens du Gouvernement » (*a*).

Enfin, dans la dernière session, celle de 1821, un autre membre de la Chambre des Députés disait : « Quand un fonctionnaire abuse de son pouvoir, c'est (souvent) qu'il en a reçu l'ordre de ses supérieurs. Eh bien ! quand vous

_____

(*a*) Chambre des Députés.—Séance du 28 janv. 1819.

irez demander à ces supérieurs l'autorisation
de poursuivre, vous ne l'aurez pas : car c'est
demander la faculté de poursuivre à celui qui
doit être poursuivi : c'est véritablement celui
qui peut être compromis qui accordera ou
refusera la permission ; ce qui se réduit nécessairement à un refus » (*a*).

Les Conseillers de préfecture, de sous-préfecture et de mairie, de même que les Conseillers d'État, et en raison de la nature même
de leurs attributions, ne sont pas dans le cas
de la responsabilité pour leurs fonctions (*b*).

Nota. Nous avons annoncé que nous pourrions
produire des autorités à l'appui des principes développés dans les quatre premières sections précédentes ; et en effet nous transcrirons, dans ce but,
quelques passages, extraits de deux ouvrages nouvellement publiés et remarquables par la justesse
de leurs observations (*c*).

(*a*) Discours de M. Manuel. — Séance du 5 fév. 1822.
Voy. le *Courrier français*, du jeudi 7, n° 58.

(*b*) *Voy. ci-des.*, vol. VIII, p. 75 *et suiv.* ; *et ci-apr.*, part. 2ᵉ.
Des Attributions des Conseils de Préfecture, etc., etc.

(*c*) Relativement à la nécessité d'admettre le principe
d'unité quant à l'exécution dans les provinces, on lit,
dans l'un de ces ouvrages, ce qui suit : « Le premier

succès de la philantropie de Louis XVI donna le désir
de généraliser les Institutions provinciales; et M. Necker
présenta, en 1788, au Roi, un mémoire à cet effet.
Le but apparent du ministre était l'amélioration de toutes
les branches de l'économie politique; mais son intention
secrète était d'amener progressivement les classes élevées
à contribuer aux charges sociales, et à s'identifier davantage au bien-être et à la richesse du pays. L'influence de
ces Assemblées détruisit l'arbitraire des intendans; mais,
il faut l'avouer, elles eurent l'inconvénient de retarder
la marche des affaires, et d'établir, par leur commission
intermédiaire permanente, un nouveau pouvoir administratif en rivalité avec l'ancien : les procureurs-syndics,
nommés par le Roi, étaient de petits intendans en opposition aux autres, sans leur être supérieurs ni subordonnés; et, au lieu d'un Conseil chargé seulement de
modifier et d'éclairer la pensée, on se trouva avoir augmenté les rouages de l'exécution.

« L'Assemblée Constituante, pleine des théories du
moment qui n'avaient pas encore passé à travers l'application, voulut enchérir sur ce système compliqué. Elle
divisa la France en départemens : et créa, dans chacun,
un directoire; dans chaque subdivision, des directoires de
districts, et cinq ou six mille assemblées de canton. L'action administrative fut alors anéantie, étouffée sous la
délibération, et il n'y eut plus d'intervention possible
des *magistrats de l'ordre* (*agens de la Puissance exécutive*) (*) ni pour la police; ni pour le recouvrement des
impôts; et, sans l'invention des assignats qui tint lieu,

(*) *Voy. ci-dessus*, vol. vii, pag. 168.

pendant plusieurs années, de contributions, le Gouvernement n'aurait pas pu marcher six mois.

« La Convention commença le retour à la centralité; et le Gouvernement consulaire, profitant de la double expérience du passé, établit, par la loi du 8 pluviose an VIII, les fondemens du mode d'administration actuel qui, perfectionné, pourrait être un modèle de balance de pouvoir et de véritable arbitrage social....

« Telle est la composition admirable de la machine sociale en France, qui ne laisserait rien à désirer, si l'on avait pu juger de son mouvement aussi bien que de sa forme, si elle avait eu lieu en pratique comme en théorie : malheureusement, jusqu'à présent, une partie seulement de ses ressorts a été mise en action, et justement de manière à paralyser les autres. Les magistrats de l'ordre ont outrepassé leurs attributions, les Conseils (Chambres représentatives) (*) sont restés en arrière des leurs, et aucun n'a agi dans l'intérêt de tous.

« Deux écueils se présentent à éviter. D'un côté, si l'action des Conseils se borne à de simples énoncés de vœux, comme aujourd'hui, ou à de simples remontrances, comme jadis celles des parlemens, rien n'est changé à l'arbitraire de l'ancien ordre des choses et à celui du nouveau depuis l'an II ; de l'autre, si l'action administrative doit être encore soumise à la délibération, chaque département va redevenir une petite république fédérative, comme sous les Assemblées Constituante et Législative, ne voulant contribuer à aucune dépense générale, et plaçant

(*) *Voy. ci-dessus*, vol. VII, pag. 168 *et suiv.*

la France, en qualité de nation, sous la dépendance des grands Corps politiques qui l'entourent, et qui ne sont pas sujets aux mêmes entraves. Il faut donc chercher à donner à chacun de ces pouvoirs des attributions relatives aux intérêts qu'ils ont à défendre et à la nature de leur gestion » (*De l'Esprit d'Association dans tous les intérêts de la communauté, ou Essai sur le complément du bien-être et de la richesse en France par le complément des Institutions; par M. le comte Alexandre de La Borde, membre de l'Institut,* etc., etc., tom. I. liv. II, chap. II, pag. 69 *et suiv.*).

— Sur la même question, sur celle de l'élection ou nomination et révocation des maires, sur celle de la Responsabilité, etc., etc., voici comment s'exprime l'auteur du second ouvrage : « Si les délibérations destinées à surveiller les intérêts des localités doivent être libres, il ne s'ensuit pas qu'elles doivent être chargées de la gestion de ces intérêts. Si les délégués populaires participaient à l'action administrative, on verrait disparaître la plus efficace de toutes les garanties : la Responsabilité.

« L'élection suppose qu'un certain nombre d'individus, unis par les mêmes intérêts ou les mêmes idées, ont voulu conférer un pouvoir à un délégué qui leur convient ; ainsi le délégué aura pour appui cette agrégation d'intérêts et d'opinions. Il s'efforcera de continuer à leur complaire. Si c'est un pouvoir d'action qui lui a été confié, s'il est un administrateur, et non pas un libre contrôleur et un conseiller indépendant de l'administration, il se trouvera porté et presque contraint à exercer son auto-

rité au bénéfice, non pas de la société entiére, mais de
cette portion de la société qui a mis sa confiance en lui.
Elle le défendra contre toute atteinte, et tout son soin
sera de s'assurer constamment cette protection.

« Ce n'est pas l'origine et la source du pouvoir qui
(seules) assurent la liberté, c'est (surtout) la position
où il est placé ; ce sont les garanties dont on l'environne.
Il ne doit dériver d'aucun intérêt privé, quelque étendu
que puisse être cet intérêt. Mais il faut qu'il soit tenu
d'entendre et de consulter la libre voix de tous les intérêts, de toutes les opinions. Il faut qu'il subisse leur
examen, qu'il écoute leurs plaintes, qu'elles puissent
publiquement éclater contre lui. Ainsi, l'élu du peuple,
s'il avait à agir et non pas à parler, se sentant fort de la
majorité qui l'a choisi, croirait pouvoir abuser de cette
force, précisément pour la conserver. Si, au contraire,
son office est de parler et non pas d'agir, il ne pourra
que réclamer la raison et la justice ; il sera contraint de
les alléguer et de leur rendre un hommage public. Par là
l'esprit de parti tournera à l'avantage commun.... Toute
souveraineté absolue et qui embrasse les diverses sortes
de pouvoirs n'est autre chose que tyrannie et règne de
la force : la souveraineté du peuple, tout comme le droit
divin. L'article 14 de la Charte dérive de ce principe
essentiel de la liberté.

« D'ailleurs, s'il est vrai que les intérêts locaux ne sont
convenablement réglés que par des délibérations communales, ils ne cessent point pour cela d'être des intérêts publics. Ils sont plus restreints dans leur étendue, mais sont
toujours de même nature, et n'ont aucune analogie avec

les corporations que pourraient former par leur propre choix une quantité plus ou moins nombreuse d'intérêts privés. Ainsi, plusieurs individus s'accordent pour une entreprise, mettent en commun les avances, la perte ou le profit, se créent une administration, se donnent à eux-mêmes les garanties nécessaires : le Gouvernement, après avoir reconnu qu'il ne peut résulter de cette association aucun trouble dans la société, aucune violation de loi, aucune embûche à la bonne foi, ne doit s'immiscer pas plus dans l'action administrative que dans les délibérations de cette réunion. C'est un intérêt particulier plus ou moins vaste, mais qui doit librement aviser à ses propres convenances. Les membres de la corporation ont de leur libre gré contracté les engagemens qui les lient; l'État ne doit plus les suivre dans cette enceinte domestique.

« Mais ce n'est point en vertu d'une convention particulière que le pauvre doit trouver des secours, le malade un hospice, le commerce et l'agriculture des chemins; ce n'est pas en vertu d'un contrat privé que les prisons doivent être salubres, les villes propres et illuminées. Ce sont là de ces bienfaits qui font partie de l'ordre public; c'est un devoir sacré de l'autorité royale que d'y veiller. Ce n'est même que pour y réussir plus complètement qu'elle doit imposer à ses agens la règle des délibérations locales. Autre n'est point dans son essence l'administration des Communes et l'administration du Royaume; seulement les pouvoirs communaux doivent agir en concours avec l'autorité royale, comme font les pouvoirs législatifs quand il s'agit des affaires générales.

« En outre, l'administration du Royaume reste en contact avec les citoyens par une foule d'objets qui ne peuvent absolument point passer dans le domaine de l'administration communale. La perception des impôts, la levée des hommes, la surveillance des grands travaux d'utilité générale, exigent impérieusement l'action des officiers royaux. Chacune de ces branches d'administration a son système particulier, ses agens à elle : le fisc a des percepteurs pour chaque nature d'impôt; le militaire vient chercher les recrues; les ingénieurs règlent les travaux et leur dépense. Or, si chacun de ces agens était livré à la seule impulsion de ses chefs spéciaux; si on le mettait en rapport direct avec les citoyens, ne songeant qu'au succès de l'affaire dont il est chargé, ses façons d'agir auraient une sorte de rudesse et d'impétuosité. Le seul résultat dont il s'occuperait, serait l'opération qui lui est confiée. Le percepteur presserait les redevables sans mesure ; l'officier de recrutement ne songerait qu'à lever des hommes de belle taille ; l'ingénieur ne penserait point aux convenances locales. Il est donc à propos d'avoir dans chaque département une autorité qui soit le centre de toutes ces exigences spéciales, qui leur serve de guide et de modérateur, qui ait présent à la pensée le ménagement des esprits, et qui, sans perdre de vue l'exécution des lois et de la volonté royale, soit placée de telle sorte, qu'elle sache bien que la première volonté royale est de ne pas fouler les peuples, ni les mécontenter par des formes absolues et impérieuses.

Tome VIII. 39

Par là s'obtiendra adoucissement dans l'administration,
et en même temps surveillance des agens de chaque spécialité.

« Le genre de mérite qu'on attend de cette autorité
indique assez qu'il convient mieux de la confier à un seul
homme qu'à une administration collective. L'esprit de
conduite, de discernement et de direction, les relations
avec les individus, exigent des qualités personnelles, et
n'appartiennent pas à des Corps délibérans. En outre,
ce serait faire disparaître la responsabilité morale. Dès
que ni le public, ni les ministres ne savent plus à qui
s'en prendre, et que la marche d'une administration
s'enveloppe sous des résolutions collectives, la surveillance devient plus difficile, les abus s'enracinent. Chacun
des membres du Conseil exécutif vit en ménagement avec
les autres pour ne pas se trouver isolément compromis.
Il y a entre eux réciprocité de complaisance, et non point
libre contradiction. Ce n'est point une volonté collective,
résultant d'une vaine discussion et d'une délibération,
ce sont des volontés individuelles, marchant près l'une
de l'autre. Il se forme un partage d'attributions, et chacun se trouve être absolu dans la sienne, sans cependant
être responsable.

« Au lieu de cela, un homme seul se trouve pressé et
environné de l'opinion publique. Il ne peut se résoudre
au blâme, et il peut attendre la louange pour récompense. Ses habitudes, ses relations publiques et privées,
son caractère, étant soumis à l'œil et aux discours du
public, sont condamnés à devenir moraux et conve-

nables. Il n'a point à imputer les résultats de son administration aux collègues qui partagent avec lui l'autorité.
Il y a tel acte qui inscrirait le déshonneur sur son front,
dont le souvenir deviendrait inséparable de son nom,
et auquel il ne saura se résoudre, du moins tant que le
frein salutaire de la publicité ne sera point brisé.

« Nous avons sous nos yeux un exemple frappant de
l'usage despotique et irresponsable des administrations
collectives. Lorsqu'on a établi la censure, et que, comme
de tout le reste, on a voulu en disposer dans l'intérêt
d'un parti, sauf à le modérer quand on peut, on a eu
grand soin d'établir, non pas des censeurs, mais une
commission de censure. De la sorte, les gens qui en font
partie, se dérobent à l'action de l'opinion. Elle ne sait
précisément à qui s'en prendre de tant d'abus et d'injustices. Elle peut bien flétrir l'institution, elle peut bien
montrer un profond dédain pour la position à laquelle
se résignent les censeurs ; mais elle n'atteint point personnellement les actes de chaque individu, et chacun
d'eux échappe à la renommée qu'il serait forcé de subir,
si on pouvait imputer à lui seul sa conduite individuelle ».

« Ce n'est donc pas dans cette forme d'administration
qu'il faut chercher des précautions. Nous avons voulu
les placer ailleurs, en mettant le commissaire ministériel
en présence d'une autorité élective et délibérante, en
appelant de toutes parts la publicité et l'influence de
l'opinion.

« Peut-être quelques esprits timides et accoutumés aux

39.

idées d'un Gouvernement absolu, craindront de voir par
là s'affaiblir les instrumens qu'il avait créés. Mais ce serait se faire une étrange illusion, ce serait avoir bien peu
de connaissance de notre histoire la plus récente, que de
juger une semblable question par les seuls souvenirs du
Régime impérial ».

Et plus loin, le même auteur continue : « *C'est un
monstre indéfinissable*, dit M. d'Argenson, *qu'un maire,
officier vénal du Roi. Il doit être l'homme du peuple, ou
il n'est rien.* Et M. Bergasse : *Le despotisme commen-
cera toujours pour un peuple, du moment que la police
de ce peuple passera des mains de ses préposés dans
les mains des préposés du Gouvernement.* Mais il nous
semble que ce serait tirer une conséquence exagérée et
fausse, que de faire cesser ici toute délégation royale, et
de confier uniquement à l'élection populaire le choix
d'un agent d'exécution. L'ordre public en souffrirait sans
aucun doute; car le magistrat purement électif ne se
sentirait aucun devoir vis-à-vis du Gouvernement. Il
doit être porté à adoucir l'action de la loi, mais non pas
à l'éluder et à y soustraire les habitants; et c'est ce qui
arriverait, s'il était leur homme et rien de plus. En outre,
et nous ne saurions trop le répéter, la plus vraie de
toutes les libertés, c'est la responsabilité des administrateurs. Cette responsabilité ne consiste pas seulement dans
la punition qu'on peut encourir, si l'on est coupable; en
ce sens, tout citoyen est responsable de sa conduite; tout
juge l'est aussi, quand il commet forfaiture. L'espèce de
responsabilité habituelle, utile à la société, doit consister

évidemment dans la nécessité d'être surveillé et contredit par de libres délibérations; or, ces délibérations n'auront pas tout leur effet, si l'administration et ses contrôleurs sont délégués, les uns comme les autres, par la même majorité populaire. De plus, ne faut-il pas que lorsque l'opinion a su ainsi se manifester officiellement sur un agent et sur sa conduite, il puisse être révoqué de ses fonctions, s'il s'en acquitte mal? Donneriez-vous donc au pouvoir ministériel le droit de révoquer l'élu du peuple? Cela serait contradictoire : de le suspendre? Alors, voici les électeurs constitués en tribunal. Rendriez-vous l'élection fréquente, afin de multiplier les occasions de destituer le magistrat incapable et abusif? Mais ce ne serait pas autre chose que de mettre sans cesse aux prises les suffrages qui l'ont nommé avec ceux qui l'avaient exclu, et vous ne lui imposeriez par là d'autre devoir que de prévariquer selon les penchans d'une majorité qui le puisse protéger. Dans le cours habituel des affaires, quel serait le recours contre lui? A qui se plaindre de celui que le peuple aurait choisi? Si ses actes pouvaient être infirmés par un supérieur, délégué des ministres, ce serait encore une contradiction manifeste, et l'élection ne serait qu'une apparence. Elle n'aurait, dans cette hypothèse, d'autre résultat que de donner au préfet un instrument qui, n'appartenant pas comme lui à la hiérarchie de la puissance exécutive, lui fournirait une excuse valable pour le mauvais succès de son administration. Si, au contraire, le maire est l'agent délégué de l'autorité du Roi, voyez comment de proche en proche tout l'État vient servir de garantie contre les abus. Cet agent est-il infidèle aux règles de son devoir, vous en portez plainte à son chef, et parcourant ainsi les degrés successifs du pouvoir, si justice vous est refusée, il n'est pas impossible que vous puissiez mettre en mouvement les grands rouages de la Charte ; et les ministres peuvent avoir à s'expliquer devant les Chambres sur la conduite de leur subordonné (*).

« Si les citoyens pouvaient s'assembler chaque jour sur la place publique, ils nommeraient ou révoqueraient leurs administrateurs, selon qu'ils en seraient contens ou mécontens (**). Mais, dans une monarchie libre, où toutes les institutions ont dû faire du roi l'État personnifié, c'est à lui à entendre la voix de l'opinion, à juger de la conduite journalière des hommes, à choisir ceux qui sont supposés bons, à rejeter ceux qui sont reconnus mauvais.

« En un mot, on peut dire aux amis de la liberté ce qu'on a déjà fait remarquer aux serviteurs du pouvoir : c'est une pauvre ressource que de placer des garanties dans les noms propres. C'est dans le mécanisme des fonctions, et la position de ceux qui les exercent, que se trouvent le bon ordre et la justice. Ainsi, nous disons aux uns : Si vous convenez que les fonctionnaires déli-

(*) Sur la question de savoir devant quelle autorité les ministres doivent être tenus de rendre compte de leur conduite, *voy. ci-après*, tit. III. DE LA PUISSANCE JUDICIAIRE.

(**) Sur les graves inconvéniens de semblables assemblées populaires, *voy. ci-dessus*, entre autres, vol. IV, pag. 515.

bérans doivent opérer et conseiller avec réalité et indépendance, ôter leur nomination au peuple, c'est seulement les dépouiller de leur importance, sans les rendre plus dociles. Et nous disons aux autres : Donner au pouvoir exécutif des agens contre son gré, ce n'est pas autre chose que diminuer sa responsabilité ». (*Des Communes et de l'Aristocratie, par M. de Barante*, chap. x, p. 196 *et suiv.;* et ch. xi, pag. 226 *et suiv.*) (*).

(*) *Voy. aussi* quelques passages tirés du même ouvrage et autres, *ci-après*, Appendice, 2ᵉ part., liv. i, *note* (3).

FIN DU TOME HUITIÈME.

ERRATA DU TOME VIII.

Page 10 , lig. 15 ; des conseillers *lisez* de conseillers

— 27 , — 1 ; si funeste et tant— tant vantée et
vantée   pourtant si funeste

— 31 , — 28 ; dans le canton — dans leur canton

— 88 , — 9 ; développement — développement ,

— 100 , — 6 ; raison ;   — raison ,

— 136 , — 16 ; assertion   — assertion ;

— 146 , — 13 ; ministres ,   — ministres

— 157 , — 14 ; fournies   — formées ,

— 220 , — 8 ; judiciaire..., — judiciaire... ;

— 254 , — 23 ; refuté   — démontré

— 272 , — 21 ; intérêt.   — intérêt !

— 321 , — 11 *ajoutez* Le nombre des départemens est
aujourd'hui de 86 , d'après le dernier
traité de paix.

— 335 , — 25 ;   tuiles, et — toiles et toileries
tuileries

— 355 , — 11 ; aciéreries — aciéries

— 405 , — 4 ; car   — en effet

— 409 , — 9 ; car   — puisque

— 414 , — 7 ; que dans — que , dans

— 458 , — 16 ; bornes   — limites

— 467 , — 5 ; ministère   — ministre

— *ibid.*, — 12 ; ministère   — ministre

— 473 , — 21 ;   des autres — des opérations
opérations

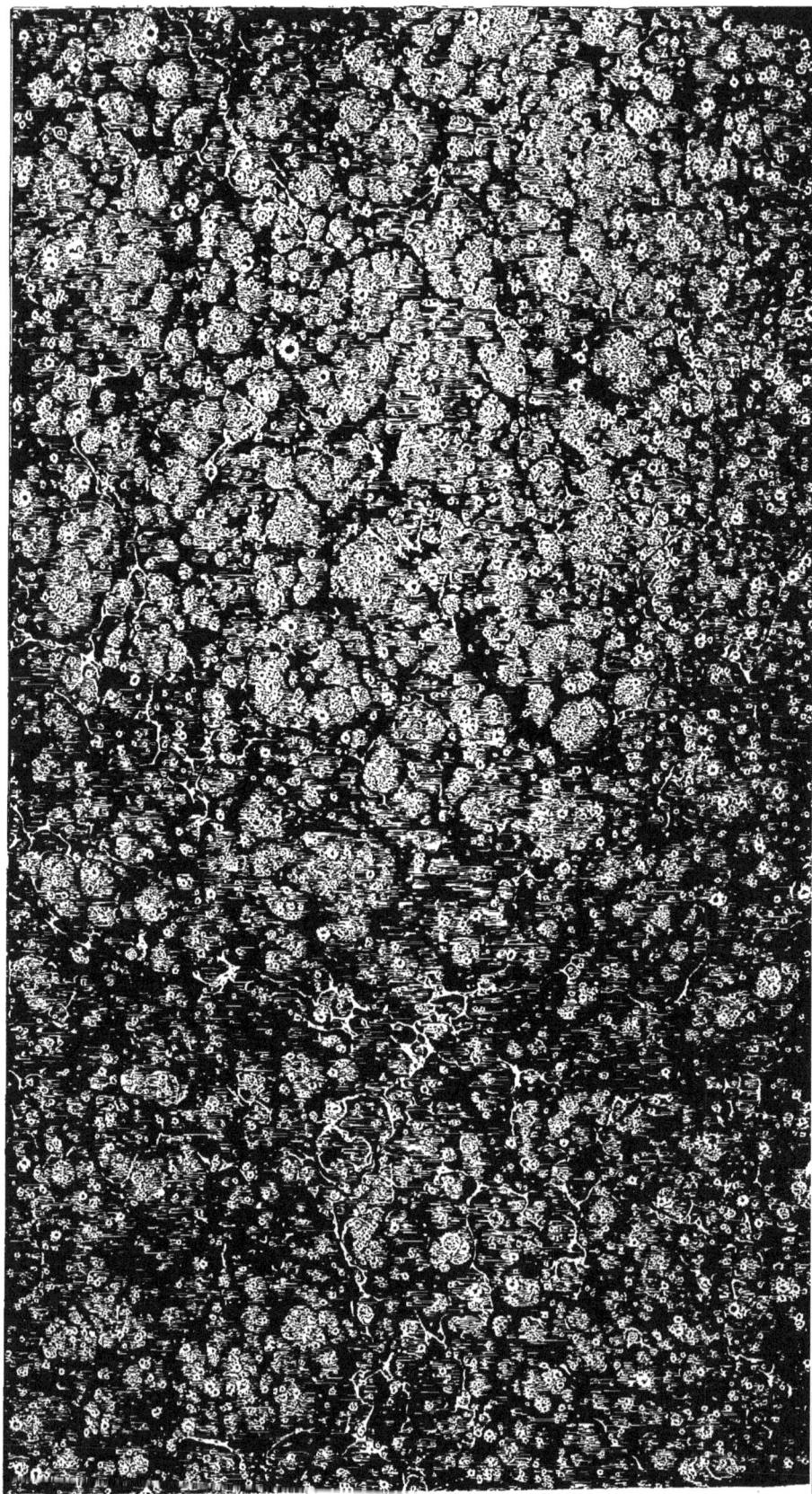

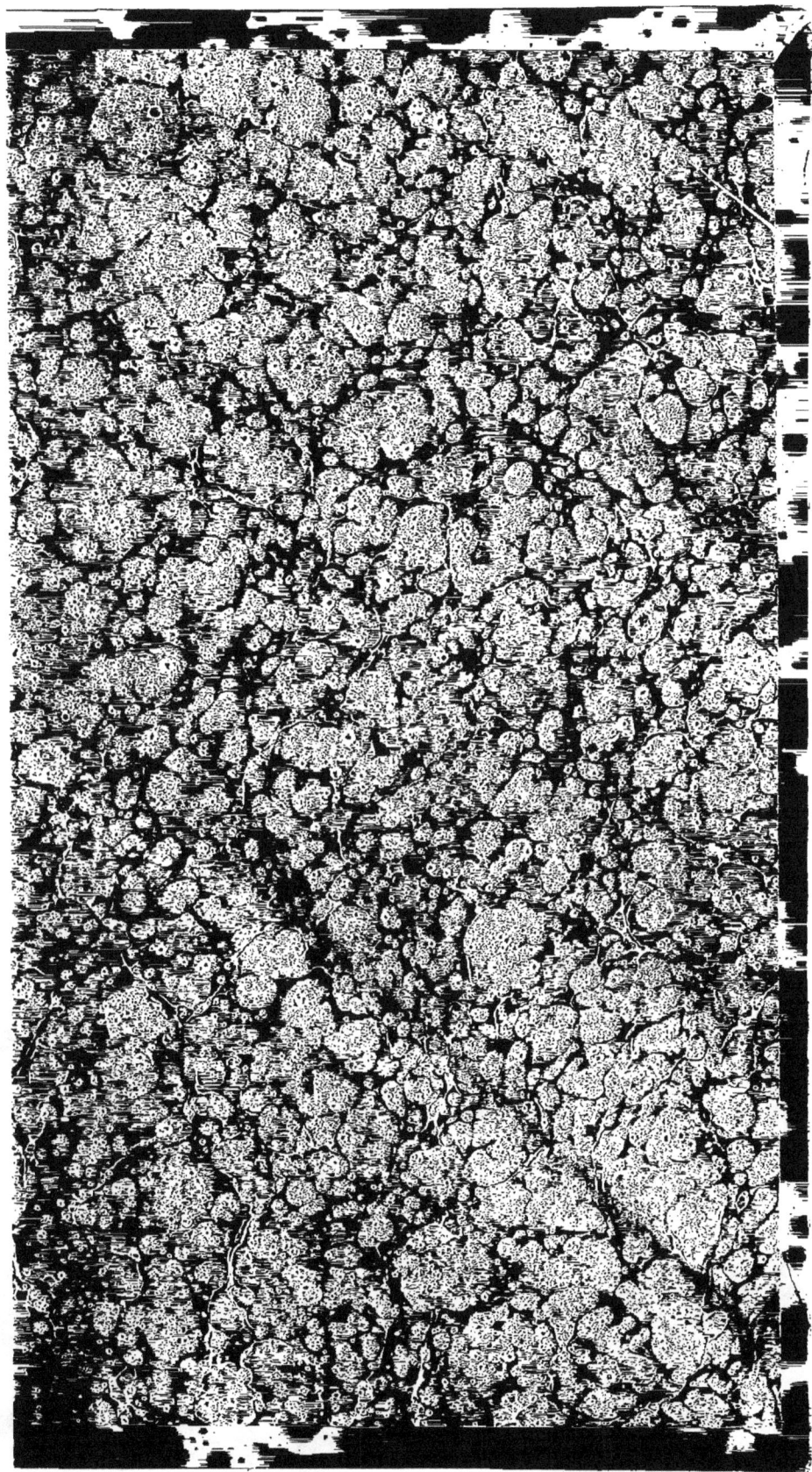

www.ingramcontent.com/pod-product-compliance
Lightning Source LLC
Chambersburg PA
CBHW060841220326
41599CB00017B/2353